D1672267

**E-Book inside.**

Mit folgendem persönlichen Code
können Sie die E-Book-Ausgabe
dieses Buches downloaden.

63018−e8x6p−
56r00−142ug

Registrieren Sie sich unter
**www.hanser-fachbuch.de/ebookinside**
und nutzen Sie das E-Book
auf Ihrem Rechner*, Tablet-PC
und E-Book-Reader.

Gorecki/Pautsch

**Praxisbuch Lean Management**

# Inhalt

# 1

# „Geheimwaffe" Lean Management

Stellen Sie sich vor, Sie sind Produktionsleiter in einer Chemiefabrik, die in der Produktion feuergefährliche Stoffe einsetzt. Jeden Tag gibt es an irgendeiner Stelle der Produktion Brände. Die Brände sind teils schwerwiegend und müssen sofort bekämpft werden, um größere Schäden zu vermeiden. Die Werksfeuerwehr ist gut ausgerüstet und im Umgang mit diesen Bränden geübt. Auch die Mitarbeiter sind auf die Bekämpfung von Bränden trainiert und können sofort fachkundig Gegenmaßnahmen ergreifen. Nach einem Brand wird viel Energie auf die Identifizierung des Verantwortlichen verwendet. Dieser trägt die Konsequenzen, was sich in einer Verringerung der Chancen der beruflichen Entwicklung, im schlimmsten Fall als Entlassung auswirkt. Der Analyse der Ursache der Brände wird nur wenig Aufmerksamkeit geschenkt. Die Begründung hierfür ist einfach: Dafür haben wir keine Zeit. Die Produktion muss am Laufen gehalten werden. Jede Unterbrechung des Produktionsprozesses reduziert die Performanz der Anlage und hat negative Auswirkungen auf den Börsenwert des Unternehmens. Somit treten weiter jeden Tag erneut Brände auf, die Ursachen hingegen bleiben weiter bestehen und sorgen dafür, dass der Feuerwehr die Arbeit nie ausgeht.

Kommt Ihnen diese Metapher nicht bekannt vor? Gibt es in Ihrem Unternehmen jeden Tag „Brände" bzw. „brennende" Probleme, die im Rahmen von „Feuerwehreinsätzen" dringend gelöst werden müssen? Wie oft ist dies Hauptaufgabe von Managern in Ihrem Unternehmen? Haben Sie sich schon einmal überlegt, wie viel Energie und Ressourcen für „Troubleshooting" aufgewendet werden? Wäre es nicht eine bessere Idee, diese Ressourcen für die Analyse der Problemursachen zu verwenden und dann die Ursachen zu bekämpfen, sodass daraus nie wieder ein Brand entsteht? „Dafür haben wir keine Zeit", was für ein kurzsichtiges Argument! Was für eine Verschwendung!

Lean Management stellt nicht nur Methoden und Werkzeuge zur Verfügung, die genau diese unbefriedigende Situation zum Gegenstand haben. Darüber hinaus ist die Lean-Philosophie eine Grundlage, um Unternehmen „schlank" zu gestalten. Dies bedeutet: weitestgehend frei von Verschwendung, auf die Schöpfung des Wertes der Produkte bzw. Dienstleistungen aus Sicht des Kunden fokussiert, auf die Kundennachfrage abgestimmte interne Prozesse, Integration der Mitarbeiter in die ständige Verbesserung der Unternehmensprozesse.

Die Ergebnisse, die Unternehmen durch Übernahme der Lean-Prinzipien in die Unternehmensphilosophie und die tägliche Nutzung der Lean-Instrumente und -Methoden erreicht haben, sind Legende. Es sind nicht nur Unternehmen wie Toyota, Pratt & Whitney oder Porsche. Auch viele mittelständische Unternehmen konnten geradezu unglaubliche Erfolge erzielen. Um nur einige dieser Erfolge zu nennen:

- Reduzierung von Lagerbeständen (Halbfabrikate, Fertigprodukte) um über 50 %,
- Anpassung der Lieferzeit an die Kundenanforderungen,
- bedeutende Verbesserungen der Produkt-/Dienstleistungsqualität,
- Reduzierung von Ausschuss und Fehlern in der Produktion,
- Steigerung der Kunden- und Mitarbeiterzufriedenheit,
- deutliche Verbesserung der finanzbezogenen Kennzahlen, wie z. B. des Return on Investment.

Unternehmen, die in einem intensiven Wettbewerb stehen und nach Strategien suchen, werden die aufgeführten Wirkungen von Lean Management zum Anlass nehmen, sich näher damit zu beschäftigen. Lean Management ist jedoch keineswegs eine „Geheimwaffe". Die Werkzeuge und Methoden sind hinlänglich bekannt und in vielen Veröffentlichungen beschrieben. Unternehmen, wie z. B. Toyota, öffnen allen Interessierten die Tore. Wie dort gearbeitet wird, kann jeder sehen, der sich für Lean in einem erfolgreichen Unternehmen interessiert. Warum aber scheint es ein „Geheimnis" um die Realisierung von Lean Management im Unternehmen zu geben?

Das Thema „Lean Management" löst in den Unternehmen regelmäßig intensive Diskussionen aus. Einerseits versprechen die Erfolge von Unternehmen, wie z. B. Toyota oder Porsche, geradezu unglaubliche Potenziale zur Steigerung der Effizienz der betrieblichen Prozesse. Andererseits haben viele Unternehmen negative Erfahrungen gemacht. Nach einem gut abgelaufenen Pilotprojekt stellen die Initiatoren fest, dass die Übertragung der Erkenntnisse auf andere Bereiche des Unternehmens sehr viel schwieriger war als erwartet. Im weiteren Verlauf gehen die Anfangserfolge verloren und alles ist wieder so, wie es zuvor war. Der Enthusiasmus der Beteiligten und Ressourcen sind verschwendet.

Wer Hilfe in den Fachbüchern sucht, findet zwei Kategorien. Die eine Kategorie bemüht sich um eine möglichst vollständige Darstellung der ca. 50 Methoden und Werkzeuge. Diese Fachbücher sind eine gute Grundlage, wenn der Praktiker mehr Details hierzu benötigt. Die zweite Kategorie hat die Darstellung der praktischen Umsetzung (teils sogar in Form einer Novelle [1]) zum Gegenstand. Der Leser erhält hierdurch einen tieferen Einblick in die Probleme im Unternehmen, die mit der Realisierung von Lean Management verbunden sind.

Das vorliegende Praxisbuch hat zum Ziel, auf der einen Seite die Methoden und Werkzeuge so zu beschreiben, dass diese im Unternehmen angewendet werden können, auf der anderen Seite aber die Lean-Philosophie und die innere Struktur des Lean-Gedankens aufzuzeigen. Diese Struktur ist der „Dunklen Materie" in der Astrophysik vergleichbar: nicht sichtbar, aber für den Zusammenhalt des Universums von elementarer Bedeutung. Erst durch die Kombination beider Elemente kann Lean im Unternehmen erfolgreich implementiert werden, nur dann können alle Potenziale ausgeschöpft werden.

In Diskussionen mit Managern wird häufig ein Argument angeführt, welches zwar nicht grundsätzlich gegen Lean spricht, jedoch den durchschlagenden Erfolg verhindern könnte: Lean sei eng mit der japanischen Kultur verbunden, weshalb es in Europa oder Amerika nicht möglich ist, die gleichen Effizienzsteigerungen zu erreichen. Daten aus der Praxis scheinen dies zu bestätigen. Die Produktqualität und die Produktivität der Fabriken von Toyota in Japan sind deutlich höher als die der Fabriken desselben Unternehmens in Europa und den USA. Die historische Entwicklung von Lean Management zeigt aber, dass viele Instrumente und Methoden eben nicht in Japan entwickelt wurden.

# ■ 1.1 Historie

Bezieht man sich auf die Anfänge von Lean Management, liegen die ersten historischen Wurzeln bei dem berühmten Autobauer Henry Ford, anschließend wäre die Familie Toyoda zu nennen, die auch den Autobauer Toyota Motor Corporation gegründet hat. William Edwards Deming und die amerikanischen Supermärkte spielen in der Geschichte von Lean Management eine Rolle wie auch der berühmte Vater des Toyota-Produktionssystems, Taiichi Ohno. Im Folgenden soll die Lean-Geschichte nur in Ausschnitten dargestellt werden. Ein Grundverständnis der Geschichte ist jedoch notwendig, um die Lean-Philosophie selbst besser zu verstehen.

### Flow – Henry Ford

Wenn wir uns auf die Suche nach den Ursprüngen von Lean Management begeben, so müssen wir bei Henry Ford und der Ford Motor Company beginnen. Henry Ford ist durch sein Model T und die Massenfertigung (Fließband) bekannt geworden. Besonders sein berühmter Satz „Sie können jede Art von Farben haben, solange diese schwarz ist" charakterisiert Fords Denkweise. Henry Ford führte das Fließband in der Autoindustrie ein, nachdem er in Chicago Schlachthöfe besucht hatte. In diesen Schlachthöfen sind die Schweine an Haken befestigt und werden an Schienen gezogen. Diese Idee greift Henry Ford auf und wendet sie in der Autoindustrie an. Somit sind die Schlachthöfe der Vorläufer von Henry Fords Fließband und gleichzeitig der Ideenlieferant für die Innovation in der Produktion von Automobilen. Zeitgleich führt Ford mit dem Fließband auch das Flussprinzip ein, eine Fertigung, die an Prozessschritten ausgerichtet ist. Doch um das zu realisieren, muss Ford noch eine weitere Hürde überwinden.

Der Ausgangspunkt zu dieser Zeit ist die Autoindustrie, die noch in der Manufaktur steckt. Alle Autos sind Einzelstücke und somit nicht baugleich. Dies bedeutet, dass Einzelteile nicht direkt an die Karosserie passen, sondern per Hand angepasst werden müssen. Henry Ford hat also die standardisierte Qualität, was für uns heute als selbstverständlich gilt, in die Autoindustrie eingeführt.

 **Flow:** Strom des Wertes ohne Unterbrechung

### Gemba – Sakichi Toyoda

Taiichi Ohno beschrieb Sakichi Toyoda als einen genialen Erfinder, der sich durch Ideen auszeichnete, die ausschließlich auf seiner persönlichen Leistung beruhten. Sakichi Toyoda studierte nicht an einer Universität und las keine Fachbücher. Er studierte die Probleme und Lösungen in der Praxis durch stundenlanges Beobachten mit der Intention, den wahren Grund des Problems festzustellen, zu analysieren und den Erfolg seiner Lösung zu testen. Dies führte dazu, dass die Erfindungen, die aus der Praxis entstanden, in der Praxis erfolgreicher eingesetzt werden konnten. Dieses Prinzip prägte Toyota und das Toyota-Produktionssystem (TPS) erheblich und ist heute unter dem Begriff „Genchi Genbutsu" bekannt.

 **Gemba:** Ort des Geschehens

**Genchi Genbutsu:** „Gehe an den Ort des Geschehens, wo das Geschehen entsteht, und versuche nicht, die Lösung aus dem Büro zu erahnen."

### Jidoka – Kiichirō Toyoda

Kiichirō Toyoda ist der berühmte Sohn von Sakichi Toyoda, welcher das Unternehmen Toyoda Spinning and Weaving Company gründete. Hier begann die Geschichte von Jidoka und der Firma Toyota Motor Corporation. Kiichirō Toyoda entwickelt die automatischen Webstuhlmaschinen seines Vaters weiter, indem er das Jidoka-Prinzip integriert. Dies führt dazu, dass der Webstuhl automatisch anhält, sobald der Faden zu Ende ist oder reißt. Dies ist zu diesem Zeitpunkt eine Revolution, da nun ein Mitarbeiter nicht nur eine Maschine bedienen und ständig überwachen muss, sondern mehrere Maschinen. Hierdurch verbessert sich sowohl die Qualität als auch die Produktivität der Produktionsanlagen. Jidoka ist also die Automation und wird heute in Form von First Defect Stop im Lean Management umgesetzt.

 **Jidoka:** japanisch für „intelligente Autonomation". Heute erweitert um den Begriff Qualitätsmaßnahmen wie z. B. Frist Defect Stop.

### Kaizen – Masaaki Imai

Kaizen ist die Verbesserung zum Guten und findet nach der verbreiteten Meinung in der asiatischen Kultur ihren Ursprung. Hier sind der Umgang mit Fehlern und der Umgang mit den Verbesserungen ein anderer als in der abendländischen Welt. Hierzu ein Beispiel, welches den Unterschied deutlich machen soll: Wenn ein Lehrling die Schrift des Senseis (Meisters) kopiert und diese Kopie von höherer Qualität ist, so ist das eine Ehre für beide. Es gilt nicht als Kopie und schon gar nicht als ein Schuldeingeständnis, wie schlecht der Meister gearbeitet hat, und führt zu einer ganz anderen Basis für Verbesserungen.

Ein Lehrer sagte einmal: „In der Physik gibt es nur dann den wahren Fortschritt, wenn die alte Generation ausgestorben ist und die neue nachzieht." Auch hier ist die Basis für Veränderungen = Verbesserungen eine andere. Der Autor Masaaki Imai trug mit seinem Buch *Kaizen* wesentlich zur Verbreitung der Idee im Westen bei.

 **Kaizen:** japanisch für „Verbesserung zum Guten"

## Supermarkt und Toyota/TPS – Taiichi Ohno

Als Taiichi Ohno die USA besucht, um sich über neue amerikanische Fertigungsverfahren in der Automobilindustrie zu informieren, kommt er auch mit dem amerikanischen Supermarktprinzip in Kontakt. Dieses Prinzip ist in der damaligen Zeit kaum bekannt und beinhaltet das Konzept Präsenz der Waren im Verkaufsraum, keine Lager und bedarfsorientierte Nachbestellung, also Bestellung nach Verbrauch. Diese Idee setzen Taiichi Ohno und seine Mitarbeiter in Form des heutigen Kanban (= Karte) in der Fertigung um und kreieren das, was wir als bedarfsorientierte Fertigung kennen. Doch die Teams um Taiichi Ohno nutzen dieses Prinzip wie auch viele andere Techniken nicht nur als ein Werkzeug, sondern entwickeln es weiter als treibendes Element im Kaizen. Der Fähigkeit von Toyota und seinen Mitarbeitern ist es zu verdanken, dass dieses Werkzeug nicht nur entwickelt, sondern in ein System integriert und als dauerhafter Fortschrittsmotor ausgelegt wurde. Taiichi Ohno, dem ein wesentlicher Anteil an der Entwicklung des TPS zugesprochen wird, gehörte zu diesem Zeitpunkt dem Toyota-Team an.

 **Supermarkt:** Rohmateriallager als Durchlaufregal konzipiert

**Kanban:** bedarfsorientierte Fertigung als selbststeuernder Regelkreis

**Heijunka Board:** Instrument zur Umsetzung der nivellierten Fertigung in einem Pull-System

## Single Minute Exchange of Die (SMED) und Poka Yoke – Shigeo Shingo

Im Rahmen der Entwicklung des Toyota-Produktionssystems wird Shigeo Shingo die Entwicklung der Rüstzeitreduzierung und Systematik zugeteilt. Er gilt auf diesen Gebieten als Pionier und trägt einen großen Anteil an der Umsetzung der Pull-Systeme. Hierzu gehören SMED und die Fehlervermeidung durch Poka Yoke, d. h. die Fehlervermeidungssysteme.

 **Single Minute Exchange of Die (SMED):** schnelle Umstellung der Fertigungsanlagen auf eine andere Produktvariante (unter zehn Minuten)

**Poka Yoke:** Fehlervermeidung in der Produktion und Anwendung durch Produkt- und Prozessgestaltung

## PDCA – William Edwards Deming

William Edwards Deming wird ein großer Anteil an der japanischen Unternehmenskultur, höchste Qualität herzustellen, zugesprochen. Nachdem er in den USA kein Gehör für seine qualitätssteigernden Theorien fand, war die Situation in Japan eine ganz andere. Die Japaner hörten ihm zu und benannten sogar einen der wichtigsten Qualitätspreise nach ihm, den Deming-Preis, der seit 1950 in Japan vergeben wird. Sein Einsatz für Qualität und insbesondere die Verbreitung der PDCA-Methodik (Plan, Do, Check, Act), welche in der Prozessoptimierung eine besondere Bedeutung hat, haben im Lean-Management-System einen hohen Stellenwert. Deming griff in seinen Ansätzen auf die Theorien von Walter A. Shewhart zurück.

 **PDCA:** Plan, Do, Check, Act

## Ishikawa-Diagramm – Kaoru Ishikawa

Kaoru Ishikawa entwickelte das nach ihm benannte Ishikawa-Diagramm, ein Ursache-Wirkungs-Diagramm, das heute zu den sieben statistischen Werkzeugen von Lean Management gehört. Des Weiteren beschäftigte er sich mit gruppenarbeitsorientierten Konzepten und gilt als Erfinder der Qualitätszirkel, eine Methodik, die im Westen in den 80er-Jahren vollkommen falsch verstanden und falsch interpretiert worden ist.

## Lean Management

James P. Womack, Daniel T. Jones und Daniel Roos sind mit ihren Projektleitern John F. Krafcik und John P. MacDuffie die Erfinder des Begriffs „Lean Management". Die Forscher, die am MIT im Rahmen des Forschungsprojekts International Motor Vehicle Program (IMVP) die Produktionssysteme der verschiedenen Autohersteller untersucht haben, veröffentlichten am Ende eine Benchmark-Analyse, die in dem Buch *Die zweite Revolution in der Autoindustrie* dokumentiert ist. Die hier veröffentlichten Ergebnisse zeigen die gravierenden Unterschiede zwischen westlichen und asiatischen (hauptsächlich japanischen) Herstellern und veränderten die Sichtweise innerhalb der gesamten Autoindustrie. Sie benennen das von ihnen beobachtete Prinzip Lean Management, das sich aus den Erfahrungen aus verschiedenen Unternehmen und Beobachtungen in der Praxis zusammensetzt.

## Lean Six Sigma

Lean Six Sigma ist der jüngste Versuch, die Konzepte Lean Management und Six Sigma zu verbinden und von beiden das Beste einzusetzen. Dabei ist festzuhalten, dass dieses Konzept erst an seinem Beginn steht und sich noch in der Praxis beweisen muss.

Bild 1.1 zeigt die Lean-Historie im Überblick.

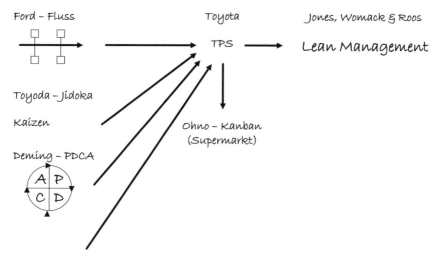

**Bild 1.1** Lean-Historie

Die Fülle der verschiedenen Gedankenrichtungen, welche die Historie von Lean Management ausmacht, zeigt den wahren Ursprung und die Stärke dieser Philosophie. Diese entstand nicht in einer Universität oder auf einem Reißbrett, sondern wurde von vielen Experten von Weltrang systematisch entwickelt sowie in der Praxis erprobt und verfeinert. Der Familie Toyoda und Taiichi Ohno ist es im Wesentlichen zu verdanken, dass diese verschiedenen Ideen unter einem Dach zu einem System zusammengeführt und konsequent umgesetzt worden sind. Dadurch konnten die verschiedenen Ansätze ihre volle Leistungsfähigkeit entwickeln und die Toyota Motor Corporation zu einem der weltgrößten Unternehmen werden lassen.

Das Toyota-Produktionssystem wurde durch die besonderen Herausforderungen im Zeitraum der Entwicklung geprägt:

- Mangel an Rohstoffen (hohe Kosten),
- geringe Fertigungsmengen mit hoher Variantenvielfalt,
- Kapitalmangel,
- hohe Qualitätsansprüche.

Die heutigen Verdrängungsmärkte verlangen gerade vehement nach Erfüllung dieser besonderen Anforderungen und spiegeln somit die Aktualität und den Erfolg des Lean Managements und der Lean-Unternehmen, angeführt von Toyota, wider. Toyota begann 1955 mit den ersten Auslieferungen auf dem amerikanischen Markt. Heute ist Toyota der größte Autohersteller der Welt. Während sich der Führungsstil üblicherweise nach einem Führungswechsel in der obersten Leitung ändert, indem neue Akzente gesetzt werden, verfährt Toyota nach Dr. Demings Leitspruch „constancy of purpose".

Die Schlussfolgerung, dass Lean Management den Hintergrund der japanischen Kultur bedingt, ist, wie aufgezeigt, nicht richtig. Selbstverständlich haben unterschiedliche Kulturen Auswirkungen darauf, wie in den Unternehmen gearbeitet wird, mit welcher Einstellung Mitarbeiter in das Unternehmen kommen und welche Ansprüche Mitarbeiter an das Unternehmen haben. Die Idee des Lean ist jedoch nicht an eine Kultur oder ein Unternehmen gebunden. Man könnte sogar so weit gehen und sagen, dass Lean eine universelle Einstellung und Basis für viele Aktivitäten ist, bei denen es auf zielgerichtetes, konsequentes und auf Perfektion begründetes Vorgehen ankommt. Im folgenden Kapitel soll am Beispiel des Wettlaufs zum Südpol zwischen Amundsen und Scott aufgezeigt werden, dass diese These richtig ist.

# ■ 1.2  Weg zum Erfolg

Am 14. Dezember 1911 erreichte Roald Amundsen als Erster den Südpol. 35 Tage früher als sein Kontrahent Robert Scott. Amundsen kehrte als Sieger dieses Wettlaufs in seine Heimat Norwegen zurück, während Scott auf dem Rückweg, nur wenige Kilometer vom rettenden Lager mit Lebensmitteln entfernt, starb. Bis heute ist die Leistung von Amundsen unerreicht. Die Details der Expedition von Amundsen sind aus der Sicht des Lean-Gedankens so interessant, dass ein Vergleich der Vorgehensweise von Amundsen mit den Lean-Methoden lohnt (Informationsquelle der Ausführungen [2]).

Amundsen hat seine Ausrüstung nicht nur sorgfältig ausgewählt, sondern ständig verbessert. Während der Wartezeit, bis eine für den Start der Expedition günstige Wetterlage eintrat, optimierte Amundsen die Ausrüstung. So reduzierte er z. B. die Wanddicke der Holzkisten für den Transport der Ausrüstung, um Gewicht zu sparen und so schneller voranzukommen. Insgesamt konnte Amundsen 150 Kilogramm Gewicht durch Optimierung der Ausrüstung einsparen. Die Männer von Scott hingegen verbrachten die Wartezeit mit wissenschaftlichen Vorträgen.

Im Lean Management spielt die Verschwendung eine wesentliche Rolle. Die Verschwendung von Ressourcen durch nicht wertschöpfende Tätigkeiten, die Vereinfachung von Prozessen und Abläufen sowie die ständige Verbesserung entsprechen dem, was Amundsen auf seiner Expedition betrieb. Der norwegische Abenteurer Børge Ousland hat über Amundsen gesagt, dass er immer von anderen gelernt hat. Er identifizierte Probleme und versuchte diese zu lösen. Diese Aussage findet eine exakte Parallele im Lean Management. Im Kaizen, der kontinuierlichen Verbesserung, wird nach dieser Methodik vorgegangen.

Amundsen gab sich nie mit dem gerade Erreichten zufrieden. Die ständige Verbesserung war für Amundsen „Tagesgeschäft". Im Lean Management entspricht dies dem Streben nach Perfektion. Eines der am meisten missverstandenen Prinzipien des Lean Managements. Für Amundsen war es eine Überlebensfrage, ob sich seine Ausrüstung bewähren würde und er diese Expedition erfolgreich beenden konnte. Übertragen auf moderne Unternehmen ist die ständige Verbesserung notwendig, um gegenüber den Wettbewerben nicht ins Hintertreffen zu geraten.

Scott und seine Teammitglieder trugen Wollbekleidung und winddichte Jacken. Er versuchte erfolglos, Motorschlitten als Transportmittel einzusetzen. Scott setzte mandschurische Ponys als Zugtiere ein, die sich als völlig ungeeignet erwiesen, da sie im Schnee versanken. Letztlich musste das Team von Scott die Schlitten mit der Ausrüstung selbst ziehen.

Amundsen verließ sich auf bewährte Ausrüstung. Auf seinen früheren Expeditionen war er in engen Kontakt mit den Netsilik-Eskimos gekommen. Diese Eskimos leben in einer menschenfeindlichen Umwelt, die der des Südpols sehr nahe kommt. Amundsen lernte von diesen Menschen, welche Bekleidung (nämlich Pelzbekleidung aus Tierhäuten) sich bei extremer Kälte bewährt und wie man in schneebedecktem und schwierigem Gelände mit Hundeschlitten schnell vorankommt.

Im Lean Management findet diese Strategie die Entsprechung in der Auswahl von erprobter und bewährter Technik. Von Toyota ist bekannt, dass neu entwickelte Maschinen oder innovative Technologien erst gründlich geprüft und getestet werden, bevor diese in der Produktion eingesetzt werden. Dies hat nichts mit einer „feindlichen" Einstellung gegenüber Neuem zu tun, sondern mit dem Prinzip, Prozesse erst dann zu verändern, wenn damit eine Verbesserung im Sinne des zukünftig erwünschten Zustands erreicht werden kann. Ist dies bei einer neuen Technologie nicht der Fall, wird diese nicht eingesetzt.

Amundsen hatte ein klares Ziel vor Augen: den Südpol vor Scott zu erreichen und lebend zurückzukommen. Amundsen hat alle seine Aktivitäten auf dieses Ziel ausgerichtet und klare Prioritäten gesetzt. Bei Scott hingegen war diese konsequente Zielausrichtung nicht erkennbar. Auf dem Rückweg vom Südpol, als die Männer schon den Tod vor Augen hatten, nahm Scott geologische Vermessungen vor und nahm 17 Kilogramm Gesteinsproben auf seinem Schlitten mit, den er selbst ziehen musste.

Im Lean Management findet diese Einstellung die Entsprechung im sogenannten Hoshin Kanri, der klaren Zielausrichtung des Unternehmens. Hierbei werden die Ziele für jede Mitarbeiterebene im Unternehmen so detailliert und operationalisiert, dass erstens für jeden Mitarbeiter die Unternehmensziele verständlich und zweitens so formuliert sind, dass diese direkt im eigenen Arbeitsbereich umgesetzt werden können.

 **Hoshin Kanri:** japanisch für „Management durch eine Kompassnadel". Klare Zielausrichtung eines Unternehmens durch eine vertikale und horizontale organisierte Unternehmensplanung.

Für Amundsen waren die auf dem Weg zum Südpol angelegten Lebensmitteldepots eine wichtige Basis für das Überleben. Da die Orientierung in der Antarktis durch das Fehlen von markanten Punkten in der Landschaft schwierig ist, war Amundsen klar, dass die Depots sehr gut gekennzeichnet werden mussten, um diese wiederzufinden. Er kennzeichnete nicht nur die Depots selbst, sondern auch den Weg zu den Depots. Scott war demgegenüber nicht so sorgfältig und hatte teils erhebliche Probleme, die eigenen Depots wiederzufinden. Hierdurch wurden unnötig Zeit und Energie verschwendet.

In den Unternehmen steht man vor einem ähnlichen Problem. Ziel ist z.B., einen definierten Fertigstellungstermin für ein Produkt zu erreichen. Aber wie weit ist der Produktionsprozess gediehen? Es soll ein bestimmtes Qualitätsniveau erreicht werden. Aber wie weit sind wir schon gekommen?

Im Lean-Zusammenhang wird das sogenannte visuelle Management eingesetzt, um z. B. den Ist-Zustand oder die Auslastung einer Maschine zu visualisieren. Dies erleichtert ein zielgerichtetes Vorgehen ganz erheblich und signalisiert allen Mitarbeitern sichtbar, welchen Zustand z. B. ein Prozess hat und wie der weitere Weg zum Ziel verlaufen soll.

 **Visuelles Management:** Sehen lernen, Unterstützung von Entscheidungen durch bessere Sichtbarkeit von Zuständen (Ziel- und Istzustand)

Der Vergleich der Strategien von Scott im Verhältnis zu Amundsen macht deutlich, dass es erfolgreiche Wege gibt, ein Ziel zu erreichen. Dabei spielen die jeweilige Kultur und der Bildungshintergrund nur eine untergeordnete Rolle. Wesentlich wichtiger scheinen die Aspekte zu sein, die sich in der Lean-Philosophie und den Lean-Werkzeugen widerspiegeln. Dies ist zum einen die Grundeinstellung gegenüber einer Aufgabe, die es zu bewältigen gilt. Dies findet in den Unternehmen die Entsprechung in der Unternehmenskultur. Wie wird mit Unternehmenszielen umgegangen und welche Einstellung besteht gegenüber Fehlern und Problemen? Zum anderen stellt sich die Frage nach den Methoden und Werkzeugen. Sind diese nur Mittel zum Zweck oder die Basis des Erfolges?

## ■ 1.3  Über das Buch

In erster Linie soll in dem Buch das Wissen über die Philosophie sowie die Werkzeuge und Methoden des Lean Managements vermittelt werden. Über die reine Darstellung der Methoden und Werkzeuge hinaus soll aber das Verständnis für den Zusammenhang mit den Prinzipien und der Philosophie von Lean geschaffen werden. In der Unternehmenspraxis werden Methoden und Werkzeuge oft unabhängig von Lean Management isoliert eingesetzt. Kanban-Systeme und Just-in-time-Anlieferung sind in vielen Betrieben zu finden, in welchen Lean „kein Thema" ist. Im vorliegenden Fachbuch soll aufgezeigt werden, dass die Lean-Methoden und -Werkzeuge erst dann ihre volle Wirksamkeit entfalten, wenn sie in ein Lean-Management-Gesamtkonzept eingebunden sind, das alle betrieblichen Prozesse umfasst.

Darüber hinaus wird in Praxisbeispielen sowohl der Erfolg als auch der Misserfolg von Lean-Projekten vorgestellt. Gelungene Praxisprojekte zeigen die Faktoren auf, die für den Erfolg maßgeblich waren. Gerade aus Misserfolgen lässt sich jedoch oft mehr lernen als aus Erfolgen. Deshalb sollen auch misslungene Projekte vorgestellt werden. Ein wesentlicher Grundsatz der Philosophie von Lean ist, dass Fehler und Probleme der entscheidende Ansatzpunkt für Verbesserungen sind.

Bei der Darstellung der Methoden und Werkzeuge soll der Leser zunächst in seinem betrieblichen Arbeitsumfeld abgeholt werden. Erfahrungen und Erlebnisse aus der Praxis stellen hierfür die Grundlage dar. Mithilfe von Praxisfällen sollen typische betriebliche Situationen beschrieben werden. Darauf aufbauend erfolgt eine Darstellung des jeweils anwendbaren im Lean Management verwendeten Werkzeugs oder der einsetzbaren Methode. Abschließend werden die Nutzen der vorgestellten Methoden und Werkzeuge diskutiert, sodass der Leser eine Entscheidung über die Einsetzbarkeit im eigenen betrieblichen Umfeld treffen kann.

Fallbeispiele runden die Darstellung für die wichtigsten Methoden und Werkzeuge ab. Dabei wurde darauf Wert gelegt, nicht nur Beispiele aus den typischen Anwendungen des Lean Managements in Produktionsbetrieben darzustellen, sondern auch aufzuzeigen, dass Lean Management bei vielen Problemen und Aufgabenstellungen, wie z. B. bei der Organisation von Transportketten oder dem Design von Supply Chains, nutzbringend eingesetzt werden kann.

# 2 Die Lean-Philosophie – der Schlüssel zum Verständnis des Erfolges

## ■ 2.1 Aus Problemen und Fehlern lernen

Stellen Sie sich vor, Sie wären der CEO eines Unternehmens, welches sich in folgender Situation befindet:

- Der Kapitalmarkt steckt in einer Phase, in welcher es für Ihr Unternehmen nahezu unmöglich ist, die Kapitalbasis zu erweitern. Die Finanzierung von Investitionen in neue Maschinen ist nicht möglich. Der Finanzierung des Umlaufvermögens sind außerordentlich enge Grenzen gesetzt. WIP-Bestände (WIP = Work in Process) zu finanzieren ist nur sehr begrenzt möglich.

- Ihre Mitarbeiter haben eine starke Gewerkschaft, die gerade eine lebenslange Beschäftigung der Mitarbeiter in Ihrem Unternehmen erreicht hat. Eine Reduzierung der Belegschaft ist aufgrund des Durchschnittsalters für die nächsten 40 Jahre fast unmöglich.

- Der Markt, in welchem Sie erfolgreich Ihre Produkte verkaufen können, erfordert die Produktion kleiner Stückzahlen bei hoher Varianz. Die verfügbare Technologie erlaubt aber aus wirtschaftlicher Sicht nur eine Massenproduktion. Die vom Markt geforderten geringen Stückzahlen lassen sich jedoch nur zu Preisen herstellen, die der Markt nicht akzeptieren würde.

Was würden Sie tun, um diese schwierige Situation zu bewältigen? Für viele Manager würde sich dies als eine ausweglose Situation darstellen, und die einzig angemessene Verfahrensweise wäre der Gang zum Konkursrichter. Aber genau dies war die Situation, in welcher sich Toyota zu Beginn der Entwicklung des Lean Managements befand (die folgenden Ausführungen beruhen auf [27]).

 **Work in Process (WIP):** unfertige Teile und Komponenten inklusive Rohmaterial, welches sich im Produktionsprozess befindet

Im Japan der Nachkriegszeit litt das Land unter einer schweren Inflation. Kapital für Investitionen und ausländische Devisen waren für die Unternehmen äußerst knapp. Hinzu kam die dadurch ausgelöste Nachfrageschwäche auf dem Markt für Endprodukte.

Damit war für die Unternehmen der Erwerb westlicher Produktionstechnologie sehr eingeschränkt. Der Zugang zu Kapital aus dem Ausland wurde durch das Verbot der Regierung für ausländische Direktinvestitionen in die japanische Autoindustrie verhindert. Der Import ausländischer Fahrzeuge wurde durch hohe Zollschranken begrenzt.

Die zur Bekämpfung der Inflation eingesetzte Politik der restriktiven Handhabung der Kreditvergabe führte zu einer ausgeprägten Rezession, die Toyota fast an den Rand des Konkurses gebracht hatte. Konsequenz war die Entlassung einer hohen Zahl von Mitarbeitern. Ein Viertel der Belegschaft wurde entlassen, die übrigen Mitarbeiter erhielten zwei Garantien: lebenslange Beschäftigung (das Alter der Mitarbeiter lag zwischen 18 und 22 Jahren) und ein System zur Bonuszahlung, das weniger auf die Funktion als auf die Zugehörigkeit zum Unternehmen abgestellt war. Kiichirō Toyoda, der damalige Präsident, übernahm die Verantwortung für diese schwere Krise des Unternehmens und trat von seiner Position zurück.

Die damals vorherrschende Technologie für die Fahrzeugproduktion war die Massenproduktion in den USA. Kernelement dieser Technologie waren Pressen für die Herstellung der Karosserieteile. Aufgrund der Umrüstzeiten von etwa einem ganzen Arbeitstag waren große Losgrößen erforderlich, um wirtschaftlich zu arbeiten. Notwendig war für die produzierten großen Stückzahlen auch ein Markt, der diese aufnehmen konnte. Die Hersteller in den USA, wie Ford, Chrysler oder GM, hatten diesen Markt. Für diese Unternehmen war die Massenproduktion die „perfekte" Technologie. In Japan hingegen forderte der Markt geringere Stückzahlen bei hoher Varianz neuer Modelle, die aber nicht nach der damals noch existierenden handwerklichen Tradition, sondern mit neuen Produktionsmethoden hergestellt werden sollten.

In dieser ausweglosen Situation entwickelte sich das Toyota-Produktionssystem. Aus den Problemen, die einer erfolgreichen Entwicklung des Unternehmens diametral entgegenstanden, wurden Stärken, die aus dem Unternehmen eines der erfolgreichsten der Welt gemacht haben. Die begrenzt zur Verfügung stehenden Ressourcen führten zum „sparsamen" Umgang mit diesen und somit zur Reduzierung von Verschwendung. Die Reduzierung von Beständen in der Wertschöpfungskette und der vorsichtige Umgang mit Investitionen in neue Technologien waren die Konsequenzen.

Japan weist mit eine der höchsten Bevölkerungsdichten weltweit auf, Fläche ist deshalb nur begrenzt verfügbar. Darüber hinaus sind Rohstoffe nur eingeschränkt vorhanden. Auch diese Randbedingungen zwingen zu einem sorgfältigen Umgang mit diesen knappen Gütern.

Die Mitarbeiter wurden nicht mehr als „austauschbarer" Produktionsfaktor gesehen, sondern als Partner, die durch die Zugeständnisse, wie die lebenslange Beschäftigung, nun in „die Pflicht" genommen werden konnten, aktiv am Aufbau und der Weiterentwicklung des Unternehmens mitzuwirken. Die Verpflichtung, die Prozesse ständig zu verbessern, ist eine der Säulen des Toyota-Produktionssystems.

Die Problematik der Produktion mit hohem Variantenreichtum bei relativ geringer Stückzahl, und dabei eine Technologie zu verwenden, die für die Massenproduktion ausgelegt war, ist eine enorme Herausforderung, vor der noch heute viele Unternehmen stehen. Shigeo Shingo entwickelte die Methode der schnellen Umrüstung von Maschinen, besser bekannt unter dem Begriff „Single Minute Exchange of Die" (SMED).

Dieser Teil der Geschichte von Lean Management offenbart dessen Wurzeln: Probleme in deren Ursprung bzw. Grundursache zu erkennen, diese als Herausforderung zu akzeptieren und nach einer Lösung zu suchen. Hier liegt eine der größten Herausforderung bei der Realisierung von Lean Management im Unternehmen. Gleichzeitig liegt hierin auch ein Risiko des Scheiterns, denn hierfür sind eine Änderung der Unternehmenskultur und ein „langer Atem" des Managements und der Belegschaft notwendig.

Betrachten wir das Feuerwehrbeispiel vom Anfang dieses Buches. Wie gehen wir mit Problemen und Fehlern in unseren Unternehmen um? Stellen Sie sich vor, Sie sind Leiter eines wichtigen Projekts in Ihrem Unternehmen. Sie sind im Fokus des Topmanagements. Leider läuft das Projekt nicht planmäßig. Bei der Entwicklung einer Teilkomponente sind die Konstrukteure auf unerwartete technische Schwierigkeiten gestoßen. Eigentlich wäre Unterstützung in Form zusätzlicher Ingenieurkapazität erforderlich. Ihr Vorgesetzter besucht Sie in Ihrem Büro und fragt, wie das Projekt läuft.

Es gibt zwei Möglichkeiten, auf diese Frage zu antworten. Die eine wäre, das Problem zu benennen und zusätzliche Kapazität anzufordern. Sie wissen aber auch, zu welchem Ergebnis diese Option führen würde. Der Vorgesetzte hätte nun ebenfalls ein Problem, müsste sich damit befassen und würde Ihre Kompetenz als Projektleiter möglicherweise in Zweifel ziehen.

Da dieses Ergebnis für Sie indiskutabel ist, antworten Sie: „Kein Problem", und hoffen, dass Sie die verlorene Zeit bei der Bearbeitung anderer Arbeitspakete wieder hereinholen können. Aber genau dies wird nicht passieren. Der „Brand" wird im weiteren Verlauf des Projekts immer größer, und die „Feuerwehr" muss mit „schwerem Gerät" anrücken. Wer hat diese Situation im eigenen Umfeld nicht schon einmal erlebt?

Damit diese, für das Unternehmen und die Mitarbeiter unbefriedigende Situation nicht mehr auftritt, ist eine Änderung der Unternehmenskultur im Hinblick auf Probleme erforderlich. Probleme und Fehler als Chance für Veränderung und Verbesserung zu verstehen ist eine der tragenden Säulen des Lean Managements. Anstatt nach dem Auftreten eines Fehlers nach einem Verantwortlichen hierfür oder einem „Schuldigen" zu suchen und personalbezogene Konsequenzen zu ziehen, wird dieser als willkommenes Indiz für den Ansatzpunkt für Verbesserungen angesehen. „Kein Problem ist ein Problem" ist einer der Grundsätze im Lean Management. Schuldige zu suchen ist nicht nur Zeitverschwendung, sondern es verhindert auch nicht die Entstehung des gleichen Problems oder Fehlers in der Zukunft. Im Lean Management hingegen wird die Ursache des Problems mittels erprobter Methoden systematisch untersucht und unmittelbar die Wurzel des Problems beseitigt. Damit tritt das Problem zukünftig nicht mehr auf. Die eingangs geschilderte Metapher aufgreifend wird also die Ursache des Brands beseitigt und nicht ständig der immer wieder auftretende Brand bekämpft.

 **Fehler als Motor des Lernens**

Als Kleinkinder haben wir die essenziellen Dinge des Lebens zumeist durch Versuch und Irrtum gelernt. Beim ersten Gehversuch beispielsweise sind wir gescheitert, weil das dazu erforderliche Gleichgewicht nicht gegeben war. Dennoch haben wir es immer und immer wieder versucht. Aus jedem Versuch und den dabei gemachten Fehlern haben wir gelernt, bis wir am Ende einer langen „Versuchsreihe" gehen konnten. Würden wir uns als Kleinkind so verhalten, wie in den meisten Unternehmen üblich, würden wir nach dem ersten Versuch, zu gehen, aufgeben, weil Fehler ja etwas Negatives sind. Im Lean Management werden Fehler bei der Realisierung von Maßnahmen manchmal bewusst zugelassen (wenn diese keine schwerwiegenden Probleme verursachen), um den Mitarbeitern dabei einen Lerneffekt zu ermöglichen. ∎

In den meisten Unternehmen ist dieser Wandel in der Einstellung gegenüber Problemen die größte Herausforderung. Mit Schulungsmaßnahmen oder Fortbildungsveranstaltungen lässt sich dies nicht erreichen. Erforderlich ist vielmehr eine Veränderung im Unternehmen, weg von zielorientierter, hin zu wegorientierter Unternehmenskultur, welche die Fehlerkultur mit beinhaltet, die unter dem Begriff „Change Management" zusammengefasst wird. Wie diese Veränderung in der Praxis zu bewältigen ist, wird im Kapitel 7 detailliert vorgestellt.

# ∎ 2.2 Verschwendung vermeiden

In der Fachliteratur findet sich häufig eine Darstellung wie Bild 2.1. Hierin wird das typische Dilemma des Produktions- und Dienstleistungsmanagements visualisiert. Darin spielt zunächst das Thema „Qualität" eine Hauptrolle. Bei konventioneller Betrachtungsweise verursacht eine höhere Qualität höhere Kosten, da z. B. mehr Aufwand in die Kontrolle und Nachbesserung der Produkte investiert werden muss. Dies erhöht die Kosten, die zweite, bedeutende Größe im Spannungsdreieck. Da die Kosten eine der weiteren Optimierungsgrößen darstellen, würde eine höhere Qualität zulasten dieses Ziels gehen.

Dritte Optimierungsgröße im Produktions- und Dienstleistungsmanagement ist die Durchlaufzeit eines Auftrags durch die Unternehmensprozesse oder die Lieferzeit eines Produkts. Eine Steigerung der Qualität verursacht eine längere Durchlaufzeit. Diese wiederum führt zu höheren Kosten. Dieses Spannungsdreieck, teils auch „magisches Dreieck" genannt, visualisiert ein nicht lösbares Optimierungsproblem (vgl. [12] S. 6).

Im klassischen Kontext ist dieses nicht lösbare Optimierungsproblem eine Herausforderung, die letztlich immer in einen suboptimalen Zustand der Unternehmensprozesse mündet.

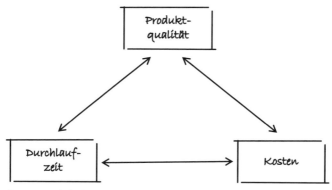

**Bild 2.1** Das Spannungsdreieck

Ein umfassendes Verständnis von Qualität, welches nicht nur das Produkt, sondern auch die betrieblichen Prozesse einschließt, bietet die Möglichkeit, alle drei Ziele gleichzeitig zu erreichen, ohne sich mit suboptimalen Lösungen zufriedenzugeben. Wird konsequent die Qualität der Unternehmensprozesse im Hinblick auf die Lean-Prinzipien verbessert, folgt hieraus auch eine Verbesserung der Qualität der Produkte. Gleichzeitig werden hierdurch die Kosten gesenkt, da es weniger Ausschuss, weniger Verschwendung und besser beherrschte Produktionsprozesse gibt. Ebenso reduziert sich die Durchlaufzeit, da Prozesse seltener unterbrochen werden und z. B. Nacharbeit an fehlerhaften Produkten weitestgehend vermieden wird (Bild 2.2).

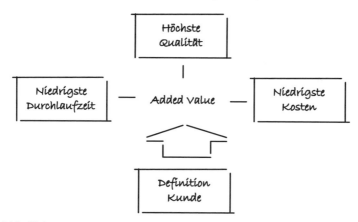

**Bild 2.2** Added Value

Der Ansatzpunkt, um diese Ziele zu erreichen, die den Wert eines Produkts oder einer Dienstleistung repräsentieren, ist im Lean Management die Eliminierung der Verschwendung. Verschwendung ist aus dem Blickwinkel des Kunden alles, was keinen Beitrag zum Wert leistet. Verschwendung (in der japanischen Sprache Muda) ist ein Schlüsselbegriff im Lean Management. Jede Aktivität, die Ressourcen in irgendeiner Form (Arbeitskraft, Flächen, Maschinen etc.) verbraucht, jedoch keinen Wert erzeugt, ist Verschwendung.

Probates Mittel gegen Verschwendung ist das Lean Management, welches den Weg aufzeigt, wie die wertschöpfenden Aktivitäten erkannt und in einer Art und Weise organisiert werden können, sodass alle nachfolgend genannten Formen von Verschwendung weitestgehend beseitigt werden:

- Überproduktion entsteht, wenn Produkte hergestellt werden, für die keine Aufträge vorliegen. Daraus entstehen Lagerbestände. Wenn sich dann die technischen Rahmenbedingungen ändern (z. B. Smartphones, die das Interesse an Handys drastisch reduziert haben), haben die Bestände nur noch einen geringen Wert.
- Wartezeit von Mitarbeitern in der Produktion, die auf Nachschub für Rohmaterial warten oder wegen eines Maschinenausfalls und Kapazitätsengpässen keine Arbeit haben, ist Verschwendung. Auch die Wartezeit an der Ladenkasse eines Supermarkts ist, aus Sicht des Kunden, Verschwendung.
- Transporte von Material über eine längere Distanz oder von Rohmaterial aus einem Lager zur Maschine sind Verschwendung, da diese nicht zum Wert des Produkts beitragen.
- Arbeitsvorgänge, die aufgrund der äußeren Umstände sehr lang dauern (minderwertiges Rohmaterial, schlechtes Werkzeug) oder umständlich sind, verschwenden Ressourcen (die Arbeitszeit der Mitarbeiter), erbringen aber keinen Added Value.
- Fertigprodukte oder Halbfabrikate in einem Lager, die nicht benötigt werden, binden Ressourcen, benötigen Fläche und führen nicht zu einer Erhöhung des Wertes für den Kunden. Im Gegenteil, die Lagerkosten mindern den Wert.
- Bewegungen der Mitarbeiter, um Werkzeuge und Material zu holen oder mehrfach dasselbe Werkstück aufzunehmen und abzulegen, erhöhen den Wert des Endprodukts für den Kunden nicht.
- Defekte Teile herzustellen (Ausschuss) oder Fehler am Produkt nach Ende des Fertigungsprozesses zu beheben (Nacharbeit) ist eine Vergeudung von Ressourcen. Die Kosten des Produkts erhöhen sich, ohne dass der Kunde einen Vorteil davon hat.
- Die Kreativität der Mitarbeiter nicht zu nutzen, um die Unternehmensprozesse zu verbessern und damit den Wert des Produkts zu erhöhen, ist zweifellos Verschwendung. Der Lerneffekt, der sich hieraus für die gesamte Organisation ergibt, ist ein Potenzial, das nicht zu nutzen sich kein Unternehmen leisten kann, das im Wettbewerb bestehen möchte.

Die dauerhafte und nachhaltige Arbeit an der Verbesserung der Prozesse mit dem Ziel, die Verschwendung zu reduzieren, und die Etablierung des erreichten Zustands gewährleisten eine stetige Steigerung des Wertes des Produkts oder der Dienstleistung aus dem Blickwinkel des Kunden und steigern damit die Wettbewerbsfähigkeit des Unternehmens im Markt.

# ■ 2.3 Ursachen auf den Grund gehen

Die Methode, eine Aufgabe zu bewältigen, kann sehr unterschiedlich sein. Steht z. B. die Aufgabe an, ein bei IKEA erworbenes Möbelstück zusammenzubauen, gehen viele Menschen diese Aufgabe scheinbar „pragmatisch" an. Die Komplexität wird unterschätzt. Der scheinbar einfache Zusammenbau wird sofort begonnen, da man den persönlichen intellektuellen Fähigkeiten vertraut. Das Ergebnis ist oft nicht befriedigend. Teile passen nicht so recht zu den bereits montierten Elementen, das Produkt sieht anders aus als auf der Abbildung, und es bleiben Kleinteile übrig. Dann erfolgt eine Konsultation der Aufbauanleitung, und eine Demontage und ein Neustart der Montage beginnen.

In den Unternehmen herrscht oft diese Form des „Aktionismus" vor. Probleme werden erkannt, und sofort wird mit der Entwicklung von Maßnahmen begonnen. Es wird weder das Problem genau verstanden, noch liegen belastbare Daten über das Problem vor, und die Entwicklung von Maßnahmen erfolgt ohne Methodik. Lean Management verfolgt demgegenüber eine grundsätzlich andere Vorgehensweise.

Albert Einstein wurde einmal gefragt, wie er vorgehen würde, wenn er ein Problem zu lösen hätte, und man gebe ihm nur 60 Minuten Zeit für die Lösung. Seine Antwort war verblüffend. Er würde 55 Minuten auf die Analyse des Problems verwenden und die restliche Zeit für die Entwicklung der Lösung. Im Lean Management beginnt jede Problemlösung mit der Erhebung von Zahlen, Daten und Fakten. Meinungen, Vermutungen oder unbegründete Aussagen werden nicht akzeptiert.

**Gemba:** „Gehe und überzeuge dich selbst."

**Genchi Genbutsu:** „Gehe an den Ort des Geschehens, wo das Geschehen entsteht, und versuche nicht, die Lösung aus dem Büro zu erahnen."

Liegen die Informationen für die Analyse des Problems vor, wird nach dem Prinzip „Gemba" verfahren. Grundlage dieses Prinzips ist die Verpflichtung aller an einer Problemlösung beteiligten Mitarbeiter (Manager, Meister, Werker), sich am Ort des Geschehens ein Bild von der tatsächlichen Situation zu verschaffen. Daten und Berichte allein können keine Grundlage für eine Problemlösung sein. Dies soll an einem Beispiel verdeutlicht werden.

**Beispiel: Speditionsunternehmen mit unzufriedenen Kunden**

Ein Speditionsunternehmen war auf Krankenhauslogistik spezialisiert. Die logistische Aufgabe war die Belieferung von mehreren Krankenhäusern einer Region aus einem zentral gelegenen Distributionslager. Die Kunden des Unternehmens legten besonderen Wert auf den einwandfreien Zustand der Zustellfahrzeuge. Die Anlieferung von Pharmazeutika, Heil- und Hilfsstoffen sowie anderen Medizinprodukten sollte

den Anspruch von Hygiene und Sauberkeit widerspiegeln. Der Geschäftsführer der Spedition hat diese Kundenanforderung erkannt und in dem
Leasingvertrag einen Austausch der Lieferfahrzeuge alle zwei Jahre vereinbart. Das Durchschnittsalter der Fahrzeuge lag damit bei einem Jahr.
Die Anforderung erschien nach „Aktenlage" erfüllt.

Bei einer Kundenbefragung stellte sich jedoch heraus, dass die Kunden
mit dem Zustand der Fahrzeuge keineswegs zufrieden waren. Durch den
Einsatz der Fahrzeuge in der Güterverteilung in Stadtgebieten war es
zu häufigen Beschädigungen der Fahrzeuge beim Rangieren im engen
Straßenraum gekommen.

Hätte der Geschäftsführer das Prinzip Gemba beherzigt und die Fahrzeuge persönlich in
Augenschein genommen, hätte er den schlechten Zustand der Fahrzeuge erkannt und
entsprechende Maßnahmen einleiten können.

Die Schlussfolgerung hieraus ist, dass die Beobachtung „vor Ort" bzw. „am Ort des Geschehens", dort, wo die Wertschöpfung stattfindet, nicht durch Berichte oder Statistiken
ersetzt werden kann. Dieses Prinzip gilt nicht nur für Projektleiter oder Meister, sondern
auch für Manager und Experten, die mit der Lösung von Problemen oder der Beseitigung
von Fehlern befasst sind. Genchi Genbutsu verfolgt also das Ziel, sich selber zu überzeugen, und beinhaltet die Eigenschaft Gemba, an den Ort des Geschehens zu gehen.

# ■ 2.4  Veränderungen meistern

Jedes Unternehmen muss sich ständig neuen Herausforderungen stellen. Seien es
Wettbewerber mit günstigen Kostenstrukturen, neue Technologien, die die bisherigen
infrage stellen, oder neue Gesetze und Vorschriften, die sich auf die Produktgestaltung
auswirken. Hieraus resultiert der Bedarf nach Veränderung in den Unternehmensprozessen. Grundsätzlich sind zwei Formen der Veränderung möglich. Die Innovation und
die kontinuierliche Veränderung bzw. Verbesserung.

Die Innovation kann am besten als „großer Sprung nach vorn" charakterisiert werden.
Das Unternehmen oder Teile davon werden grundlegend verändert. Ein Beispiel ist z. B.
die Umstellung von der Lagerhaltung im Wareneingang zur Just-in-time-Anlieferung
direkt an die Produktionsbänder. Diese Veränderungen führen zu einer gravierenden
Umstellung der Prozesse und haben den Vorteil, nach der Realisierung eine deutliche
Verbesserung der Kennzahlen (im JIT-Beispiel die Reduzierung des Lagerbestands an
Rohmaterial und Halbfabrikaten) zu bewirken.

 **Kaizen:** Kai = verändern, Zen = gut

Kaizen ist in unserem Sprachraum mit der kontinuierlichen Verbesserung zum Guten bzw. dem Kontinuierlichen Verbesserungsprozess (KVP) vergleichbar. Hierbei werden Verbesserungen in kleinen Schritten durchgeführt. In Lean-Unternehmen werden jeden Tag Verbesserungen der Prozesse durchgeführt, die für sich genommen unbedeutend erscheinen mögen. In der Summe und über ein Geschäftsjahr gesehen sind diese Verbesserungen ein beachtlicher Beitrag zur Eliminierung von Verschwendung oder der Verbesserung der Qualität.

Im Lean Management ist die kontinuierliche Verbesserung täglich gelebte Praxis und elementarer Bestandteil der Philosophie und entfaltet in Kombination mit der Innovation ein Höchstmaß an Effektivität. Vor allem wird durch die Kombination beider Formen der Veränderung ein typisches Problem der Innovation verhindert.

In Bild 2.3 ist die Wirkung der theoretischen Effizienzsteigerung einer Innovation im Zeitablauf dargestellt. Im vorgestellten idealen Beispiel wird durch die Innovation ein beachtlicher Effizienzgewinn erreicht. Innovationen können allerdings nur in gewissen zeitlichen Abständen durchgeführt werden, da die erforderlichen Ressourcen für diese Veränderungen vom Unternehmen nur temporär bereitgestellt werden können.

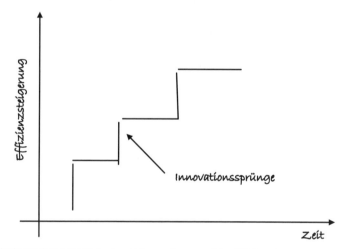

**Bild 2.3** Idealvorstellung der Wirkung von Innovationen auf das Effizienzniveau

Die Praxis sieht allerdings anders aus. Große Veränderungen wurden mit viel Euphorie durchgeführt, ist jedoch versäumt worden, die Mitarbeiter durch ein professionelles Change Management auf die Veränderung vorzubereiten und zu begleiten, tritt das in Bild 2.4 dargestellte Phänomen auf. Widersacher der Veränderung und Mitarbeiter, welche dieser gleichgültig gegenüberstehen, „drehen das Rad zurück", und viele Abläufe und vor allem die Verhaltensweisen werden wieder so praktiziert wie vor der Veränderung. Damit geht viel Wirkung der Innovation wieder verloren.

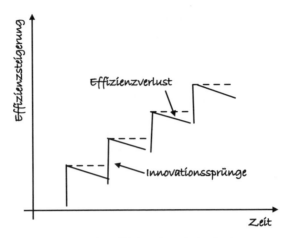

**Bild 2.4** Wirkung von Innovationen auf das Effizienzniveau in der Praxis

Eine Kombination beider Veränderungsformen wirkt im Vergleich hierzu wie in Bild 2.5 dargestellt. Nach einer Durchführung einer Innovation wirkt die ständige, fortlaufende Verbesserung als „Verstärker". Schwachpunkte, die nach Realisierung der Innovation erkennbar werden, können durch Kaizen-Initiativen beseitigt werden. Durch den ständig laufenden „Verbesserungsmotor" Kaizen treten Rückschritte nach einer Innovation nicht mehr auf. Wird die Lean-Initiative durch den in diesem Fachbuch in den Folgekapiteln beschriebenen Veränderungsprozess in der Einstellung der Mitarbeiter begleitet, resultiert ein Veränderungsprozess wie in Bild 2.5. Innovationen und Kaizen werden so kombiniert, dass eine maximale Erhöhung des Effizienzniveaus im Zeitablauf erreicht werden kann.

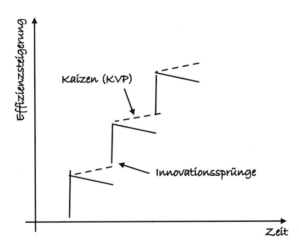

**Bild 2.5** Wirkung der Kombination von Innovation und Kaizen auf das Effizienzniveau im Zeitablauf

Kaizen kann auf verschiedene Arten im Unternehmen angewendet bzw. umgesetzt werden und kann auf drei Ebenen ansetzen (Bild 2.6).

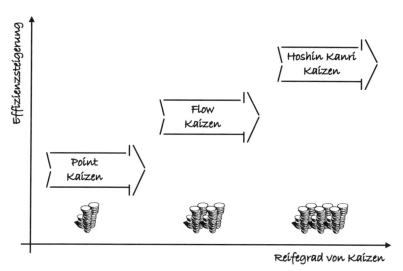

**Bild 2.6** Arten von Kaizen

## Point Kaizen

Die erste Art von Kaizen (Lean Level 1) ist das sogenannte Point Kaizen. Gegenstand der Verbesserung ist die für sich losgelöste Verbesserung ohne ganzheitliche Betrachtung der Unternehmensstrategie und -aktivität, z. B. eine bestimmte Verrichtung, ein Arbeitsplatz oder ein SMED-Workshop. Ein Problem des Point Kaizen ist, dass die entsprechenden Verbesserungsmaßnahmen losgelöst vom Prozessfluss bzw. der ganzheitlichen Unternehmensbetrachtung durchgeführt werden und dass die Wirkungen sehr gering sein können. Das heißt, dass eine Verbesserung durchgeführt wird, aber diese bei der Umsetzung der Unternehmensziele nicht zum Tragen kommt. Nehmen wir das Beispiel der Verbesserung der Verrichtung am Arbeitsplatz. Angenommen, die Verbesserung steigert die Effizienz. Ist dieser Arbeitsplatz kein Engpass, sondern die vorgelagerte Arbeitsstation, kann es dazu führen, dass diese Verbesserung verpufft, indem die Wartezeiten zwischen den einzelnen Arbeitszyklen erhöht werden. Warum? Die Effizienzsteigerung kann nicht genutzt werden, da der vorgelagerte Arbeitsplatz nicht im gleichen Zyklus arbeitet und somit das fehlende Vormaterial Stillstände am nachgelagerten Arbeitsplatz verursacht.

Ein weiteres Problem des Point Kaizen ist die Losgelöstheit vom Prozessfluss. Es kann möglich sein, dass durch eine Verbesserung an einem Arbeitsplatz negative Wirkungen an anderen Arbeitsplätzen entstehen. Hierzu könnte folgendes Beispiel dienen. Bei einem Montageschritt eines Arbeitsplatzes wird die Reihenfolge so verändert, dass eine Verringerung der hierfür erforderlichen Zeit entsteht. Dies führt aber an einem anderen Arbeitsplatz zu einer Erhöhung der Montagezeit. Damit wäre die Aktion des Point Kaizen im besten Fall wirkungslos (die Wirkungen heben sich auf), im ungünstigsten Fall kontraproduktiv: Als Ergebnis erhöht sich die Gesamtmontagezeit. Häufig stellt sich daher beim isolierten Einsatz von Point Kaizen die in Bild 2.7 dargestellte Frage.

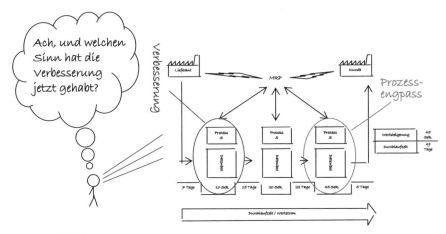

**Bild 2.7** Point Kaizen

## Flow Kaizen

Beim Flow Kaizen wird der Wertstrom eines Produktions- oder Dienstleistungsprozesses insgesamt betrachtet und nach Maßnahmen zur Verbesserung gesucht, d. h., dass vor der Verbesserung immer eine Wertstromanalyse (zuzüglich einer Zukunftsbetrachtung des Wertstroms) durchgeführt wird. Dies könnte eine definierte Produktgruppe bzw. ein definierter Prozessfluss sein. Die Wertstromanalyse kann sich auch auf ein Werk oder das gesamte Unternehmen beziehen. Der Blickwinkel erweitert sich im Rahmen des Flow Kaizen, sodass Verbesserungen immer mit der Auswirkung der Ergebnisse auf den gesamten Prozess bewertet werden. Gegenstand des Flow Kaizen kann jede Art von Verbesserung, z. B. ein SMED- oder TPM-Workshop (TPM = Total Productive Maintenance), sein. Der Unterschied zu Point Kaizen besteht darin, dass der Engpassprozess als erster verbessert wird, welcher für den Kunden und das Unternehmen, je nach Wertstrom, den höchsten Nutzen bringt. Somit wird der Verpuffung oder der Kontraproduktivität von Point Kaizen entgegengewirkt (Bild 2.8).

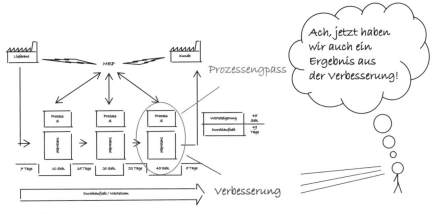

**Bild 2.8** Flow Kaizen

**Wertstrom:** Prozess der Entwicklung, Produktion und Auslieferung von Produkten und Dienstleistungen an Kunden

### Hoshin Kanri Kaizen

In Kapitel 3.2 (Hoshin Kanri – Policy Deployment) wird auf die Bildung und Umsetzung der Unternehmensziele eingegangen. An dieser Stelle soll der Zusammenhang von Kaizen mit den übergeordneten Unternehmenszielen dargestellt werden. Verbesserungen können auf der Arbeitsplatzebene (Point Kaizen) und dem Prozessablauf (Flow Kaizen) ansetzen. Die Vorgehensweise des Kaizen kann auch auf das gesamte Unternehmen auf der strategischen Ebene angewendet werden. Hierbei bilden die Unternehmensziele die Ausgangsbasis. Durch den Vergleich des Zustandes des Unternehmens im Status quo (z. B. beschrieben durch Kennzahlen) und einem anzustrebenden Zustand in der Zukunft, der die Unternehmensziele widerspiegelt, ergibt sich der Verbesserungsbedarf. Im Rahmen des Kaizen werden auf dieser Basis alle „Hindernisse" identifiziert, die die Erreichung des Zielzustandes verhindern, und im Rahmen von Kaizen bzw. im Rahmen der Umsetzung „aus dem Weg geräumt". Dabei richtet sich Kaizen auf die übergeordneten Unternehmensziele, unabhängig von den einzelnen Unternehmensbereichen. Des Weiteren sind die Unternehmensziele (siehe Kapitel 3.2) auf alle Ebenen des Unternehmens detailliert und entsprechend für jeden Mitarbeiter in der operativen Ebene übersetzt, wie z. B. die Kennzahl OEE (Overall Equipment Efficiency) für die Produktion.

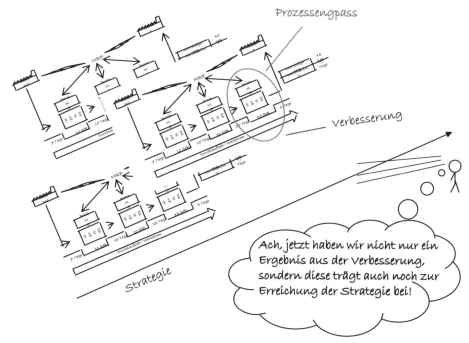

**Bild 2.9** Hoshin Kanri Kaizen

In Hoshin Kanri Kaizen ist jedem Mitarbeiter und Manager das Ziel und somit sein Beitrag bekannt. Dies führt zu einem ergebnisorientierten Kaizen und erweist sich damit als „Universalwaffe" bei der Beseitigung von Verschwendung auf der operativen Ebene, der Verbesserung der Prozessabläufe des Produktions- und Dienstleistungsprozesses und der Erreichung der Unternehmensziele auf der strategischen Ebene (Bild 2.9).

# ■ 2.5 Werkzeuge als Mittel zum Zweck einsetzen

Manche Leser werden Methoden und Werkzeuge wie Kanban oder KVP (Kontinuierlicher Verbesserungsprozess = Kaizen) wiedererkennen und den Eindruck gewinnen: In unserem Unternehmen wenden wir diese Methoden oder Werkzeuge bereits an, also sind wir doch schon Lean. In vielen Unternehmen gibt es 5-S-Initiativen, und die Fehlermöglichkeits- und -einflussanalyse (FMEA) ist ein Standardwerkzeug in der Produktentwicklung. Ist Lean Management eine Frage der Methoden und Werkzeuge? Bedeutet Lean Management, dass, je mehr der ca. 50 Methoden und Werkzeuge im Unternehmen genutzt werden, der „Schlankheitsgrad" des Unternehmens steigt?

 **Kanban:** japanischer Begriff für Karte

Sieht man sich die Methoden und Werkzeuge im Detail an, so ist festzustellen, dass vieles davon nicht aus dem Lean-Umfeld im engeren Sinn, sondern aus ganz anderen Initiativen, wie z. B. Total Quality Management, kommt. Lean Management ist pragmatisch und nutzt alles, was die Ziele unterstützt und bei der Beseitigung von Verschwendung oder der Lösung von Problemen nützlich ist. Wer Lean Management auf die Methoden und Werkzeuge reduziert, begeht einen Kardinalfehler.

Ein Fotograf verwendet eine Kamera, um damit seine Ideen von einem guten Foto umsetzen zu können. Die Werbung der Kamerahersteller will uns glauben machen, dass wir mit dieser oder jener Kamera gute Fotos machen können. Der bekannte Fotograf Andreas Feininger hat einmal gesagt, er kenne einen Amateurfotografen, der eine umfangreiche Fotoausrüstung von hoher Qualität und beträchtlichem Wert besäße. Er habe aber noch nie ein ansehenswertes Foto von diesem Fotografen gesehen. Er kenne aber auch einen Profifotografen, der nur zwei Kameras besäße, damit aber Weltklassefotos machen würde. Ähnlich verhält es sich mit Lean Management ([3] S. 50).

Die Methoden und Werkzeuge sind Mittel zum Zweck. Die Lean-Philosophie ist das Gerüst, welches den wirklichen Wert für das Unternehmen ausmacht. Im Wesentlichen sind dies fünf Prinzipien:

- **Präzise Beschreibung des Wertes des Produkts oder der Dienstleistung**
  Der Wert eines Produkts oder einer Dienstleistung wird ausschließlich vom Kunden bestimmt. Deshalb stehen für Unternehmen, die Lean Management realisieren wollen, die Anforderungen des Kunden und deren „Wertschätzung" von Produkten bzw. deren Eigenschaften an erster Stelle.

- **Identifikation des Wertstroms des Produkts oder der Dienstleistung**
  Hierbei geht es nicht nur um die interne Supply Chain, also den Ablauf des Wertschöpfungsprozesses im Unternehmen, sondern um das gesamte Netzwerk von Unternehmen (Lieferanten, Lieferanten der Lieferanten usw.), die für die Herstellung eines Endprodukts verantwortlich sind (externe Supply Chain). Alle Aktivitäten (ob wertschöpfend oder nicht) sind Bestandteil des Wertstroms und somit Bestandteil des Lean Managements.

- **Strom (Flow) des Wertes ohne Unterbrechung**
  Dieses Lean-Prinzip fordert einen Wertschöpfungsprozess, der nicht durch Lagerung von Zwischen- oder Endprodukten und durch Liegezeiten im Produktionsprozess unterbrochen wird. Dieses Prinzip ist am schwierigsten umzusetzen, da das stapelweise Abarbeiten von Zwischenschritten (Losgrößenfertigung) eine Art Naturgesetz menschlicher Arbeitsweise zu sein scheint, welches nur ungern durch das Flow-Prinzip ersetzt wird.

- **Ziehen (Pull) des Wertes durch den Kunden**
  Entsprechend diesem Prinzip wird der Wertstrom nicht durch den Planungsprozess des herstellenden Unternehmens in Gang gesetzt, sondern durch den Bedarf bzw. die Nachfrage des (End-)Kunden. Es wird demnach nur dann produziert, wenn die Produkte oder die Dienstleistungen nachgefragt werden.

- **Streben nach Perfektion**
  So wie das Lernen in unserer Wissensgesellschaft nie aufhört, so ist Lean Management eine Daueraufgabe. Die Umsetzung des Flow- und des Pull-Prinzips kann immer verbessert werden, und selbst Unternehmen wie Toyota, die vor über 50 Jahren begonnen haben, Lean Management zu realisieren, streben weiter nach Perfektion.

Die Umsetzung dieser Prinzipien im Unternehmen ist eindeutig eine Frage der Unternehmensphilosophie, da es hier nicht mehr nur um die Anwendung eines Werkzeugs oder einer Methode geht, sondern um eine grundlegend andere Einstellung in Bezug auf die Art und Weise der Organisation der Kernprozesse im Unternehmen. Diese Umsetzung in der Praxis bedingt jedoch nicht nur eine Veränderung der Unternehmensphilosophie, sondern auch der Einstellung und des Verhaltens der Mitarbeiter (darunter werden besonders auch die Manager und Experten verstanden).

Diese Veränderung im Unternehmen lässt sich nicht per Vorgabe von Kennzahlen, Unternehmenszielen oder Arbeitsanweisungen erreichen. Auch Schulungen und Fortbildungen können diese zwingend notwendigen Veränderungen nicht bewirken. Hierin liegt der weitaus schwierigere Teil der Transformation eines Unternehmens in Richtung Lean. Damit wird aber auch deutlich, dass Lean Management nur auf den ersten Blick eine Werkzeugsammlung ist. Bei einem tieferen Einblick gelangt man zu der Überzeugung, dass es sich um eine Unternehmensphilosophie und ein Geschäftsmodell für Unternehmen handelt.

Bemerkenswert ist auch die Doppelnatur der Lean-Management-Werkzeuge. Diese soll an einem Beispiel erläutert werden. Das Prinzip One Piece Flow, d. h. die einzelstückorientierte Linienfertigung, ist die Realisierung der Idee einer Produktion, die sehr wenig Verschwendung aufweist. Dies bedeutet, dass sich jedes Produkt kontinuierlich durch die aufeinanderfolgenden Produktionsprozesse mit keiner oder nur geringer Unterbrechung bewegt. Es wird dabei genau die Menge an Fertigprodukten hergestellt, die der Kunde nachfragt. Ein Beispiel hierfür ist die Automobilindustrie in der Endmontage der Fahrzeuge. Hier werden Fahrzeuge in einer Produktionslinie in einer Sequenz gefertigt, die dem Wunsch des individuellen Kunden entsprechen. Die hierdurch mögliche Variantenzahl ist außerordentlich hoch.

Die Vorteile dieser Art der Produktion sind offensichtlich. Die Verschwendung ist erheblich reduziert, und es wird ein mehr oder weniger individuelles Produkt angeboten. Der organisatorische Aufwand für die Steuerung der Fertigung in der erforderlichen Sequenz ist allerdings hoch. Außerdem ist One Piece Flow in der Automobilindustrie nur in der Endmontage realisiert. Bei der Produktion der Karosserieteile und anderer Teile des Fahrzeugs wird nach wie vor mit der Losgrößenfertigung gearbeitet.

One Piece Flow erfordert perfekt aufeinander abgestimmte Produktionsprozesse. Jede Abweichung einer Arbeitsstation von der Takt Time führt zu erheblichen Problemen, weshalb nur wenige Unternehmen dieses Konzept in der Produktion erfolgreich haben realisieren können. Die Doppelnatur der Lean-Werkzeuge bedeutet in diesem Zusammenhang, dass das Konzept One Piece Flow eben nicht nur auf den Produktionsprozess auf der Makroebene, sondern auch auf der Mikroebene der Fertigungszelle realisiert werden kann.

Fertigungszellen stellen die Zusammenfassung mehrerer aufeinanderfolgender Fertigungsschritte in einer Linienfertigung nach dem One-Piece-Flow-Prinzip dar. Hierbei wird der Ablauf der Schritte in einer Fertigungszelle so organisiert, dass ein oder mehrere Mitarbeiter ein Zwischenprodukt ohne Unterbrechung in einem Durchgang herstellen. Dies reduziert die Verschwendung erheblich, ohne dass die Notwendigkeit einer durchgängigen Organisation des gesamten Produktionsprozesses nach dem Prinzip One Piece Flow besteht. Die Lean-Werkzeuge lassen sich somit sowohl im Makro- als auch im Mikromaßstab anwenden.

# ■ 2.6  Sichtbare und nicht sichtbare Elemente beachten

Ein nicht zu vernachlässigender Faktor bei der Lean-Management-Implementierung ist die Trennung der Lean-Management-Philosophie und der Werkzeuge nach sichtbaren und nicht sichtbaren Kategorien. Die nicht sichtbare Lean-Management-Philosophie ist z. B. die gelebte Unternehmenskultur, welche sich im zweiten Schritt in Form des Verhaltens der Manager und Mitarbeiter in der Organisation, der methodischen Vorgehensweisen oder dem Problemlösungsverhalten äußert. Bei den nicht sichtbaren Lean-Management-Werkzeugen kann ein Teil des Pull-Systems als ein Beispiel aufgegriffen werden. Dieses Verständnis von Lean Management ist von hoher Bedeutung bei nachhaltiger Implementierung und Anwendung. Dies soll anhand des folgenden Beispiels verdeutlich werden.

**Beispiel: Sichtbares Element: Levelling Board, nicht sichtbares Element: S&OP/MPS**

Ein Beispiel für die Bedeutung von der Trennung der sichtbaren und nicht sichtbaren Werkzeuge von Lean Management ist das Pull-System (siehe Kapitel 6). Ziel des Pull-Systems ist die nivellierte Fertigung. Dies wird in der Fertigung am Heijunka Board sichtbar, wo die Kanban-Karte nivellierende Funktion hat und den Takt der Fertigung vorgibt. Besucht man nun ein Unternehmen, das die Lean-Management-Prinzipien anwendet, sieht man ausschließlich das Heijunka Board und nimmt an, dass das Heijunka Board die Nivellierung bewirkt. Erwirbt man entsprechende Fachliteratur, so findet man genau diese Beschreibung. Was nun passiert, ist klassisch. Der Besucher versucht nun, in seinem Unternehmen mit Unterstützung von externen Consultants ein Pull-System zu implementieren. Doch das System scheitert. Die Mitarbeiter beschweren sich, dass das System bei schwankenden Bedarfen nicht funktioniert.* Immer wieder stoppt die Produktion und es gibt hohe und niedrige Belastungen in der Fertigung. Doch gerade das sollte durch die Anwendung des Pull-Systems (hier das Heijunka Board) vermieden werden. Am Ende wird das Pull-System als gescheitert angesehen und außer Betrieb gesetzt.

Wie konnte es dazu kommen?

Es wurde ausschließlich das „sichtbare" Werkzeug implementiert und das „nicht sichtbare" aufgrund des mangelnden Wissens ignoriert. Dabei sind beide Elemente für eine erfolgreiche Implementierung notwendig. Die fehlenden Elemente des Pull-Systems, welche nicht sichtbar sind, sind der S&OP (Sales and Operations Plan) und der MPS-Prozess (Master Production Schedule). Hier wird sowohl im langfristigen, mittelfristigen als auch im kurzfristigen Zeitraum der Kundenbedarf nivelliert. Das Heijunka Board ist die physische Umsetzung dieser vorangegangenen Nivellierung und fungiert zugleich als ein Speicherort für Kanban-Karten und als Visual-Management-System. Folglich ist aufgrund der fehlenden Nivellierung das Pull-System gescheitert, da die notwendigen Werkzeuge nicht eingesetzt worden sind.

* Pull-Systeme funktionieren auch besonders bei schwankendem Bedarf, gerade wegen der Nivellierung, und reduzieren die negativen Einflüsse der schwankenden Bedarfe auf die Produktion.

**Sichtbar versus nicht sichtbar**

Die nicht sichtbaren Elemente des Lean Managements zu vernachlässigen ist, als würden Sie ein Auto fahren, das zwar äußerlich alle Merkmale eines funktionsfähigen Fahrzeugs aufweist, dem jedoch der Motor fehlt. ∎

**SALES and Operations Plan (S&OP):** Zusammenführung der Planung von Vertrieb, Marketing, Beschaffung und Finanzen

**MASTER Production Schedule (MPS):** Produktionsplan des Unternehmens im Detail

**PULL-SYSTEM:** Steuerung der Produktionsprozesse auf Basis der Kundennachfrage

**PUSH-SYSTEM:** Steuerung der Produktionsprozesse auf der Basis der Unternehmensplanung

**MANAGEMENTROUTINE:** standardisierter Entscheidungsprozess des Managements ∎

Weitere Beispiele für nicht sichtbare Lean-Management-Werkzeuge:

- Unternehmensvision und -strategie,
- Unternehmenskultur,
- organisiertes Kaizen,
- Manager als Coach,
- Managementroutine,
- Lean-Management-Organisation (z. B. Teamstruktur fünf plus/minus zwei Mitarbeiter pro Team),
- methodische Vorgehensweise wie z. B. 5 Whys, PDCA,
- Standard und Standardized Work. ∎

Die Unterscheidung in sichtbare und nicht sichtbare Elemente ist deshalb von hohem Interesse, da diese sehr häufig für gescheiterte Versuche, Lean Management zu implementieren, verantwortlich sind. Die vermeintlichen Gründe, wie im Beispiel der schwankende Bedarf, der als Grund des Scheiterns dargestellt wird, stellen in einer tiefer gehenden Betrachtung nicht den Auslöser dar. Dieses Problem verschärft sich mit der zunehmenden Abstraktheit, was sich z. B. bei der Unternehmenskultur zeigt. Die schwierige Erfassbarkeit der Unternehmenskultur bei Unternehmensbesuchen, deren Darstellung über Publikationen sowie bei der Vermittlung mittels Schulungen gestaltet sich als äußerst schwierig. Besonders das fehlende Wissen über die Unterteilung nach sichtbaren und nicht sichtbaren Eigenschaften im Management verschärft das Problem und führt oft zu unüberwindbaren Hürden der Implementierung von Lean Management. Umso wichtiger ist, dass dieser Aspekt bei einer Implementierung, sei es von Lean-Management-Werkzeugen oder eines gesamten Business-Excellence-Systems, nicht nur betrachtet wird, sondern auch Anwendung findet.

# ■ 2.7 Teamarbeit umsetzen und Workshops durchführen

Teamstruktur, also eine dezentrale Organisationsstruktur, ist Voraussetzung für eine erfolgreiche und nachhaltige Umsetzung von Lean Management. Bei konsequent durchgeführter Teamarbeit erhalten Mitarbeiter mehr Verantwortung, der Entscheidungsspielraum vergrößert sich und die Arbeit wird abwechslungsreicher. Dadurch steigen die Kompetenz und Kreativität der Mitarbeiter, der Informationsfluss wird beschleunigt, Probleme werden schneller gelöst. Ein Team besteht aus fünf plus/minus zwei Mitarbeiter und einem Teamleiter. Die Team-Meetings sollten dabei regelmäßig in kurzen Abständen stattfinden, am besten täglich (siehe Kapitel 7).

Workshops sind hierbei ein gutes Instrument, um den Teamzusammenhalt zu stärken und in kurzer Zeit Lösungen zu erarbeiten. Durch Workshops betont das Management die Bedeutung der Aufgabenstellung und erhöht die Motivation der Mitarbeiter. Dauer und Teilnehmer können anhängig von der Aufgabenstellung variieren.

 **Beispiel: Typische Lean Management-Workshops**

- Kaizen-Workshop
- Hoshin-Workshop
- Cardboard-Workshop
- Minimum-Technical-Solution-Workshop
- SMED-Workshop
- Wertstromanalyse-Workshop
- 5S-Workshop
- TPM-Workshop
- QRQC-Workshop

# 3 Die richtigen Strategien und Ziele für das Unternehmen definieren

## ■ 3.1 Die Vision des Unternehmens

### ■ Einstieg

John P. Kotter schreibt in seinem viel beachteten Buch über Change Management ([4] S. 8 – 9): "Whenever you cannot describe the vision driving a change in five minutes or less and get a reaction that signifies both understanding and interest, you are in for trouble." Eine klare Vorstellung über die angestrebte zukünftige Entwicklung des Unternehmens bei langfristigem Betrachtungshorizont ist die Voraussetzung und Grundlage jedes Veränderungsprozesses. Umfassende Erklärungen über ein Sammelsurium von geplanten Aktivitäten und Projekten sind keine Vision.

Aus diesem Grund beginnt die Transformation des Unternehmens im Rahmen des Lean Managements mit der Entwicklung einer Vision, welche den idealen Zustand des Unternehmens in der Zukunft bei langfristiger Perspektive beschreibt. Die Vision ist damit die wichtigste Grundlage für die Entwicklung einer Mission und der Unternehmensziele bei mittel- und kurzfristiger Betrachtung.

 **Beispiel: Vision für das Unternehmen**

Befragt nach ihrer Vision für das Unternehmen antworten viele Manager mit einer Liste von Vorhaben: die Entwicklung eines neuen Produkts, die Eröffnung einer Niederlassung in China, der Aufbau eines Managementinformationssystems. Stellen Sie sich vor, Sie wären potenzieller Investor und müssten sich eine entsprechende Liste mit angenommen 25 Plänen, wie die aufgeführten, anhören. Wären Sie der Meinung, dass das Unternehmen eine überzeugende und interessante Vision hat?

### ■ Worum geht es?

Die Vision eines Unternehmens wird im Wesentlichen durch die Unternehmenskultur bestimmt. Darunter werden die Überzeugungen und die Werte eines Unternehmens verstanden, welche die Denkweise und die Aktivitäten innerhalb des Unternehmens und in der Außenwirkung bestimmen. Die Unternehmenskultur wird im Umgang der Mitarbeiter untereinander und mit dem Management sowie in der Außenbeziehung zu Kunden und Lieferanten transparent.

Die Vision bestimmt zusammen mit dem Unternehmenszweck die Unternehmenskultur. Der Unternehmenszweck gibt vor, wie sich das Unternehmen in den nächsten zehn bis 30 Jahren zu entwickeln beabsichtigt. Auf der Grundlage der Unternehmensphilosophie kann das Unternehmen ein Leitbild entwickeln, welches den Fokus auf das Umfeld hat. Damit kann die Mission erstellt werden, die eine präzisere Formulierung der Ziele des Unternehmens in der Außensicht, also z. B. markt- bzw. kundenorientierte Ziele, beinhaltet. Von entscheidender Bedeutung bei der Entwicklung der Vision und der Mission ist, dass die Mitarbeiter bei der Erstellung beteiligt sind, eine Kommunikation gegenüber allen Mitarbeitern bzw. Lieferanten und Kunden erfolgt und die Manager eine Vorbildfunktion einnehmen.

Die Vision ist im Rahmen des Lean Managements die wesentliche Grundlage, in welche Richtung sich das Unternehmen entwickeln soll (Bild 3.1). Sie ist quasi der Kompass, der auch dann noch die Richtung vorgibt, wenn der Weg zum nächsten kurzfristigen Ziel weitgehend unklar ist. Gerade bei der Realisierung von Veränderungen bzw. Verbesserungen ist oft die Frage offen, wie und wo diese ansetzen sollen. Besteht eine klar formulierte Vision, ist eine Beantwortung der Frage sehr viel einfacher.

**Bild 3.1**  Vision für Manager und Unternehmen

## Grenzen überwinden: Die Vision von Toyota

 **Beispiel: Globale Vision von Toyota (Kurzfassung)**

"Toyota will lead the way to the future of mobility, enriching lives around the world with the safest and most responsible ways of moving people.

Through our commitment to quality, constant innovation and respect for the planet, we aim to exceed expectations and be rewarded with a smile.

We will meet our challenging goals by engaging the talent and passion of people, who believe there is always a better way."

(toyotal-global.com; 6. 11. 2012)

Für Toyota ist der Weg vom heutigen Zustand zu einem weit in der Zukunft liegenden Zustand unklar. Es wird zweifellos immer wieder Hindernisse geben, deren Überwindung schwierig oder aus heutiger Sicht unmöglich erscheint. Eindeutig und klar ist aber der zukünftige Zustand, der die Vision des Unternehmens darstellt. Die Vision von Toyota erscheint bei rationaler Betrachtung nicht erreichbar. Auf der Basis des derzeitigen Stands des Wissens und der verfügbaren Technologien kann die Vision nicht realisiert werden.

Aber genau das ist das Problem der meisten Unternehmen angesichts notwendiger bevorstehender Veränderungen. Der Ausgangszustand und das aktuelle Wissen über Methoden und Technologien hindern die Unternehmen daran, eine Vision zu entwickeln, welche die Grenzen des Heute überwindet und damit den Weg frei macht für einen erfolgreichen Veränderungsprozess.

Die Vision von Toyota kann durch vier Merkmale beschrieben werden, die den zukünftigen Zustand des Unternehmens beschreiben ([5] S. 44):

- null Fehler,
- 100 % Wertschöpfung,
- One Piece Flow in Sequenz synchronisiert mit der Nachfrage,
- Sicherheit für die Menschen.

Die Herstellung fehlerhafter Produkte und Fehler in den Herstellungsprozessen sind Verschwendung von Ressourcen. Deshalb wird das Ziel angestrebt, jeden Fehler aus den Prozessen und Produkten zu eliminieren. Hieraus ergibt sich die ständige Aufgabe, die Ursachen von Fehlern zu identifizieren und endgültig zu beseitigen.

Ein Produktionsprozess, der ausschließlich wertschöpfende Aktivitäten enthält, muss frei von jeglicher Verschwendung sein. Verschwendung hat folgende Erscheinungsformen (in Anlehnung an [6] S. 66 f.):

1. Überproduktion: Herstellung von Produkten, für die keine Aufträge vorliegen, woraus Lagerbestände entstehen.

2. Wartezeit: Mitarbeiter, die auf den Abschluss des vorgelagerten Prozessschrittes warten und aufgrund von Fehlmengen oder wegen technischer Ausfälle und Kapazitätsengpässen keine Arbeit haben.

3. Unnötiger Transport oder Beförderung: Transport von Halbfabrikaten über lange Distanzen, Transport von Material in oder aus einem Lager oder zwischen Prozessschritten.

4. Unnötige oder falsche Prozesse: ineffiziente Prozesse aufgrund schlechter Werkzeuge oder Produktgestaltung, nicht notwendige Prozessschritte.

5. Überschüssige Lagerbestände: überflüssige Bestände an Halbfabrikaten und Fertigprodukten, obsolete Bestände.

6. Unnötige Bewegungen: überflüssige Bewegungen/Aktivitäten von Mitarbeitern während der Arbeit (z. B. für das Holen von Werkzeugen und Material).

7. Defekte: Herstellung von defekten Teilen (Ausschuss) oder Fehlerbehebung (Nachbearbeitung).

8. Ungenutzte Kreativität der Mitarbeiter: Verlust von Zeit, Ideen, Verbesserungen, Fähigkeiten und Chancen zu lernen, wenn Mitarbeiter nicht in den Verbesserungsprozess einbezogen werden.

 **Überproduktion**

Überproduktion ist als die gravierendste Verschwendung anzusehen, da Ressourcen für die Herstellung dieser Produkte in Anspruch genommen werden, ohne dass die Notwendigkeit hierfür besteht. Erweisen sich die im Rahmen der Überproduktion hergestellten Güter als obsolet, d. h., es gibt keine Kunden hierfür, ist auch noch das Ergebnis der Aktivität ohne Wert.

Unter One Piece Flow werden der Strom des Wertes ohne Unterbrechung und die Übereinstimmung zwischen der Kundennachfrage und den ablaufenden Produktionsprozessen verstanden. Die Produktion wird folglich im Idealzustand nach der Vision perfekt mit der Kundennachfrage synchronisiert. Unterbrechungen und Wartezeiten sind damit aus dem Waren- bzw. Materialfluss eliminiert.

Toyota möchte entsprechend der Vision einen Wert für die Kunden, die Gesellschaft und die Mitarbeiter generieren. In der langfristigen Perspektive stehen die finanziellen Ziele nicht im Vordergrund, sondern der Wert, den das Unternehmen für die Gesamtgesellschaft darstellt. Damit ist nicht nur der Fokus der Vision auf das Unternehmen allein gerichtet, sondern bezieht Kunden, Lieferanten und die Gesellschaft mit ein.

Die Vision gibt die Richtung vor, in welche sich das Unternehmen entwickeln möchte. Sie beschreibt den langfristig anzustrebenden Zustand der Prozesse des Unternehmens. Wie am Beispiel der Vision Toyotas erkennbar, ist die Vision ein „Idealzustand". Heute, im Status Quo, sind die Unternehmensprozesse noch weit von dem Idealzustand entfernt. Der Erreichung dieses Idealzustandes stehen Hindernisse im Weg. Dabei kann es sich beispielsweise um die Anzahl der fehlerhaft produzierten Teile oder um die mangelnde Prozessbeherrschung handeln. Auf dem Weg zum Ziel gibt es Zwischenschritte (in Bild 3.2 mit Zielzustand 1 und 2 bezeichnet). Durch Maßnahmen, welche die Hindernisse aus dem Weg räumen, kommt das Unternehmen vom Status Quo auf z. B. den Zielzustand 1. Dieser ist ein Meilenstein auf dem Weg zur Vision. So bewegen sich die Unternehmensprozesse Schritt für Schritt in Richtung Vision. Durch die Vision werden quasi die Koordinaten vorgegeben, die in einer fernen Zukunft durch die Aktivitäten im Rahmen des Lean Management erreicht werden sollen.

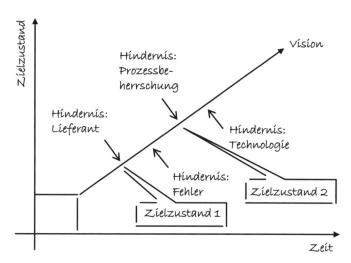

**Bild 3.2** Vision

## ■ Was bringt mir das?

Eine Vision, welche die Grenzen der Möglichkeiten des heutigen Stands des Wissens und der Technologie überwindet und einen zukünftigen Zustand des Unternehmens umschreibt, hat den Vorteil, einen Wegweiser in eine erfolgreiche Zukunft des Unternehmens darzustellen. Die Hindernisse, die der Erreichung dieses Zustands entgegenstehen, werden erkannt und können im Rahmen des Veränderungsprozesses nach und nach aus dem Weg geräumt werden.

Toyota beschreibt den Weg zu dieser Vision mittels des sogenannten „4-P-Modells" ([6] S. 57). Hierdurch wird dem Management eine Selbstverpflichtung zur Verfolgung der festgelegten Vision auferlegt. Damit haben die Manager eine Grundlage zur Erfüllung der Vorbildfunktion für die Mitarbeiter. Die 4 P bestehen aus folgenden Elementen:

1. Philosophie: Diese beinhaltet das Bekenntnis zur Entwicklung hervorragender Prozesse und stellt den langfristigen Nutzen des Unternehmens für die Gesellschaft über kurzfristige wirtschaftliche Ziele.

2. Prozesse: Die Eliminierung von Verschwendung in den Prozessen und die Ausrichtung des Wertstroms an den Kunden des Unternehmens stehen im Vordergrund der Veränderungen im Unternehmen.

3. People (Mitarbeiter und Geschäftspartner): Die Ausbildung von Führungskräften, welche die Unternehmensphilosophie vertreten, und die langfristige Zusammenarbeit mit Kunden und Lieferanten sowie die Entwicklung von Mitarbeitern sichern die langfristige Unternehmensentwicklung.

4. Problemlösungen: Die lernende Organisation, die versucht, die Prozesse zu verstehen und diese kontinuierlich zu verbessern, sichert dem Unternehmen den entscheidenden Vorsprung im Wettbewerb.

**Beispiel: Inditex – Realisierung der Vision einer agilen Supply Chain**

Das Unternehmen Inditex (besser bekannt unter dem Markennamen ZARA) gilt als eines der wenigen Unternehmen, das erfolgreich eine „agile" Supply Chain aufgebaut hat. Die Supply Chain ist aus vielen Gründen so interessant, dass die renommierte Harvard Business School diese ausführlich dokumentiert hat [7].

Der Supply Chain von Inditex liegt eine Vision einer „agilen" Supply Chain zugrunde. In dieser Vision sind das Design neuer Modekollektionen, die Produktion und die Auslieferung in die Ladengeschäfte nicht nur mit der quantitativen Nachfrage der Kunden, sondern auch mit dem sich in dieser Branche schnell verändernden Geschmack der Kunden synchronisiert. Eine Leistung, die in dieser Branche für unmöglich gehalten wurde. Aus diesem Grund ist das Fallbeispiel Inditex besonders interessant. Als genauso „unmöglich" realisierbar, wie man die Vision von Toyota ansieht, wurde die Vision von Inditex betrachtet.

Inditex (Industria de Diseño Textil) wurde im Jahre 1985 in A Coruña in Spanien gegründet und stellt modische Bekleidung verschiedener Marken her, wovon ZARA die bekannteste ist. Der Markt, in dem das Unternehmen seine Produkte anbietet, gilt als schwierig, da Käufergeschmack und Modetrends sich häufig wandeln. So wie in jeder Branche gibt es so etwas wie „den Stand der Technik" oder Best Practice. Dies bedeutet: Die Unternehmen, die sich dieser Standards bedienen, werden im Wettbewerb bestehen. Vergleicht man Inditex mit Best Practice der Bekleidungsindustrie, findet man folgende Situation vor.

Die führenden Unternehmen haben vor vielen Jahren eine Straffung des Sortiments durchgeführt. Standard in der Bekleidungsindustrie sind 2000 bis 4000 Stock Keeping Units (SKUs, vergleichbare verschiedene Artikel). Der Vorteil dieser reduzierten Variantenanzahl sind niedrigere Lagerbestände und ein weniger komplexes Management bei Produktion und Distribution. Inditex hat einen Umfang von 11 000 SKUs. Bei Weitem zu viele Varianten im Wettbewerbervergleich.

Das gestiegene Lohnkostenniveau in Europa und vielen anderen Regionen der Welt hat dazu geführt, dass arbeitsintensive Produktionsprozesse in Niedriglohnländer verlagert wurden. Indien, Pakistan, Bangladesch und viele Länder in Asien sind heute der bevorzugte Produktionsstandort für die Textilproduktion. Die Verringerung der Fertigungstiefe durch Outsourcing erschien als die Strategie der ersten Wahl. Inditex stellt demgegenüber einen Großteil der Produkte in 20 unternehmenseigenen Fabriken her.

Das Outsourcing von Logistikleistungen ist eine „Standardstrategie" nicht nur in der Bekleidungsindustrie. Logistikdienstleister arbeiten in der Regel nicht nur kostengünstiger als eigene betriebliche Abteilungen, sondern weisen in den meisten Fällen auch die höhere Effizienz auf. Inditex verfügt über ein eigenes zentralisiertes Distributionszentrum und Zentrallager in A Coruña und Zaragoza.

Kunden, die vor einem leeren Regal stehen, sind der Schrecken aller Händler. Deshalb sind kontinuierliche Aktivitäten zur Reduzierung von Fehlmengen eine strategische Aufgabe. Bei ZARA werden gelegentliche Fehlmengen gefördert. Im Handel, unabhängig von den verkauften Waren, eine Taktik, die den Verlust des Markts bedeuten kann.

Werbung ist für die Bekleidungshersteller eine Überlebensstrategie. Nur eine ausgefeilte Marketingstrategie, die mit einem umfangreichen Werbeetat ausgestattet ist, kann eine ausreichende Anzahl Kunden in die Ladengeschäfte locken. Deshalb geben die meisten Unternehmen im Durchschnitt 3 bis 4 % des Umsatzes für Werbung aus. Inditex hingegen gibt nur 0,3 % des Umsatzes aus.

Der Vergleich von Inditex und der Best Practice der Branche zeigt, dass das Unternehmen offensichtlich „alles falsch macht". Damit würde das Unternehmen über kurz oder lang vom Markt verschwinden. Aber das Gegenteil ist der Fall. Die Kennzahlen des Unternehmens, wie Return on Equity oder Return on Capital Employed, übertreffen seit vielen Jahren die der Wettbewerber. Wie kann es aber sein, dass das Unternehmen prosperiert, obwohl es „alles falsch macht"? Die Antwort liegt in der agilen Supply Chain.

Vergleicht man die marktbezogenen Leistungskennzahlen, werden die Ursachen des Erfolgs klar. Die Time to Market für eine neue Kollektion bei Inditex liegt bei vier bis fünf Wochen. Die Wettbewerber benötigen hierfür im Durchschnitt neun Monate. Damit kann Inditex sehr viel schneller auf aktuelle Markttrends reagieren als die Wettbewerber. Inditex stellt nach Saisonstart 85 % der Bekleidung her, bei den Wettbewerbern sind es im Durchschnitt zwischen 0 und 20 %. Das Unternehmen kann damit sofort auf unzutreffende Marktprognosen reagieren. Bei Kollektionen, die sich schlecht verkaufen, wird wenig nachproduziert. Bei gut verkäuflichen Produkten kann schnell nachproduziert werden. Deshalb liegt der Anteil der Misserfolge bei neuen Produkten bei Inditex bei nur 1 %, der Industriedurchschnitt hingegen liegt bei rund 10 %.

Die Lagerdauer im Zentrallager bei Inditex liegt bei wenigen Stunden bis maximal drei Tagen. Die Wettbewerber, die bereits zu Saisonbeginn alles oder 80 % der Ware haben herstellen lassen, müssen diese bis zum Ende der Saison lagern. Die Sortimentsstrategie bei Inditex sieht einen schnellen Wechsel der Produktlinien vor. Drei Viertel der ausgestellten Ware werden alle drei bis vier Wochen gewechselt. Eine Nachbestellung nach dem Wechsel der Kollektion ist in der Regel nicht möglich (forcierte Fehlmenge). Dies führt dazu, dass die Kunden im Durchschnitt 17-mal die Filialen des Unternehmens besuchen. Bei den Wettbewerbern ist dies nur viermal der Fall. Preisnachlässe zu Saisonende sind in der Branche üblich. Etwa 30 bis 40 % der Ware werden am Saisonende zu stark reduzierten Preisen verkauft. Inditex hingegen muss lediglich 15 bis 20 % des Verkaufsvolumens zu herabgesetzten Preisen verkaufen.

Die Supply Chain von Inditex ist in Bild 3.3 dargestellt.

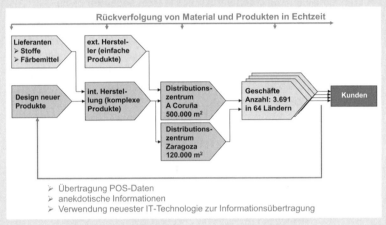

**Bild 3.3** Supply Chain von Inditex

Die Wertschöpfungskette von Inditex ist an der Vision einer agilen Supply Chain ausgerichtet. Die Idealvorstellung war dabei, eine Supply Chain zu konzipieren, die schnell auf Veränderungen im Markt reagieren kann. Wird ein neuer Trend im Markt ausgemacht, kann das Unternehmen innerhalb von vier bis fünf Wochen mit einer neuen Kollektion reagieren. Erweist sich eine Kollektion als schlecht verkäuflich, kann die Produktion umgehend gedrosselt werden, da so gut wie keine Lagerbestände existieren. Ist die Kollektion hingegen sehr gut verkäuflich, kann umgehend in ausreichenden Mengen nachproduziert werden. Die informationstechnische Verknüpfung von Point of Sale und Design neuer Produkte ermöglicht eine schnelle Anpassung des Designprozesses an aktuelle Marktveränderungen.

Für den Transport der Waren in die Filialen werden ausschließlich Luftfracht oder Lkw-Transporte eingesetzt. Die Distributionszentren sind auf einen schnellen Durchlauf der Waren ausgelegt. Die Produktion ist auf einen geringen Auslastungsgrad der Kapazitäten ausgerichtet. Hierdurch werden ebenfalls schnelle Durchlaufzeiten durch den Produktionsprozess

> erreicht. Dies scheint vor allem durch das Eigentum sowohl an den Distributionszentren als auch großteils an den Produktionsanlagen durch Inditex selbst gewährleistet zu sein. Eine Produktion, die an ein Fremdunternehmen vergeben ist, kann kaum im Hinblick auf die Durchlaufzeit so optimiert werden, wie es die Vision von Inditex verlangt. Auch die Distributionszentren eines Logistikunternehmens würden kaum die hohen Anforderungen an die Geschwindigkeit erfüllen können, die Inditex fordert. ∎

Zusammenfassend lassen sich aus dem Fallbeispiel folgende Schlussfolgerungen ziehen:

- Eine Vision, eine Beschreibung des Idealzustands des Unternehmens in der Zukunft ist eine notwendige Grundlage für den Veränderungsprozess.
- Dass diese Vision unerreichbar erscheint oder die Grenzen des Möglichen überschreitet, ist kein Fehler, sondern notwendige Voraussetzung für einen erfolgreichen Veränderungsprozess. Hätte Inditex Best Practice als Zielvorstellung gewählt, wäre das Unternehmen ein Anbieter von vielen mit durchschnittlicher Performanz. Allein die Verfolgung der Vision eines agilen Unternehmens hat das Unternehmen herausragend werden lassen.
- Die Supply Chain von Inditex kann nicht ohne Weiteres kopiert werden. Das Outsourcing von Produktion und Logistikdienstleistungen, welches die Wettbewerber realisiert haben, ist weitgehend irreversibel. Das Alleinstellungsmerkmal von Inditex sichert den nachhaltigen Markterfolg.

# ■ 3.2 Hoshin Kanri – Policy Deployment

## ■ Einstieg

In den meisten Unternehmen ist das Führen durch Ziele Standard. Im sogenannten Management by Objectives (MbO) werden ergebnisorientierte Ziele von der obersten Führungsebene festgelegt und durch Detaillierung in Teil- und Unterziele an die jeweils darunter liegende Führungsebene weitergegeben. Nicht selten sind Ziele „Verschlusssache" und nur den betroffenen Managern oder Abteilungsleitern bekannt. Gleichzeitig sind die Ziele Erfolgs- oder Misserfolgskriterien, die sowohl über Karriere und Boni entscheiden als auch über den Erfolg des Unternehmens und die Arbeitsplatzgarantie aller Mitarbeiter.

In diesem Führungssystem findet selten eine Abstimmung von unten nach oben statt, und die Fähigkeiten der jeweiligen operativen Einheit und die Erwartungen der internen und externen Kunden bleiben weitgehend unberücksichtigt. Was aber noch weitaus bedenklicher erscheint, ist die Orientierung an quantitativen Ergebnissen. Es kommt nicht darauf an, einen Prozess so zu verbessern, dass ein definierter Soll-Zustand erreicht wird, sondern dass „die Zahlen stimmen", genauer gesagt die Zielgröße der

Vorgabe entspricht. Hierbei sind Inseloptimierungen, die zulasten von anderen Prozessen geht, nicht unwahrscheinlich. Als Resultat werden Ergebnisse einzelner Managementebenen und -funktionen optimiert, nicht aber das gesamte Unternehmen.

Hoshin Kanri ist eine Methode zur Erreichung des langfristigen Unternehmensziels, welches in der Vision des Unternehmens festgeschrieben ist. Dabei werden alle Mitarbeiter vom CEO bis zum Maschinenbediener in deren Zielorientierung und Handlungen auf diese Vision ausgerichtet. Die heute vorhandenen und potenziell möglichen Fähigkeiten der Mitarbeiter bleiben dabei nicht unberücksichtigt.

### ■ Worum geht es?

Hoshin Kanri bedeutet wörtlich aus dem Japanischen übersetzt „Management durch eine Kompassnadel" und gründet sich auf die Arbeiten von Peter Drucker und Joseph Juran Ende der 50er-Jahre. Die Vision, die im vorhergehenden Kapitel vorgestellt wurde, ist dabei das langfristige Ziel des Unternehmens, welches durch Hoshin Kanri (oft auch als Policy Deployment oder Management by Policy bezeichnet) erreicht werden soll.

Hoshin Kanri ist weitaus mehr als die einfache Aufgliederung der Globalziele des Unternehmens in Unterziele. Hoshin Kanri ist für viele Unternehmen, wie Hewlett-Packard, Nippon Denso oder Xerox, zum Erfolgsrezept geworden. Was aber unterscheidet die Methodik des Hoshin Kanri von dem weitaus besser bekannten Management by Objectives, welches in vielen Unternehmen etabliert ist?

Hoshin Kanri zeichnet sich durch folgende Merkmale aus ([9] S. 69 f.):

▪ Alle Führungskräfte und Mitarbeiter werden eingebunden.

▪ Es wird ein systematischer Ableitungs- und Abstimmungsprozess über alle Führungsebenen des Unternehmens durchgeführt.

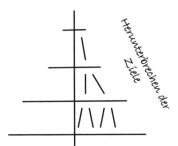

**Bild 3.4** Horizontaler und vertikaler Abstimmungsprozess

▪ Hoshin Kanri umfasst alle Ebenen des Unternehmens sowohl in vertikaler als auch horizontaler Richtung (Bild 3.4).

▪ Aus der Vision des Unternehmens werden übergeordnete Durchbruchsziele entwickelt und festgelegt.

▪ Aus den Durchbruchszielen werden die wesentlichen Strategien und Ziele für alle Führungskräfte und Mitarbeiter abgeleitet.

▪ Mit Hoshin Kanri werden somit alle Mitarbeiter auf die gleiche Vision und die gleichen Ziele ausgerichtet (Bild 3.5).

**Bild 3.5** Hoshin Kanri auf Mitarbeiterebene

Der Planungsprozess des Hoshin Kanri beginnt mit der Entwicklung der Unternehmensvision, die in Kapitel 3.1 vorgestellt wurde. Auf der Basis der Vision werden in der nächsten Stufe des Prozesses Zwischenziele (manchmal auch Durchbruchsziele genannt) entwickelt. Diese haben einen Zeithorizont von bis zu fünf Jahren und betreffen größere Verbesserungen (Durchbruchsverbesserung, japanisch Kaikaku genannt) im Unternehmen. Dies könnte z. B. die Umstellung der Beschaffung auf Lager zur Just-in-time-Anlieferung sein. Die Durchbruchsverbesserung wird entsprechend dem PDCA-Zyklus durchgeführt. Dieser gibt die Methodik vor, wie das angestrebte Ziel mittels Verbesserungsmaßnahmen erreicht wird. In Kapitel 4.1 wird detailliert hierauf eingegangen.

Die Methodik wird entsprechend den folgenden Schritten durchgeführt:

- Bestimmung des aktuellen Zustands des Prozesses oder des Ablaufs (Ist-Zustand),
- Festlegung des angestrebten Zustands des Prozesses (Soll-Zustand),
- Priorisierung der Zwischen- bzw. Durchbruchsziele, da eine Konzentration auf wenige, strategisch wichtige Zwischenziele erforderlich ist,
- Planung der Realisierung der Zwischenziele,
- Kommunizieren des Plans, gegebenenfalls Verbesserung/Veränderung,
- Freigabe des Plans und Umsetzung,
- regelmäßige Reviews und gegebenenfalls Verbesserung/Veränderung in relativ kurzen Abständen (wöchentlich, monatlich),
- Jahresreview des Plans mit Erweiterung der Wissensbasis und Reflexion der Ergebnisse.

Aus den Zwischenzielen bzw. Durchbruchszielen werden in der nächsten Stufe des Hoshin Kanri Jahresziele abgeleitet und in Form einer Zielkaskade an die verschiedenen Bereiche, Abteilungen und Gruppen des Unternehmens übergeben. Diese Ziele werden jeweils mit Messgrößen versehen, die im nächsten Planungsschritt auf die jeweilige Ebene zuzuschneiden sind. Diese Messgrößen dienen allerdings nie dazu, Mitarbeiter zu bewerten, sondern ausschließlich zur Messung der Zielerreichung (Bild 3.6).

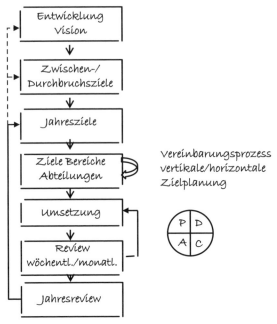

**Bild 3.6**  Hoshin-Kanri-Prozess (in Anlehnung an [8] S. 75)

Die Ziele werden allerdings nicht, wie im Management by Objectives üblich, einfach übergeben und deren Erfüllung wird nicht einfach eingefordert, sondern es findet ein Vereinbarungsprozess statt, der sowohl die vertikale als auch die horizontale Zielstruktur beinhaltet. Betrachtet man auf der Prozessebene eine operative Einheit des Unternehmens, so kommen von der Funktionsebene des Unternehmens Zielplanungen, die mit den Kundenanforderungen und Fähigkeiten in Einklang stehen müssen. Dies bedeutet konkret, dass von internen (oder externen) Kunden, also z. B. von einer Abteilung, die Leistungen aus diesem Prozess empfängt (z. B. Halbfabrikate, die in der Montage weiterverarbeitet werden), Anforderungen gestellt werden, die möglicherweise nicht in Einklang mit den Fähigkeiten des Prozesses stehen (spezifizierte Toleranz der Teile). Damit würden (nach dem heutigen Stand) nicht erfüllbare Anforderungen bestehen. Deshalb wird an dieser Stelle des Hoshin-Kanri-Prozesses eine Vereinbarung in beide Richtungen, sowohl gegenüber der vertikalen als auch gegenüber der horizontalen Zielebene, getroffen. Der entscheidende Vorteil von Hoshin Kanri liegt darin, dass damit Insellösungen, Optimierung einer Abteilung zulasten einer anderen, nicht zum Tragen kommen (Bild 3.7).

Auf der operativen Ebene kommt überwiegend der Kontinuierliche Verbesserungsprozess zur Anwendung, um die Ziele aus Hoshin Kanri zu erreichen (vgl. Kapitel 5.13). Im Rahmen einer systematischen Analyse der Ist-Situation und auf der Basis des angestrebten Soll-Zustands des Prozesses werden Verbesserungen zur Erreichung des Soll- oder Zielzustands entwickelt und umgesetzt. Waren die Verbesserungen erfolgreich, wird der neue Prozess zum Standard und der nächste Verbesserungsprozess in Gang gesetzt (Bild 3.8).

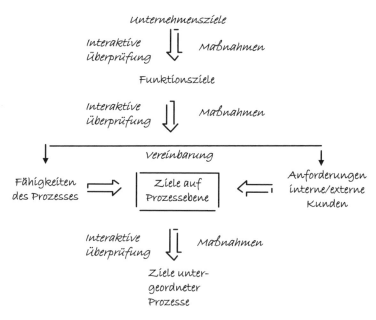

**Bild 3.7** Abstimmung der Zielplanung im Hoshin-Kanri-Prozess (in Anlehnung an [9] S. 152 und 157)

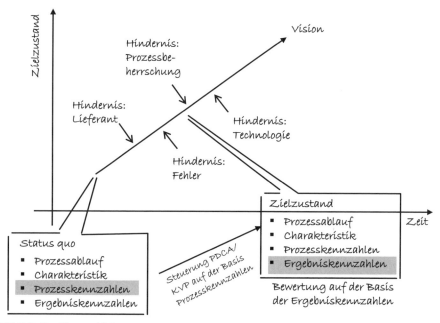

**Bild 3.8** Der Weg zur Vision

## ■ Was bringt mir das?

Die Entwicklung von Unternehmenszielen mittels Hoshin Kanri hat gegenüber den häufig angewendeten Methoden, wie z. B. Management by Objectives, erhebliche Vorteile:

- Hoshin Kanri ist nicht einseitig auf Ergebnisse fixiert, sondern Vorgehensweise und Methode sind ebenso Bestandteil der Entwicklung von Unternehmenszielen für alle Ebenen und Mitarbeiter.

- Die ganzheitliche Sichtweise auf der Basis des langfristigen Ziels des Unternehmens, welches in der Vision formuliert ist, vermeidet suboptimale Lösungen auf der Ebene der Bereiche und Abteilungen.

- Die Ziele in Form von Ergebniskennzahlen auf den verschiedenen vertikalen Ebenen werden nicht verwendet, um Führungskräfte zu steuern, sondern den Erfolg der durchgeführten Maßnahmen zu messen.

- Die Unternehmensziele werden offen kommuniziert, sodass jeder Mitarbeiter eine Vorstellung von der zukünftigen Entwicklung des Unternehmens und seines Arbeitsbereiches hat.

- Zur Erreichung der Ziele werden erprobte Methoden eingesetzt, die den Prinzipien einer lernenden Organisation genügen.

- Die Festlegung der Ziele auf den verschiedenen Ebenen berücksichtigt sowohl die Fähigkeiten als auch die Anforderungen der internen und externen Kunden.

**Beispiel: Einsatz der Radiofrequenz-Identifikation in den Supply Chains des Handels**

Im Management von Supply Chains spielt die Identifikation von Gütern und Waren grundsätzlich eine große Rolle, unabhängig davon, ob es sich um Automobilhersteller oder Unternehmen des Lebensmitteleinzelhandels handelt. Die Identifikation des Ortes eines Gutes in der Supply Chain ist aus vielen Gründen erforderlich.

- Waren und Güter werden in der Supply Chain verfolgt, um den planmäßigen Ablauf von Transport- und Lagerprozessen zu überwachen.

- Beim Eintreffen einer Sendung soll die Vollständigkeit der Lieferung überprüft werden.

- Beim Beladen eines Lkw sollen die Bestandteile der Ladung ermittelt werden.

- Beim Einlagern und Auslagern von Waren in einem Distributionszentrum soll der Lagerplatz festgestellt werden.

- An der Ladenkasse in einem Einzelhandelsgeschäft soll das Produkt identifiziert und der richtige Verkaufspreis ermittelt werden.

Diese Beispiele für den Bedarf, Objekte in einer Supply Chain zu identifizieren, sollen aufzeigen, dass eine häufige und möglichst in Echtzeit erfolgte Identifizierung notwendig ist, um eine Supply Chain mit akzeptablen Kosten und niedrigen Reibungsverlusten steuern zu können.

Stellen wir uns ein Handelsunternehmen vor und nehmen an, dieses verwendet Hoshin Kanri, um die Zielplanung durchzuführen, so würde sich im Hinblick auf den Ist-Zustand und bei Betrachtung der Identifikation von Waren als wesentliches Element zur Prozesssteuerung folgende Situation ergeben.

Die Identifikation wird mittels des Barcodes durchgeführt. Diese, seit vielen Jahren etablierte Technologie, hat eine ganze Reihe von Vorteilen:

- Barcodes sind kostengünstig (Stückpreis kleiner ein Cent).
- Die Technologie ist standardisiert und die verwendeten Nummernsysteme sind weltweit abgestimmt und überschneidungsfrei.
- Die Lesegeräte sind zuverlässig und aufgrund des Verbreitungsgrades und der hohen Stückzahl kostengünstig.
- Der Praxis stehen verschiedenste Arten von Barcodes für unterschiedliche Einsatzzwecke zur Verfügung.

Ein zukünftiger Zustand (Ziel- oder Soll-Zustand) der Identifikationsprozesse im Handel könnte wie folgt formuliert sein:

- Die Identifikationsvorgänge laufen in Echtzeit ab. Es gibt keine Verzögerungen, wenn z. B. Waren im Distributionszentrum ankommen. Sofort nach Eintreffen im Zentrum werden die Waren vollständig erfasst und im Lagerwirtschaftssystem des Lagers sowie den IT-Systemen, die für das Supply Chain Management verwendet werden, registriert.
- Es sind keine manuellen Vorgänge zur Erfassung der Informationen über die eingehenden Waren erforderlich. Wenn z. B. eine Palette eintrifft, werden sofort alle auf der Palette befindlichen Verpackungseinheiten lückenlos erfasst.
- Die Ware wird an den jeweiligen Lagerplätzen nach der Einlagerung erfasst und im Lagerwirtschaftssystem registriert. Es gibt jederzeit und ohne Verzögerung eine komplette Liste der eingelagerten Waren mit Standort. Eine körperliche Inventur ist eine Sache von wenigen Sekunden.
- In den Filialen des Unternehmens fährt der Kunde seinen Einkaufswagen zur Kasse. Dort sind ohne Einzelscan jedes Produkts sofort alle Informationen über den Einkauf verfügbar, sodass der Kunde ohne Wartezeit den Bezahlvorgang durchführen kann.

Die Vorteile eines solchen Soll-Zustands liegen auf der Hand.

- Jederzeitige Übersicht über die Waren in der Supply Chain, sowohl was den Transportweg betrifft als auch die Lager und die Filialen.
- Die Prozesskosten in der Supply Chain reduzieren sich ganz erheblich, da der manuelle Aufwand zur Erfassung der Barcodes entfallen würde.
- Der Kunde wäre begeistert, da es keine Wartezeiten an den Ladenkassen mehr gibt.

Vor etwa 20 Jahren wäre jeder Manager, der einen solchen Soll-Zustand in Form einer Vision formuliert hätte, belächelt und nicht ernst genommen worden. Heute wäre dies zweifellos anders. Hier sind wir genau an dem Punkt, wo Verständnis für die Formulierung einer Vision als sehr ideal und weit von dem heute Machbaren entsteht. Wir lassen uns allzu häufig von dem heute Möglichen beeinflussen. Eine Vision aber muss sich davon lösen. Wir werden erleben, wie der geschilderte Zielzustand mithilfe der Radiofrequenz-Identifikation (RFID) in einigen Jahren erreicht werden kann.

RFID nutzt die Transpondertechnologie zur Identifikation von beweglichen Gegenständen. Das RFID-System besteht aus drei Komponenten: dem Transponder als programmierbaren Datenträger (häufig auch als „Tag" bezeichnet), dem Schreib-/Lesegerät und der internen Computerapplikation (auf dem Hostrechner). Über eine Luftschnittstelle, die manchmal auch als „Air Interface" bezeichnet wird, können Transponder auf eine Entfernung von einigen Metern mit einer Schreib-/Leseeinheit mittels Radiowellen als Transportmedium Daten austauschen. Die Verbindung zum Hostrechner, welcher die Daten weiterverarbeitet, erfolgt über eine lokale Schnittstelle.

Die Transponder bestehen aus einem kleinen Mikrochip, der die Funktion eines Datenträgers hat. Dieser speichert Informationen und kann diese bei Bedarf über ein Koppelelement (häufig eine Spule) mit der Funktion einer Antenne weitergeben. Dies ist der Fall, wenn sich der Tag im Einzugsbereich eines Schreib- bzw. Lesegerätes befindet, das durch ein elektromagnetisches Feld Signale aussendet. Auf der Basis eines definierten Kommunikationsprotokolls findet dann ein Datenaustausch statt.

Mit dieser Technologie wird der beschriebene Zielzustand der Identifikationsprozesse in der Supply Chain in den nächsten Jahren möglicherweise Realität. Eindrücklicher kann man die Wirkung von Visionen und die Realisierung mittels Hoshin Kanri nicht beschreiben. Unternehmen, wie Metro oder Wal-Mart, sind seit vielen Jahren mit der Konzeption und dem Test von RFID-Systemen beschäftigt und werden in absehbarer Zeit den Zielzustand erreicht haben.

# ■ 3.3 Produktionssystem – Operations System

Die Ausrichtung der ständigen Verbesserung im Unternehmen auf die Effizienz bei einer ganzheitlichen Sichtweise ist ein entscheidender Schritt von punktuellen Verbesserungen hin zu einer ganzheitlichen Orientierung der operativen Exzellenz. Selbst Unternehmen, welche sich der Lean-Philosophie verschrieben haben, verlieren all zu oft den Blick auf das Ganze und verlieren sich in vielen Verbesserungsprojekten (Kaizen-Projekte), die in manchen Fällen sogar kontraproduktiv wirken, wenn das Gesamtoptimum des Unternehmens betrachtet wird.

Das sogenannte Point-Kaizen (vergleiche Kaizen im Kapitel 5) ist die am meisten eingesetzte Kaizen-Strategie in Unternehmen zu Beginn der Implementierungsphase von

Lean Management. Punktuelle Verbesserungen bzw. Workshops ohne ganzheitliche Abstimmung sind der Kern dieser Kaizen-Art. Diese werden von einzelnen Initiativen getragen, wie z. B. der Eigenmotivation von Mitarbeitern am Arbeitsplatz oder der Führungskräfte in deren Verantwortungsbereichen. Dabei ist die nachhaltige Effizienzwirkung dieses Systems auf das Gesamtunternehmen und dessen Strategie im Rahmen des Verbesserungsprozesses gering. Dieses System wird oft zu Beginn einer Lean-Management-Initiative durchgeführt, um der Organisation sowohl die Möglichkeit der ersten Erfahrung zu geben als auch die versteckten Probleme des Unternehmens an die Oberfläche zu befördern.

Die Problematik mit Point-Kaizen besteht, wenn diese nicht gezielt für die Phase Null der Lean-Management-Initiative als Vorinitialzündung eingesetzt wird. Das heißt, dass nur das Point-Kaizen im Unternehmen als Verbesserungsstrategie verstanden und implementiert wird. Es passiert allzu oft, dass Unternehmen nur diese Kaizen-Strategie kennen bzw. anwenden. Die Gründe hierfür sind vielfältig, wobei eine fehlende Erfahrung mit der Implementierung von Lean Management im Unternehmen selbst oder die Wahl der falschen Berater bei der Implementierung von Lean Management den Schwerpunkt der Fehlerursachen darstellt.

Die Wertstromanalyse (VSM – Value Stream Mapping) ist ein Weg, um diese Problematik zu vermeiden. Die Wertstromanalyse stellt sicher, dass entlang des Wertstromes die Verschwendung erkannt wird und die Verbesserung gezielt geplant werden kann. Hierdurch wird gewährleistet, dass die Prioritäten in Bezug auf Engpässe entlang des Wertstroms richtig definiert werden und somit keine sich gegenseitig aufhebenden Verbesserungen entstehen.

Die Kür der Kaizen-Strategien bzw. der Ausübung von Kaizen im Unternehmen ist die Anwendung von Hoshin Kanri-Kaizen innerhalb eines Produktionssystems (Operation System bzw. Business Excellence Systems). Hierdurch können die gesamten Verbesserungen entlang des Unternehmens auf die Unternehmensstrategie ausgerichtet werden. Parallel gewährleistet das Produktionssystem die effiziente Umsetzung der Verbesserungsideen bzw. -maßnahmen. Das heißt, dass das Produktionssystem sicherstellt, dass Methoden, Prinzipien, Vorgehensweisen usw. im Unternehmen definiert und alle Mitarbeiter trainiert sind. Hinzu kommt, dass die Organisation durch die Anwendung von Wissenstransfermethoden (zum Beispiel „Best Practice") schnellen Wissenstransfer innerhalb des Unternehmens generiert, zur Anwendung von Lean Management auffordert sowie Defizite aufzeigt.

In der nachfolgenden Fallstudie wird deutlich, wie der Schritt zu einer auf das gesamte Unternehmen orientierten Verbesserung vollzogen werden kann.

**Beispiel: Einführung eines KVP/Kaizen-Prozesses bei Diehl Aircabin**

*Von Peter Klugger (Diehl Aircabin)*

Zur Weiterentwicklung der bisher erfolgreich eingeführten Lean-Philosophie im Produktionsbereich (inklusive den dazugehörigen Methoden und Werkzeuge) war es - und ist es auch weiterhin - unerlässlich, ein ganz-

heitliches, kontinuierliches Verbesserungskonzept, welches das Vorantreiben und Manifestieren der Lean- bzw. Verbesserungskultur zukunftsfähig unterstützt, einzuführen.

Als erster Schritt hierfür wurde die Einführung des KVP/Kaizen-Prozes-
ses gewählt. Dieser Punkt war im bereits vorgestellten Phasenmodell in
der Phase VI als kleine Verbesserungen verankert.

Wichtig für die Einführung war das Bewusstsein, dass dieser Prozess ein
laufender, nicht endender Prozess ist und sein wird. Neben den wirtschaftlichen Zielen, wie Effizienz- und Produktivitätssteigerung, Verbesserung der Qualität und Arbeitsabläufe sowie der ständigen Reduktion
von Verschwendung in kleinen Schritten, standen aber vor allem auch
soziale Ziele wie die Erhöhung der Identifikation mit dem Unternehmen
und den Produkten, die Steigerung der aktiven Mitgestaltung und Verbesserung des eigenen Arbeitsumfelds und somit der Erhöhung der eigenen Mitverantwortung am Erfolg der Firma im Vordergrund. Keine Idee
soll verloren gehen, jede Idee zählt.

Zusammen mit der Geschäftsführung des operativen Bereichs (COO)
wurde ein Projektteam installiert, welches eine Analyse aller in der Vergangenheit eingeleiteten Maßnahmen untersuchte. Bei der Besetzung
des Projektteams wurde großen Wert darauf gelegt, ein multifunktiona-
les Team zu bilden. Dieses Team war aus den verschiedensten Produk-
tionsbereichen und administrativen Bereichen sowie aus Vertreter des
Betriebsrates zusammengesetzt. Im Anschluss daran wurde ein Bench-
mark mit ausgewählten, exzellenten Firmen durchgeführt. Diese Firmen
hatten alle einen effektiven, funktionierenden und gelebten KVP/Kaizen-
Prozess im Einsatz. Für das Benchmarking wurde zusammen mit dem
Projektteam ein ausführlicher und detaillierter Fragenkatalog entwickelt.
Nach Beendigung der Benchmark-Phase wurden die Ergebnisse zusammengefasst, dem aktuellen Status gegenübergestellt und Best-Practice-
Beispiele bezüglich KVP/Kaizen hervorgehoben und dem COO sowie
dem Lenkungsausschuss präsentiert (Bild 3.9). Daraus ableitend wurde
eine Empfehlung für das weitere Vorgehen ausgesprochen.

Als Schlüsselelement für den Erfolg einer solchen Verbesserungsphilo-
sophie wurde die volle und nicht nachlassende Aufmerksamkeit der Geschäftsführung und den Führungskräften identifiziert. Darüber hinaus
wurden in den Zielvereinbarungen klare Vorgaben bezüglich KVP/Kaizen
verankert, um das Bewusstsein zu schaffen, dass für diesen Prozess
sehr viel Aufwand und Disziplin von allen Beteiligten benötigt werden,
damit die Nachhaltigkeit auch in Zukunft sichergestellt ist.

Dieser Fokus wurde mit der obersten Führungsebene im operativen Bereich vertieft und im nächsten anstehenden Zielvereinbarungsprozess
durch die Geschäftsführung mit der Zielvorgabe von einem Verbesserungsvorschlag pro Mitarbeiter verankert. Außerdem wurden regelmäßige

| | Firma 1 | Firma 2 | Firma 3 | Firma 4 | Diehl Aircabin |
|---|---|---|---|---|---|
| Anzahl Mitarbeiter | 170 | 70 | ca. 3.000 | ca. 1.300 | ca. 1.500 |
| Einführung Lean | 2010 | 2010 | 2008 | 2003 | 2008 |
| BVW (Betriebliches Vorschlagswesen) | vorhanden aber nicht gelebt | nein | ja | ja | ja |
| KVP (Kaizen) | PUL-Listen | - | - | KVP und BVW (1,97) | Kaizen und BVW (0,38) |
| | - | - | Workshops | Workshops (viermal jährlich) | - |
| | Verbesserungsprojekte | Verbessserungs-projekte | Verbesserungsprojekte | Verbesserungsprojekte | Verbesserungsprojekte |
| Prämie KVP (Kaizen) | nein | nein | nein | nein | nein |
| Organisatorische Aufhängung Lean | Leiter Supply Chain | Geschäftsführer (Eigentümer) | COO | COO | Produktionsleitung |
| Entlohnung | Stundenlohn | Stundenlohn | Stundenlohn | Leistungsentlohnung | Leistungsentlohnung |
| Schichtbetrieb | 1 Schicht | 1 Schicht | 2 Schicht | 2 Schicht | 2 Schicht |
| Einbindung Betriebsrat | - | - | von Anfang an | von Anfang an | von Anfang an |
| Treiber | Leiter Supply Chain | Geschäftsführer (Eigentümer) | Leiter Supply Chain | COO | Produktionsleiter/COO |
| Wo ist KVP (Kaizen) im Unternehmen vorhanden? | Produktion | Produktion | Produktion | Produktion | Logistik Produktion FAL-Support Engineering |
| KVP (Kaizen) Schlosser! | wird selber umgesetzt | wird selber umgesetzt | wird selber umgesetzt | ja, vier Mitarbeiter | wird selber umgesetzt |
| Zielvorgaben zu KVP (Kaizen)! | nein | nein | nein | ja | ja |
| Wie läuft KVP (Kaizen)? Subjektive Einschätzung | gut | KVP gut | nur mit Fürsprecher | sehr gut | ausbaufähig |
| Wer holt die KVP (Kaizen) ab? | Inselleiter | - | Kostenstellenleiter | Kostenstellenleiter | Team-Leiter Change Agent |

KVP = Kaizen (Kleinstidee)

**Bild 3.9** KVP/Kaizen-Benchmark-Matrix – Zusammenfassung

Reporting-Strukturen, wie Regelrunden, Quartalsberichte und Jahresabschlussbericht, eingeführt.

Durch diese ständige Aufmerksamkeit der Führungskräfte konnten bei sämtlichen Kennzahlen, wie z. B. die Anzahl der Verbesserungsvorschläge, die Anzahl der Beteiligten oder der Umsetzungsquote, eine Vervierfachung gegenüber dem Vorjahr erreicht werden.

Angetrieben durch diesen Erfolg konnten im nächsten Jahr nun auch die beiden bisher noch nicht beteiligten Bereiche des CEO und CFO, welche alle administrativen Abteilungen beinhalten, zur Einführung dieses KVP/Kaizen-Prozesses gewonnen werden.

Außerdem wurde das Ziel „ein Verbesserungsvorschlag pro Mitarbeiter" in die Unternehmensziele integriert.

Die Dokumentation erfolgt pragmatisch und unbürokratisch über die ALPS-Intranet-Seite in eine Excel-Vorlage. Hier ist zu jedem Zeitpunkt der aktuelle Stand gegenüber der Zielvorgabe und für alle Mitarbeiter, einsehbar (Bild 3.10).

Dieser Top-down-Ansatz zur Einführung des Prozesses wurde bewusst so gewählt, um den notwendigen Fokus der Führungskräfte zu mobilisieren und auszubauen sowie die Wichtigkeit der ständigen Verbesserung klar herauszuheben.

Als weiterer Schritt für die Zukunft ist geplant, den Bottom-up-Ansatz in selbstorganisierten KVP/Kaizen-Teams zu fördern und diese Verbesserungskultur weiterzuentwickeln.

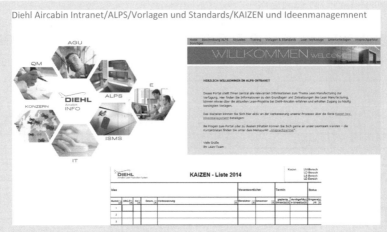

**Bild 3.10** Kaizen-Dokumentation

Wichtig bei der Einführung des KVP/Kaizen-Prozesses war es außerdem, dass dieser nicht mit dem bestehenden, gut funktionierenden, klassischen betrieblichen Vorschlagswesen (BVW) in Konflikt kommen sollte (Bild 3.11). Der BVW-Prozess wird von den Mitarbeitern sehr gut angenommen und gelebt und ist ausführlich in einer Betriebsvereinbarung geregelt. Somit musste eine einfache, aber klare Abgrenzung zum KVP/Kaizen-Prozess definiert werden. Diese Unterscheidung wurde kommuniziert und dient somit dazu, dass keine Ideen, auch kleine Ideen aus dem eigenen Arbeitsbereich, verloren gehen. Der unbürokratische Vorgang des KVP/Kaizen-Prozesses dient vor allem auch der schnellen Umsetzung.

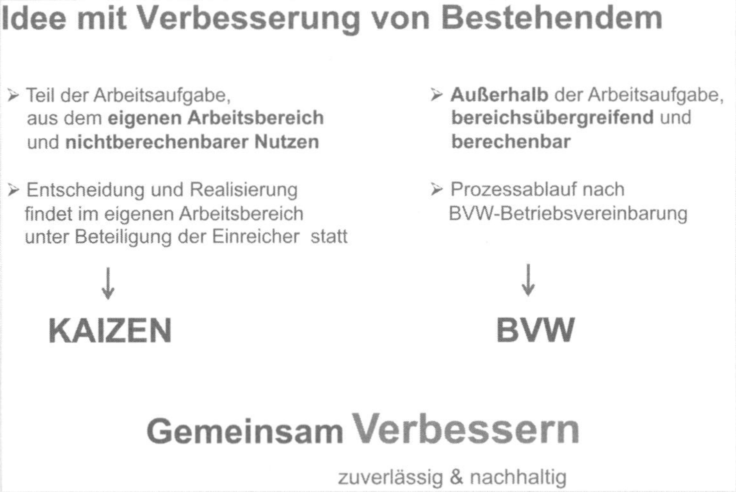

## Idee mit Verbesserung von Bestehendem

> Teil der Arbeitsaufgabe, aus dem **eigenen Arbeitsbereich** und **nichtberechenbarer Nutzen**

> **Außerhalb** der Arbeitsaufgabe, **bereichsübergreifend** und **berechenbar**

> Entscheidung und Realisierung findet im eigenen Arbeitsbereich unter Beteiligung der Einreicher statt

> Prozessablauf nach BVW-Betriebsvereinbarung

↓

## KAIZEN

↓

## BVW

## Gemeinsam Verbessern

zuverlässig & nachhaltig

**Bild 3.11** Abgrenzungen Kaizen und BVW

Das BVW und der KVP/Kaizen-Prozess werden nun mehr und mehr als eine ganzheitliche Verbesserungssystematik wahrgenommen, was zu einer Schärfung des Gedankens der Reduzierung von Verschwendung und der ständigen Verbesserung führt und somit maßgeblich die Weiterentwicklung der Verbesserungskultur stärkt und vorantreibt. Unterstützend wurde auch noch das Prämiensystem des betrieblichen Vorschlagswesens attraktiver gestaltet und zusätzlich eine halbjährliche und jährliche Sonderverlosung von interessanten Preisen im KVP/Kaizen-Prozess eingeführt. Weitere Auszeichnungen befinden sind bereits in Planung.

Des Weiteren finden regelmäßige Workshops im Kreise der Geschäftsführung und des obersten Managements statt, um ein einheitliches Verständnis und eine strukturierte Vorgehensweise für eine Diehl Aircabin-Verbesserungskultur über die nächsten Jahre nachhaltig zu gestalten.

# 4 Die Lean-Initiative mit Methoden und Kennzahlen umsetzen

## ■ 4.1 Plan, Do, Check, Act (PDCA)

### ■ Einstieg

Das Ideenpotenzial der Mitarbeiter zur Verbesserung der Unternehmensprozesse zu nutzen ist in den vielen Unternehmen gelebte Praxis. Hierfür sind meist organisatorische Abläufe festgelegt. Unter dem Begriff „betriebliches Verbesserungsvorschlagswesen" oder „Ideenmanagement" werden diese Initiativen der Mitarbeiter im Unternehmen bewertet und entsprechend umgesetzt. In Lean-Unternehmen ist dieser Aspekt nicht nur wesentlich ausgeprägter, sondern Bestandteil der Unternehmensphilosophie. In deutschen Unternehmen werden von 100 Mitarbeitern im Durchschnitt ca. 60 Ideen pro Jahr zur Verbesserung eingebracht. Bei Toyota bringt ein Mitarbeiter durchschnittlich ca. 65 Ideen pro Jahr ein, von denen rund 90 % realisiert werden.

Dieser Erfolg liegt nicht einzig und allein an der Methodik, die wir nachfolgend vorstellen werden, sondern auch an der Einstellung der Mitarbeiter gegenüber dem Unternehmen und der verinnerlichten Philosophie der ständigen Verbesserung. Die unbürokratische Handhabung von Verbesserungsideen im Rahmen des PDCA trägt jedoch erheblich dazu bei.

### ■ Worum geht es?

In jedem Unternehmen existieren Methoden oder oft sogar unternehmensinterne Normen, wie Projekte durchzuführen sind. In den meisten Fällen lassen sich diese auf die hier zur Diskussion stehenden Verbesserungsprojekte anwenden. Die hier nachfolgend vorgestellte Methodik unterscheidet sich von den üblicherweise angewendeten. Der PDCA-Methodik liegt eine wissenschaftliche Vorgehensweise zugrunde. Es wird eine Hypothese formuliert, die es im Rahmen der einzelnen Phasen des PDCA zu beweisen oder abzulehnen gilt. Dies hat den Vorteil, dass Mitarbeiter, die eine Idee zur Verbesserung einbringen, mit einer Vermutung über die Wirkung einer Veränderung den Startpunkt des PDCA-Prozesses setzen können. Durch statistische Methoden und Analysen wird die Hypothese/Vermutung entweder verifiziert oder falsifiziert, d. h. verworfen. Im ersten Fall wird die Veränderung z. B. eines Prozessablaufes zum neuen Standard und ist zukünftig Bestandteil z. B. der Arbeitsplatzbeschreibung. Die PDCA-Methodik umfasst insgesamt vier Phasen, die nachfolgend im Einzelnen beschrieben werden (Bild 4.1).

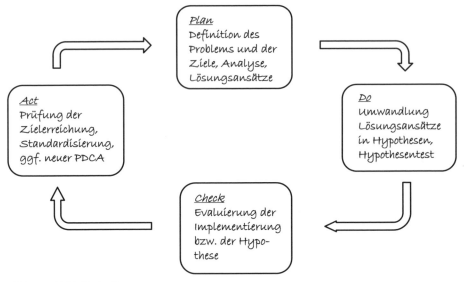

**Bild 4.1** PDCA-Methodik

## Plan

In der Planungsphase wird nicht nur ein Zeit- oder Projektplan entworfen, sondern hier erfolgt eine Analyse des Problems. Deshalb umfasst diese die folgenden Arbeitsschritte:

1. Definition des Problems und welche Ziele mit der Lösung des Problems erreicht werden sollen (Beispiel: Problem ist eine hohe Ausschussquote von 15 %, diese soll als Zielgröße bei 3 % liegen). Dies bedeutet, dass der Zielzustand mithilfe der Ergebniskennzahlen quantifiziert wird. Als Zwischenziel im Workshop wird die Lean-Management-Methode angewendet: Cut by half – folglich ist zuerst das Ziel 7,5 % zu erreichen.

2. Ist- und Zielwert werden einander gegenübergestellt, daraus wird die Abweichung ermittelt (im Beispiel: Reduzierung der Ausschussquote um 12 %).

3. Festlegung der Methode, um das Problem zu lösen (z. B. eine Fehlersammelliste).

4. Analyse des Problems mithilfe von Lean-Werkzeugen (z. B. Korrelationsanalyse der Ausschussquote im Zusammenhang mit der jeweils verwendeten Fertigungsmaschine am Ort des Geschehens – Gemba).

5. Detaillierte Analyse des Problems und der erhobenen Daten, Definition der Problemursachen auf der Basis Genchi Genbutsu (z. B. Identifizierung der Spannvorrichtung eines bestimmten Herstellers als Problemursache).

6. Definition der potenziellen Hypothesen. Ziel ist es hierbei, schnelle und kostengünstige bzw. nachhaltige Lösungsansätze zu entwickeln (z. B. Test der geänderten Spannvorrichtung).

Mit dem sechsten Arbeitsschritt ist die Planungsphase abgeschlossen. Besonderer Wert ist auf eine gründliche Analyse der Problemursachen zu legen. Die 6-W-Hinterfragetechnik ist beispielsweise eine gute Methode, die wahre Problemursache zu ermitteln und das Problem in den nächsten Phasen des PDCA endgültig zu lösen. Ziel ist es, 80 % der Zeit in Analyse und Test zu investieren, um nachhaltige Lösungen zu finden, und nur 20 % für die Implementierung aufzuwenden.

## Do

Die in der Plan-Phase entwickelten Lösungsansätze werden jetzt in eine Hypothese umgewandelt, um diese in der Praxis zu testen und abzulehnen oder anzunehmen. Da mittels der PDCA-Methodik sowohl einfache als auch komplexe Probleme gelöst werden können, muss man zwei verschiedene Vorgehensweisen im Rahmen der Phase zwei unterscheiden.

Viele Probleme sind einfacher Natur. Beispiel: Ein Mitarbeiter hat die Idee, dass durch eine Veränderung der Montagereihenfolge eine Reduzierung der Zeit für den Arbeitsschritt von 2,5 Sekunden erreicht werden kann. In diesem Fall sind keine umfangreichen Testläufe erforderlich. Der Mitarbeiter bekommt im Rahmen eines Experiments die Gelegenheit, seine Hypothese zu beweisen. Trifft diese zu, wird sofort die Arbeitsanweisung (bzw. der Standard) angepasst, und zukünftig wird die Montage nach der neuen Reihenfolge durchgeführt. Auf die Testphase folgt sofort die Umsetzungsphase.

Bei komplexeren Problemen wird nach Aufstellung der Hypothese die Testphase begonnen. Ziel ist auch hierbei, die Hypothese anzunehmen oder abzulehnen. In diesem Fall werden in der Do-Phase ausschließlich Tests durchgeführt.

## Check

In dieser dritten Phase werden die Ergebnisse des Tests bewertet. Bei den erwähnten einfacheren Problemen wird die Implementierung bewertet. Im Beispiel der Montagereihenfolge wird bewertet, ob die Veränderung zu einem gleichbleibenden Ergebnis bezüglich der Zeit für den Arbeitsschritt führt. Bei den komplexeren Problemen wird der Hypothesentest einer Bewertung unterzogen. Es wird überprüft, ob die Tests zu den in der Hypothese formulierten erwarteten Ergebnissen geführt haben. Entsprechend wird die Hypothese angenommen oder abgelehnt.

Nicht zu unterschätzen ist die durch diese Tests gewonnene Wissenserweiterung. Die durchgeführten Experimente haben z. B. auch bei Ablehnung der Hypothese gezeigt, welche Faktoren sich als nicht wirkungsvoll erwiesen haben.

## Act

In der Act-Phase werden Entscheidungen auf der Grundlage der Ergebnisse der Analyse, der Tests und der festgelegten Zielvorgaben getroffen. Es wird geprüft, ob die Verbesserung das Ziel erreicht hat und das Projekt abgeschlossen werden kann oder ein weiterer Durchlauf durch die PDCA-Phasen erforderlich ist.

Sind die vorgegebenen Ziele erreicht worden, werden die in der Hypothese formulierten Verbesserungsmaßnahmen implementiert und in einem für den betreffenden Prozess definierten neuen Standard festgeschrieben. Damit wird der PDCA-Kreislauf aber nicht abgeschlossen, sondern es wird das nächste Problem in Angriff genommen. PDCA ist damit ein kontinuierlich ablaufender Prozess, der ausgelöst durch erkannte Probleme angetrieben wird.

Nachdem beispielsweise eine Reduzierung des Ausschusses auf 3 % erreicht worden ist, fragt sich das Verbesserungsteam, warum eigentlich 3 %? Cut by half führt zu der Frage, warum nicht 1,5 % Ausschuss als neues Ziel, sodass das Team eine neue Verbesserungs- herausforderung erhält. Es kommt nicht zu einem Stillstand, sondern zu einem Konti- nuierlichen Verbesserungsprozess (Bild 4.2).

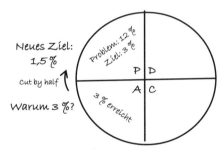

**Bild 4.2**  Act des PDCA-Kreises als KVP

Werden die vorgegebenen Ziele nicht erreicht, geht der PDCA-Prozess wieder in die Plan-Phase zurück. Die in der Analyse- und Testphase gewonnenen Erkenntnisse (Daten, Informationen etc.) werden für einen neuen Durchlauf verwendet. Der PDCA-Kreislauf wird so lange durchlaufen, bis die Ziele erreicht werden. Dies bedeutet nichts anderes als ein im PDCA-Kreis integrierter PDCA-Kreis (Bild 4.3).

Man kann sich diese Funktionsweise wie ein Fraktal vorstellen. Je tiefer man in die Strukturen eines Fraktals eintaucht, desto mehr neue gleichartige Strukturen tauchen auf. In der Act-Phase des PDCA wird mit dem Abschluss und der Standardisierung (bei erfolgreicher Implementierung) der nächste Kreislauf begonnen. Dies wird so lange fortgeführt, bis das Niveau der Perfektion erreicht wird.

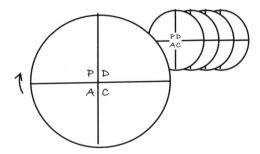

**Bild 4.3**  PDCA im PDCA

**Beispiel: Ausstattungsmontage des Airbus A380 bei Airbus Industries in Hamburg (siehe [10])**

Das folgende Praxisbeispiel ist das Ergebnis der ständigen Verbesserung in den bereits zuvor durchgeführten Projekten der Ausstattung anderer Modelle des Flugzeugherstellers Airbus und stellt damit die Summe der dabei gewonnenen Erkenntnisse dar.

Der Airbus A380 ist ein Flugzeug von bislang im Passagierbereich noch nicht realisierten Dimensionen. Ein Flugzeug, welches mehr als 555 Menschen befördern kann und die Ausmaße eines fünfstöckigen Wohnhauses hat, ist von Airbus Industries erstmals realisiert worden. Im Airbus-Werk Hamburg findet die Ausstattungsmontage statt. Folgende Aufgaben sind hierzu zu erfüllen:

- Arbeiten zur Vorbereitung für die eigentliche Ausstattung,
- Ausstattung der Frachträume (diese erfolgt parallel zur Ausstattung der Kabine),
- Ausstattung der Kabine (hierzu gehören Teppiche, Seitenbereiche und -verkleidung, Inneneinrichtung wie Küchen Toiletten, Gepäckablagen etc., Sitze, Notrutschen, Frachtladesysteme und Kleinteile sowie Beschriftungen),
- Funktionstest und Qualitätssicherung,
- Abnahme durch den Kunden,
- Übergabe zum nächsten Fertigungsschritt (Lackierung).

Die Durchlaufzeit durch diesen Produktionsschritt liegt bei ca. sechs Wochen, bei zwei Schichten pro Tag erfolgt die Erfüllung der genannten Aufgaben innerhalb von nur ca. 30 Werktagen. Es sind insgesamt 160 Mitarbeiter in jeder Schicht eingesetzt. Aus der Lean-Sicht war eine der wesentlichen Aufgabenstellungen bei der Planung, die Verschwendung so gering wie möglich zu halten und gleichzeitig eine hohe Qualität zu erreichen. Bei der Planung der Ausstattungsmontage wurden folgende Vorgaben zur Erreichung dieser Ziele festgelegt:

- Wertschöpfender Prozess der Ausstattung ist die Montage, deshalb sollten alle Prozesse und Abläufe darauf ausgerichtet sein.
- Der Monteur sollte sich ausschließlich auf die Tätigkeit des Montierens konzentrieren können.
- Die typische Verschwendung bei dieser Tätigkeit ist das Verlassen des Montageorts im Flugzeugrumpf, um Werkzeug oder Material zu holen. Diese sollte ausgeschlossen werden.
- Um den Monteur frei von jeglicher Tätigkeit zu halten, die mit Materiallogistik zu tun hat, war die Schnittstelle zwischen Logistik und Montage am Montageort festzulegen.

- Der Monteur sollte genau das Material an seinem Arbeitsplatz verfügbar haben, welches für die konkret zu erbringende Leistung erforderlich war. Hierzu wurden sogenannte Material Delivery Units (MDUs) entwickelt, in welchen sich genau die benötigten Teile befinden.

- Da durch die parallele Montage und die beengten räumlichen Verhältnisse nur wenig Raum für Transportmittel zur Verfügung steht, kommen Förderfahrzeuge nicht infrage. Außerdem entsteht hierdurch die Gefahr der Beschädigung des Rumpfes, was zu Auslieferungsverzögerungen führen würde.

- Vor der Realisierung des Konzepts waren stationäre Kleinteileläger (z. B. mit Befestigungsmaterial) üblich. Da dies jedoch aus der Lean-Sicht zu unnötiger Bewegung, also Verschwendung führt, sollten an den MDUs Kleinteilemagazine befestigt werden, sodass der Monteur alles Notwendige am Arbeitsplatz verfügbar hat.

Um die Versorgung der Monteure mit den MDUs reibungslos und ohne Zeitverzögerung zu gestalten, ist das Flugzeug in zehn Montagezonen auf drei Ebenen aufgeteilt. Diese Montagezonen werden parallel und jeweils individuell versorgt. Der Zugang erfolgt über alle vorhandenen Flugzeugtüren und -tore. Der Materialfluss zu den Montageplätzen im Flugzeug ist nach dem Pull-Prinzip organisiert. Im sogenannten Cabin Equipment Center (CEC) werden die für die Ausstattung notwendigen Teile und Materialien zunächst bereitgestellt. Dieses Logistikzentrum befindet sich in einem separaten Gebäude. Hier erfolgt entsprechend dem Montagefortschritt eine Kommissionierung des Materials in die MDUs.

Im CEC werden die MDUs mit den Teilen anforderungsgerecht befüllt. Parallel wird ein sogenannter Butler mit den notwendigen Kleinteilen bestückt. Butler und MDU werden anschließend vereint und just in time per Lkw an die Montagehalle befördert. Hier liefert der Lkw über eine wettersichere Schleuse schichtgenau an. Über einen Scherenhubtisch werden die MDUs zu einem Lastenaufzug gefahren und in die entsprechende Ebene befördert. Die mit Transportrollen ausgestatteten MDUs werden durch Mitarbeiter der Materiallogistik ohne weitere Hilfsmittel zum Bereitstellungsort transportiert.

Die besondere Herausforderung des Konzepts bestand in der geforderten kurzen Durchlaufzeit und den hohen Qualitätsanforderungen, die in der Luftfahrt Standard sind. Kurze Durchlaufzeiten sind nur realisierbar, wenn Verschwendung, d. h. unnötige Wege der Monteure und damit Zeitverschwendung, eliminiert wird. Lean Management war in diesem Fall das Lösungskonzept, um die hohen Anforderungen zu erfüllen. Die besonderen Gegebenheiten des Arbeitsplatzes des Monteurs (begrenztes Platzangebot an der Montagestelle, parallele Tätigkeit von 160 Mitarbeitern) machten darüber hinaus eine ausgefeilte Organisation des Materialflusses erforderlich. Hierzu ist eine prozessorientierte Planung und Durchführung zwingend notwendig.

Die Ausstattungsmontage des A380 zeigt, dass mit Lean-Konzepten und einer auf die wertschöpfenden Anteile der Prozesse ausgerichteten Denkweise in der Organisation der Abläufe Leistungen erreicht werden können, die mit „konventionellen Methoden" nicht erreichbar sind.

### ■ Was bringt mir das?

Die konsequente Umsetzung der PDCA-Methodik bringt folgende Vorteile mit sich:

- Der Verbesserungsprozess läuft im Rahmen einer strukturierten und standardisierten Methodik ab, die praxiserprobt und effektiv ist.
- Zielausrichtung ist die Behebung der Ursache, nicht des Symptoms.
- Die Kreativität der Mitarbeiter wird genutzt, um die Produktionsprozesse kontinuierlich zu verbessern. Damit wird die Effizienz gesteigert und das Arbeitsumfeld der Mitarbeiter wird optimiert.
- Die Verbesserung der Prozesse erfolgt nicht per „Anweisung" am Mitarbeiter vorbei, sondern der Mitarbeiter ist der wichtigste Bestandteil des Prozesses.
- Der Abschluss einer Verbesserungsmaßnahme ist nicht der Abschluss eines Projektes, sondern ein Zwischenschritt auf dem Weg zur Verwirklichung der Vision. Der Verbesserungsprozess kennt keinen Stillstand.

# ■ 4.2 Der A3-Report

### ■ Einstieg

Der A3-Report ist die Dokumentation zur methodischen Steuerung und Begleitung eines Problemlösungsprozesses. Um diese Dokumentation so einfach wie möglich zu gestalten, muss eine DIN-A3-Seite ausreichen. Dies hat den Vorteil, dass alle wesentlichen Fakten und Aspekte des Problemlösungsprozesses kurz und knapp dokumentiert werden und an die Stelle von langatmigen und umständlichen Berichten treten.

In manchen Literaturquellen wird der A3-Report als singuläres Werkzeug zur Erstellung eines strukturierten Berichts vorgestellt. Dies wird der Bedeutung des A3-Reports in keiner Weise gerecht. Die PDCA-Methodik wird in der Praxis durch die A3-Berichtsstruktur bei komplexeren Verbesserungsprojekten begleitet, die einerseits der Dokumentation des aktuellen Stands des jeweiligen PDCA-Projekts dient. Andererseits wird damit der Dialog zwischen dem Supervisor oder dem Teamleiter in der Funktion des Lean-Coachs und dem oder den Mitarbeitern unterstützt, die das PDCA-Projekt aktiv durchführen. Genchi-Genbutsu- und Gemba-Verhalten werden verpflichtend durch den Einsatz des A3-Reports sowohl für den Mitarbeiter als auch den Vorgesetzten eingefordert. Hierdurch wird den Beteiligten ein mächtiges Werkzeug in die Hand gegeben, das nur in dieser Kombination seine volle Wirkung entfaltet. Weiteres Einsatzgebiet des A3-Reports ist das Wissensmanagement, worauf nicht in diesem Buch eingegangen wird.

### ■ Worum geht es?

Die Grundidee des A3-Reports ist es, auf nur zwei DIN-A4-Seiten die einzelnen Schritte des PDCA-Prozesses darzustellen. Neben dem Namen bzw. der Arbeitsgruppe der verantwortlichen Mitarbeiter und einer Versionsnummer enthält das Dokument folgende Bestandteile:

1. **Benennung des Problems**
   In einem oder maximal zwei Sätzen wird hier das Problem vorgestellt. Der Schwerpunkt bei der Problembeschreibung liegt auf ZDF (Zahlen, Daten, Fakten) in grafischer Form.

2. **Ausgangssituation**
   Darstellung der Ausgangssituation auf der Basis einer Vor-Ort-Analyse, vorzugsweise mit quantitativen Daten hinterlegt, bei Prozessen sind auch Zeichnungen hilfreich.

3. **Zukünftig anzustrebender Zustand**
   Darstellung, wie der Prozess oder die Situation nach Lösung des Problems aussehen soll, diese Darstellung soll so präzise wie möglich sein. Kennzahlen zur Qualifizierung dieses Zustands sind wünschenswert.

4. **Analyse der Problemursachen**
   Analyse des Ursache-Wirkungs-Zusammenhangs, z. B. in Form der 6-W-Hinterfragetechnik oder einer FMEA.

5. **Zukünftig anzustrebender Zustand**
   Darstellung, wie der Prozess oder die Situation nach Lösung des Problems aussehen soll. Diese Darstellung soll so präzise wie möglich sein, Kennzahlen zur Qualifizierung dieses Zustands sind wünschenswert.

6. **Problemlösung**
   Beschreibung der entwickelten Maßnahmen nach der Fristigkeit, den Verantwortlichen und der Durchführungszeit.

7. **Kosten-Nutzen-Betrachtung**
   Vergleich der durch die Maßnahmen entstehenden Kosten mit den erzielbaren Nutzen in Geld oder z. B. auch qualitativen Nutzen (Beispiel: Kundenzufriedenheit).

8. **Ergebnisse der Maßnahmen**
   Darstellung anhand der festgelegten Ergebniskennzahlen.

9. **Unterzeichnung des Reports durch zuständige Manager**

10. **Maßnahmen zur Nachhaltigkeit**

Die Beschränkung des A3-Berichts auf eine DIN-A3-Seite zwingt zur Konzentration auf das Wesentliche. Es zwingt die am Projekt beteiligten Mitarbeiter, nicht nur Vermutungen über mögliche Problemursachen zu äußern, sondern gründlich und unter Analyse der Ausgangssituation am Ort des Geschehens die wirkliche Ursache des erkannten Problems zu ergründen. Damit fokussiert sich die Entwicklung der Problemlösung auf die eigentliche Ursache und nicht auf Symptome.

Ein weiterer Aspekt ist der Dialog zwischen dem Teamleiter oder Supervisor in der Funktion des Coachs und den Mitarbeitern, welche mit der Aufgabe der Problemlösung beauftragt sind. Damit sollen die Mitarbeiter einerseits zur Durchführung der Problemlösungsmethodik angeleitet und geschult werden, andererseits führt der Teamleiter/Coach die Mitarbeiter mittels der Nutzung des A3-Reports als Grundlage durch die weiteren Schritte des Prozesses der methodischen Abarbeitung.

Hierbei spielt die Analyse und Ergründung der eigentlichen Problemursachen die entscheidende Rolle. In den meisten Unternehmen wird beim Auftreten eines Problems zunächst über die vermuteten Ursachen diskutiert (ohne die Ausgangssituation am Ort des Geschehens, also z. B. dem Arbeitsplatz, genauer zu analysieren), um dann sehr schnell zu einer Problemlösung zu kommen. Im Lean Management führt der Coach den Mitarbeiter durch gezieltes und wiederholtes Hinterfragen der Analyseergebnisse Schritt für Schritt in Richtung der eigentlichen Problemursachen und initiiert damit eine Problemlösung, die ein zukünftiges erneutes Auftreten des Problems zuverlässig verhindert. Ziel ist es, 80 % der Zeit in Analyse und Test zu investieren, um die nachhaltige Lösung zu finden, und nur 20 % für die Implementierung aufzuwenden.

### ■ Was bringt mir das?

Jede Maßnahme benötigt Ressourcen in mehr oder weniger großem Umfang. Entweder sind Investitionsmittel oder Veränderungen von Prozessen erforderlich. Wurde die eigentliche Problemursache nicht erkannt, werden Maßnahmen am Symptom angesetzt. Die Folge ist, dass das Problem erneut auftritt. Die für die Durchführung der Maßnahme eingesetzten Ressourcen sind verschwendet. Die Suche nach effektiveren Maßnahmen beginnt erneut.

Es lohnt sich deshalb, den A3-Report mit der dahinterstehenden Methodik anzuwenden, um Probleme ein für alle Mal zu beseitigen und keine Ressourcen zu verschwenden. Von ganz besonderem Wert für das Unternehmen ist die Qualifizierung der Mitarbeiter durch die Anleitung und Führung des Problemlösungsprozesses durch den Coach. Eine Führungskraft, die nicht mehr nur kontrolliert und anweist, sondern die Mitarbeiter aktiv bei der selbständigen Problemlösung unterstützt und schult, ist die Basis für einen dauerhaften Wandel des Unternehmens in Richtung Lean.

In Bild 4.4 ist die Struktur eines A3-Reports dargestellt. In der Fachliteratur sind verschiedene Varianten des Berichts zu finden. Im Aufbau unterscheiden sich diese Varianten nicht, sehr wohl aber in den Details. Selbstverständlich kann der Bericht auf die Belange des Unternehmens zugeschnitten werden, um die Besonderheiten des Unternehmens einzubeziehen.

<u>Definition des Problems oder des Fehlers</u>

- Beschreibung des Problems
- Konsequenzen des Problems/ Fehlers (Kosten, Durchlaufzeit)
- Tendenz

<u>Analyse und Beschreibung der Ausgangssituation</u>

- Beschreibung der Ausgangssituation beruhend auf Gemba
- Detaillierung durch Kennzahlen und Charts
- Spezifizierung des Problems

<u>Beschreibung angestrebte Situation/ Soll-Zustand</u>

- Beschreibung der angestrebten Situation
- Detaillierung der Gegebenheiten im Soll-Zustand
- Detaillierung durch Kennzahlen

<u>Planung von Maßnahmen zur Lösung des Problems</u>

- Beschreibung der notwendigen Maßnahmen und Aktivitäten
- Qualifizierung des Zeithorizontes der Maßnahmen
- Benennung der Verantwortlichen
- Erstellung eines Zeitplans
- Nutzung der PDCA-Methodik bei der Umsetzung der Einzelmaßnahmen/ Aktionen

<u>Darstellung der Ergebnisse der Maßnahmen</u>

- Darstellung der erreichten Verbesserungen
- Nutzung von Kennzahlen
- Nennung nicht quantitativer Nutzen
- Darstellung weiterer Aktivitäten

<u>Unterschriften Verantwortliche und Freigabe für weitere Aktivitäten</u>

**Bild 4.4**  Beispiel A3-Report

**Beispiel: A3-Report der Operating-Efficiency-Initiative FCI SA – MVL Division**

Im Juni 2011 startete die zweite Phase der Lean-Management-Initiative in der FCI MVL Division, die „MVL Transverse Initiative". Diese unterteilt sich in fünf Bereiche, einer davon ist die „Operating Efficiency". Ziel der zweiten Phase ist es, die erreichten Ergebnisse aus der Phase 1 zu stabilisieren, weitere Verbesserungen einzuleiten und das bestehende Lean-Management-System weiterzuentwickeln. Als Operating Efficiency wird die Implementierung und Verbesserung der verschiedenen Lean-Management-Werkzeuge in der Produktion verstanden, wie z. B. SMED oder Pull-Systeme.

Die Operation Efficiency konzentriert sich auf drei Schwerpunkte:

- Hoshin (z. B. U-Zelle als manuelle Linien),
- EPEI (z. B. SMED),
- Bottlenecks (z. B. proaktiver und reaktiver TPM).

Das Ziel und die Verbesserung der Operating-Efficiency-Initiative und deren Teilbereiche werden über Kennzahlen ausgedrückt und gemessen. Es gibt also eine Hauptkennzahl und drei Nebenkennzahlen. Im Oktober 2011 zeigte sich, dass die Kennzahl für den Teilbereich Hoshin im roten Bereich war, und die Tendenz ließ schlussfolgern, dass der Teilbereich Hoshin nicht in absehbarer Zeit in den grünen Bereich zurückkehren sollte. Die Entscheidung wurde getroffen, einen A3-Report zu eröffnen, um die Fehlerursache für die Nichteinhaltung der Verbesserungszielvorgaben zu untersuchen und Maßnahmen zur Zielerreichung zu definieren.

Der A3-Report wird anhand des Teilbereichs Hoshin-Initiative vorgestellt (Bild 4.5).

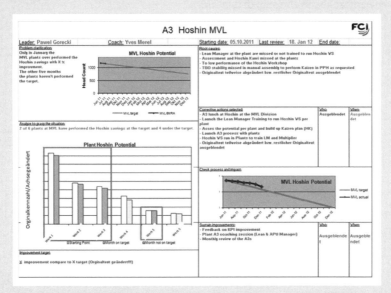

**Bild 4.5** A3-Report – Hoshin-Teilbereich – Status V5 (Leiter Pawel Gorecki MVL Lean Manager)

Der erste Schritt des A3-Reports war die Problembeschreibung. Da das Ziel eines A3-Reports die Beschreibung einer Verbesserung auf einem DIN-A3-Papier ist, wurde die Hoshin-Kennzahl genutzt, um das Problem darzustellen. Die rote Kennzahl visualisiert die Nichteinhaltung der geplanten Effizienzsteigerung. Der zweite Schritt war die Analyse, gefolgt von der Zielfestlegung des A3-Reports. Hier wurde die Rückkehr in den Zielstatus definiert. Danach folgte die Ursachenanalyse, basierend auf der Analyse der Daten. Eine der Ursachen war z. B., dass in einigen Werken die neuen Lean Manager keine bzw. nicht ausreichende Ausbildung für das Moderieren von Hoshin-Workshops (U-Zelle/manuelle Linie) hatten. Nach der Ursachenanalyse wurden die Maßnahmen festgelegt. Im Fall der fehlenden Ausbildung wurde die Entscheidung getroffen, eine Lean Management School durchzuführen sowie weitere Hoshin-Schulungsworkshops durch den MVL Lean Manager leiten zu lassen. Als nächster Schritt innerhalb des A3-Reports wurde die Nachhaltigkeit der Maßnahmen gemessen, indem die Veränderung der Hoshin-Kennzahl verfolgt wurde. Im letzten Punkt des A3-Reports sind Maßnahmen zur Sicherstellung der Nachhaltigkeit abgebildet.

Die eingeleiteten Maßnahmen führten schließlich dazu, dass die einzelnen Werke und die Hoshin-Kennzahl in den grünen Bereich zurückkehrten und im August 2012 eine Produktivitätsverbesserung von 33,6 % im Bereich der manuellen Fertigungslinien aufwiesen (Zeitraum von 15 Monaten, Bild 4.6). Zu erwähnen ist noch, dass die Kaizen-Maßnahmen eindeutig einen nachhaltigen Trend darstellen.

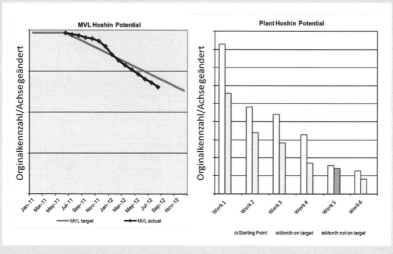

**Bild 4.6**  Hoshin-Kennzahl

# ■ 4.3  Der 8D-Report

## ■ Einstieg

In vielen Fällen, in welchen Probleme z. B. in den Bereichen der Arbeitssicherheit und Qualität auftreten, ist es erforderlich, mit Sofortmaßnahmen zu reagieren. Es sind deshalb zwei Aufgaben zu bearbeiten. Die Sofortmaßnahme soll so schnell wie möglich das Problem lösen. Für eine dauerhafte und nachhaltige Problemlösung sind jedoch umfangreichere Analysen und Maßnahmenpakete erforderlich.

Man kann sich den Anwendungsbereich eines 8D-Reports etwa anhand eines Autounfalls am besten vorstellen. Bei einem Unfall sind zunächst Sofortmaßnahmen des Ersthelfers an der Unfallstelle erforderlich, die den Gesundheitszustand der Verletzten stabilisieren. Im Notarztwagen und im Krankenhaus sind danach weitere Maßnahmen erforderlich, um eine Gesundung der Verletzten zu erreichen.

Im Unternehmen treten häufig Probleme auf, bei welchen in ähnlicher Art und Weise vorgegangen werden muss. Ein Kunde reklamiert die Qualität eines Produkts. Das Problem erfordert im ersten Schritt die Beseitigung des konkret aufgetretenen Qualitätsproblems, da der Kunde das Produkt z. B. als Halbfabrikat in seiner Produktion verarbeiten will. Danach ist im Rahmen einer tiefer gehenden Problemanalyse die Ursache zu identifizieren und eine endgültige Eliminierung anzustreben. Der 8D-Bericht ist hier die Grundlage für die strukturierte Vorgehensweise im Rahmen des Problemlösungsprozesses.

### ■ Worum geht es?

Der 8D-Report ist ein systematisch aufgebautes Dokument, welches die Problemlösung bei umfangreicheren Aufgaben, bei welchen sofort gehandelt werden muss, unterstützen soll. Die Zahl Acht bezieht sich hierbei auf die Anzahl der Schritte, die im Rahmen des Prozesses durchlaufen werden müssen und zur methodischen Vorgehensweise zwingen sowie der Anwendung von Gemba und Genchi Genbutsu.

Der 8D-Report wird z. B. von der Automobilindustrie eingesetzt, damit Reklamationen gegenüber Lieferanten auf eine einheitliche und systematische Art und Weise bearbeitet werden. Ziel ist dabei, Probleme nachhaltig zu lösen. Der 8D-Report enthält (am Beispiel der Beanstandung eines vom Lieferanten erhaltenen Teils) zunächst Name und Anschrift des Lieferanten sowie das beanstandete Teil und den Beanstandungsgrund. Anschließend werden im Bericht die acht Schritte der Vorgehensweise zur Problemlösung dokumentiert:

1. **Bildung eines Teams zur Problemlösung (Teamleiter, Teammitglieder)**
   Für den Ablauf und die Durchführung ist der Teamleiter verantwortlich, die Teammitglieder sollten über Fachkenntnisse zum Sachverhalt verfügen.

2. **Beschreibung des Problems und der Problemcharakteristik**
   Grundvoraussetzung für die weiteren Schritte ist eine klare Problembeschreibung. Insbesondere Soll-Ist-Abweichungen müssen hier dokumentiert werden. Eingesetzt werden häufig statistische Werkzeuge wie Histogramm, Fehlersammelkarte oder Pareto-Diagramm.

3. **Sofortmaßnahmen zur Lösung des Problems (mit Wirkung und Einführungsdatum)**
   Hat der Kunde, wie im Beispiel dargestellt, z. B. fehlerhafte Teile erhalten, muss zunächst veranlasst werden, dass nicht weitere fehlerhafte Teile zur Auslieferung gelangen. Außerdem muss der Kunde kurzfristig mit Teilen versorgt werden, die den aufgetretenen Fehler nicht mehr aufweisen.

4. **Untersuchung der Fehlerursache (mit Bewertung der Beteiligung der identifizierten Ursache am Beanstandungsgrund)**
   Jetzt kann mit einer umfassenderen Analyse der Fehler begonnen werden. Ziel ist die Identifizierung der wahren Fehlerursachen. Darüber hinaus muss eine Bewertung erfolgen, in welchem Umfang die identifizierten Ursachen für den aufgetretenen Fehler verantwortlich waren.

5. **Geplante Abstellmaßnahmen einschließlich Wirksamkeitsprüfung**
   Die Entwicklung von Maßnahmen für die Beseitigung der Ursachen ist der nächste Schritt im 8D-Report. Häufig stehen mehrere Maßnahmen zur Auswahl. Kriterien für die Auswahl einer Maßnahme sind die Wirksamkeit im Hinblick auf die Ursachen-

beseitigung und die Wirtschaftlichkeit. Eine Erprobung der Wirksamkeit schließt diesen Arbeitsschritt ab.

6. **Eingeführte Abstellmaßnahmen mit Einsatztermin und Ergebniskontrolle**
   Für die Umsetzung der Maßnahmen wird ein Zeitplan erstellt. In vielen Fällen ist eine Abstimmung dieses Schrittes mit dem Kunden erforderlich, da Prozesse oder Arbeitsabläufe geändert werden. Die Kontrolle der Ergebnisse der Maßnahme ist der abschließende Schritt.

7. **Verhinderung der Wiederholung von Fehlern (z. B. FMEA)**
   Die im Rahmen des Problemlösungsprozesses gewonnenen Erkenntnisse und Erfahrungen sind für das gesamte Unternehmen von Nutzen. Deshalb werden diese Erkenntnisse in der Wissensdatenbank des Unternehmens gespeichert und in weiteren Verbesserungsprojekten (z. B. im Rahmen von FMEA-Projekten) verwendet. Damit kommt das erlangte Wissen auch anderen, ähnlichen Prozessen des Unternehmens zugute.

8. **Würdigung des Erfolgs des Teams**
   Erfolge sollen gewürdigt werden, um damit den Mitarbeitern des Teams und dem Teamleiter Respekt zu erweisen. Dieser aus der japanischen Unternehmenskultur kommende Aspekt des Abschlusses von erfolgreichen Projekten wird in westlichen Unternehmen leider viel zu wenig gepflegt. Die Anerkennung von Leistungen und die Würdigung von Erfolgen und des Weges der Erreichung des Erfolges sollten im Unternehmen einen angemessenen Rahmen haben, um einen Ansporn zu weiteren Verbesserungen zu geben.

### ■ Was bringt mir das?

Der 8D-Report ist in der Automobilindustrie als wirksame Lösung von Qualitätsproblemen bei Zulieferunternehmen etabliert. Eine Nutzung in anderen Branchen ist möglich und sinnvoll, da Beanstandungen in einem systematischen Kontext abgewickelt werden. Der Lieferant kann seinem Kunden anhand von Daten und Fakten nachweisen, dass die Anforderungen bzw. Beanstandungen des Kunden ernst genommen werden und das verursachende Problem endgültig gelöst ist.

Der 8D-Report ist in fast allen Unternehmen vor allem an der Schnittstelle zum Kunden (sowohl intern als auch extern) und der Arbeitssicherheit einsetzbar und dokumentiert auch gerade gegenüber dem Kunden, dass Reklamationen ernst genommen werden und das Unternehmen alles nur Erdenkliche unternimmt, um ein aufgetretenes Problem sofort und auch dauerhaft zu lösen.

Der 8D-Report unterstützt die sofortige Aktion beim Auftreten von Problemen. Darüber hinaus kommt die langfristige Perspektive zum Tragen. Die erkannten Probleme werden in Zukunft vermieden. Die gewonnenen Erkenntnisse fließen in weitere Verbesserungsmaßnahmen ein und bleiben nicht auf den konkret betroffenen Prozess oder das Produkt beschränkt. Hierfür ist es erforderlich, dass ein Unternehmen ein aktives Wissensmanagementsystem betreibt (inklusive der Informationsflutkoordination und -eindämmung).

Bild 4.7 zeigt ein Beispiel eines 8D-Reports der Automobilindustrie.

| Lieferant (Supplier) Anschrift (Adress/Location) | | |
|---|---|---|
| **8D-REPORT** | | |
| Beanstandung (Concern Title) | Beanstand.- Nr. (Ref. No.) | Eröffnet am: (Start Date) |
| Berichtsdatum (Status Date) | Teilebezeichnung: (Part Name) Zeichnungsnummer/Index: (Part Number/Index) | |
| 1 Team Name, Abt. (Depmt.) Teamleiter (Champ.) | 2 Problembeschreibung (Problem Description) Fehlercharakter (Problem Profile Description) | |
| 3 Sofortmaßnahme(n) (Containment Action[s]) | % Wirkung (Effect) | Einführungs- datum (Implem. Date) |
| 4 Fehlerursache(n) (Root Cause[s]) | % Beteiligung (Contribution) | |
| 5 Geplante Abstellmaßnahme(n) (Chosen Permanent Corrective Action[s]) | Wirksamkeitsprüfung (Verification) | |
| 6 Eingeführte Abstellmaßnahme(n) (Implemented Permanent Corrective Action[s]) | Ergebniskon- trolle (Controls) | Einsatz- termin (Implement. Date) |
| 7 Fehlerwiederholung verhindern (Action[s] to Prevent Recurrence) Implementation for example in: - Product FMEA - Process FMEA - Control Plan - Procedure - … | Verantwortlich (Responsible) | Einführ.- termin (Implem. Date) |
| 8 Teamerfolg würdigen (Congratulate Your Team) | Abschluss- datum (Close Date) | Ersteller (Rep. by) Tel.-,Fax-Nr. |

**Bild 4.7** 8D-Report (mit freundlicher Genehmigung des VDA)

# ■ 4.4 Standard

Eine der tragenden Säulen des Lean Managements ist die ständige Verbesserung der Unternehmensprozesse in Richtung der festgelegten Ziele durch Kaizen. Kaizen, basierend auf dem PDCA-Kreis als methodische Grundlage des Verbesserungsprozesses, liefert hierfür den methodischen Ansatz (vgl. Kapitel 2.4). Ohne Standards wird man in der Praxis bei der Umsetzung dieser Vorgehensweise jedoch mit einem Problem konfrontiert. Geht man zu einem zufällig ausgewählten Arbeitsplatz und beobachtet die Abläufe, wird man feststellen, dass der Mitarbeiter die Aufgaben mit jedem neuen Fertigungszyklus auf unterschiedliche Art und Weise bewältigt. Oft sind es nur kleine Veränderungen zwischen den Zyklen, die kaum auffallen. Vergleicht man verschiedene Arbeitsplätze mit der gleichen Aufgabenstellung, werden Unterschiede noch deutlicher.

Wie sollen auf dieser Basis Verbesserungen entwickelt und umgesetzt werden? Dies ist nur möglich, wenn eine Basis besteht, die im Hinblick auf Verbesserungen analysiert werden kann, sodass nach Implementierung einer Verbesserungsmaßnahme ein neuer Standard festgelegt werden kann. Nur so ist es in der betrieblichen Praxis möglich, Verbesserungen überhaupt zu realisieren und diese dauerhaft im Unternehmen zu implementieren.

 **Standard**

Ohne Standards kein Kaizen!                                                    ■

Ein Standard (Standardized Work) legt fest, wie eine Verrichtung oder Aufgabe im Rahmen eines Fertigungs- oder Dienstleistungsprozesses durchzuführen ist. Bildlich gesprochen ist der Standard ein Keil unter einem Fass auf einer schiefen Ebene, der sicherstellt, dass dieses nicht zurückrollt. Das Fass stellt den PDCA-Kreis und die Steigung der schiefen Ebene das Kaizen dar (Bild 4.8).

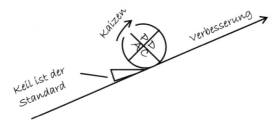

**Bild 4.8** PDCA-Kreis mit Standard

Im Lean Management wird dabei nicht nur die Art und Weise der Durchführung nach den wesentlichen Rahmenbedingungen festgelegt, sondern die Vorgaben gehen bis ins Detail der jeweiligen Verrichtung. Diese sind dokumentiert und am Arbeitsplatz mit entsprechenden Tafeln sichtbar gemacht. Im Lean Management erfolgen eine ausführliche Unterrichtung und ein Training des Mitarbeiters. Es ist die Aufgabe des Coachs/

Trainers (z. B. Teamleiter/Hancho oder Vorgesetzter), dem Mitarbeiter die Einhaltung der Standards zu ermöglichen.

 **Hancho:** japanischer Begriff für Teamleiter

Auch wird in regelmäßigen Audits die Einhaltung der Standards durch den Vorgesetzten bzw. Teamleiter/Hancho überprüft. Dies hat nichts mit Kontrolle, sondern mit Steuerung zu tun. Denn werden die Standards nicht eingehalten, können die Folgen ein Qualitätsmangel des Produkts, fehlende Effizienz oder eine Überschreitung der Takt Time sein, mit der Konsequenz einer Störung des Produktionsprozesses.

Wie entsteht ein Standard?

Ein Standard entsteht aufgrund einer Implementierung eines neuen Prozesses oder einer Kaizen-Maßnahme, wie z. B. einer Durchführung eines Workshops, und ist Resultat der Einhaltung der Reihenfolge eines PDCA-Kreises. Das Ergebnis des letzten Teils des PDCA-Kreises (der Act-Phase) ist dann der Standard.

Was wird in den Standards festgelegt?

Gegenstand ist zunächst z. B. die Vorgangsfolge. In welcher Reihenfolge und wie werden z. B. die verschiedenen Tätigkeiten durchgeführt? Dies ist im Hinblick auf Verbesserungsmaßnahmen entscheidend, denn es könnte sich z. B. durch die Änderung der Montagereihenfolge eine Verkürzung der Gesamtmontagezeit ergeben, was im Sinne des Lean Managements eine Verbesserung bedeuten würde. Darüber hinaus wird die Qualität im Standard berücksichtigt. Diese wird in Form von Kennzahlen (z. B. Toleranzen, Maschinenparameter etc.), welche den derzeitigen Qualitätsstandard beschreiben, festgelegt. Darüber hinaus ist die Effizienz Gegenstand des Standards. Zum Beispiel kann es sich um die Bearbeitungszeit handeln, welche für die Einhaltung der vorgegebenen Takt Time maßgeblich ist.

Die genannten Informationen werden in einem Dokument festgehalten, das in vielen Unternehmen als „Standardized Work Chart" oder „Standardized Work Sheet" bezeichnet wird. Dieses Dokument ist die Grundlage für die Überprüfung der Einhaltung der Standards durch den Vorgesetzten und gleichzeitig Grundlage für die Verbesserung im Rahmen des Kaizen.

Vor Beginn der Lean-Management-Initiative werden üblicherweise gleiche Aufgaben von den Mitarbeitern unterschiedlich durchgeführt, da es keine entsprechenden Standards gibt. Werden jedoch die ersten Standards festgelegt und mittels Kaizen verbessert, ist es möglich, diese Standards innerhalb kurzer Zeit auf alle gleichartigen Arbeitsplätze zu übertragen und die Erkenntnisse über verbesserte Abläufe sofort überall dort umzusetzen, wo dies möglich ist. Damit erhält die Lean-Management-Initiative eine Dynamik, die im klassischen Produktionsmanagement kaum möglich ist.

In der Praxis ist allerdings oft zu beobachten, dass Verbesserungen zwar eingeführt, aber schon nach wenigen Wochen durch Rückkehr zu den alten Verfahrensweisen wieder zunichte gemacht werden. Welches sind die Ursachen hierfür? Die Erklärung ist vielfältig. Auf der einen Seite kann es sich um methodische Fehler handeln, d. h., dass der Standard nicht festgelegt bzw. falsch festgelegt worden ist. Oder es fehlen übergeordnete Vorgaben, wie beispielsweise ein Qualitätsmanagementsystem. Auf der anderen Seite könnte eine Ursache die fehlende Motivation oder Zielrichtung sein. Es wurde verbessert, ohne den Nutzen aus der Verbesserung einem Ziel zuzuordnen. Ein Standard dokumentiert den Zustand des Unternehmens im Status quo. Ziel einer Verbesserung ist die Transformation der Prozesse in Richtung eines festgelegten Zielzustands. Die Verbesserung der Standards muss deshalb immer in Ansehung des angestrebten Zielzustandes liegen und die Notwendigkeit dem Mitarbeiter vermitteln (unter Mitarbeiter wird auch das Management verstanden!). Damit wird sichergestellt, dass nicht „planlos" verbessert, sondern ständig in Richtung der Unternehmensziele gearbeitet wird.

Standards haben den entscheidenden Vorteil, dass die Ausgangsbasis für Verbesserungen, d. h. der aktuelle Zustand der Prozesse, dokumentiert und auf ein einheitliches Niveau gebracht wird. Die Art und Weise der Durchführung von Aufgaben in Produktions- und Dienstleistungsprozessen ist damit nicht mehr variabel und in Bezug auf das Ergebnis nicht genau vorhersagbar, sondern klar definiert.

Standards ermöglichen eine Analyse des aktuellen Zustands der Prozesse im Hinblick auf Verbesserungspotenziale. Dies kann z. B. die Reduzierung von Verschwendung oder die Verbesserung der Qualität sein. Nach der Durchführung von Verbesserungen werden neue Standards auf einem höheren Effizienz- und Qualitätsniveau festgelegt und bilden die Ausgangsbasis für weitere Verbesserungen.

Mit Standards und den zugehörigen Managementroutinen zur Sicherstellung der Einhaltung wird verhindert, dass Verbesserungen im betrieblichen Alltag wieder „verloren gehen" und bereits erreichte Effizienz- und Qualitätsstandards erodiert werden. Damit wird das Unternehmen mit jedem Kaizen-Zyklus einen Schritt näher an die Vision gelangen.

# ■ 4.5 Ziele und Key Performance Indicators (KPIs)

## ■ Einstieg

Kennzahlen sind bei Managern und Controllern beliebt. So wie Instrumente in einem Flugzeugcockpit geben sie dem Piloten das Gefühl, übersichtlich alle wichtigen Leistungsindikatoren zu überblicken und „alles im Griff zu haben". In der Luftfahrt gibt es ein Phänomen, das unter dem Begriff „controlled flight into terrain" bekannt ist. Die Instrumente zeigen, dass alles im grünen Bereich ist, aber das Flugzeug stürzt ab und die Piloten erkennen die kritische Situation nicht. Auch im Unternehmen gilt, dass Kennzahlen ein nützliches Instrument zur Indikation des Zustands der Prozesse sind. Kennzahlen können aber auch zu unerwünschten Wirkungen führen.

Jeder Manager und Controller sollte den Satz „Sie bekommen, was Sie messen" kennen. Was ist damit gemeint? An einem Beispiel aus der Praxis soll dies verdeutlicht werden.

**Beispiel: Durchlaufzeitverkürzung**

Der Produktionsleiter eines Unternehmens, welches Präzisionsdreh-
teile herstellt, bespricht mit dem Controller die Ziele für das nächste
Geschäftsjahr. Aufgrund einer Markt- und Kundenanalyse hat die Unternehmensleitung eine Reduzierung der Lieferzeit um 15 % als Zielvorgabe
herausgegeben. Der Produktionsleiter schließt eine Zielvereinbarung
über eine entsprechende Durchlaufzeitverkürzung ab, die innerhalb von
acht Monaten realisiert sein muss.

Der Produktionsleiter bildet ein Team aus Ingenieuren seiner Abteilung
mit der Aufgabe, Vorschläge zu erarbeiten, um dieses Unternehmensziel
zu erreichen. Sehr schnell hat das Team eine Metallbearbeitungsmaschi-
ne im Fokus, die bereits seit fünf Jahren im Einsatz ist. Auf dem Markt
werden aktuell CNC-Maschinen angeboten, die für die gleiche Aufgabe
geeignet sind und eine wesentlich kürzere Bearbeitungszeit der Rohteile
aufweisen. Erste Berechnungen zeigen, dass durch Austausch der
Maschine die geforderte Verkürzung der Durchlaufzeit sogar noch 5 %
über der Zielgröße liegt.

Der Produktionsleiter stellt einen Investitionsantrag mit Hinweis auf
das Ziel „Durchlaufzeitverkürzung". Die Unternehmensleitung stimmt
dem Antrag zu, die Beschaffung der Maschine wird sofort veranlasst.

Wie ist diese Aktion aus der Lean-Sichtweise zu beurteilen? Die Durchlaufzeit ist eine
Zielgröße, die in den meisten Unternehmen ganz oben auf der Liste der KPIs steht, und
es gibt keinen Grund, an dieser Stelle aus dem Blickwinkel Lean Zweifel anzumelden.
Durch welche Maßnahmen wurde die Zielvorgabe jedoch im vorliegenden Beispiel
erreicht? Was würde ein Sensei (Lean-Management-Meister) dazu sagen? Die Frage
kann leicht beantwortet werden. Ein Sensei (Senseis sind für ihre drastische Reaktion
und sehr pointierte Ausdrucksweise bekannt) würde den Produktionsleiter fragen, ob er
noch bei Verstand wäre. Warum diese drastische Reaktion?

 **Sensei:** japanischer Begriff für Lean-Management-Meister

Im Lean Management wird zwischen Wertschöpfung und Verschwendung differenziert.
Die reine Bearbeitungszeit eines Werkstücks ist wertschöpfende Zeit. Verschwendung
werden wir in dem genannten Produktionsprozess in reichlichem Umfang finden: unnötige Wege zwischen den einzelnen Produktionsstationen, Lagerdauer der Rohmaterialien im Pufferbestand vor der Maschine von über fünf Stunden usw. Was im Beispiel
gemacht wurde, war eine Verkürzung der wertschöpfenden Zeit. Die Verschwendung
von Zeit im nicht wertschöpfenden Teil des Durchlaufs wurde in keiner Weise reduziert.
Der Ansatzpunkt des Teams in der Produktion war in diesem Fall völlig falsch, da zuerst
die sichtbare Verschwendung reduziert werden muss. Ganz zu schweigen von der völlig

unnötigen Verschwendung von Investitionsmitteln. Die harsche Reaktion eines Senseis erscheint unter diesem Aspekt mehr als verständlich.

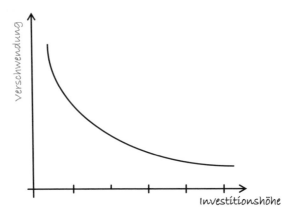

**Bild 4.9** Reduzierung der Verschwendung und Investitionsaufwand

Die Frage ist deshalb: Welche Kennzahlen sollen im Lean Management verwendet werden, um das dargestellte Problem zu vermeiden und den im Bild 4.9 dargestellten Zustand zu erreichen? Im Folgenden soll nun nicht eine Liste von Kennzahlen vorgestellt werden. Dies wäre nicht zielführend, da es einerseits auf die Wirkung von Kennzahlen im Sinne der Lean-Ziele ankommt, andererseits auf die jeweilige Aufgabenstellung und den Entwicklungsstatus des Unternehmens. Maßgeschneiderte Kennzahlen können nur aus dem konkreten Kontext der jeweils aktuellen Ziele und Aufgabenstellung heraus entwickelt werden und sich nach dem Entwicklungsstatus und den Erfordernissen des Unternehmens jederzeit ändern.

Nachfolgend sollen zwei Kennzahlen beschrieben werden, die über die bekannten und häufig verwendeten hinaus im Lean Management von besonderer Bedeutung sind. Im Rahmen des vorliegenden Fachbuches wird das Konzept der Total Productive Maintenance und des Kaizen bzw. Kontinuierlichen Verbesserungsprozesses behandelt. Hier sind die Overall Equipment Effectiveness (OEE) und die Total Effective Equipment Productivity (TEEP) von besonderer Bedeutung.

### ■ Worum geht es?

Jedes Produktionssystem, auch wenn es auf den ersten Blick gut organisiert erscheint, weist versteckte Produktivitätsreserven auf. Bei der Messung und Erschließung dieser Reserven würde eine Betrachtung ausschließlich der Anlagenproduktivität zu kurz greifen. Deshalb werden bei der Overall Equipment Effectiveness folgende Faktoren einbezogen:

- tatsächlich vorhandene Verfügbarkeit (Availability),
- Qualität der produzierten Teile oder der Dienstleistung (Quality),
- Leistungsfähigkeit der Anlage oder des Prozesses (Performance).

Es ist in der Praxis erforderlich, alle drei Aspekte transparent in entsprechenden Kennzahlen zunächst sichtbar zu machen. Im zweiten Schritt kann mittels Kaizen mit der Eliminierung von Verschwendung und mit der Verbesserung der Leistungsfähigkeit begonnen werden. Die drei Faktoren der Anlageneffektivität werden mittels folgender Formeln berechnet:

- **Verfügbarkeit:**
  Verfügbarkeitsrate = (Anlagenhauptzeit – ungeplante Stillstände) : Anlagenhauptzeit · 100.

- **Qualität:**
  Qualitätsrate = (produzierte Stücke – fehlerhafte Stücke) : produzierte Stücke · 100.

- **Leistungsfähigkeit:**
  Leistungsindex = produzierte Stücke · ideale Produktionszeit : Betriebszeit · 100.

- **Gesamtanlageneffizienz (OEE)** = Verfügbarkeitsrate · Qualitätsrate · Leistungsindex.

Mit der Kennzahl OEE kann der aktuelle Grad der Anlageneffizienz gemessen werden. Ein Aspekt bleibt hierbei jedoch unberücksichtigt: die Nutzungszeiten innerhalb des aktuellen Planungsrahmens. Potenziell würde beispielsweise in einem Unternehmen mit Zweischichtbetrieb die Option bestehen, auf einen Dreischichtbetrieb überzugehen, wenn gesetzliche und tarifvertragliche Rahmenbedingungen dies theoretisch ermöglichen.

Die Total Effective Equipment Productivity verbindet die Overall Equipment Effectiveness mit dem potenziell möglichen Arbeitszeitrahmen des Unternehmens (also z. B. 24 Stunden oder das Geschäftsjahr mit 365 Tagen):

**Total Effective Equipment Productivity (TEEP)** = Belastung der Anlage · Overall Equipment Effectiveness (OEE).

Belastung der Anlage = geplante Anlagenzeit : Planungszeitraum.

Hierdurch werden Potenziale aufgezeigt, die über den aktuellen Horizont der Kapazitätsbetrachtung hinausgehen. Diese „versteckten" Kapazitäten können dann erschlossen werden, wenn erweiterte Nutzungszeiten der Produktionsanlagen in Betracht gezogen werden können.

## ■ Was bringt mir das?

Im Lean Management geht es darum, Verschwendung aus den Unternehmensprozessen zu eliminieren und die Potenziale für eine effiziente Nutzung der vorhandenen Kapazitäten auszuschöpfen. Dies geschieht auf der Basis von Fakten und Daten. Hierzu benötigt man Kennzahlen, die zuverlässig über den aktuellen Stand der Prozesse vor, während und nach der Durchführung von Maßnahmen Auskunft geben. Hierbei darf kein Aspekt außer Acht gelassen werden, der aus der Sicht des Kunden zum Wert des Produkts oder der Dienstleistung beiträgt (Qualität, Lieferzeit). OEE und TEEP erfüllen diese Anforderung und stellen damit Kennzahlen dar, welche für die Zielsetzung und -messung des Lean Managements nutzbar sind.

**Zielgruppen**

Als grober Anhaltspunkt für die Zielgruppen, an welche die dargestellten Kennzahlen adressiert sind, kann folgende Aussage getroffen werden:

- OEE ist an die Produktionsbereiche und das Ingenieurwesen adressiert.
- TEEP ist an das Management und den Vertrieb adressiert.

 **Beispiel:**

In einer Sortieranlage eines Paketdienstes sollen die Kennzahlen OEE und TEEP ermittelt werden, und es soll eine Bewertung erfolgen. (Die Daten wurden aus Gründen der Vertraulichkeit verändert und sind deshalb nicht realistisch.)

**Verfügbarkeit der Sortieranlage**

Rahmendaten der Anlage:

- Zweischichtbetrieb je acht Stunden
- Geplanter Stillstand für Einstellungsarbeiten zehn Minuten
- Ungeplante Stillstände durch technische Probleme 30 Minuten

Verfügbarkeit der Anlage:

Verfügbarkeitsrate =

$(960 \text{ min} - 10 \text{ min} - 30 \text{ min}) : 950 \text{ min} \cdot 100 = 96,8\%$

$(960 - 10 - 30) : 950 \cdot 100 = 96,8\%$

**Qualität der Sortieranlage**

Rahmendaten der Anlage:

- Sortierte Pakete insgesamt: 60 Stück
- Falsch sortierte Pakete (manuelle Nacharbeit erforderlich): vier Stück

Qualität der Anlage:

Qualitätsrate $= (60 \text{ St.} - 4 \text{ St.}) : 60 \text{ St.} \cdot 100 = 93,3\%$

**Leistungsfähigkeit der Anlage**

Rahmendaten der Anlage:

- Zweischichtbetrieb je acht Stunden
- Ideale Transportzeit in der Anlage: 13 Minuten
- Beförderte Pakete: 60 Stück

Qualität der Sortieranlage:

Qualitätsrate $= 13 \text{ min} \cdot 60 \text{ St.} : 920 \text{ min} \cdot 100 = 84,8\%$

**Gesamtanlageneffizienz der Anlage (OEE)**

Gesamtanlageneffizienz = $0{,}968 \cdot 0{,}933 \cdot 0{,}848 \cdot 100 = 76{,}6\,\%$

Bewertung:

Auf den ersten Blick erscheint die Leistungsfähigkeit der Paketsortieranlage recht hoch zu sein. Ein Wert von 96,8 % für die Verfügbarkeit könnte durchaus als akzeptabel angesehen werden. Bezieht man die Qualität mit 93,3 % und die Leistungsfähigkeit mit 84,8 % ein, ergibt sich ein Wert von 76,6 % für die Gesamtanlageneffizienz. Für eine Paketsortieranlage ein durchaus akzeptabler Wert, da es sich hier um einen kontinuierlichen Prozess handelt. Verbesserungen in Richtung 85 % sind aber möglich. In einer Losgrößenfertigung könnte man von einer sehr guten Effizienz sprechen, Verbesserungen in Richtung 80 % sind möglich. In vielen Produktionsunternehmen liegt die OEE unter 60 %. Mit Strategien, wie z. B. Total Productive Maintenance, können die offensichtlich ungenutzten Potenziale ausgeschöpft werden.

**Gesamte effektive Anlagenleistungsfähigkeit der Anlage (TEEP)**

Rahmendaten des Betriebs:

- Zweischichtbetrieb je acht Stunden, sechs Tage je Woche
- Planungszeitraum sieben Tage/24 Stunden

Effektive Anlagenleistungsfähigkeit:

Belastung der Anlage = 8 Stunden · 2 Schichten · 6 Tage : (7 Tage · 24 Stunden) · 100 = 57,14 %

Total Effective Equipment Productivity (TEEP) = $0{,}5714 \cdot 0{,}766 \cdot 100 = 43{,}77\,\%$

Der Wert von 43,77 % weist auf die Möglichkeit hin, die Kapazität der Anlage deutlich auszuweiten, sofern die rechtlichen und tarifvertraglichen Rahmenbedingungen dies zulassen. Damit könnte die Paketsortieranlage deutlich mehr Leistung liefern.

# 4.6 Genchi Genbutsu und Gemba

## Einstieg

Genchi Genbutsu bedeutet, zur Quelle des Geschehens zu gehen, um die Fakten zu recherchieren, Übereinstimmung zu erzeugen und die Ziele zu erreichen. Diese etwas kryptisch klingende Botschaft hat einen einfach zu verstehenden Hintergrund. Dies bedeutet, selbst vor Ort, da, wo die Wertschöpfung erzeugt wird, da, wo der Kunde mit dem Unternehmen in Kontakt tritt, die Fakten zu sammeln und auf dieser Basis Entscheidungen zu treffen.

Gemba ist der Ort, an welchem produziert wird, wo Dienstleistungen erbracht werden oder der Kunde mit den Produkten und Dienstleistungen in Kontakt kommt.

 **Beispiel: Verlust eines Auftraggebers**

Der Manager eines Vier-Sterne-Hotels auf Mallorca erhält die Mitteilung von einem namhaften Reiseveranstalter, dass die Absicht besteht, das Hotel zukünftig nicht mehr im Programm zu führen, da mehrere Beschwerden von Kunden vorliegen. In den Beschwerden werden unter anderem technische Mängel der Hotelzimmer angeführt. Da der Reiseveranstalter regelmäßig rund 30 % der Hotelkapazität belegt, will der Hotelmanager keinesfalls den Verlust dieses Schlüsselkunden riskieren.

Der Hotelmanager ruft den Housekeeping Manager zu sich und konfrontiert diesen mit den Reklamationen. Dieser bekundet Unverständnis bezüglich der Beschwerden. Der Hotelmanager ist mit dieser Antwort nicht zufrieden und beauftragt seinen Assistenten mit einer Untersuchung und der Erstellung eines Berichts. Da der Assistent des Managers ein sehr gutes Verhältnis zum Housekeeping Manager hat und diesen nicht verärgern möchte, spielt er die von ihm entdeckten Mängel in seinem Bericht herunter. In seinem Resümee werden die vom Reiseveranstalter beanstandeten Punkte als Einzelfälle bagatellisiert, und der technische Zustand der Hotelzimmer wird als sehr gut bezeichnet.

Der Hotelmanager „rechtfertigt" sich dann gegenüber dem Reiseveranstalter und zeigt damit eine mangelnde Kundenorientierung. Der Reiseveranstalter streicht das Hotel aus seinem Katalog.

Würde der Hotelmanager Genchi Genbutsu beherzigen, würde er wie folgt handeln. Er würde eine Nacht in einem zufällig ausgewählten Zimmer seines Hotels verbringen und dabei feststellen, dass das Wasser im Waschbecken schlecht abläuft, dass sich die Tür des Kleiderschranks nicht richtig schließt, die Klimaanlage aufgrund schlechter Wartung Lärm verursacht, der Schlaf fast unmöglich macht, und dass die Matratze hart wie Beton ist. Die Reklamationen der Hotelgäste beim Reiseveranstalter sind mehr als gerechtfertigt.

Auf der Grundlage dieser Fakten könnte der Hotelmanager dafür sorgen, dass diese Mängel abgestellt werden, und er könnte dem Reiseveranstalter detailliert darstellen, dass in Zukunft entsprechende Reklamationen nicht mehr auftreten werden.

### ■ Worum geht es?

Es ist gängige Praxis in westlichen Unternehmen, dass Manager „sich berichten lassen". Dies ist zwar bequem, da man das Büro nicht verlassen muss, hat aber den Nachteil, dass die Informationen, die mittelbar gewonnen werden, in den meisten Fällen gefiltert und möglicherweise auch „politisch" beeinflusst sind (wie in dem Beispiel des Assistenten des Hotelmanagers). Deshalb werden Entscheidungen getroffen, die nicht auf den Fakten beruhen.

Im Lean Management führt deshalb kein Weg daran vorbei, dass die Manager und Experten persönlich dorthin gehen, wo sich eine Entscheidung auswirken wird. In vielen Unternehmen gehört Gemba zum Standardprogramm für Manager. Das Lexus-Entwicklungsteam musste mehrere Monate in Kalifornien leben, eine der wichtigsten Kundenregionen. Nachwuchsmanager von Honda müssen längere Zeit in der Montage arbeiten.

Ein weiterer Aspekt ist die Aufgabe der Führungskräfte im Lean Management. Im Lean Management beschränkt sich die Aufgabe der Führungskräfte nicht auf Anweisen und Kontrollieren wie in vielen Unternehmen. Im Lean Management ist der Manager überwiegend Coach, der die Mitarbeiter zum Kaizen, d. h. zur kontinuierlichen Verbesserung der Produktions- und Dienstleistungsprozesse, anleitet. Der Manager löst die erkannten Probleme nicht selbst, sondern leitet durch gezielte Fragen den Analyse- und Erkenntnisprozess des Mitarbeiters, sodass die wahre Ursache eines Problems zutage kommt und durch passende Maßnahmen beseitigt werden kann.

### ■ Was bringt mir das?

Die richtigen Entscheidungen zu treffen und die Mitarbeiter anzuleiten und darin zu coachen, Verbesserungsprojekte eigenständig durchzuführen, erfordert die Präsenz des Managers oder Supervisors am Ort des Geschehens. Sich selbst ein Bild von der Situation zu machen ermöglicht, die Fakten unmittelbar zu erfassen und zutreffend zu bewerten. Informationen aus zweiter Hand oder Annahmen können das Gewinnen von Fakten am Ort des Geschehens nicht ersetzen.

 **Beispiel: Der Hawthorne-Effekt (vgl. [11] S. 40 ff.)**

In den Jahren von 1924 bis 1932 wurden in der Hawthorne-Fabrik des US-amerikanischen Unternehmens Western Electric Company in Chicago im Auftrag des National Research Council und der Elektroindustrie der USA verschiedene Studien durchgeführt. Ziel der Studien war, physische Einflussfaktoren zu untersuchen, welche geeignet waren, die Arbeitsproduktivität zu steigern. Damals war das sogenannte Scientific Management „Stand der Technik". Die Zerlegung der Arbeitsabläufe in kleine Teilschritte und deren Optimierung standen hierbei im Vordergrund. Auf dieser Basis wollte man untersuchen, wie sich eine Veränderung der Lichtverhältnisse auf die Produktivität auswirken würde.

Das Ergebnis der Studien war mehr als überraschend. Durch die Verbesserung der Beleuchtung stieg die Arbeitsproduktivität. Wie bei wissenschaftlichen Experimenten üblich gab es eine Kontrollgruppe, deren Lichtverhältnisse unverändert blieben. Aber auch hier stieg die Produktivität. Es änderte sich auch nichts an der Produktivität, als die Beleuchtung wieder auf die Ausgangsintensität reduziert wurde. In einem weiteren Experiment wurde festgestellt, dass sogar bei Mondbeleuchtung in der Beobachtungsgruppe die Leistung stieg.

Da keine wissenschaftliche Erklärung für diese heute Hawthorne-Effekt genannte Wirkung bestand, zog man den Harvard-Professor Elton Mayo hinzu. Mayo führte weitere Experimente durch und konnte den Effekt bestätigen. Hieraus leitete sich die Erkenntnis ab, dass sich Produktivitätssteigerungen nicht ausschließlich durch physische Arbeitsbedingungen und Entgeltsysteme erklären lassen, sondern auch sozialpsychologischen Einflussfaktoren unterliegen. Gruppennormen, informelle Beziehungen und die Aufmerksamkeit von Wissenschaftlern und von Vorgesetzten haben offensichtlich einen nicht unbedeutenden Einfluss auf die Leistung von Mitarbeitern. Darauf aufbauend entwickelte sich die sogenannte Human-Relations-Bewegung, für die die Motivation und Zufriedenheit der Mitarbeiter im Vordergrund stand.

Bezogen auf Gemba bedeutet dies nun, dass nicht nur die Aufmerksamkeit des Vorgesetzten gegenüber dem Mitarbeiter, sondern dessen Funktion als Coach einen bedeutenden Einfluss auf Motivation und Zufriedenheit der Mitarbeiter hat. Ein Vorgesetzter, der dem Mitarbeiter nicht nur Anweisungen gibt, sondern ihn anleitet, den Verbesserungsprozess ständig voranzutreiben, und diesen individuell, an seinem aktuellen Wissensstand ausgerichtet, Lean Management lehrt und als Coach fungiert, trägt maßgeblich zur Produktivitätssteigerung der Mitarbeiter bei.

# ■ 4.7 Hansei

## ■ Einstieg

In Kapitel 2.1 wurde die Bedeutung der Fehlerkultur im Rahmen des Lean Managements hervorgehoben. Diese Fehlerkultur bezieht sich auf die Prozesse und Abläufe innerhalb des Unternehmens. Die Gestaltung der Prozesse in einer Art und Weise, sodass Fehler, Ausschuss oder Verschwendung fortlaufend reduziert werden, ist eine Daueraufgabe des Lean Managements. Dieses Prinzip wird auch auf die Mitarbeiter des Unternehmens angewandt.

Aus eigenen Fehlern lernen, um diese zukünftig zu vermeiden, die Erfahrungen aus Projekten sowie der täglichen Arbeit und das hieraus gewonnene Wissen bei neuen Aufgabenstellungen zu nutzen ist nichts anderes, als die Prinzipien des Lean Managements auf sich selbst anzuwenden. Damit werden die Grundlagen für eine lernende Organisation geschaffen.

## ■ Worum geht es?

Kaizen beinhaltet das Prinzip der ständigen Verbesserung. Im Kaizen geht es vor allem um die Prozesse des Unternehmens. Fehler werden als willkommener Anlass gesehen, der Grundursache nachzugehen, diese zu analysieren und durch geeignete Maßnahmen zu vermeiden, dass diese Fehler zukünftig wieder auftreten. Will man dieses Prinzip auf den Menschen übertragen und vor allem bei sich selbst anwenden, begegnet man nicht unerheblichen Hindernissen.

 **Hansei:** japanischer Begriff für Selbstkritik, Selbstprüfung, Nachdenken über sich selbst, Reflexion

Sich selbst Fehler einzugestehen, diese genauer zu betrachten und eine Strategie zu entwickeln, dass diese zukünftig nicht mehr auftreten, benötigt viel Selbstdisziplin. Nach Abschluss eines erfolgreichen Projekts, z. B. der Entwicklung eines neuen Produkts, wird in fast allen westlichen Unternehmen der Erfolg gefeiert. Die negativen Erfahrungen im Verlauf des Projekts werden ausgeblendet, und damit wird die Chance nicht genutzt, diese für die Zukunft zu nutzen, um im nächsten Projekt die gleichen Fehler nicht noch einmal zu machen. Die Organisation lernt nicht daraus, und somit wird Hansei, die „persönliche Form" des Kaizen, ausgeblendet.

Es geht im Hansei nicht darum, ein Projekt oder eine bewältigte Aufgabe „schlechtzureden". Wer zum ersten Mal in einem japanischen Unternehmen Hansei erlebt hat, bekommt den Eindruck, dass alles Negative hervorgeholt und in den Vordergrund gestellt wird. Hansei wird damit gründlich falsch verstanden. Was in einem Projekt gut funktioniert hat und zum Erfolg beigetragen hat, bedeutet, dass der Standard sich bewährt hat und (zunächst) keiner Verbesserung bedarf. Es bedeutet auch, dass die Mitarbeiter sich an den Standard gehalten und damit keine Fehler gemacht haben. Was aber verbessert werden kann, sind die Ursachen der Probleme und Fehler. Genau hierauf bezieht sich Hansei. Allerdings geht es dabei nicht um organisatorische Standards. Diese sind Gegenstand des Kaizen. Sondern um die Mitarbeiter und deren Fehler, Schwächen und Unzulänglichkeiten.

In einer lernenden Organisation stehen die Mitarbeiter zu den Fehlern und Schwächen. Die Mitarbeiter sind bereit, sich damit auseinanderzusetzen. In der Selbstreflexion werden die Fehler und Schwächen analysiert, die Ursachen identifiziert und Strategien entwickelt, dass zukünftig der hieraus resultierende Wissensstand angewendet wird.

Hansei wird von Unternehmen z. B. während der Entwicklung eines Produkts in Form einer Veranstaltung in den verschiedenen Stufen durchgeführt. Anlässe sind der Abschluss eines Meilensteins in der Produktentwicklung und der Schluss des Projekts. Im Rahmen dieser Veranstaltung werden die negativen Erfahrungen und Ereignisse benannt und aufgearbeitet, und es wird den Grundursachen nachgegangen. Sind diese identifiziert, wird nach einer Lösung des Problems oder nach geeigneten Maßnahmen zur Beseitigung von Fehlerursachen gesucht. Den Abschluss bildet die Dokumentation des hierbei gewonnenen Wissens.

**Kaizen und Hansei**

Es ist notwendig, sich selbst zu verbessern. Ohne Hansei gibt es kein Kaizen. Dies bedeutet, dass alles, was der Mensch tut, nicht perfekt oder vollkommen ist und somit verändert werden muss.

Es existiert also ohne Veränderung keine Verbesserung.

Ohne das Verständnis für die Fehlerkultur ist das Leben von Kaizen unmöglich!

### ■ Was bringt mir das?

Kaizen wird durch Hansei erst zur effektiven Methode im Rahmen der Fehlerkultur und der kontinuierlichen Verbesserung. Die Vorteile sind:

- Verbesserung nicht nur der Prozesse, sondern auch der Arbeitsweise und des Verhaltens der Mitarbeiter.

- Schärfung des Blicks für die eigenen Unzulänglichkeiten und Schwächen und damit die Chance der ständigen Verbesserung der eigenen Fähigkeiten und Einstellungen.

- Hansei schafft die Grundlage für eine lernende Organisation, deren Mitarbeiter um einen permanenten Aufbau des Wissens bemüht sind.

# ■ 4.8  Sieben statistische Werkzeuge

### ■ Einstieg

Zahlen, Daten und Fakten gehen über Vermutungen und Einschätzungen. Gemba ist hier der entscheidende Ansatzpunkt. Bei einfach strukturierten Problemen reicht die Begutachtung der Fakten am Ort des Geschehens. Komplexere Probleme bedürfen einer gründlichen Analyse, um die Problemursachen zuverlässig zu identifizieren. Die nachfolgend dargestellten sieben statistischen Werkzeuge werden verwendet, um den Problemursachen auf die Spur zu kommen und das Genchi Genbutsu/Gemba-Prinzip zu leben. Der Vorteil der Werkzeuge ist zum einen, dass diese einfach anzuwenden sind und keine umfangreiche Schulung benötigen. Zum anderen sind die Werkzeuge visuell orientiert, d. h., das Ergebnis der Analyse ist schnell erkennbar und benötigt keine ausführliche Interpretation.

**Beispiel: Defekte Schläuche**

Bei einem Fahrradhersteller beklagen die Händler immer wieder, dass Fahrräder mit defekten Schläuchen angeliefert werden. Die Händler haben hierdurch zusätzlichen Aufwand mit dem Auswechseln und stellen diese Leistung dem Hersteller in Rechnung. Der Montageleiter des Fahrradherstellers vermutet mangelhafte Qualität der Schläuche und empfiehlt, entweder den Lieferanten zu wechseln oder die Wareneingangskontrolle intensiver durchzuführen.

Der Geschäftsführer verlässt sich nicht auf diese Vermutung, sondern setzt ein Kaizen-Projekt in Gang. Für die Analyse der Ursachen wird zunächst eine Liste der möglichen Fehlerursachen aufgestellt. Anschließend geht ein Rundbrief an die Händler mit der Bitte, die defekten Schläuche an den Herstellerbetrieb zurückzusenden. Nach Untersuchung von rund 300 defekten Schläuchen wird festgestellt, dass nur in 2 % der Fälle ein poröser Schlauch vorliegt, der zulasten des Lieferanten geht. Zu 90 % weisen die Schläuche einen Defekt auf, der offensichtlich auf einen Montagefehler zurückzuführen ist.

Daraufhin wird der Montageprozess der Schläuche durch Beobachtung der Abläufe untersucht. Hierbei werden verschiedene mögliche Fehlerursachen in Betracht gezogen: das zur Montage verwendete Werkzeug, die Halterung des Rades bei der Montage und die Arbeitsweise des Mitarbeiters. Im Ergebnis wird festgestellt, dass das Werkzeug so gestaltet ist, dass der Schlauch häufig zwischen Felge und Werkzeug eingeklemmt und dabei beschädigt wird. Als Gegenmaßnahme werden neue Werkzeuge angeschafft. Dies führt zu einer deutlichen Senkung der Quote der beschädigten Schläuche.

## ■ Worum geht es?

Das Beispiel zeigt, dass nur eine gründliche und auf Fakten beruhende Analyse die wahren Fehlerursachen zutage fördert. Je nach Aufgabenstellung stehen verschiedene statistische Werkzeuge zur Verfügung, die dem Mitarbeiter helfen, diese Aufgabe zu lösen und damit Maßnahmen an der richtigen Stelle anzusetzen.

**ZDF-Prinzip**

Zahlen, Daten und Fakten (ZDF) ersetzen Subjektivität durch methodisches Vorgehen. Damit wird eine objektive Diskussionsgrundlage für Verbesserungen geschaffen.

## Fehlersammelliste

Die Fehlersammelliste dient zur einfachen Erfassung von Fehlern an Produkten, Teilen oder innerhalb von Produktionsprozessen. In dem in Bild 4.10 dargestellten Beispiel werden die Fehler erfasst, die an einer Arbeitsstation auftreten können, wenn der Nachschub an Teilen zur Weiterverarbeitung betrachtet wird.

Erster Schritt vor der Erstellung der Liste ist die Kategorisierung der Fehlerarten. Einerseits soll hier pragmatisch vorgegangen werden, sodass die Menge der Fehlerarten die Erfassung nicht erschwert, andererseits dürfen keine wichtigen Kategorien fehlen. Die Vollständigkeit ist die erste Hürde bei der Erstellung der Liste. Zu viele Fehlerarten in der Liste erschweren die Erfassung, da der Mitarbeiter, welcher die Liste erstellt, sehr viel Zeitaufwand mit dem Durchsuchen der Liste hat. Bei zu wenigen Fehlerarten kann es vorkommen, dass die Kategorie „sonstige Fehler" zu viele Nennungen erhält, wobei die Fehlersammelliste dann von geringem Wert ist.

Die Fehlersammelliste dient ausschließlich zur statistischen Erfassung der auftretenden Fehler. Eine Ursachenbenennung oder -vermutung ist hier nicht vorgesehen und auch nicht sinnvoll. Hierfür sind die nachfolgenden Analyseschritte notwendig. Nach Auswertung der Ergebnisse können die Fehler mit der größten Häufigkeit und den größten zu erwartenden Fehlerkosten herausgefiltert und im Rahmen einer Ursachenanalyse und eines Verbesserungsprojekts eliminiert werden.

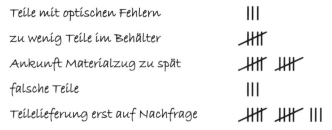

**Bild 4.10** Fehlersammelliste

## Qualitätsregelkarte

Mittels der Qualitätsregelkarte (Bild 4.11) werden Produktionsprozesse einer laufenden Überwachung unterzogen. Ziel ist es hierbei, eine unerwünschte Entwicklung der Messwerte zu erkennen, um rechtzeitig gegensteuern zu können. Der Vorteil der Methode liegt darin, dass der Mitarbeiter, welcher für den Prozess verantwortlich ist, selbst die entscheidenden Qualitätsmerkmale des Prozesses erfasst und überwacht.

Voraussetzung des Einsatzes der Qualitätsregelkarte ist ein beherrschter Prozess. Dies bedeutet, dass die entscheidenden Messwerte über das Ergebnis des Prozesses lediglich einer zufälligen Streuung unterliegen. Nicht beherrschte Prozesse lassen sich nicht mit der Qualitätsregelkarte überwachen, da durch die instabilen Messwerte ständig ein Eingreifen notwendig wäre. Diese Prozesse sind jedoch nicht der Anwendungsbereich der Qualitätsregelkarte.

Zuerst werden bei der Erstellung der Karte ein Mittelwert (Soll-Wert) und die Abweichungen vom Mittelwert festgelegt, die im zufälligen Bereich liegen und aufgrund der

Vorgaben akzeptiert werden können. Dann sind zwei Grenzbereiche festzulegen, die obere und untere Warngrenze sowie der obere und untere Grenzwert.

Im Rahmen der Aufzeichnung der beobachteten Messwerte können Rückschlüsse auf den Verlauf des Prozesses gezogen werden:

- Verlaufen die Messpunkte sehr nahe am Mittelwert, sind offensichtlich die Grenzwerte zu großzügig festgelegt worden. Engere Grenzen sind hier anzuraten.

- Verlaufen die Messwerte in einer Folge von mehr als sieben ober- oder unterhalb des Mittelwertes, liegt keine zufällige Streuung mehr vor, sondern ein systematischer Einfluss, dessen Ursache analysiert werden muss. In Bild 4.11 unten ist dies an der Entwicklungstendenz der Messwerte zu erkennen, dieser Prozess scheint „aus dem Ruder" zu laufen.

- Wird ein eindeutiger Trend sichtbar, so droht der Prozess außer Kontrolle zu geraten, und ein Eingreifen ist spätestens bei Überschreiten der Warngrenze erforderlich, um die Produktion von Ausschuss rechtzeitig zu verhindern.

Damit erweist sich die Qualitätsregelkarte als nützliches Instrument, um Fertigungsprozesse zu überwachen und das Auftreten von Abweichungen vom erforderlichen Zustand bzw. die Produktion von Ausschussteilen rechtzeitig zu verhindern. Damit funktioniert die Qualitätsregelkarte als Frühwarnsystem, ist jedoch nicht geeignet, um eine direkte Prozessverbesserung zu erreichen. Es können geringfügige Abweichungen vom Soll-Wert ausgeglichen werden und es lassen sich Ansatzpunkte für Prozessverbesserungen erkennen, die jedoch z. B. im Rahmen eines Kaizen-Projekts realisiert werden müssen.

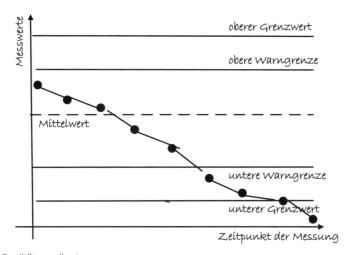

**Bild 4.11**  Qualitätsregelkarte

## Histogramm

Das Histogramm (oder auch Säulendiagramm genannt) ist ein Instrument, um die Häufigkeitsverteilung von Daten visuell darzustellen, die nach definierten Klassen geordnet sind (Bild 4.12). Bei der Erstellung des Histogramms werden z. B. Messwerte über den Durchmesser eines Drehteils erfasst. Die Messwerte werden sinnvollerweise in Klassen eingeordnet, um eine gut interpretierbare Darstellung der Streuung der Werte zu erhalten. Im Detail werden Intervalle festgelegt, in welchen der Messwert einer Klasse zugeordnet wird. Ergebnis ist eine Verteilung von Messwerten über die definierten Klassen.

Für die Auswahl der Klassengrenzen sollte die Übersichtlichkeit der Abbildung herangezogen werden. Zu viele Klassen ergeben ein unübersichtliches und schwer interpretierbares Bild, zu wenige Klassen lassen kaum Rückschlüsse zu.

Die Darstellung des Histogramms wird im nächsten Schritt um den Ziel- bzw. Soll-Wert und die tolerierten Abweichungen nach oben und nach unten erweitert. Damit ist danach eine Bewertung des betrachteten Prozesses möglich. Die außerhalb der Toleranz liegenden Messwerte sind dann der Ansatzpunkt von Projekten zur Reduzierung dieser unerwünschten Abweichungen vom Zielkorridor.

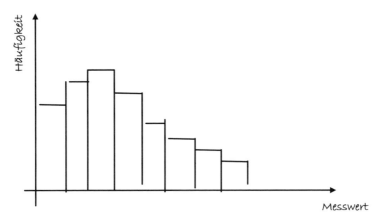

**Bild 4.12** Histogramm

## Pareto-Diagramm

Management verlangt die Konzentration auf das Wesentliche. Ressourcen (finanzielle Mittel, Zeit) sind knapp, weshalb es unbedingt erforderlich ist, sich auf die Aktivitäten/ Projekte/Aufgaben zu konzentrieren, welche die größte Wirkung im Hinblick auf die festgelegten Unternehmensziele entfalten.

Die Pareto-Analyse ordnet Merkmalsausprägungen eines Objekts oder eines Ablaufes nach Wichtigkeit und ermöglicht damit die Konzentration auf Maßnahmen oder Projekte mit der größtmöglichen Effektivität in Bezug auf festgelegte Ziele. Deshalb sind Analyseinstrumente hilfreich, welche diese wesentlichen Einflussfaktoren schnell und visuell einfach interpretierbar herausfiltern.

Eines der bekanntesten Beispiele für das Pareto-Diagramm ist die sogenannte ABC-Analyse (Bild 4.13), welche z. B. die in einem Lager vorhandenen Artikel nach deren Wert in festgelegte Klassen einordnet. Typisch ist hierbei, dass 20 % der Artikel 80 % des gesamten Wertes eines Lagers ausmachen (A-Güter), 30 % der Artikel etwa 15 % des Wertes (B-Güter) und 50 % der Artikel nur etwa 5 % des Wertes (C-Güter). Mit dieser Analyse wird der Ausgangspunkt für Maßnahmen zur Reduzierung des wertmäßigen Lagerbestands geschaffen. Typischerweise werden A-Güter in vielen Unternehmen just in time angeliefert, wodurch im belieferten Unternehmen fast keine Lagerkosten entstehen. C-Güter hingegen stehen eher im Fokus im Hinblick auf die Reduzierung der Prozesskosten bei der Beschaffung.

Die Pareto-Analyse kann aber problemlos auf andere Objekte oder Prozesse angewendet werden, wie z.B. die Klassifizierung der Art des Fehlers des Ergebnisses von Produktions- und Dienstleistungsprozessen nach Fehler- und Fehlerfolgekosten.

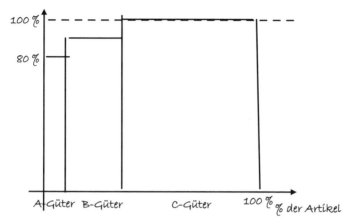

**Bild 4.13** Pareto-Diagramm

## Korrelationsdiagramm

In einem Korrelationsdiagramm werden zwei Merkmale zueinander in Beziehung gesetzt. Mit diesem Werkzeug möchte man herausfinden, welcher (lineare) Zusammenhang zwischen zwei statistisch erfassten Größen besteht. Beispielsweise kann die Vermutung überprüft werden, ob die Umgebungstemperatur eines Produktionsprozesses Einfluss auf die Anzahl defekter Teile hat.

Ausgangspunkt der Analyse ist die Erfassung der Messwerte für die ausgewählten Merkmale. Für eine hinreichend gut interpretierbare Analyse sind mindestens 70 bis 120 Messwerte für beide Merkmale notwendig. Die erhaltenen Werte können in ein Diagramm eingetragen werden. Wenn die Messwerte nicht zufällig streuen, ist in der Regel eine Punktekonzentration erkennbar. Der Zusammenhang der beiden Merkmale lässt sich durch eine Gerade (Bild 4.14) charakterisieren. Es ist dann entweder eine positive oder negative Korrelation der beiden Merkmale sichtbar. Durch Berechnung des sogenannten Korrelationskoeffizienten kann die Intensität des Zusammenhangs ermittelt werden.

Was die Korrelationsanalyse allerdings nicht leisten kann, ist, die Sinnhaftigkeit des Zusammenhangs der beiden Größen zu überprüfen. Es ist möglich, dass zwar ein Zusammenhang zweier Größen festgestellt wird (z.B. Abhängigkeit der Ausschussquote von der Mondphase), ein kausaler Zusammenhang ist damit aber noch nicht nachgewiesen, und es fällt schwer, eine sinnvolle Erklärung für diesen Zusammenhang zu finden. Falsche Schlussfolgerungen sind möglich, weshalb bei der Auswertung des Diagramms mit Vorsicht vorzugehen ist.

Der Nutzen des Korrelationsdiagramms liegt in dem Potenzial des Werkzeugs, Zusammenhänge aufzudecken, die Richtung und Intensität des Zusammenhangs zu qualifizieren und damit die Grundlage für Maßnahmen zur Verbesserung von betrieblichen Gegebenheiten zu schaffen.

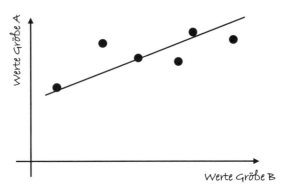

**Bild 4.14** Korrelationsdiagramm

## Brainstorming

In den in Unternehmen üblichen Diskussionen und Entscheidungsfindungsprozessen begrenzen die eingefahrenen Denkschemata und der vorgegebene Handlungsrahmen oft die Chancen, zu einer ganz neuen und innovativen Lösung oder Entscheidung zu kommen. Das Brainstorming versucht, diesem Problem durch die nahezu grenzenlose Kreativitätsentfaltung zu begegnen (Bild 4.15). Ausgangspunkt des Brainstormings ist ein (oft interdisziplinär besetztes) Team, das in zwei Phasen den gesuchten Lösungsvorschlag erarbeitet. Ein Moderator hat die Aufgabe, auf die Einhaltung der Regeln zu achten, Abschweifen der Diskussion vom Thema zu verhindern und bei zögerlichem Fortschritt die Diskussion wieder in Gang zu bringen.

Am Anfang des Brainstormings steht eine präzise Formulierung der Fragestellung. Nur unter dieser Voraussetzung ist ein Brainstorming erfolgreich. Möglicherweise benötigen die Teammitglieder zu Beginn zusätzliche Informationen über den zur Diskussion stehenden Sachverhalt. Allerdings dürfen in diesen Informationen keine Lösungen indirekt enthalten sein, die zu einer Voreingenommenheit führen oder die Entwicklung von ganz neuen Ideen verhindern.

In der ersten Phase werden ohne Einschränkungen Vorschläge, aber auch Gedanken zum Problem gesammelt, ohne dass Kritik erfolgt. Dieser Aspekt ist besonders wichtig, da jede in dieser Phase geäußerte Kritik die weitere Kreativität der Teammitglieder behindert. Es geht in dieser Phase ausschließlich um die Ideensammlung, in welcher es auf eine Vielzahl von Ideen ankommt.

Erst in der zweiten Phase werden die aufgeführten Vorschläge bzw. Ideen zunächst geordnet und anschließend bewertet. Dadurch kristallisieren sich die realisierbaren und zielführenden Vorschläge bzw. Ideen heraus.

In der Praxis hat sich das Engagement eines professionellen Moderators bewährt, der nicht zu den Mitarbeitern des Unternehmens gehört. Dies hat den Vorteil, dass hierdurch keine Vorprägung durch die betrieblichen Kenntnisse und Erfahrungen erfolgt. Darüber hinaus wird eine zielorientierte und projektorientierte Abwicklung des Brainstormings gewährleistet.

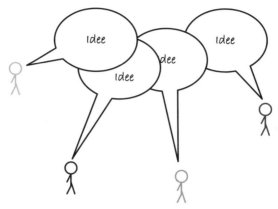

**Bild 4.15**  Brainstorming

## Ursache-Wirkungs-Diagramm

Das Ursache-Wirkungs-Diagramm (auch Ishikawa-Diagramm und Cause and Effect Diagram genannt) dient zur systematischen Untersuchung von Problemen und deren Ursachen. Ausgangspunkt ist ein Problem (im Abbildungsbeispiel: nicht termingerechte Übergabe einer Sendung an den Warenausgang), dessen Ursachen analysiert werden sollen. Hierbei wird sowohl systematisch als auch visuell vorgegangen.

Die Systematik wird durch die Festlegung von Ursachenkategorien erreicht, die für das beschriebene Problem als verantwortlich angesehen werden. In der Praxis sind verschiedene Hauptursachen als Standard in den Diagrammen vorgesehen. Üblich sind:

- Mensch,
- Maschine,
- Material,
- Methode.

In manchen Fachbüchern werden zusätzlich folgende Ursachen hinzugenommen:

- Messung,
- Umfeld/Umwelt.

Die Auswahl der angeführten Ursachenkategorien hängt von dem zur Lösung anstehenden Problem ab. Anschließend werden die in der Kategorie der Hauptursachen identifizierten Nebenursachen aufgeführt. In Bild 4.16 sind die Nebenursachen für die nicht termingerechte Übergabe einer Sendung an den Warenausgang beispielhaft zusammengestellt.

Die Visualisierung der Haupt- und Nebenursachen von betrieblichen Problemen unterstützt das Erkennen der wesentlichen Problemursachen. Somit wird die Erarbeitung von Problemlösungen wesentlich erleichtert.

Bei der Erstellung des Ursache-Wirkungs-Diagramms wird in folgenden Schritten vorgegangen:

▪ Erarbeitung der Haupt- und Nebenursachen, wie im Beispiel Warenausgang (Bild 4.16).

▪ Überprüfung der Vollständigkeit der Ursachen (hierbei ist die Visualisierung in Form des Diagramms eine Hilfe, da die Hauptkategorien die wesentlichen Anhaltspunkte liefern).

▪ Herausfilterung der bedeutendsten Ursachen (Bewertung der Ursachen nach Bedeutung, Umfang des Einflusses und Wahrscheinlichkeit des Eintretens).

▪ Plausibilitätsprüfung des Ergebnisses von Schritt vier (Einsatz von statistischen Verfahren).

▪ Erarbeitung von Maßnahmen zur Beseitigung des Problems.

▪ Umsetzung der Maßnahmen.

Die Visualisierung der Problemursachen schärft den Blick der verantwortlichen Manager und das Bewusstsein der Mitarbeiter für das anstehende Problem. Außerdem tritt deutlich zutage, in welchem Ausmaß betriebliche Prozesse in der täglichen Praxis wirklich entsprechend den Unternehmenszielen gesteuert werden. Die Ergebnisse der Gewichtung der Ursachen geben eindeutige Hinweise, an welcher Stelle des Prozessablaufs Verbesserungsmaßnahmen die größte Wirkung haben.

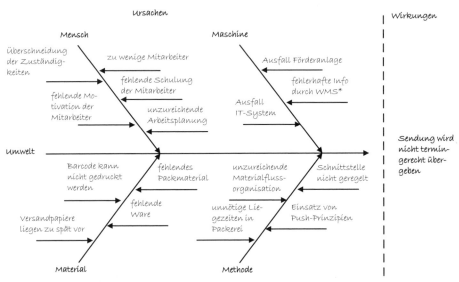

* WMS = Warehouse Management System

**Bild 4.16** Ursache-Wirkungs-Diagramm

## ■ Was bringt mir das?

Die vorgestellten sieben statistischen Werkzeuge dienen zum einen zur systematischen Fehlererfassung (Fehlersammelliste, Qualitätsregelkarte), zum anderen zur strukturierten Fehleranalyse (Histogramm, Pareto-Diagramm, Korrelationsdiagramm, Brainstorming, Ursache-Wirkungs-Diagramm). Damit werden dem Praktiker Werkzeuge in die Hand gegeben, die eine fundierte und systematische Analyse von Problemen und Fehlern ermöglichen. Der besondere Nutzen der vorgestellten Werkzeuge liegt in

- ... der relativen Einfachheit der Werkzeuge. Diese können für die Anwendung relativ schnell erlernt und sofort in der betrieblichen Praxis eingesetzt werden.

- ... der visuellen Darstellung der Ergebnisse der Analysen. Welcher Entscheider möchte sich durch komplizierte Excel-Tabellen arbeiten, um die Ursache von Problemen zu erkennen und zielgerichtet dagegen vorgehen zu können?

- ... der Eignung für verschiedene Problemstellungen. Mithilfe der Werkzeuge können sowohl technisch-quantitativ analysierbare Problemstellungen (Streuung von Qualitätsmesswerten) als auch qualitativ analysierbare Problemstellungen (Zeitverzug bei Anlieferung) bearbeitet werden.

- ... dem Ersetzen von Vermutungen und Annahmen über die Ursachen von Problemen durch Zahlen, Daten und Fakten als Grundlage für die Entscheidung für Maßnahmen.

**Beispiel: Anwendung des Korrelationsdiagramms in der Produktion**

In einem Maschinenbauunternehmen wurde eine neuartige Maschine zur computergesteuerten Herstellung von Frästeilen eingesetzt. Die Maschine funktionierte anfangs recht gut, bis ohne erkennbaren Grund die Quote nicht der Toleranz entsprechender Teile deutlich zunahm. Da die Maschine weitgehend ohne Betreuung durch Mitarbeiter lief (Vollautomat), war diese in einem Raum neben der Fertigungshalle untergebracht.

Ein Mitarbeiter äußerte zunächst die Vermutung, die zunehmende Defektquote hätte mit dem Beginn des Winters zu tun. Der Fertigungsleiter belächelte die Vermutung, ließ jedoch ein Korrelationsdiagramm erstellen, in welchem die Temperatur des Standplatzes der Maschine und die Defektquote erfasst wurden.

Ergebnis war ein klar erkennbarer Zusammenhang. Aufgrund des Dehnungskoeffizienten des in der Maschine verwendeten Materials war die Präzision von der herrschenden Umgebungstemperatur abhängig. Das Problem konnte durch eine Beheizung des Raumes gelöst werden, in welchem die Maschine aufgestellt war.

# ■ 4.9  M7 – sieben Managementwerkzeuge

## ■ Einstieg

Die dargestellten statistischen Werkzeuge lassen sich vor allem dann einsetzen, wenn ausreichend Daten vorhanden sind, um eine entsprechende Auswertung durchzuführen. Die sieben Managementwerkzeuge werden in der Fachliteratur auch als „New Seven Tools for Quality Management" bezeichnet. Diese Werkzeuge werden vor allem dann eingesetzt, wenn wenig quantitative Informationen vorliegen (vgl. [12] S. 676 ff.).

Die Managementwerkzeuge lassen sich nach den Ablaufphasen von Projekten gliedern. Dabei werden die Phasen Analyse, Suche nach geeigneten Lösungen des Problems und Umsetzung betrachtet. Damit fügen sich die Werkzeuge in einen typischen Projektablauf ein.

## ■ Worum geht es?

Tabelle 4.1 zeigt, welchen Projektphasen die einzelnen Managementwerkzeuge zugeordnet werden können.

**Tabelle 4.1**  Projektphasen und Werkzeuge

| Projektphase | Managementwerkzeuge |
|---|---|
| Problemanalyse | ▪ Affinitätsdiagramm<br>▪ Relationendiagramm |
| Finden der Lösung | ▪ Portfolio<br>▪ Baumdiagramm<br>▪ Matrixdiagramm |
| Umsetzung der Lösung | ▪ Netzplan<br>▪ Problementscheidungsplan |

### Affinitätsdiagramm

Liegen viele nicht quantitative Informationen zu einem Thema vor, kann das Affinitätsdiagramm helfen, diese zu ordnen und so zu einer übersichtlichen und interpretierbaren Struktur zu gelangen. Damit ist dann eine Aussage über die verschiedenen Aspekte einer Fragestellung möglich. Grundlage des Affinitätsdiagramms ist ein Team von interdisziplinär zusammengesetzten Mitarbeitern.

Geht es z. B. darum, die Kriterien für ein Callcenter mit hoher Kundenzufriedenheit zu beschreiben (Bild 4.17), so werden in der ersten Runde ohne Struktur und Vorgabe Kriterien gesammelt, die für ein Callcenter wesentlich sind. Dies können z. B. „mehrsprachig", „gute Erreichbarkeit" oder „Sachkompetenz" sein.

Im nächsten Schritt werden Sammelbegriffe erarbeitet, unter welche die Einzelkriterien subsumiert werden können. Für das Callcenter könnte dies z. B. „Fragen zuverlässig beantworten" sein. Die Sammelbegriffe sollten dabei beschreibender Art sein.

Mit dieser Methodik lassen sich die verschiedenen Aspekte eines Themas oder Problems übersichtlich gruppieren und damit die weiteren Arbeitsschritte erleichtern.

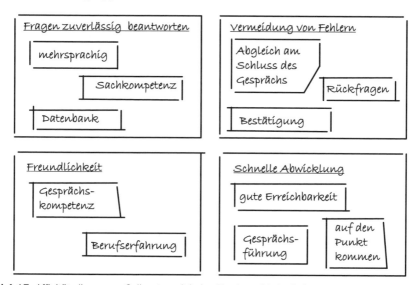

**Bild 4.17** Affinitätsdiagramm: Callcenter mit hoher Kundenzufriedenheit

### Relationendiagramm

Das Relationendiagramm (Bild 4.18) versucht, Zusammenhänge aufzudecken und die Bedeutung von einzelnen Ursachen herauszufinden. Zunächst wird das Problem oder das zu behandelnde Thema klar und gut verständlich in einem Satz formuliert. Dies könnte z. B. die Motivierung der Mitarbeiter zur Entwicklung von Verbesserungsideen im Rahmen eines Kaizen-Projekts sein. Im zweiten Schritt werden alle Einflüsse auf den Sachverhalt von einem Tcam erarbeitet und zusammengestellt. Einflüsse könnten z. B. „Höhe der Prämie", „Unterstützung durch das Topmanagement" oder „methodische Anleitung durch den Gruppenleiter" sein.

Im nächsten Schritt werden die Beziehungen zwischen den erarbeiteten Einzelwirkungen durch Pfeile zwischen diesen qualifiziert. So hat die „Unterstützung durch das Topmanagement" möglicherweise Einfluss auf die Wirkung „methodische Anleitung durch den Gruppenleiter". Der Einfluss mit den meisten ausgehenden Pfeilen kann dann als wichtigster Einflussfaktor identifiziert werden und muss in der weiteren Entwicklung des Projekts besonders beachtet werden.

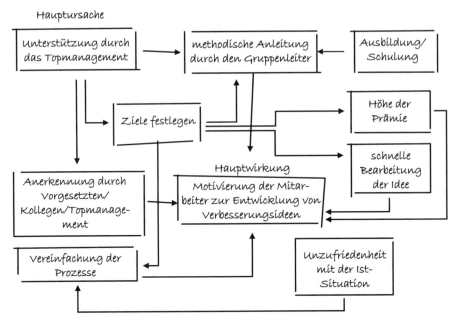

**Bild 4.18** Relationendiagramm

## Portfolio

Das Portfolio (Bild 4.19) ist eines der am häufigsten verwendeten Managementwerkzeuge. Damit lassen sich zwei (oder auch drei) Kriterien in einen Zusammenhang bringen. Damit kann z. B. der Status quo dokumentiert, die Position der Wettbewerber dargestellt und eine Entwicklungsrichtung beschrieben werden.

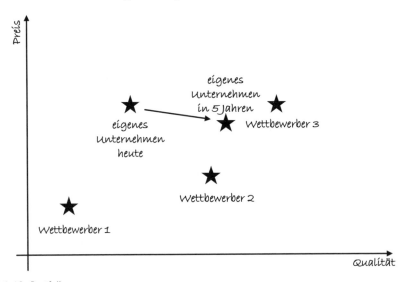

**Bild 4.19** Portfolio

Ein Unternehmen könnte z. B. Preis und Qualität des Endprodukts in einem Portfolio darstellen. Um die beiden unterschiedlichen Dimensionen vergleichen zu können, muss mithilfe von Transformationskurven eine Skalierung der Größen vorgenommen werden. Die Qualität könnte in einem Raster von 1 bis 10 eingeordnet werden, wobei 10 die höchste Qualitätsstufe und 1 die niedrigste bezeichnet. Die gleiche Vorgehensweise wird für den Preis verwendet. 1 wäre der niedrigste Preis und 10 der höchste.

Anschließend wird das eigene Unternehmen in dieses Bewertungsraster und in einem zweidimensionalen Koordinatenkreuz eingeordnet. Nun können die Wettbewerber in das Raster eingetragen werden. Für die zukünftige Entwicklung des Unternehmens ergibt sich die Möglichkeit, danach entsprechende Pfade einzutragen. Damit sind diese visuell sichtbar und erleichtern die Kommunikation der strategischen Ausrichtung des Unternehmens in der Zukunft.

### Baumdiagramm

Das Baumdiagramm (Bild 4.20) wird eingesetzt, um ein Problem oder eine Aufgabenstellung in deren Einzelpunkte zu untergliedern. Damit wird z. B. eine zunächst grob umrissene Aufgabenstellung in detaillierte Einzelaufgaben gegliedert, was die Ausführung erleichtert. Ebenso kann ein Problem mithilfe dieser Methode in Teilprobleme zerlegt werden, sodass die Gesamtlösung Schritt für Schritt erfolgen kann.

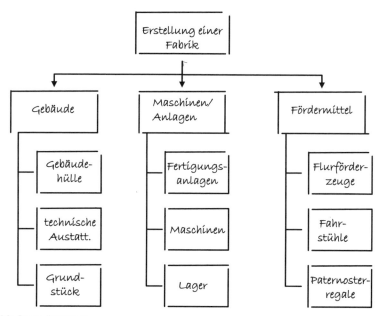

**Bild 4.20**  Baumdiagramm

Ein typisches Beispiel für ein Baumdiagramm ist ein Projektstrukturplan. Geht es z. B. um die Reorganisation eines Distributionslagers, so kann das Projekt mittels des Projektstrukturplans in zeitlich gegliederte Projektabschnitte unterteilt werden (z. B. Durchführung Ist-Analyse, Entwicklung Soll-Konzept, Erstellung Umsetzungsplan, Umsetzung etc.). Die Projektabschnitte können in der nächsten Stufe weiter untergliedert werden (z. B. Ist-Analyse in: Analyse Lagerpositionen, Mengengerüst für Kommissionierung etc.). Auf diese Weise entstehen überschaubare Arbeitspakete, die einzelnen Mitarbeitern zur Durchführung übergeben werden können.

### Matrixdiagramm

Komplexe Probleme zeichnen sich in der Regel durch die Wechselwirkung verschiedener Merkmale aus. Eine typische Anwendung für das Matrixdiagramm (Bild 4.21) ist das sogenannte Quality Function Deployment (QFD), welches in der Produktentwicklung angewendet wird. Hier geht es beispielsweise darum, Kundenanforderungen in Konstruktionsmerkmale des zu entwickelnden Produkts umzusetzen. Die Kundenanforderungen sind nach Kriterien definiert, die aus der Sichtweise und der Sprache des Kunden formuliert sind. Die technischen Konstruktionsmerkmale sind hingegen in der Sprache des Ingenieurs formuliert. Mithilfe des Matrixdiagramms im QFD findet eine Zuordnung der Kundenanforderungen zu den Konstruktionsmerkmalen statt. Dies erleichtert die Entwicklung eines Produkts, welches auf die Anforderungen der Kunden zugeschnitten ist.

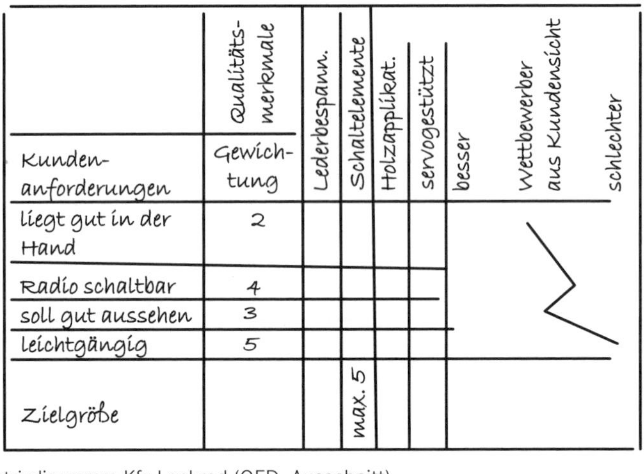

**Bild 4.21** Matrixdiagramm Kfz-Lenkrad (QFD, Ausschnitt)

### Netzplan

Der Ablauf eines Projekts besteht aus mehreren Arbeitsschritten bzw. Arbeitspaketen (vgl. Baumdiagramm). Diese müssen in einer vorgegebenen zeitlichen Abfolge durchgeführt werden, um am Ende des Projekts einen termingerechten Abschluss zu erreichen. Der Netzplan (Bild 4.22) ordnet diese Arbeitspakete entsprechend der zeitlichen Abfolge übersichtlich an.

Jedes Arbeitspaket wird entsprechend der Abfolge in Gruppen eingeteilt. Maßgeblich ist dabei, welche Arbeitspakete die Fertigstellung anderer Arbeitspakete als Voraussetzung benötigen. Hierdurch ergibt sich eine Vorgänger-Nachfolger-Beziehung, welche zu einer eindeutigen Abfolge der Arbeitspakete in zeitlicher Hinsicht führt.

Für jedes Arbeitspaket werden dann die Dauer sowie ein frühester Anfangszeitpunkt (FAZ) und ein frühester Endzeitpunkt (FEZ) berechnet. Im Rahmen einer Rückrechnung werden anschließend spätester Anfangszeitpunkt (SAZ) und spätester Endzeitpunkt (SEZ) berechnet. Die Arbeitspakete, für die der früheste Anfangszeitpunkt gleich dem spätesten Anfangszeitpunkt sowie der früheste Endzeitpunkt gleich dem spätesten Endzeitpunkt ist, sind der kritische Pfad, d. h., die Nichteinhaltung der Termine der Arbeitspakete auf dem kritischen Pfad führt zu einer Verschiebung des Projektabschlusses.

Mithilfe dieses Werkzeugs lassen sich die Arbeitspakete herausfiltern, die für den Projekterfolg in zeitlicher Hinsicht entscheidend sind. Damit erhält der Projektleiter eine wertvolle Hilfe zur Steuerung des Projekts.

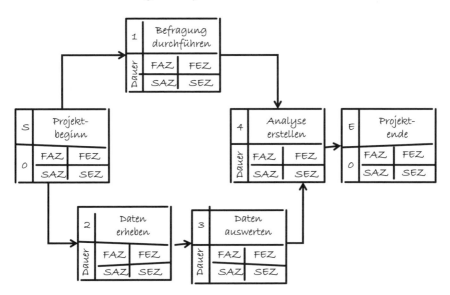

**Bild 4.22** Netzplan

## Problementscheidungsplan

In vielen Vorgängen und Abläufen können Fehler auftreten. Der Problementscheidungsplan (Bild 4.23) ist als Hilfestellung gedacht, um diese zu vermeiden. Damit soll die Fehlerquote bei Vorgängen und Abläufen entweder gänzlich vermieden oder zumindest reduziert werden.

Bei der Erstellung des Problementscheidungsplans ist zunächst der entsprechende Prozess in seine Teilprozessschritte zu zerlegen. Anschließend werden die potenziellen Probleme bzw. Fehler spezifiziert, die in dem jeweiligen Prozessschritt auftreten können. Für jeden identifizierten Fehler werden eine oder mehrere Gegenmaßnahmen erarbeitet. Diese werden anschließend im Hinblick auf die Wirksamkeit und die damit verbundenen Kosten geprüft. Es werden dann die Maßnahmen ausgewählt, die auf der Basis der genannten Kriterien am effizientesten erscheinen.

Damit wird den Mitarbeitern, welche den Prozess ausführen, ein Mittel in die Hand gegeben, wie in dem Falle des Auftretens des Fehlers zu verfahren ist.

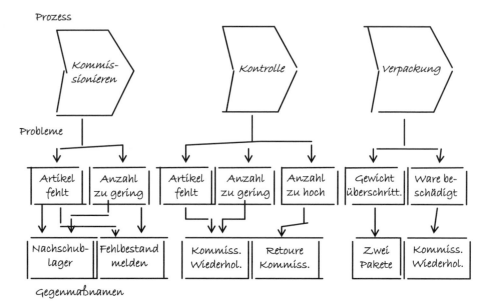

**Bild 4.23** Problementscheidungsplan

## ■ Was bringt mir das?

Allen dargestellten Werkzeugen ist gemeinsam, dass

▪ eine leicht verständliche und nachvollziehbare Visualisierung des zur Diskussion stehenden Sachverhalts erfolgt,

▪ die allen Problemen anhaftende Komplexität auf ein überschaubares und handhabbares Maß reduziert wird und

▪ das erforderliche Wissen zur Anwendung der Werkzeuge relativ schnell erworben werden kann.

Lean bedeutet hier, einen pragmatischen Weg zur Lösung von Problemen zu gehen, ohne den Prozess mit aufwendigen und mit nur von geschulten Spezialisten anwendbaren Werkzeugen zu überfrachten. Der Weg ist hier nicht das Ziel, sondern die Lösung von anstehenden Problemen im Unternehmen.

 **Beispiel: Portfolio für den Einsatz von Total Cost of Ownership**

Zu Beginn der 90er-Jahre wurden in der Industrie die Kosten von IT-Projekten kritisch betrachtet, da die Folgekosten während des Lebenszyklus für Anpassung, Updates und Pflege der Software oft deutlich höher waren als die Investitionskosten. Dabei gelangte man zu der Erkenntnis, dass nicht allein die Investitionskosten zu berücksichtigen sind, sondern die Kosten über den gesamten Lebenszyklus des IT-Systems. Diese Idee, die gesamten Kosten zu berücksichtigen, die ein Investitionsgut, eine

Komponente oder ein Teil verursacht, solange man es besitzt, wurde ein allgemeiner Trend in der Industrie. Somit wurde die Idee der „Total Cost of Ownership" auf alle möglichen Objekte ausgedehnt.

Total Cost of Ownership beschreibt eine ökonomische Analyse, welche die gesamten Kosten und Ausgaben für gekaufte Güter während des gesamten Lebenszyklus umfasst. Nicht nur die Einkaufskosten werden hierbei berücksichtigt, sondern auch die Versandkosten, Qualitätskontrolle, Lagerung, Verwaltung und (sofern relevant) die Entsorgung. Insbesondere bei internationalem Einkauf (Global Sourcing) ist die Berücksichtigung der Total Cost of Ownership von besonderer Bedeutung. In der Praxis werden hierbei sowohl mikroökonomische als auch makroökonomische Aspekte in Betracht gezogen.

In einem Unternehmen, welches Labormessgeräte für den Einsatz in wissenschaftlichen Einrichtungen, Arztpraxen sowie in der pharmazeutischen Industrie herstellt, wird in der Einkaufsabteilung die Anwendung der Total Cost of Ownership diskutiert. Die Anwendung der Methode erfordert allerdings die Erhebung bzw. Berechnung umfangreicher Kosteninformationen. So werden die Kosten vor dem Erwerb, der Transaktion und nach dem Erwerb des Gutes in die Berechnung mit einbezogen. Darüber hinaus werden Länderrisiken und Marktbedingungen im Land des Lieferanten berücksichtigt.

Dem Einkaufsleiter erscheint der Aufwand in Anbetracht der hierfür erforderlichen Personalressourcen recht hoch, und er schlägt vor, die Methode nur auf besonders wichtige Beschaffungsgüter zu begrenzen. Die Frage, die sich stellt, ist, wie diese Güter ausgewählt werden sollen. Ein Mitarbeiter schlägt das Portfolio zur Identifizierung der wichtigen Güter vor. Wie in Bild 4.24 dargestellt, werden zwei Kriterien herangezogen. Zum einen die Wichtigkeit der Komponente bzw. des Materials für das Unternehmen und zum andern das Einkaufsvolumen. Damit ist eine Klassifizierung der Materialien nach Standard-, Engpass-, Spotmarkt- und strategischen Teilen möglich.

Im letzten Schritt ist der Bereich der Teile festzulegen, der für Total Cost of Ownership infrage kommt. Dies sind (Bild 4.24) vor allem die strategischen Teile sowie in sehr begrenztem Umfang Spotmarkt-, Standard- und Engpassteile. Damit kann die Einkaufsabteilung eine gezielte Auswahl der Teile und Materialien treffen und den Aufwand für die Datenerhebung und Kostenkalkulation im Rahmen halten.

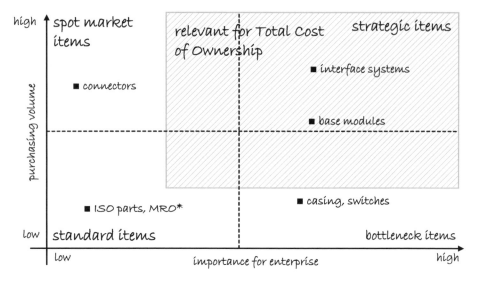

* MRO = Maintenance, Repair, Operating Supply

**Bild 4.24** Portfolio zur Identifikation des Einsatzbereiches von Total Cost of Ownership

# ■ 4.10  6-W-Hinterfragetechnik

## ■ Einstieg

In der täglichen Praxis des Betriebs neigen wir häufig dazu, ein Problem sofort und auf der Basis der sichtbaren Umstände zu lösen. Häufig wird ein Problem aber auch „unter den Teppich gekehrt". Nachteil dieser Vorgehensweisen ist, dass das Problem immer wieder auftreten wird und wir uns immer wieder damit beschäftigen müssen. Aus der Lean-Sicht ist dies Verschwendung und damit nicht akzeptabel. Dies bedeutet, dass das Problem jetzt, hier und heute endgültig gelöst werden muss.

Die Frage ist, mittels welcher Methode das Problem endgültig gelöst werden kann. Die Antwort lautet: Da die Grundursache in der Regel an einer anderen Stelle des Wertstroms zu suchen ist, muss diese identifiziert und mit einer geeigneten Maßnahme beseitigt werden. Mithilfe der 6-W-Hinterfragetechnik können durch systematisches Fragen die Ursachen für ein Problem ermittelt werden. Bei dieser Technik gibt sich der Fragende nicht mit der ersten und auch nicht mit der zweiten Antwort auf die Frage „Warum" zufrieden, sondern fragt geradezu „penetrant" nach (siehe Beispiel „Penetrantes Hinterfragen"). Dadurch kommt man der wahren und oft verborgenen Grundursache näher.

### ■ Worum geht es?

Das äußerst gründliche Hinterfragen von Problemen bzw. deren Ursachen ist ein Kernbestandteil des Managements in japanischen Unternehmen. Was auf den ersten Blick befremdlich erscheint, ist eine wirksame Methode, um den wahren Ursachen von Problemen auf den Grund zu gehen.

In Unternehmen wird ein Problem oft zwar erkannt (z. B. ein Werkstück fällt bei der Entnahme aus einer Maschine auf den Boden, wird dabei beschädigt und muss verschrottet werden, dies passiert bei 5 % der Teile), es wird aber „am Symptom kuriert" (die Stückzahl wird entsprechend der Schadensquote erhöht). Die Ursache des Problems wird aber weiter bestehen (es kommt auch in Zukunft zu beschädigten Teilen).

 **Beispiel: Penetrantes Hinterfragen**

Japanische Manager hinterfragen die Ursache geradezu penetrant:

- Warum ist das Werkstück auf den Boden gefallen?
  Weil der Mitarbeiter eine ergonomisch ungünstige Haltung bei der Entnahme des Werkstücks hat.

- Warum hat der Mitarbeiter eine ungünstige Haltung?
  Weil die Entnahmestelle an der Maschine und der Aufnahmebehälter in der Positionierung nicht aufeinander abgestimmt sind.

- Warum sind Entnahmestelle und Aufnahmebehälter in der Position nicht aufeinander abgestimmt?
  Weil dies bei der Planung des Fertigungsablaufes und der Konstruktion der Maschine nicht berücksichtigt wurde.

- Warum wurde dies in der Planung von Fertigungsablauf und Maschine nicht berücksichtigt?
  Weil die Fertigungsmittelplanung und das Herstellerunternehmen in diesem Punkt nicht zusammengearbeitet haben.

- Warum arbeiten Unternehmen und Maschinenhersteller in diesem Punkt nicht zusammen?
  Weil es keinen festgelegten Prozess für die Berücksichtigung ergonomischer Belange bei der Gestaltung der Schnittstelle zwischen Maschine und den weiteren Fertigungsschritten gibt.

- Warum gibt es hierfür keinen festgelegten Prozess?
  Weil das Unternehmen bisher keine Standards für die schlanke Planung des Fertigungsablaufes erarbeitet hat.

Dieses Beispiel zeigt, wie die „wahre" Ursache nur ermittelt werden kann, wenn gründlich hinterfragt wird. Aber nur so kann das Problem endgültig gelöst werden. Im vorliegenden Beispiel müsste ein Standard für die Planung bestehender und neuer Fertigungsmittel erstellt werden. Hier könnte mithilfe des Cardboard Engineerings (vgl. Kapitel 5.10) eine kostengünstige Simulation der Abläufe durchgeführt werden, um Verschwendung und aus ergonomischer Sicht ungünstige Situationen und damit Ausschuss und unnötige körperliche Belastungen der Mitarbeiter zu vermeiden.

## ■ Was bringt mir das?

Die schnelle Problemlösung auf der Basis der sichtbaren Fakten führt in den meisten Fällen nicht dazu, dass das Problem nicht mehr auftritt. Häufig müssen sich die Mitarbeiter immer wieder mit den gleichen Problemen auseinandersetzen und verschwenden damit wertvolle betriebliche Ressourcen wie Zeit und Material.

Die 6-W-Hinterfragetechnik deckt die wahren Ursachen von Problemen und Fehlern auf und trägt damit zur endgültigen Lösung von Problemen oder Vermeidung von Fehlern bei. Der auf den ersten Blick höhere Aufwand zur Durchführung der Technik macht sich schon mittelfristig bezahlt. Die Aufwendung von Zeit für die 6-W-Hinterfragetechnik ist eine Investition, die sich rechnet.

 **Beispiel: Probleme beim Verpackungsmaterialnachschub**

In der Packerei eines Unternehmens, welches elektronische Artikel für den Endverbraucher verkauft, gab es immer wieder das Problem, dass nicht genügend Pakete an den Packplätzen verfügbar waren und dadurch Verzögerungen im Ablauf entstanden.

Bei einer ersten Klärung des Problems und Beobachtungen durch ein Kaizen-Team stellte sich heraus, dass ausreichend Leerverpackungen vorhanden waren, es fehlten jedoch Verpackungen in der gerade vom Mitarbeiter benötigten Größe. Bevor mit der Entwicklung von Maßnahmen begonnen wurde, musste zunächst die wahre Ursache des Problems identifiziert werden.

Mithilfe der 6-W-Hinterfragetechnik fand das Team heraus, dass die Materialwirtschaft, die für die Nachschubversorgung der Leerverpackungen verantwortlich war, zwar bei jeder Belieferung der Packplätze den Bestand der verschiedenen Paketgrößen überprüfte und bei einem Mindestbestand von drei Leerverpackungen einer Größe einen Nachschubauftrag erstellte, dieser erfolgte jedoch in Form einfacher Aufschriebe der Mitarbeiter der Materialwirtschaft. Diese Aufschriebe waren oft fehlerhaft, schlecht lesbar und gingen manchmal verloren.

Damit war das Informationsmanagement bezüglich des Bedarfs an Leerverpackungen fehlerbehaftet. Die vom Kaizen-Team vorgeschlagene Maßnahme waren Kanban-Karten, die bei Erreichen des Mindestbestands so platziert wurden, dass der Mitarbeiter der Materialwirtschaft diese bei der Belieferungstour mitnehmen und an die Materialausgabe übergeben konnte. Auf den Kanban-Karten waren die Identifikationsnummer der Leerverpackung und die Anzahl der auszuliefernden Verpackungen verzeichnet. Damit entfielen die fehlerhaften Aufschriebe, der Prozess der Nachlieferung lief fehlerfrei ab, und es war immer eine ausreichende Anzahl an Leerverpackungen an den Packplätzen.

# 5 Die Lean-Management-Werkzeuge richtig einsetzen

## ■ 5.1 Wertstromanalyse (Value Stream Mapping)

### ■ Einstieg

Die ganzheitliche Sicht auf den gesamten Prozess, beginnend beim Lieferanten bis zum Kunden, ist die Grundlage für die Verbesserung und der Beginn des nachhaltigen Lean Managements. Dabei wird nicht nur der Material- bzw. Servicefluss durch die einzelnen Stufen des Produktionsprozesses betrachtet, sondern auch die Informationsflüsse. Die Wertstromanalyse visualisiert die Verschwendung und die Wertschöpfung und erlaubt, den Prozess aus Sicht des Kunden zu betrachten. In Lean Management ist die Wertstromanalyse der erste Schritt, um „sehen zu lernen", also die Verschwendung zu identifizieren. Auf der Grundlage des Ist-Zustands der Wertstromanalyse kann die Verschwendung erkannt werden, und Maßnahmen für die Verbesserung können im Hinblick auf einen zu definierenden „Idealzustand" erarbeitet werden, in welchem Verschwendung deutlich reduziert und der Produktionszyklus mit der Kundennachfrage so gut wie möglich synchronisiert ist. Die Annäherung an den „Idealzustand" erfolgt oft in Teilschritten, sodass mehrere Plan-Wertstromanalysen entstehen können, die systematisch mit den jeweiligen Lean-Management-Werkzeugen und nach dem PDCA-Prinzip abgearbeitet werden.

In vielen Unternehmen, die nach DIN EN ISO 9001 zertifiziert sind, gibt es ein Qualitätsmanagement-Handbuch, in welchem die Unternehmensprozesse dokumentiert sind. Warum also nicht dieses Handbuch dazu verwenden, um den Wertstrom aufzuzeichnen. Es gibt drei Gründe, warum von dieser Vorgehensweise abzuraten ist.

Gemba zu praktizieren ist eine Grundregel des Lean Managements. Sich nie auf Aufzeichnungen zu verlassen, sondern sich selbst ein Bild vom Geschehen zu machen, und zwar dort, wo die Wertschöpfung (und die Verschwendung) stattfindet. Deshalb beginnt die Wertstromanalyse immer damit, dass das Team durch die Produktion geht und die Prozesse im Ist-Zustand „live" aufzeichnet.

Wie das nachfolgende Beispiel zeigt, sind die Aufzeichnungen über Prozesse und Arbeitsabläufe im Unternehmen oft nicht aktuell bzw. nicht zutreffend. Dies liegt nicht daran, dass nachlässig mit der Dokumentation umgegangen wird, sondern an der ständigen Veränderung der Rahmenbedingungen, unter welchen Produktion stattfindet. Es ist unabdingbar erforderlich, laufende Anpassungen der Prozesse vorzunehmen, wenn diese z. B. aufgrund der Kundenanforderungen zwingend notwendig sind. Die entsprechende Dokumentation hat demgegenüber Priorität zwei und hinkt deshalb immer hinter der Realität der Prozesse her.

**Beispiel: Neues Label**

Im Rahmen eines Kaizen-Projekts in einem Unternehmen, welches Analysegeräte für Laboratorien der Pharmaindustrie herstellt, wird der Versandprozess untersucht. In der Serviceabteilung dieses Unternehmens werden Geräte repariert, welche von den Kunden defekt übersandt wurden. Bei genauer Betrachtung der erforderlichen Versandunterlagen findet ein Punkt besondere Beachtung. In der Prozessbeschreibung im Qualitätsmanagement-Handbuch steht, dass ein Label an den Geräten anzubringen ist, damit der Kunde, der in der Regel mehrere Geräte desselben Typs im Einsatz hat, das Gerät wieder in seinem Anlagenbestand korrekt vereinnahmen kann. Dieses Label besteht aus einem kartonierten Papier, welches mit einer Metallöse versehen und mittels eines Drahtes am Gerät befestigt ist, damit dieses nicht verloren gehen kann. Da das Label wegen der Metallöse nicht in einen Drucker eingelegt werden kann, muss hierzu eine Schreibmaschine verwendet werden.

Das Kaizen-Team bezeichnet dies zu Recht aufgrund der damit verbundenen Arbeitszeit als Verschwendung und schlägt ein Aufklebelabel vor, welches direkt mit den Versandpapieren zusammen ausgedruckt werden kann. Nach der ausführlichen Dokumentation der Verbesserung geht das Team in die Versandabteilung. Dort wird die Lösung stolz präsentiert. Der Leiter der Versandabteilung teilt dem Team mit, dass die vorgeschlagene Verfahrensweise seit rund fünf Wochen bereits praktiziert wird. Man habe mit dem Kunden geredet, der die Verwendung der Metallösen ohnehin als rückständig empfunden habe und die Lösung mit den Aufklebern begrüßt hat. Lediglich die Idee, das Label zusammen mit den Versandpapieren auszudrucken, würde man als weitere Verbesserung ansehen und sofort umsetzen. Dem Vorwurf der noch nicht erfolgten Dokumentation des veränderten Prozesses im Qualitätsmanagement-Handbuch begegnet der Versandleiter mit fehlender Personalkapazität.

Gemba ist in allen Kaizen-Projekten und ganz besonders im Rahmen der Wertstromanalyse ein Muss. Nur die Beobachtung am Ort des Geschehens und die Erfassung von Daten dort, wo diese entstehen, gewährleisten die Analyse des aktuellen Zustands des Produktionssystems. Die Zusammensetzung des Kaizen-Teams, mit der Berücksichtigung des Gemba-Aspekts, hätte dazu geführt, dass ein Mitarbeiter aus der Versandabteilung als ein Teammitglied an diesem Workshop teilgenommen hätte und das Team mit seinem praktischen Fachwissen über den aktuellen Prozess unterstützt hätte.

## ■ Worum geht es?

Die Wertstromanalyse ist, als typisches Lean-Management-Werkzeug, ein visuelles Dokument, das von Hand auf Papier aufgezeichnet wird. Im ersten Schritt wird das Produkt oder die Produktfamilie ausgewählt, für welche die Wertstromanalyse erstellt wird. Als Grundlage für die Auswahl des Produkts oder der Produktfamilie kann eine sogenannte Produkt-Prozess-Matrix dienen. In dieser werden alle Produkte und Prozesse im Unternehmen eingetragen und die entsprechenden Zusammenhänge markiert. Auf dieser Grundlage können Produktfamilien bzw. Produkte identifiziert werden, die zusammen im Rahmen einer Wertstromanalyse betrachtet werden. Schrittweise sind in der Folge alle Produkte bzw. Produktfamilien einer Wertstromanalyse zu unterziehen. Die Priorisierung der einzelnen Wertstromanalysen sollte sich wiederum nach den Prioritäten der Geschäftsziele (siehe Kapitel 3.2) richten.

Anschließend wird die Wertstromanalyse (Bild 5.1) erstellt. Arbeitsmaterialien sind große Flipcharts und ein Schreibgerät, mehr ist nicht erforderlich. Der Lean Manager weist die Teilnehmer in die Vorgehensweise und die erforderlichen Lean-Management-Prinzipien ein. Danach beginnt man die Wertstromanalyse an der wichtigsten Stelle, im Warenausgang oder der Truck Preparation Area (TPA) (vgl. Kapitel 6). Hier ist die direkte Stelle der Verbindung des Unternehmens zum Kunden. Von dort geht die Analyse schrittweise stromaufwärts bis zum Materialeingang.

 **Warum am Warenausgang?**

Innerhalb der Lean-Management-Philosophie steht der Kunde im Mittelpunkt der Unternehmensaktivitäten. Der Warenausgang oder die TPA ist dem Kunden am nächsten, und somit beginnt die Wertstromanalyse immer am Warenausgang bzw. an der TPA.

**Truck Preparation Area (TPA):** Bereitstellungsfläche der Fertigprodukte zur Verladung auf Lkw im Warenausgang

Dabei werden folgende Daten zu den einzelnen Arbeitsschritten erfasst:

- **Zykluszeit**
  Cycle Time, Zeitspanne von der Aufnahme des zu bearbeitenden Objekts bis zur Aufnahme des nächsten, die Zykluszeit ergibt sich als Quotient aus Prozesszeit und der Anzahl der im Prozess arbeitenden Mitarbeiter.

- **Rüstzeit**
  Setup Time, Zeit zwischen der Produktion des letzten Teils des vorhergehenden Loses bis zur Produktion der üblichen Produktionsrate des nächsten Produktionsloses, zur Rüstzeit gehören Be- und Entladen von Maschinen, Testlauf der Maschine und Herstellen von Testexemplaren.

- **Betriebszeit**
  Uptime, Zeit, in welcher die Produktion entsprechend den Schichten und Schichtzeiten möglich ist, Pausen werden abgezogen.

- **Lagerbestand**
  Inventory Level, Produktionspuffer für Rohmaterial sowie Halbfabrikate von vorhergehender Arbeitsstation, Lagerbestand fertig bearbeiteter Teile/Produkte.

- **Kapazität und Losgröße**
  Capacity, Lot Size, maximaler Output des Prozesses und Anzahl der Teile, die in einem Durchgang ohne Umrüsten hergestellt werden.

- **Nachbearbeitungsquote**
  Rework, Anzahl der Teile, die nicht der Kundenspezifikation entsprechen, aber im Rahmen eines zusätzlichen Prozesses oder einer Wiederholung in einen entsprechenden Zustand versetzt werden können.

- **Ausschussquote**
  Scrap, Anteil der Produkte, die nicht den Kundenanforderungen entsprechen und verschrottet bzw. recycelt werden müssen.

- **Weitere Prozessdaten**
  Falls erforderlich können spezifische Prozessdaten innerhalb der Wertstromanalyse aufgenommen werden.

Zusätzlich wird der Informationsfluss in die Wertstromanalyse aufgenommen. Hierzu gehört der interne Informationsfluss, z. B. die Informationen der Produktionsplanung, welche den einzelnen Produktionsstationen zugeleitet wird und die Vorgaben für Produktionsmenge und -zeit enthält. Auch die externen Informationsflüsse vom Kunden zum Unternehmen und dem Unternehmen zu den Lieferanten sowie die Informationsart der Daten werden in die Abbildung des Wertstroms aufgenommen.

 **Prioritätenwahl**

Das Augenmerk bei der Priorisierung von Kaizen-Maßnahmen ist zuerst auf Qualitätsprobleme bzw. Engpassbereiche zu legen, denn diese gefährden die Erfüllung der Kundenanforderungen am meisten.

Die Ist-Zustands-Wertstromanalyse visualisiert den Mitarbeitern die Verschwendung, die Engpässe und den Added Value. Im Rahmen des Wertstromanalyse-Workshops wird das Ergebnis diskutiert, und die erforderlichen Maßnahmen werden getroffen. Je nach der Priorität und den Problemfeldern werden die Kaizen-Maßnahmen festgelegt.

Im nächsten Schritt wird ein Wertstrom aufgezeichnet, der den zukünftigen Zustand der Prozesse beschreibt, nur noch wenig Verschwendung enthält und auf die Kundennachfrage abgestimmt ist. Die Aufgabenstellung im Rahmen dieses Schrittes der Beschreibung des Soll-Zustands kann am besten durch Fragen beschrieben werden. Die entscheidenden Fragen, die sich das Wertstromteam stellen muss, sind (vgl. [13] S. 35 ff.):

- **Welche Takt Time ist vorzugeben?**
  Diese ist definiert als die verfügbare Zeit pro Tag dividiert durch die Kundennachfrage pro Tag. Damit erhält man die Zeit, in welcher ein Stück des Endprodukts hergestellt werden muss, um in Übereinstimmung mit der Kundennachfrage zu stehen. Damit

werden Überproduktion und Lieferverzug vermieden. Aufgabe ist dann, alle Produktionsprozesse so auf die Takt Time einzustellen, dass in einer gleichmäßigen Rate produziert wird.

▪ **Kann eine Fließfertigung über alle Prozesse hinweg realisiert werden oder ist die Einrichtung eines Pull-Systems für fertige Produkte erforderlich?**
Abhängig von der Prozessstabilität und der realen Losgröße ist die Entscheidung für die Fließfertigung bzw. das Pull-System zu treffen. Die Fließfertigung ist dem Pull-System immer vorzuziehen, da diese geringere Bestände verursacht.

**Fließfertigung versus Pull-System**

Flow if you can, Pull if you can't.

▪ **Wenn die Fließfertigung nicht über alle Prozesse implementiert werden kann, kann dann diese in Teilprozessen eingerichtet werden?**
Aufgrund einer Analyse der Zykluszeit und der Takt Time sowie der Prozessstabilität und der realen Losgrößen ist erkennbar, welche Prozessschritte in Form einer Teil-Fließfertigung zusammengefasst werden können. Die Vorteile liegen in einer Reduzierung der Verschwendung und höherer Qualität, indem Zwischenpuffer eliminiert und Qualitätsprobleme zwischen den einzelnen Prozessen sofort erkannt und behoben werden können.

▪ **An welchen Stellen des Wertstroms sind Pull-Systeme sinnvoll?**
Da, wo Fließfertigung nicht möglich ist, sind Pull-Systeme einzusetzen. Dies verringert Pufferbestände, visualisiert die Bestände, stellt die Verantwortlichkeiten klar und kontrolliert die Bestände. Verschwendung ist sofort sichtbar. Ein Beispiel für die physische Umsetzung eines Pull-Systems sind Kanban-Systeme. Die Menge der produzierten Teile regelt sich auf der Basis sowohl des tatsächlichen Verbrauchs der nachgelagerten Arbeitsstationen als auch der Prozessstabilität der produzierenden Fertigungseinheit.

▪ **Welcher Produktionsschritt ist als „Engpass" anzusehen?**
Die Produktionsgeschwindigkeit des Engpassprozesses ist mit der Kundennachfrage zu synchronisieren. Ausgehend vom Heijunka Board (Schrittmacherprozess) erfolgt die Organisation der nachgelagerten Prozessschritte.

▪ **In welcher Art und Weise erfolgt die Abstimmung der Produktvarianten?**
Die Produktvarianten sollten nach der Idee des EPEI (Every Part Every Interval) hergestellt werden, also jede Variante (entsprechend der Kundennachfrage) jeden Tag, sodass hierdurch eine flexible Produktion geschaffen wird, die so wenig Lagerbeständen an Fertigprodukten wie möglich vorhält.

▪ **Wo sollen Ansatzpunkte für Verbesserungen platziert werden, um den angestrebten Zustand des Wertstroms in der Zukunft zu erreichen?**
Im Rahmen der Wertstromanalyse wird an vielen Stellen Verschwendung zutage kommen. Viele Wertstromanalyse-Teams brennen geradezu darauf, mit der Eliminierung zu beginnen. Hier ist jedoch zu unterscheiden zwischen Maßnahmen mit geringem

und hohem Aufwand. Ausgehend von der wissenschaftlichen Sichtweise sollten die Kaizen-Maßnahmen priorisiert und nach dem PDCA-Kreislauf abgearbeitet werden. Ein Teil der Aufgaben kann während des Wertstromanalyse-Workshops bearbeitet werden, wobei die methodische Vorgehensweise eingehalten werden muss. Das heißt, dass das Ergebnis zu bewerten und erst dann der nächste PDCA-Kreislauf zu starten ist.

### Wertstromanalyse als Software

Auf dem Softwaremarkt gibt es gut konzipierte IT-Werkzeuge zur Wertstromanalyse, von deren Gebrauch aber abzuraten ist. Durch die Software wird die Qualität der Information nicht besser, die Zeit für das Erlernen des Umgangs damit ist Zeitverschwendung. Es sollen auch Mitarbeiter in das Team integriert werden, die keine Routine im Umgang mit komplexer Software haben, und die Möglichkeiten zur Darstellung sollen nicht durch Programmvorgaben eingeschränkt werden.

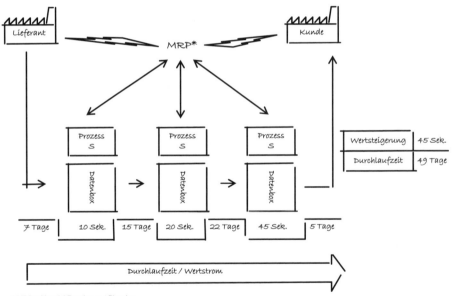

\* MRP = Material Requirement Planning

**Bild 5.1** Wertstromanalyse

### ■ Was bringt mir das?

Ein ganz entscheidender Vorteil der Wertstromanalyse sind die Visualisierung des gesamten Prozesses entlang des Wertschöpfungsstroms und der daraus ersichtlichen Verschwendung sowie die Beteiligung und das Engagement der Mitglieder des Wertstromteams. Wer je die Begeisterung und die vor Ideen sprühenden Wertstromteams erlebt hat, wird die Erkenntnis gewinnen, dass hier weitaus mehr Verhaltensänderung bewirkt und Begeisterung für die Eliminierung der Verschwendung erzeugt werden kann als durch jede Schulung oder Einweisung. Gerade deshalb muss hier vor der Nutzung komplexer Software für die Darstellung des Wertstroms gewarnt werden, da hierdurch Hürden aufgebaut werden, die diesen Effekt möglicherweise verhindern.

Darüber hinaus bringt die Wertstromanalyse folgende Nutzen für das Unternehmen (nach [14]).

- Die Wertstromanalyse ermöglicht eine Betrachtung des gesamten Wertstroms, nicht nur einzelner Prozesse. Damit wird die Gefahr geringer, im Rahmen von Verbesserungsprojekten „Insellösungen" zu schaffen, die zwar den betreffenden Prozess verbessern, aber in vor- oder nachgelagerten Prozessen zu Nachteilen bzw. Verschwendung führen. Damit wird wirksam verhindert, dass einzelne Verbesserungsansätze deshalb verwirklicht werden, weil es relativ einfach erscheint, diese umzusetzen.

- In erster Linie kann mittels der Wertstromanalyse Verschwendung identifiziert werden, und zwar dort, wo die Verschwendung auftritt. Da die Analyse einen ganzheitlichen Ansatz hat, kann auch der Ort oder genauer der Prozessschritt der Entstehung besser identifiziert werden, denn hier sind Maßnahmen zur Eliminierung der Verschwendung anzusetzen.

- Wenn Manager verschiedener Abteilungen über die gleiche Sache reden, sprechen sie nicht notwendigerweise die gleiche Sprache. Der Einkaufsleiter denkt in anderen Kategorien als der Vertriebsleiter. Die Wertstromanalyse schafft einen gemeinsamen Standard und damit eine gemeinsame Sprache bezüglich der Unternehmensprozesse.

- Die Verbindung zwischen dem Materialfluss und dem begleitenden Informationsfluss wird ganzheitlich aufgezeigt. In vielen Prozessdokumentationen wird dieser Zusammenhang zwar auf der Ebene einzelner Prozesse dargestellt, eher selten jedoch auf der Grundlage einer ganzheitlichen Sichtweise. Damit lassen sich Defizite im Informationsfluss (z. B. Nutzung unterschiedlicher Datenquellen ein und denselben Sachverhalt betreffend, Übermittlung unvollständiger Daten an einzelne Prozessschritte) aufdecken, und die verursachte Verschwendung lässt sich beseitigen.

- Die Wertstromanalyse stellt die Grundlage für die Veränderung des Wertstroms in Richtung eines definierten Zustands dar, der eine weitgehende Eliminierung von Verschwendung aufweist und den Wertstrom nach dem verbrauchsorientierten Prinzip (Fließ- und Pull-Fertigung) ausrichtet. Dabei wird dieser mit der Nachfrage des Kunden bezüglich Produkttyp und Menge synchronisiert.

 **Sehen lernen!**

Die Wertstromanalyse zu praktizieren heißt „sehen lernen", da während der Wertstromanalyse alle Prozesse nach Wertzuwachs- und Verschwendungscharakter eingeteilt werden. Daraus entwickelt sich eine Sichtweise des Mitarbeiters aus Sicht des Kunden. Diese neue Sichtweise kennzeichnet alle Prozesse, die nicht wertschöpfend sind als Verschwendung und erlaubt nun ein Umdenken und eröffnet viele Kaizen-Optionen.

**Beispiel: Wertstromanalyse der Mazsan Machine Ltd.
(Quelle: [15])**

Die Mazsan Machine Ltd. wurde 1972 gegründet und hat ihren Sitz in
Istanbul/Türkei. Das Unternehmen ist in Familienbesitz und hat 120 Mitarbeiter. Die Betriebsfläche liegt bei 7500 Quadratmetern. Das Unternehmen stellt Komponenten für die Automobilindustrie her. Die Produktion verfügt über CNC- sowie weitere Fräs- und Drehmaschinen für die
Metallbearbeitung.

Im Unternehmen bestand Unzufriedenheit mit der aktuellen Lieferzeit,
der Qualität und zeitweisem Lieferverzug. Außerdem war eine genaue
Vorhersage der Lieferzeit drei Wochen im Voraus nicht präzise möglich.
Um diese Probleme zu lösen, waren Überstunden notwendig, was zu
einer Erhöhung der Produktionskosten führte.

Zunächst identifizierte das Managementteam von Mazsan drei Produktfamilien. Für die Wertstromanalyse wurde in der ersten Stufe der am
wenigsten komplexe Produktionsprozess ausgesucht. Die beiden anderen
Produktfamilien sollten nach erfolgreichem Abschluss der ersten folgen.
Die Wertstromanalyse wurde zunächst mit einer Beschreibung der Kundenanforderungen begonnen. Anschließend wurden die einzelnen Stufen
des Produktionsprozesses aufgezeichnet, um dann das Prozesslayout in
der Produktion mit den zugehörigen Prozessinformationen (Zykluszeit,
Umrüstzeiten, Anzahl Mitarbeiter, verfügbare Zeiten pro Schicht, Maschinenverfügbarkeit) zusammenzustellen. Im Anschluss wurde die Wertstromkarte für diesen Produktionsprozess erstellt. Die Abbildungen
wurden mittels einer Software erstellt, da sie der Verfasser dem Anfor-
derungsstandard einer wissenschaftlichen Arbeit anpassen wollte
(Bild 5.2 und Bild 5.3).

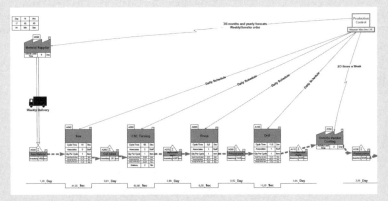

**Bild 5.2** Wertstromanalyse, Ausgangszustand 1

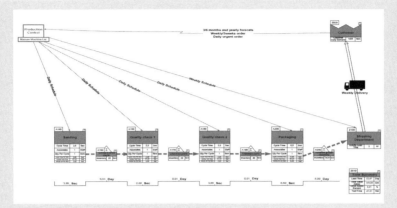

**Bild 5.3**  Wertstromanalyse, Ausgangszustand 2

Im nächsten Schritt wurde der zukünftige Zustand des Wertstroms für das Unternehmen entwickelt. Auf der Basis der Kundennachfrage wurde eine Taktzeit festgelegt und der Produktionsprozess auf die Realisierbarkeit hin überprüft. Darüber hinaus wurde eine Reihe von Kaizen-Aktivitäten begonnen, um die Verschwendung in den Prozessen zu eliminieren.

Außerdem wurde ein Plan für die Anordnung von Maschinen in Form einer Fertigungszelle entwickelt (Bild 5.4). Abschließend wurde eine Wertstromkarte für den zukünftigen Zustand des ausgewählten Produktionsprozesses entwickelt (Bild 5.5).

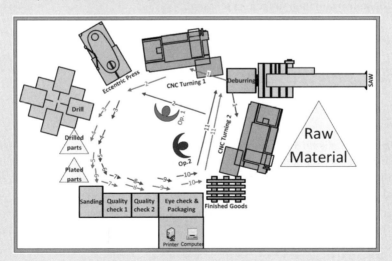

**Bild 5.4**  Beispiel Fertigungszelle

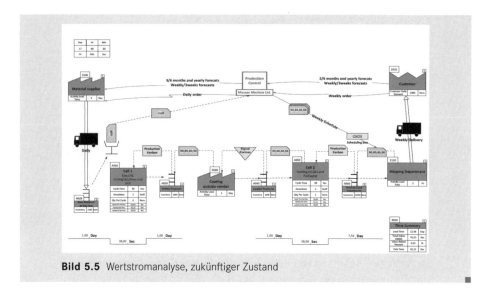

**Bild 5.5** Wertstromanalyse, zukünftiger Zustand

Das Beispiel zeigt, dass auch kleinere und mittelständische Unternehmen mit fachkundiger Unterstützung die Methoden und Werkzeuge des Lean Managements erfolgreich einsetzen können. Mazsan Machine Ltd. steht vor der Herausforderung, ein Wachstum zu verkraften, welches höher als erwartet ist, gleichzeitig stehen nur begrenzte finanzielle Mittel für Investitionen zur Verfügung. Lean Management ist deshalb das Mittel der ersten Wahl, um einerseits die Kundenanforderungen bezüglich Qualität und Lieferzeit zu erfüllen, andererseits durch Effizienzsteigerung Kapazitätsreserven zu mobilisieren, ohne Investitionen tätigen zu müssen.

# 5.2 Wertzuwachskurve

## Einstieg

Das sogenannte „Visual Management" ist im Lean Management eine Strategie, um viele Aspekte der Verschwendung deutlich und klar sichtbar zu machen. Hierdurch gelingt es wesentlich leichter, Führungskräften die Ernsthaftigkeit der Situation vor Augen zu führen und damit deren Unterstützung zu gewinnen.

Die Wertzuwachskurve zeigt die Verschwendung in den zwei verschiedenen Arten des Auftretens im Verhältnis zur Wertschöpfung auf. Die Wertzuwachskurve visualisiert die Verschwendung in einer Dimension, die Manager sofort verstehen: in Geld.

**Beispiel: Neues Logistikkonzept**

Der Logistikleiter eines Unternehmens, welches Teile für die Innenausstattung von Eisenbahnzügen herstellt, wird beim Geschäftsführer vorstellig und trägt ein neues Logistikkonzept vor, welches die Lagerdauer verkürzen und den Teileumfang der angelieferten Halbfabrikate und Rohmaterialien reduzieren soll. Der Kern des Konzepts ist eine Anlieferung von A-Teilen (Teile mit hohem Einkaufswert) just in time.

Der Geschäftsführer hat Bedenken, ob durch dieses Konzept nicht die Verfügbarkeit der Materialien in der Produktion gefährden werden könnte. Ein Lieferverzug bei den Fertigprodukten würde zu erheblichen Problemen bei der Kundenbasis führen. Andererseits steht die Reduzierung der Herstellkosten ganz oben auf der Prioritätsliste der Unternehmensziele für das nächste Geschäftsjahr.

Der Logistikleiter ist von seinem Vorschlag überzeugt und erstellt für die nächste Besprechung der Geschäftsführung ein Diagramm. Er benutzt eine Abbildung mit zwei Achsen. Eine Achse bezeichnet die Zeit, die andere den Wert der Produkte je Zeiteinheit. Durch den Wertzuwachs mit jedem Arbeitsschritt und die jeweils verbauten Materialien entsteht eine Kurve, die mit dem Einkauf der Teile und Rohmaterialien beginnt und mit dem fertigen Produkt endet. Die erste Kurve wird auf Basis der aktuellen Situation mit der Lagerung der A-Teile im unternehmenseigenen Lager erstellt.

Die Just-in-time-Anlieferung wirkt sich auf eine zweite Kurve, die der Logistikleiter hinzufügt, wie folgt aus: Da die wertvollen Materialien kurz vor Beginn des Produktionsprozesses angeliefert werden, steigt die Kurve erst sehr viel später stark an. Die Differenz der Integrale unter beiden Kurven ist Ausdruck für die Verschwendung, die durch die Lagerung entsteht, und kann pro Stück Fertigprodukt in Geld ausgedrückt angegeben werden. Damit wird das Kostensenkungspotenzial sichtbar. Der Logistikleiter trägt diese Visualisierung der aktuellen Verschwendung vor und erreicht eine volle Zustimmung zur Realisierung seines Konzepts.

## ■ Worum geht es?

Die Wertzuwachskurve ist ein Standardwerkzeug des Logistik-Controllings und wird vor allem dort eingesetzt, wo die Visualisierung von Maßnahmen, wie z. B. die Verkürzung der Durchlaufzeit oder das Postponement in der Wirksamkeit auf die Herstellkosten eines Produkts, entscheidend ist. Im englischen Sprachraum wird dieses Instrument unter dem Begriff „Cost-Time Profile" verwendet. Besonders intensiv hat die Firma Westinghouse das Instrument eingesetzt. Die Wertzuwachskurve ist in der vorgestellten Form ein Werkzeug im Lean Management und eignet sich für die Visualisierung des Ausmaßes der Verschwendung (vgl. [16]).

Wie wird die Wertzuwachskurve im Lean Management eingesetzt, um Verschwendung sichtbar zu machen? Zunächst wird der jeweilige Wert des Produkts im Zeitablauf des Herstellungsprozesses kumuliert und auf der Basis einer Analyse (z. B. der Wertstromanalyse) in drei Kategorien eingeteilt:

▪ Wertschöpfung, die den eigentlichen Nutzen des jeweiligen Produktionsschrittes aus Sicht des Kunden aufzeigt. Dieser wird vom Kunden als Beitrag zum Wert des Produkts angesehen. Hierfür ist er bereit, Geld zu bezahlen.

▪ Verschwendung Typ I, dies ist eine Leistung, die aus der Sicht des Kunden keinen Beitrag zum Wert des Produkts darstellt. Diese Leistung oder besser verschwendete Leistung sollte eliminiert werden. Aufgrund technischer oder anderer Gegebenheiten ist eine Eliminierung der Verschwendung heute jedoch noch nicht möglich. Ein Beispiel wäre die Kontrolle einer Kommission in einem Distributionszentrum auf der Grundlage der Kundenbestellung. Wären die Produkte mit Chips zur Radiofrequenz-Identifikation ausgestattet, müsste die Kontrolle nicht mehr manuell durch Scannen des Barcodes durchgeführt werden, sondern könnte automatisiert innerhalb von Sekunden erfolgen.

▪ Verschwendung Typ II, diese Leistung wird vom Kunden auch nicht als Beitrag zum Wert des Produkts betrachtet. Aufgrund des Stands der Technik oder der Anwendung von Lean-Management-Konzepten, wie z. B. Kanban, kann diese Form der Verschwendung sofort oder kurzfristig beseitigt werden.

Nach der Erfassung der drei Kategorien kann die Wertzuwachskurve (wie in Bild 5.6 dargestellt) erstellt werden. Damit wird die Verschwendung transparent, und die Dimension der Aufgabe für die Lean-Management-Initiative wird den Entscheidungsträgern deutlich vor Augen geführt. Im Verlauf des Fortschritts des Unternehmens bei der Transformation zum schlanken Unternehmen kann in zeitlichen Abständen ein Update erfolgen, um den Erfolg der Lean-Management-Initiative zu dokumentieren und die noch vor dem Unternehmen liegende Aufgabe aufzuzeigen.

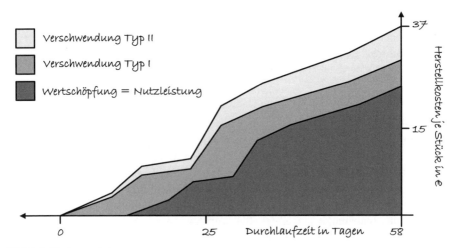

**Bild 5.6** Wertzuwachskurve

## ■ Was bringt mir das?

Die Wertzuwachskurve in der vorgestellten Form hat folgende Nutzen:

- Visualisierung der aktuellen Situation des Unternehmens im Hinblick auf Wertschöpfung, aktuell nicht eliminierbare Verschwendung und sofort oder kurzfristig eliminierbare Verschwendung,
- Bewertung der Verschwendung in Geld als Anteil der Herstellkosten im Zeitablauf des Produktionsprozesses,
- Entscheidungshilfe bei der Prioritätensetzung von Maßnahmen,
- Bewertung von einzelnen Maßnahmen in Bezug auf die Reduzierung von Verschwendung,
- Unterstützung bei der Entscheidungsfindung.

 **Beispiel: Die Geburtsstunde der Epidemiologie**

Welche Bedeutung die Visualisierung für die Entscheidungsfindung und sogar für den wissenschaftlichen Fortschritt hat, lässt sich am Beispiel der Geburtsstunde der Epidemiologie zeigen. Im Jahre 1854 brach eine Cholera-Epidemie in London aus, die besonders im Stadtteil Soho wütete und insgesamt zu 14 000 Todesopfern führte. Die Stadt war zu dieser Zeit von Abwasserkanälen durchzogen, die einen üblen Geruch verbreiteten. Man versuchte, diese durch Ausspülen zu reinigen. Hierbei kam es zur Vergiftung des Trinkwassers und dem Ausbruch der Cholera-Epidemie. Man glaubte damals noch, die Krankheit würde durch schlechte Dünste verbreitet.

Der Londoner Arzt John Snow hatte eine andere Hypothese und vermutete, dass das Trinkwasser die Ursache sein könnte. Um seine Hypothese zu beweisen, verwendete er das Mittel der Visualisierung. Er zeichnete alle Todesfälle in einer Karte ein und markierte in dieser Karte gleichzeitig die Trinkwasserbrunnen (vgl. Bild 5.7).

Aus Bild 5.7 ist erkennbar, dass sich die Todesfälle um einen Brunnen in der Broad Street häuften. Snow vermutete das Trinkwasser dieses Brunnens als Infektionsursache. Mithilfe der Polizei setzte er den Brunnen außer Betrieb, indem er den Pumpenschwengel abmontieren ließ. Kurz darauf kam die Cholera-Epidemie zum Stillstand. Eine neue Wissenschaft war geboren, die mithilfe der Statistik die Ursachen von Krankheiten erforscht.

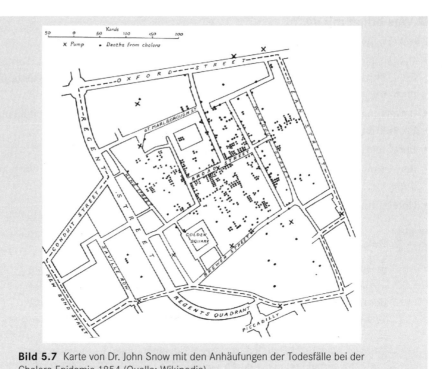

**Bild 5.7** Karte von Dr. John Snow mit den Anhäufungen der Todesfälle bei der Cholera-Epidemie 1854 (Quelle: Wikipedia)

Dieses Beispiel der Visualisierung als Werkzeug, um zu neuen Erkenntnissen zu gelangen, zeigt, welche Möglichkeiten sich hierdurch eröffnen. Deshalb wird die Visualisierung intensiv im Lean Management eingesetzt.

# ■ 5.3  5 S/5 A

## ■ Einstieg

In vielen Unternehmen wird die Idee, die hinter 5 S bzw. 5 A steht, bereits praktiziert. Mit diesem Begriff wird in der Regel ein ordentlicher und aufgeräumter Arbeitsplatz verbunden. Führungskräfte begeistert dieser Gedanke, weshalb wenig Überzeugungsarbeit von Lean-Management-Beratern oder Promotoren der Idee innerhalb des Unternehmens zu leisten ist. Selbst oberflächlich betrachtet ist diese Zielrichtung von 5 S nicht richtig verstanden. Der eigentliche Gedanke geht nämlich viel tiefer. 5 S ist ein Grundbaustein von Lean Management und hat die Zielrichtung der Eliminierung von Verschwendung auf der Ebene des einzelnen Arbeitsplatzes durch Standardisierung der Abläufe bzw. Verrichtungen.

**5S/5A**

- **Seiri:** Aussortieren
- **Seiton:** Aufräumen
- **Seiso:** Arbeitsplatz sauber halten
- **Seiketsu:** Anordnung zur Regel machen – Standards
- **Shitsuke:** alle Vorgaben einhalten und ständig verbessern

Stellen Sie sich vor, Sie begutachten einen Arbeitsplatz im Rahmen eines Kaizen-Projekts mit dem Ziel der Verkürzung der Bearbeitungszeit. Der Mitarbeiter verändert bei jedem Werkstück die Bearbeitungsreihenfolge. Jedes Mal ergibt sich eine andere Bearbeitungszeit und jedes Mal treten andere Qualitätsprobleme auf. Wie und was kann hier verändert oder gar verbessert werden? Deshalb geht die Bedeutung von 5 S weit über das Aufräumen des Arbeitsplatzes hinaus und ist für die Anwendung der PDCA-Methodik eine Voraussetzung.

## ■ Worum geht es?

Die 5 S bezeichnen folgende japanische Begriffe, die sich in deutscher Sprache mit entsprechenden Übersetzungen belegen lassen und in der Fachliteratur mit 5 A bezeichnet werden:

- **Seiri (Aussortieren)**
  Notwendiges und Nichtnotwendiges werden getrennt, nicht mehr benötigtes Werkzeug und Material werden vom Arbeitsplatz entfernt. Bei der Durchführung eines bestimmten Arbeitsgangs wird nur das Werkzeug bereitgelegt, welches hierfür erforderlich ist. Der Arbeitsplatz bleibt dadurch übersichtlich. Es entsteht keine Verschwendung für die Zeit, die durch Heraussuchen des richtigen Werkzeugs erforderlich ist. Hierdurch erhöht sich die Qualität, indem keine Schäden am Produkt oder Ausschuss durch die Verwendung falschen Werkzeugs entstehen.

- **Seiton (Aufräumen)**
  Alles, was für die Arbeit gebraucht wird, ist so aufzubewahren, dass es griffbereit ist. Ablagen und Stellflächen werden mit den dort aufzubewahrenden Gegenständen gekennzeichnet. Hierfür sind Schränke oder Wandtafeln vorhanden, in welchen bzw. auf welchen das dort zu platzierende Werkzeug oder Arbeitsmaterial mit einem Schattenbild (vgl. Kapitel 5.4 ) oder einer Aussparung gekennzeichnet ist. Dadurch wird sofort visualisiert, welches Werkzeug wo aufzubewahren ist. Fehlende Werkzeuge oder Materialien können sofort identifiziert und gegebenenfalls ersetzt werden. Dadurch entfällt die Suche nach Material oder Werkzeugen.

- **Seiso (Arbeitsplatz sauber halten)**
  Ein sauberer Arbeitsplatz ist weniger eine Frage der Ästhetik als der Qualität und Effizienz. Ein Arbeitsplatz, der sauber ist, vermeidet das Verschmutzen des Produkts und damit Qualitätsmängel. Außerdem sind dadurch Fehler besser erkennbar. Verunreinigungen von Materialien werden vermieden, der Arbeitsplatz ist übersichtlich.

Leckagen oder Abnutzungserscheinungen am Equipment werden sofort ersichtlich, und ungeplante Maschinenstopps sowie kostenintensive Schäden können vermieden werden.

- **Seiketsu (Anordnung zur Regel machen – Standards)**
  Standards (Vorgaben und Anweisungen) für die Durchführung von Aufgaben und Prozessen führen zur Klarheit über die Abläufe der Tätigkeiten. Mitarbeiter, die neu an den betreffenden Arbeitsplatz kommen, können besser trainiert werden, und die Einarbeitungszeit kann reduziert werden. Arbeitsanweisungen und Ablaufpläne müssen durch Training, Übung und Coaching zur Routine und am Arbeitsplatz sichtbar gemacht werden (Beispiel: McDonald's).

 **Beispiel: Sichtweise über Standards (Vorgaben und Anweisungen) eines neuen Mitarbeiters**

**Klassische Sicht:** Der Mitarbeiter wird zum Arbeitsplatz gebracht, bekommt oft nur eine kurze Einweisung, und danach hat er zu produzieren. In den Dokumenten kann er bei Fragen nachlesen und über die Standards mehr erfahren. Er kann sich besser und schneller durch die Standards (Vorgaben und Anweisungen) einarbeiten, lautet allzu oft die Aussage.

**Lean-Management-Sicht:** Der Mitarbeiter wird so lange trainiert, bis er ohne Unterlagen den Standard einhalten kann. Erst nach erfolgreichem Training wird der Mitarbeiter alleine im Prozess eingesetzt. Nach dem erfolgreichen Training stehen die Standards (Vorgaben und Anweisungen) wiederum für die Vorgesetzten zur Verfügung, damit diese in der Lage sind, während der Managementroutinen die Einhaltung der Standards überprüfen zu können und gegebenenfalls zu coachen oder Gegenmaßnahmen einzuleiten, wie z. B. weitere Trainings oder Kaizen-Aktivitäten.

In der westlichen Welt wurde die Idee der Standards oft vollkommen falsch verstanden. „Der Mitarbeiter soll sich schneller einarbeiten ..." Das ist eine falsche Sichtweise und führt zu Verschwendung höchsten Grades. Diese Einstellung der Manager und Experten lässt die Mitarbeiter mit den Problemen, die durch das Management und die Experten geschaffen wurden, *alleine* und wirkt sich *negativ* auf die Motivation der Mitarbeiter, die Qualität der Produkte wie auch die Effizienz der Prozesse aus.

- **Shitsuke (alle Vorgaben einhalten und ständig verbessern)**
  Die Mitarbeiter sollen zur Einhaltung von Vorgaben und Arbeitsanweisungen motiviert werden. Darüber hinaus soll ein Kontinuierlicher Verbesserungsprozess initiiert werden. Wie bereits eingangs dargestellt wird der Standard im Ist-Zustand mit den entsprechenden Kennzahlen (Bearbeitungszeit, Fehlerquote etc.) belegt, um die Abweichungen vom Standard zu visualisieren. Managementroutinen werden als zentrales Mittel, neben der Selbstauditierung, im Lean Management genutzt, um auf Abweichungen zu reagieren und dann mittels Kaizen-Maßnahmen zum Standard zurückzukehren.

# ■ Was bringt mir das?

Die Nutzen von 5 S/5 A sind z. B. folgende:

- Durchlaufzeiten an einzelnen Arbeitsplätzen werden aufgrund der verbesserten Übersichtlichkeit und Ordnung verringert (Werkzeuge werden ohne Suchen gefunden, Material ist sofort greifbar, keine nicht benötigten Objekte liegen im Weg und stören den Ablauf). Hieraus resultieren Kostenreduzierungen bzw. kann eine Anpassung der Zykluszeiten an die Zielvorgaben gefördert werden.

- Material ist besser verfügbar, und die erforderliche Menge wird reduziert. Oft ist Material im Umfeld eines Arbeitsplatzes vorhanden, jedoch so versteckt, dass es nicht gefunden wird. Deshalb wird häufiger Nachschub aus dem Lager geholt, als dies notwendig wäre. Hierdurch entsteht Zeitverschwendung, und es befindet sich mehr Material im Handbestand der Arbeitsplätze als erforderlich.

- Standards für die Gestaltung von Abläufen und die Durchführung von Aufgaben erleichtern die Übernahme durch neue Mitarbeiter und helfen, Fehler zu vermeiden.

- Auf den festgeschriebenen Standard können Verbesserungsmaßnahmen aufgesetzt werden, und der Prozess der kontinuierlichen Verbesserung kann so ständig in Gang gehalten werden.

 **Beispiel: Qualitätsprobleme eines Fotokameraherstellers**

In den 70er-Jahren, als die Analogfotografie noch Stand der Technik war, gab es einen Kamerahersteller, der besonders kompakte Kleinbildkameras im Angebot hatte. Diese Kameras waren besonders beliebt, da sie in jede Hosentasche passten. Nachdem diese Modelle in der letzten Phase der Vermarktung waren, weil die Absatzzahlen ständig sanken, wurde der Produktionsstandort von Deutschland nach Singapur verlegt. Die Marketingstrategie war, in dieser Endphase der Vermarktung durch reduzierte Produktionskosten und günstige Angebotspreise ein Kundensegment zu gewinnen, welches durch den für hohe Qualität stehenden Markennamen gewonnen werden konnte und gleichzeitig Wert auf einen günstigen Preis legte.

Die Strategie schien zunächst die Erwartungen zu erfüllen, bis immer mehr Kundenreklamationen auftraten. Die Reklamationen bezogen sich auf die Bildqualität, die bei Weitem nicht dem Standard entsprach, für den der Name des Herstellers stand. Die Forschungsabteilung des Unternehmens ließ sich die beanstandeten Kameras von den Händlern zusenden und analysierte die Ursache der schlechten Bildqualität. Dabei wurde durchgängig das gleiche Problem festgestellt. Die Glasflächen der Objektive wiesen fettige Fingerspuren auf, die zu einer mehr oder weniger starken Trübung der Linse geführt hatten. Hierdurch wurde die Abbildungsleistung des an sich hochwertigen Objektivs drastisch verschlechtert.

> Daraufhin wurde ein Prozessingenieur nach Singapur entsandt, der die Ursachen dieses Problems untersuchen sollte. In dem Prozessschritt, in welchem die Linsen in den Objektivtubus eingesetzt werden, fiel dem Ingenieur zunächst auf, dass die Mitarbeiter keine speziellen Handschuhe trugen, wie das in der Produktion in Deutschland üblich war. Die intensiven Fettanhaftungen ließen sich damit zunächst jedoch nicht erklären. Der Ingenieur beherzigte das Prinzip „Gemba". Er beobachtete den Produktionsprozess mehrere Stunden. Als die Frühstückspause begann, erkannte er die wahre Problemursache: Die Mitarbeiter nahmen das Essen ein, ohne den Arbeitsplatz zu verlassen. Direkt nach der Pause wurde die Arbeit fortgesetzt, ohne dass eine Reinigung der Hände erfolgte. ∎

Dieses Beispiel macht deutlich, dass die 5 S (hier den für Verschmutzung hochsensiblen Arbeitsplatz sauber zu halten) nichts mit kulturellen Gewohnheiten oder Marotten zu tun haben, sondern für den Produktionsprozess und die Produktqualität von wesentlicher Bedeutung sind.

Im Rahmen eines 5S-Workshops geht es im Wesentlichen um die Entwicklung von Maßnahmen zur Erreichung der Ziele: Ausortieren nicht benötigter Arbeitsmittel und Material, das Aufräumen des Arbeitsplatzes, die Sauberkeit sowie die Festlegung und Einhaltung von Standards.

 **Beispiel: 5-S-Workshops bei der Schott AG**

*Von Nadine Siegert (Lean Manager FCI Connectors Deutschland GmbH)*

Im Gemengehaus des SCHOTT-Standorts Grünenplan fand ein Kaizen-Workshop statt, der die Themen „Reduktion der Verschwendung und Nutzbarmachung des Potenzials für wertschöpfende Tätigkeiten", „ergonomische Gestaltung der Arbeitsplätze und -abläufe", vor allem aber das Thema „Verbesserung der Ordnung und Sauberkeit" beinhaltete.

In einem Gemengehaus werden die einzelnen Bestandteile für das spätere Glasfertigprodukt gewogen und vermengt. Hierbei ist es wichtig, dass auf die richtigen Mengen geachtet wird, da sich im Fertigprodukt sonst die Eigenschaften stark ändern können.

Die Ausgangssituation im Gemengehaus lässt sich dadurch charakterisieren, dass die Gemengebereitung auf mehreren Stockwerken in den Gebäuden der Heißfertigung stattfindet (siehe Bild 5.8). Dies bedeutet, dass lange Wege zurückzulegen sind. Auch werden bei dem Transport und der Dosierung von Gemengebestandteilen beträchtliche Massenströme bewegt. Aufgrund der unterschiedlich zulässigen Bodenbelastung gibt es die Notwendigkeit, Gemengebestandteile manuell umzuladen und verschiedene Transportmittel zu verwenden.

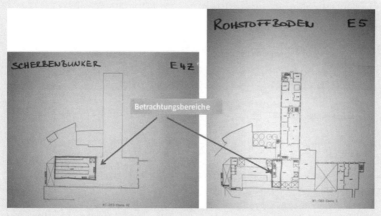

**Bild 5.8** Bereiche Gemengehaus

In diesem fünftägigen Workshop waren Mitarbeiter sowie der Leiter des Gemengehauses beteiligt. Darüber hinaus nahmen der Arbeitssicherheitsbeauftragte, der Lean Manager und die Instandhaltung teil. Nach einer Lean-Grundlagenschulung und dem Lean Game am ersten Tag begann das Team mit der Ist-Aufnahme der Prozesse.

Die Ist-Aufnahme bestand aus einer 3-S-Bewertung (ohne Seiketsu und Shitsuke) des Bereichs und einer Tätigkeitsanalyse beim Scherbenhandling.

Anhand eines Standardfragenkatalogs ermittelte das Team den Erfüllungsgrad der einzelnen Punkte. Hierbei wurden Fragen zu den Themen: Aussortieren (Seiri), sichtbare Ordnung schaffen (Seiton) und Sauberhalten (Seiso) gestellt. Die Ergebnisse wurden dann in ein Spinnweb-Diagramm für die zwei räumlich getrennten Bereiche eingetragen (siehe Bild 5.9). Während der 3-S-Bewertung wurde auch eine Fotodokumentation erstellt (siehe Bild 5.10).

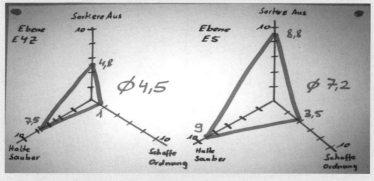

**Bild 5.9** Ist-Zustand im Spinnweb-Diagramm

**Bild 5.10** Fotodokumentation Ist-Zustand

Parallel zur 3-S-Bewertung wurde eine Tätigkeitsanalyse durchgeführt. Zuerst wurde in der Gruppe der Prozessablauf kurz beschrieben und dargestellt. Dies erleichterte es allen Teilnehmern, schnell und einfach zu verstehen, welche Aufgaben und Tätigkeiten beim Scherbenhandling anfallen. Nach der Aufnahme der einzelnen Tätigkeiten wurden diese in die Kategorien „Wertschöpfung" und „Verschwendung" unterteilt, wobei die Verschwendung weiter in ihre Verschwendungsarten aufgegliedert wurde. Wie auf dem Bild 5.11 zu erkennen ist, sind nur 10 % der gesamten Tätigkeiten wertschöpfend.

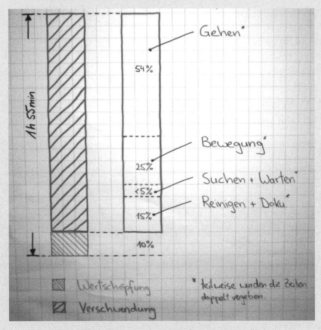

**Bild 5.11** Ergebnis der Tätigkeitsanalyse beim Scherbenhandling

Der hohe Anteil am „Gehen", den der Mitarbeiter ausführt, wurde in einem Spaghetti-Diagramm noch einmal verdeutlicht (Bild 5.12). Viele Wege zu entfernten Orten werden noch dazu sehr häufig gegangen.

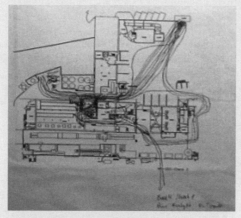

**Bild 5.12** Spaghetti-Diagramm beim Scherbenhandling

Nach der Ist-Aufnahme definierte das Team nun die Abläufe neu und legte Maßnahmen zur Verbesserung im Bereich Ordnung und Sauberkeit fest.

Beim Thema 3 S räumte das Team gemeinsam auf. Auch die Vorgesetzten unterstützten tatkräftig bei den Aktionen wie der Entsorgung von alten Maschinenteilen, dem Fegen und Wischen, dem Beschriften von Schränken und dem Markieren von Stellplätzen (Bild 5.13).

**Bild 5.13** Sofortmaßnahmen zur Verbesserung des 3-S-Auditwerts

Um die Verschwendung beim Scherbenhandling zu minimieren, wurden zu jedem der einzelnen Prozessschritte Ideen mittels Brainstorming generiert, die das Ziel hatten, diesen einen Schritt zu optimieren. Ein Teil diese Ideenliste ist im Bild 5.14 zu sehen. Hierbei ist auch bewertet worden, welche Ideen eine Sofort-, mittelfristige oder langfristige Maßnahme sind.

**Bild 5.14** Ideensammlung zur Neugestaltung des Prozessablaufs beim Scherbenhandling

Zum Ende des Workshops wurden die Ergebnisse gemessen. Im Bereich der 3 S wurde das Audit wiederholt, und es konnte eine Verbesserung von 2,4 und 1,0 Punkten gemessen werden. Für die mittel- und langfristigen Maßnahmen sowie die Einführung der 5-S-Systematik (einschließlich Seiketsu und Shitsuke) wurde ein Kaizen-Protokoll geschrieben, welches Maßnahmen, Verantwortliche und Termine enthält (Bild 5.15).

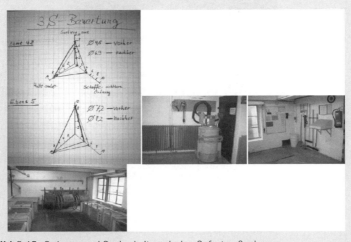

**Bild 5.15** Ordnung und Sauberkeit nach den Sofortmaßnahmen

Nach der Umsetzung des neuen Ablaufs und der Schulung aller Mitarbeiter bezüglich des Scherbenhandlings wurden auch hier die Zeiten erneut gemessen. Hierbei konnte eine Reduzierung der Gesamtdauer von 44 % durch die Minimierung der einzelnen Verschwendungsarten erreicht werden (Bild 5.16).

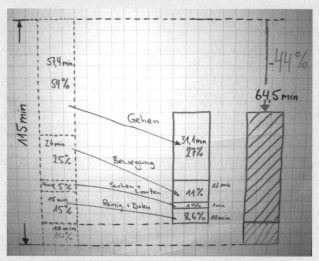

**Bild 5.16** Reduzierung der Gesamtdauer durch Verschwendungsminimierung

# 5.4 Zoning

## Einstieg

Einer der wesentlichen Erfolge von Lean Management ist die methodische Vorgehensweise bei der Gestaltung der Leistungsfähigkeit der operativen Tätigkeiten und auch bei der Lösung von Problemen bzw. Eliminierung von Verschwendung (Muda). Dies erfolgt in Form eines methodischen Projektmanagements, wie z. B. dem PDCA-Kreislauf (siehe Kapitel 4.1). Dabei werden Probleme oder Aufgabenstellungen analysiert, Problemlösungen erarbeitet, Hypothesen mit einer Soll-Vorgabe aufgestellt und durch Hypothesentests hinterfragt. Hierdurch lässt sich die Subjektivität des Einzelnen ausblenden, an deren Stelle tritt Objektivität.

Sobald durch die methodische Vorgehensweise der zu diesem Zeitpunkt am besten geeignete Lösungsansatz gefunden worden ist, beginnt der letzte Teil des PDCA-Kreislaufs: Act (d. h. handele) (siehe Kapitel 4.1). Der gefundene Lösungsansatz wird zum Standard definiert. Standard ist also in diesem Fall ein definierter Soll-Zustand. Doch wie lässt sich dieser definierte Soll-Zustand im Tagesgeschäft abbilden bzw. einhalten?

Wie kann nach einem 5-S-Workshop den Mitarbeitern einfach visualisiert werden, wo z. B. die Palette abzustellen ist, ohne dabei umfangreiche Regelwerke durchzulesen? Wie kann die Führungskraft, die für eine Fertigungszelle zuständig ist, oder ein Manager im Büro im Rahmen einer Begehung feststellen, dass die Standards eingehalten werden? Zoning stellt hier einen wichtigen Beitrag in der Umsetzung von Standards und der Umsetzung des visuellen Managements im Unternehmen dar.

### ■ Worum geht es?

Zoning ist die Abbildung des standardisierten Bestimmungsortes eines beweglichen Gegenstands oder einer Ausrüstung, indem Farbe, Zoning-Band oder andere visuelle Mittel zum Einsatz kommen. Es ist die Umsetzung des zweiten S der 5 S (vgl. Kapitel 5.3). Jedes Teil hat einen Platz und jedes Teil ist an seinem Platz und somit ein wesentliches Werkzeug zur Umsetzung der 5-S-Methode (Bild 5.18 im Gegensatz zu Bild 5.17). Ziel ist es, dem Mitarbeiter so einfach und schnell wie möglich Informationen zu übermitteln und somit den Standard zu visualisieren. Das Zoning zeigt dem Mitarbeiter auch eine Abweichung vom Standard und erlaubt eine sofortige Reaktion, wie z. B. das Überprüfen von Werkzeugen auf das Vorhandensein bei einem Umrüstvorgang.

Zoning findet man in den meisten Unternehmen in Form von farbigen Bändern auf dem Fußboden, welche z. B. einen Palettenplatz abbilden. Hierdurch entsteht die Visualisierung und sofortige Informationsvermittlung. Dabei werden für bestimmte Kategorien verschiedene Farben verwendet, sodass die Sichtbarkeit der Information noch effizienter gestaltet werden kann. Dabei ist es wichtig zu beachten, dass bei den Farben ein Standard über das gesamte Unternehmen definiert ist. Neben dem beweglichen Equipment werden sowohl Wege als auch Produktionsbereiche mit Zoning voneinander getrennt. Das Gleiche gilt für Fertigungszellen und Abteilungen. Ein weiterer Einsatzort für Zoning ist die Signalwirkung auf Gefahrenzonen und hinweispflichtige Bereiche.

Abweichungen werden sofort sichtbar und Standards müssen eingehalten werden. Es ist jetzt Mitarbeitern und Vorgesetztem auch möglich, den Standard bei Problemen zu hinterfragen und durch Kaizen zu verbessern. Dabei ist es von Bedeutung, das die Mitarbeiter in Form von Kaizen-Aktivitäten bzw. Workshops an diesem Standard mitgewirkt haben.

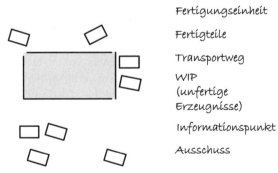

Fertigungseinheit

Fertigteile

Transportweg

WIP
(unfertige
Erzeugnisse)

Informationspunkt

Ausschuss

**Bild 5.17** Zelle ohne Zoning

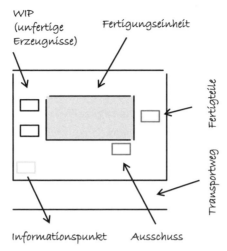

**Bild 5.18** Zelle mit Zoning

 **Zoning-Schritte**

1. Bewegliches Equipment oder Objekt wird definiert.
2. Ort und Fluss des Equipments beziehungsweise Objekts werden festgelegt.
3. Test erfolgt nun an festgelegten Standards.
4. Der nun auf Praxistauglichkeit getestete Standard wird, wenn erforderlich, überarbeitet.
5. Das Equipment oder Objekt wird z. B. mit einem Zoning-Band und der zugehörigen Farbe markiert.
6. Schulung der Mitarbeiter erfolgt.

### ■ Was bringt mir das?

Durch das Zoning entsteht die Möglichkeit einer nachhaltigen Umsetzung des zweiten S von den 5 S (vgl. Kapitel 5.3), und somit stellt es eine einfache und visuelle Methode zur Definition eines Soll-Zustands dar, welcher durch eine Kaizen-Aktivität festgelegt worden ist. Besonders die Visualisierung der Einhaltung bzw. der Nichteinhaltung des Standards führt zu einer sofortigen Aktion, indem es dem Mitarbeiter sowie auch dem Vorgesetzten eine Abweichung vom Standard aufzeigt. Besonders für den Vorgesetzten ist die Rückkopplung von hoher Bedeutung, da es für diesen sofort ersichtlich ist, ob sich der Prozess im Standardrahmen befindet oder nicht.

Außerdem ist das Zoning die einfachste Methode, die Mitarbeiter schnell und effizient zu informieren, wo welches Equipment oder Material seinem Platz hat, wo es hin soll oder ob es fehlt. Hierdurch kann z. B. bei einem Rüstvorgang im Voraus schnell und gezielt überprüft werden, ob die notwendigen Werkzeuge vor Ort und greifbar sind.

Stillstandszeiten können dadurch vermindert oder minimiert werden. Außerdem kann der Standard bei Abweichung infrage gestellt und durch Kaizen-Maßnahmen verbessert werden. Die Anwendungsreichweite von Zoning beginnt in der Fertigung, geht weiter über das Lager hinaus und endet im Bürobereich. Somit gibt es keine Einschränkungen für das Zoning und das daraus resultierende Kaizen.

 **Beispiel: Standardisierte Fertigungszelle**

Im Rahmen eines 5-S-Workshops sollen Verschwendungen in einem Fertigungsbereich eliminiert und Visual Management und Standardisierung implementiert werden, sodass nach den ersten Schritten des Workshops die offensichtliche Verschwendung reduziert und die versteckte Verschwendung offensichtlich/sichtbar wird. Die grundsätzliche Ausgangslage stellte sich wie folgt dar:

- Keine direkten Zugänge zu den Frontal Loaders. Die Logistik hatte große Probleme, das angeforderte Material an den Ort des Verbrauchs zu liefern. Dies verursachte einen höheren Zeitaufwand in der Logistik sowie bei den Mitarbeitern in den Fertigungszellen.
- Die Arbeitsplätze waren nicht standardisiert, und es herrschte personenabhängiger „free style" mit mehr oder weniger personenabhängiger Effizienz.
- Die fehlende Visualisierung und Organisation (Standardisierung der Prozess- und Materialflüsse) führte dazu, dass ein hoher Zeitaufwand für die Erfassung von interner Materialbestellung entstand. Falschanlieferungen konnten nicht immer erfasst werden und standen über Wochen im Fertigungsbereich ohne jeglichen Bedarf.
- Paletten bzw. bewegliches Equipment stand immer wieder im Wegebereich und behinderte die logistischen Abläufe.
- Die fehlende Abgrenzung zwischen den einzelnen Fertigungsbereichen und der Logistik führte wiederkehrend zum Disput über die Verantwortlichkeit und Flächeninanspruchnahme.

Der zuständige APU-Leiter (Leiter der Fertigungsabteilung) entschied sich für den Start einer Initiative in Form eines Workshops. Die Teilnehmer aus dem Workshop kamen aus verschiedenen Bereichen:

- Mitarbeiter aus der Fertigung
- Schichtführer
- Mitarbeiter aus der Logistik
- Logistikplaner
- Sicherheitsbeauftragter
- Arbeitsvorbereitung
- Lean Manager
- APU-Manager (teilweise)

Des Weiteren wurden andere Bereiche informiert, dass ein Workshop stattfindet und dass Workshopteilnehmer auf die einzelnen Bereiche zugehen könnten. Nach einer theoretischen Einweisung in 5 S, Zoning und Visual Management zu Beginn des Workshops erfolgten weitere Schulungen, wie z. B. zur methodischen Vorgehensweise. Diese erfolgten während des Workshops, sodass alle Trainingsmaßnahmen dem On-the-Job-Prinzip entsprachen. Anzumerken ist, dass alle Teilnehmer zuvor in einer Lean-Basic-Schulung die Grundsätze des Lean Managements gelernt haben und hierdurch einen Überblick über das gesamte System bekommen hatten.

Nach dem ersten Schritt erfolgte das übliche Vorgehen in einem 5-S-Workshop. Die vom Workshopteam ausgearbeiteten Standards wurden mithilfe von Zoning physisch umgesetzt und visualisiert. Nachfolgend die Hauptaktivitäten:

- Trennung der Fertigungseinheiten, der Logistikfläche und der Wege.
- Definition der Arbeitsfläche pro Fertigungseinheit für Equipment und Materialflüsse sowie Sicherstellung der ergonomischen und sicherheitsnotwendigen Vorgaben.
- Einarbeitung der Small-Train-Zugangswege zwischen den Fertigungseinheiten.
- Farbliche Unterscheidung des Zonings für die Materialflüsse und deren Standorte zur besseren Visualisierung der Materialflüsse.
- Erarbeitung von Standardarbeitsplätzen nach dem 5-S-Prinzip und deren Umsetzung mittels Zoning. Ein Beispiel für Zoning am Arbeitsplatz sind Shadow Boards.
- Ausarbeitung eines Informationsboards inklusive der Kennzahlen sowie dessen Ort in den Zellen.

Die durch das Workshopteam erarbeiteten Maßnahmen basieren auf Daten, wie z. B. die Berechnung der Fläche für das Vormaterial. Hier hat sich ein Teil des Workshopteams mit der zuständigen Arbeitsvorbereitung zusammengesetzt und entsprechend den Daten die notwendige Fläche pro Fertigungszelle errechnet. Die nun als Hypothese geltenden Annahmen wurden dann mit simulierten Aufträgen vor Ort und den Mitarbeitern aus den jeweiligen Fertigungszellen getestet. Somit hat das Workshopteam dem methodischen Vorgehen nach PDCA und den Genchi-Genbutsu-Prinzipien Genüge getan. Folgende Verbesserungen sind entstanden:

- Direkter und ergonomischer Zugang zum Frontal Loading für die Logistiker, dadurch schnellere, fehlerfreie Zulieferung durch die Logistik.
- Klar abgegrenzte Fertigungsbereiche mit klar geregelten Verantwortlichkeiten pro Team, Missverständnisse und Schuldzuweisungen werden minimiert.

- Klar organisierte Arbeitsplätze inklusive Visualisierung, fehlendes Werkzeug wird sofort erkannt, Werkzeuge sind sofort greifbar ohne Zeitverlust durch das Suchen, Fremdkörper können direkt erkannt und weggeräumt werden.

- Bewegliches Equipment und Paletten haben einen zugewiesenen Platz mit Bodenmarkierungen aus verschiedenen Farben, um Ausschuss, Materialien und Informationsbereiche voneinander abzugrenzen, Missstände können von jedermann erkannt und behoben werden.

- Die definierten Standards vom Team können nun anhand des Zonings, aber auch der Standarddokumente für jeden eingesehen werden, und die Einhaltung kann anhand einer Kennzahl täglich gemessen werden. Die Nachhaltigkeit wird in das Tagesgeschäft aufgenommen.

Der neu gestaltete Arbeitsplatz, welcher vom Workshopteam mittels Gemba definiert worden ist, weist eine Reduzierung der Verschwendung auf. Des Weiteren wurden die Arbeitsplätze ergonomischer und sicherer gestaltet. Die Festlegung der Standards zeigt jedem Mitarbeiter, was zu tun ist, und es gibt keine Grauzonen für subjektive Interpretationen (Mitarbeiter zu Mitarbeiter bzw. Mitarbeiter zu Vorgesetztem). Die nun gewonnene Zeit kann für mehr Produktivität, Qualität und Kaizen genutzt werden. Die Kaizen-Aktivitäten nach dem Workshop konzentrieren sich zunächst auf die Stabilisierung der neu gesetzten Standards und danach auf weitere Verschwendungseliminierung, welche durch die 5 S und die Visualisierung durch Zoning begünstigt wird.

 **Zoning:** Festlegung und Kennzeichnung von Bereichen oder Flächen für festgelegte Zwecke nach einem festen Standard

**Shop Stock:** visueller Materialpuffer in der Produktion

**Red Bin:** Behälter für Ausschuss

**Small Train:** Logistikzug für den Materialtransport in einer Fabrik nach dem Milk-Run-Prinzip

**Frontal Loading:** direkter Materialzugang für den Montagemitarbeiter am Montagearbeitsplatz

**Informationspunkt:** Board mit Kennzahlen und Informationen für das Montageteam

(Bild 5.19)

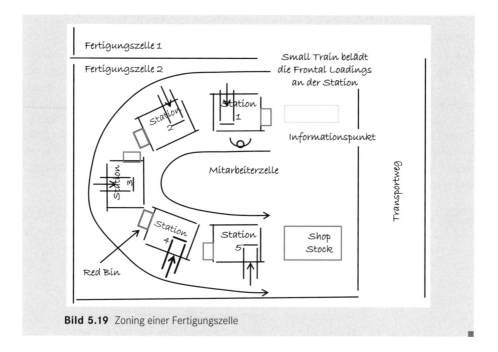

**Bild 5.19** Zoning einer Fertigungszelle

# ■ 5.5 Visual Management – visuelles Management

## ■ Einstieg

Einer der Schlüsselbegriffe im Lean Management ist das sogenannte visuelle Management. Doch warum ist gerade das visuelle Management von so großer Bedeutung? Die Antwort liegt im Unternehmen und deren Menschen, welche in einem soziotechnischen System interagieren, und den daraus resultierenden Herausforderungen. Der technische Fortschritt ist in den letzten 100 Jahren in hohem Maße angestiegen. Doch die menschliche Evolution und somit das Sozialverhalten wie auch die Instinkte haben dabei nicht mithalten können. Die auf uns einwirkende Informationsflut, welche sich zu verschiedenen Eigenarten und Codierungen entwickelt hat, nimmt oft keine Rücksicht auf den Ursprung des Menschen und führt zu Problemen und sozialen Ungereimtheiten.

Dabei ist anzumerken, dass diese Rücksichtslosigkeit gegenüber den menschlichen Fähigkeiten von uns selbst, nämlich den Menschen, generiert wird, indem wir die Informationsflut gestalten. Der Ursprung des Menschen basiert auf Strategien des Überlebens. Dies ist die Fähigkeit, sich der Umwelt und Natur anzupassen und ressourcenschonend zu agieren. Dabei setzt die Evolution für die Anpassung in der Natur Millionen

Jahre voraus. Das heißt, dass der Mensch in seinem Ursprung und heutigen Dasein auf eine ganz andere Qualität von Informationsvermittlung ausgelegt ist.

Unsere Wahrnehmung, also die Informationsaufnahme und Kommunikation, basiert auf den ursprünglichen Herausforderungen, wie etwa dem Jagen, dem Verteidigen des Reviers und dem Fortpflanzen. Das bedeutet, dass ein großer Teil unserer Informationsvermittlung und -aufnahme auf einer nonverbalen Ebene stattfindet. Dieses Wissen ist heutzutage sowohl im Alltag als auch im Tagesgeschäft verloren gegangen, und dessen Potenziale liegen brach, indem wir uns angeblich „moderner" Kommunikationsmittel bedienen, welche aber unserem Ursprung entgegenstehen. Visuelles Management greift diese Problematik auf und hilft uns, Informationen zwischen den Menschen humaner und somit effektiver zu vermitteln.

 **Beispiel: Schilderflut überfordert Verkehrsteilnehmer**

Welcher Autofahrer hat sich nicht schon über die Schilderflut auf unseren Straßen geärgert. Ein klassischer Fall kam vor die Gerichte (BVerwG vom 13.03.2008, VIII ZR 200/05) und wurde zugunsten des Fahrers entschieden:

Ein Lkw-Fahrer passierte einen „überladenen" Pfahl, der mit folgenden Kennzeichen versehen war: Auf einem Schild wurde der Verkehr gesperrt, auf einem Zusatzschild jedoch nur für Fahrzeuge mit mehr als zwölf Tonnen. Ein weiteres Schild beschränkte dies auf den Durchgangsverkehr. Ein weiteres Zusatzschild gab bestimmte Tageszeiten an, an welchen diese Beschränkung galt.

Der Lkw-Fahrer war ganz einfach nicht in der Lage, bei der erlaubten Geschwindigkeit, in welcher er das Schild passierte, alle Informationen zu erfassen, und kassierte eine Anzeige.

Diese Situation ist nicht nur für den Straßenverkehr typisch, sondern auch in den Betrieben werden Anweisungen, Hinweise und Warntafeln so kombiniert, dass der Mitarbeiter die Fülle der Informationen kaum noch erfassen kann. Die Folge ist, wie bei dem Lkw-Fahrer aus dem geschilderten Sachverhalt, eine Nichteinhaltung von Vorgaben. Hieraus resultieren, vom Mitarbeiter ungewollt, Fehlverhalten und Unfallgefahren.

### ■ Worum geht es?

Unter visuellem Management wird die Umsetzung von Zielen, Standards und Vorgaben in jeder Art von visueller Darstellung verstanden. Außerdem bedeutet visuelles Management die Einhaltung der Vorgaben wie auch die Visualisierung der Abweichung. Dabei wird der Schwerpunkt auf die ergonomische und schnelle Informationsvermittlung gelegt. Der Hauptschwerpunkt liegt also auf der bildlichen Informationsvermittlung. Das heißt, dass der gesamte Material- und Prozessfluss visuell abgebildet wird. Die Arbeitsanweisungen werden nicht textbasiert, sondern schwerpunktmäßig visuell und bildlich aufgebaut. Dabei spielt die textbasierte Informationsvermittlung lediglich eine unterstützende Rolle. Dies ist im Vergleich zur konventionellen Art das entgegengesetzte Vorgehen.

Dies bedeutet, dass der Mitarbeiter nicht eine Unmenge von textbasierten Arbeitsanweisungen lesen muss, um den Material- und Prozessfluss zu verstehen. Arbeitsanweisungen werden bildlich dargestellt und auf das Wesentliche komprimiert. Der Mitarbeiter muss sich nicht die gesamten Arbeitsanweisungen merken, sondern er findet die für den Prozess erforderlichen Informationen am Ort des Geschehens. Dies entspricht dem Prinzip des Gemba (gehe zum Ort des Geschehens). Dies erlaubt dem Mitarbeiter während der Ausführung z. B. einer Verrichtung, diese Information immer wieder, falls erforderlich, abzurufen, um den Arbeitsablauf entsprechend dem festgelegten Standard einzuhalten.

Der Mitarbeiter darf erst selbständig die Tätigkeit oder die Durchführung eines Prozesses durchführen, wenn dieser ausreichend trainiert worden ist und seine erworbenen Fähigkeiten nachgewiesen hat.

Durch die visuelle Abbildung der Standards, also der Zielvorgaben für den Prozessablauf, sollten nun sowohl die Mitarbeiter als auch ihre Vorgesetzten oder Spezialisten in der Lage sein, eine Abweichung vom Standard zu erkennen und gegebenenfalls auf Richtigkeit zu prüfen, indem die visuelle Arbeitsanweisung genutzt wird.

Eine dem Menschen angemessene Gestaltung von Informationen bedeutet, dass jegliche Art der Informationsvermittlung an die Seh- und Denkweise anzupassen ist und eine einfache und schnelle Erfassung ermöglicht. Piktogramme, die Bedeutung von Farben und sofort erkennbare Ordnungsschemata sind Beispiele hierfür. Ausschließlich textbasierte Informationen versprechen wenig Erfolg bei der Sicherstellung der Beachtung und Einhaltung von Vorgaben.

**Beispiele für das visuelle Management**

- Zoning
- 5 S
- Visuelle Arbeitsanweisungen

Die Gestaltung der Informationsabbildung in Bild 5.20 erfordert mehrfachen Aufwand, sowohl beim Ablesen der Information für die Zielsetzung als auch beim Ablesen des aktuellen Wertes. Danach erfolgt die Interpretation, gefolgt von der daraus resultierenden Analyse. Bild 5.21 zeigt die bereits ausgewertete Information im Vergleich zum Zielwert visuell auf, d. h., dass bereits die Bewertung und Einstufung der Information als Vorauswahl erfolgt ist.

Im Straßenverkehr ist beispielsweise eine sehr schnelle, gezielte und eindeutige Informationsvermittlung notwendig. Wäre diese textbasiert (Bild 5.22) wäre die Sicherheit nicht mehr gewährleistet. Zudem lässt ein Text auch individuelle Interpretationsmöglichkeiten des Lesers zu. Eindeutig und schnell erfolgt die Informationsvermittlung mittels einer Verkehrsampel (Bild 5.23).

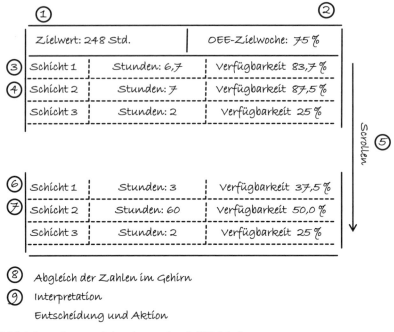

**Bild 5.20** Informationsvermittlung konventionell, ERP-Tabelle

**Bild 5.21** Zielwert bewertet und eingestuft

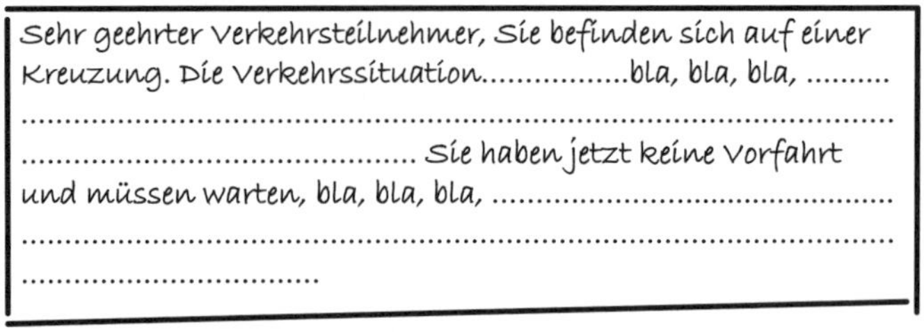

Sehr geehrter Verkehrsteilnehmer, Sie befinden sich auf einer Kreuzung. Die Verkehrssituation.................bla, bla, bla, ..........
....................................................................................................
............................................. Sie haben jetzt keine Vorfahrt und müssen warten, bla, bla, bla, ...............................................
....................................................................................................
..................................

**Bild 5.22** Informationsvermittlung konventionell: nur Text

Abgleich und Interpretation bereits konditioniert

Entscheidung und Aktion

**Bild 5.23** Informationsvermittlung durch Verkehrsampel: Farben Rot und Grün

## ■ Was bringt mir das?

Das visuelle Management leistet einen umfangreichen Beitrag zur Umsetzung der Lean-Management-Philosophie. Beispiele hierfür sind „standardisiertes Arbeiten", 5 S, Zoning, Andon und PDCA. Es ist das Schlüsselelement zur täglichen Steuerung von Aktivitäten zur Erreichung der gesetzten Ziele und deren Umsetzung in der Unternehmenspraxis. Jedem Mitarbeiter werden visuell das Ziel und die Abweichung hiervon dargestellt. Damit wird eine proaktive Interaktion zwischen den Mitarbeitern, Vorgesetzten und Experten in Gang gesetzt, die im Lean Management Kaizen-Aktivitäten auslöst. Die Zielsetzung und insbesondere die Vermittlung der Ziele über alle Ebenen des Unternehmens gestalten sich damit effizienter.

Ein Beispiel für Visual Management ist ein Ergebnis aus einem 5-S-Workshop, der viele Facetten der Verschwendung und des konventionellen Managements darstellt und damit die differenzierte Arbeitsweise in Lean Management aufzeigt.

 **Beispiel: Fehlendes Material**

Nach dem ersten 5-S-Workshop entschied sich der neue APU-Leiter für eine Folge von 5-S-Workshops, da die Ergebnisse aus dem ersten Workshop zunehmend versickerten und somit klar wurde, dass das 5-S-Werkzeug nicht etabliert worden ist. Des Weiteren gab es zunehmend Stillstände von Montagelinien aufgrund von fehlenden Werkzeugen und Ersatzteilen sowie fehlendem Material (dieses Beispiel konzentriert sich auf das fehlende Material).

Das ursprüngliche Management entschied, dass das Material für die Fertigung in Materialschränken gelagert wird, es handelte sich hier um Materialspulen. Die Schränke wurden über die gesamte Fertigung verteilt, „man hat diese hingestellt, wo Platz war". Paletten waren keine Lösung, da diese zu viel Platz verbraucht hätten, welcher nicht vorhanden war. Die Schränke besaßen Türen, sodass man diese nach dem Bestücken durch die Logistik bzw. nach der Entnahme und der Wiedereinlagerung durch die Fertigung verschließen konnte. Der operative Betrieb erfolgte in einem Dreischichtbetrieb.

Bei Begehungen oder Kundenbesuchen zeigte das System einen „guten Erfolg" für das konventionelle Denken. „Es wirkte alles sehr sauber!" Doch „hinter den Türen brodelte es" (Bild 5.24). Folgende Probleme entwickelten sich:

- Material wurde immer wieder in verschiedenen Schränken gelagert, sodass man den Schrank nicht einer Montagelinie zuordnen konnte. Ein Grund dafür war z. B. eine Überlieferung.

- Wurde eine Materialcharge nicht verbraucht, stellten die Mitarbeiter diese oft in den Schrank, ohne die Logistik zu informieren. Die Folge waren Falschbestände.

- Mitarbeiter suchten immer wieder die Schränke nach Material ab und verloren wertvolle Zeit.

**Bild 5.24**  Schrank mit Türen

- Mitarbeiter bestellten neues Material, anstatt das vorhandene zu verbrauchen, da sie dieses in den Schränken nicht fanden oder zu viel Zeit für die Suche aufwenden mussten. Die Folge waren zu hohe WIP-Bestände (WIP = Work in Process).

- Logistikmitarbeiter verloren immer wieder den Überblick bzw. benötigten einen hohen Zeitaufwand, um den Bestand zu kontrollieren.

- Montagelinien kamen zum Stillstand, da man davon ausging, dass noch genug Material vorhanden war.

Die erste Entscheidung im Workshop war, die Türen zu entfernen. Dies klingt banal, aber so schwer und doch so einfach war diese Entscheidung.

Kontra:

- Im ersten Moment kam die Welle der Entrüstung. „Man kann ja dann alles sehen!" Besonders dann, wenn nicht „aufgeräumt ist".

- Wir haben die Tür so bestellt und bezahlt. Jetzt sollen wir diese wegwerfen?

- Und was soll das bringen?

Pro:

- Die Türen zu entfernen kostet nichts!
- Es visualisiert die Bestände und die Verschwendung.
- Die Leichtigkeit liegt im Lösungsansatz und der Nachhaltigkeit des Gesamtkonzepts, welches inklusive der Visualisierung im Workshop ausgearbeitet worden ist.

Das Entfernen der Türen (Bild 5.25) führte zu weiteren Verbesserungsvorschlägen. Die Materialschränke wurden den Maschinen zugeordnet und in die jeweilige Verantwortlichkeit der Teams übergeben. Die Stellplätze wurden mithilfe der Arbeitsvorbereitung und der Logistik berechnet, sodass die Stellplätze nach **aktueller** und **nächster** Fertigung sowie zur **Wiedereinlagerung** unterteilt worden sind. Die überflüssigen Stellplätze wurden während des Workshops mit Sperrband gesperrt und später entfernt. Hierdurch mussten die Mitarbeiter diesen Standard respektieren, jede Abweichung vom Standard, wie z. B. eine Fehllieferung, wurde sofort erkannt, und das Problem musste gelöst werden. Nun waren alle, sowohl die Mitarbeiter aus der Fertigung als auch die Mitarbeiter aus der Logistik, in der Lage, das Material in kurzer Zeit visuell zu überprüfen, und folgende Fragen konnten nun sofort vor Ort beantwortet werden:

- Reicht das Material für die nächste Fertigung, was wird benötigt?
- Ist das Material für die nächste Variante da, bevor wir umrüsten?
- Welches Material wird nicht mehr gebraucht und kann abtransportiert werden?

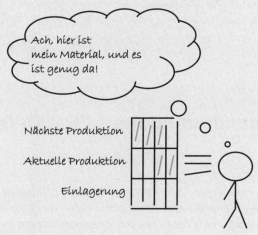

**Bild 5.25** Schrank ohne Türen

Die Maschinenstillstände aufgrund fehlenden Materials haben abgenommen. Die WIP-Bestände in der Fertigung konnten auf ein Minimum reduziert werden. Die offene Visualisierung half den Mitarbeitern, die Standards aus dem 5-S-Workshop zu akzeptieren und zu respektieren, darüber hinaus konnten die Standards des Managements besser auditiert werden. Die Motivation der Mitarbeiter wurde nicht mehr durch fehlendes Material, sowohl in der Fertigung als auch in der Logistik, negativ beeinträchtigt. Die Kommunikation zwischen Fertigung und Logistik verbesserte sich, Schuldzuweisungen beim fehlenden Material nahmen ab. Außerdem verloren die Mitarbeiter keine Zeit mehr für das Suchen des Materials. Dies erfolgte „nur" durch das Entfernen der Türen! (In nächsten Schritten wurden dann auch die Schränke entfernt, Kanban-Systeme und Small Train implementiert.)

**Türen vs. keine Türen heißt konventionelles Denken vs. Lean-Management-Denken!**

Hier zeigt sich, wie eine Entscheidung, die nach der konventionellen Managementdenkweise als banal angesehen wird, fatale Auswirkung auf das operative Geschäft haben kann. Die Entscheidung, Schränke mit Türen zu kaufen, löste das wahre Problem der Unordnung nicht, sondern verschärfte es sogar noch, indem weitere operative Probleme, wie geschildert, entstanden. In einem Business-Excellence-System wird ein Problem nicht unterdrückt, sondern als ein Warnsignal und als eine Aufforderung zur Lösungssuche gesehen. Das Management ist sich eines soziotechnischen Systems bewusst und managt dieses als solches wie in diesem Fall durch Anwendung der Visual-Management-Prinzipien und nicht durch Verdrängung!

# ■ 5.6 Andon und Jidoka – First Defect Stop

## ■ Einstieg

Beinahe täglich ist in unseren Unternehmen folgendes Phänomen zu beobachten: Es tritt ein Problem im Rahmen eines Produktions- oder Dienstleistungsprozesses auf. Zum Beispiel gibt es Schwierigkeiten bei der Materialzuführung zu einem Fertigungsautomaten. Ein Mitarbeiter kümmert sich um das Problem, entfernt ein verklemmtes Teil aus der Materialzuführung, und die Maschine läuft wieder. Problem gelöst? Keineswegs! Das Problem wird immer wieder auftreten.

Diese Art der „Problemlösung" hat einen Vorteil. Die Maschine hatte im Beispielfall eine Stillstandszeit von ca. 2,5 Minuten, wenn der Mitarbeiter die Maschine immer „im Blick" hat und das Problem sofort löst. Damit ergibt sich eine rechnerisch nur geringe Beeinträchtigung der Maschinenverfügbarkeit aus der Mikroperspektive. Doch aus der Makroperspektive, der Kumulation der Kurzzeitstopps, ergeben sich eine hohe Stillstandszeit und eine noch höhere Gefahr für die Qualität des Produkts aufgrund der Nichtbeherrschbarkeit des Prozesses. Außerdem ist zu berücksichtigen, dass durch die ständige Prozessinstabilität ein Mitarbeiter an diese Produktionseinheit gebunden ist bzw. das Maschinen-Bediener-Verhältnis reduziert wird. Die Frage ist, ob die Mikroperspektive bei ganzheitlicher Betrachtungsweise und unter dem Blickwinkel der Verschwendung akzeptabel ist. Bei Toyota würde ein Mitarbeiter, der so wie dargestellt handelt, nicht akzeptiert werden. Warum?

Jeden Tag immer wieder die gleichen Probleme zu lösen ist Verschwendung. Verschwendung mindert die Effizienz der Fertigung, demotiviert den Mitarbeiter und gefährdet außerdem die Qualität (also die Beziehung des Unternehmens zum Kunden). Es geht dabei nicht um einzelne Maschinen oder Prozesse, sondern den Ablauf der Produktion als Ganzes. Deshalb fordert die Philosophie des Lean-Management-Unternehmens eine endgültige Lösung von erkannten Problemen. Mehr als das, die Problemlösung duldet keinen Aufschub nach dem Motto „Darum kümmern wir uns, wenn wir mal Zeit haben". Das Problem wird gelöst, wenn es auftritt. Bis das Problem nicht gelöst ist, wird die Produktion angehalten. Eine zweifellos schwerwiegende Entscheidung, aber aus nachhaltiger Unternehmenssicht konsequent und richtig. Probleme werden jetzt, hier und heute gelöst. Probleme werden für jeden Mitarbeiter im Unternehmen sichtbar gemacht, die verborgenen Hindernisse einer schlanken Produktion werden an die Oberfläche befördert.

 **Beispiel: 1820,– Euro pro Jahr verschenkt**

In einem Druckereibetrieb, der Bücher auf Bestellung produziert, passiert es immer wieder, dass die Papierzufuhr einer Druckmaschine aus unbekannten Gründen blockiert. Da das Problem immer wieder auftritt, hat ein besonders qualifizierter Mitarbeiter, der sich gut damit auskennt, die Maschine ständig „im Blick". Da der Druck termingebunden und der Wettbewerb in diesem Marktsegment besonders intensiv ist, sind Störungen der Produktion als sehr kritisch einzustufen. Der Produktionsleiter hat die Anweisung ausgegeben, dass die termingerechte Ablieferung erste Priorität hat.

Mindestens einmal am Tag blockiert die Papierzufuhr, und der Mitarbeiter muss sich darum kümmern. Da der Mitarbeiter routiniert ist und sich mit der Maschine auskennt, benötigt er nur ca. 3,5 Minuten, um das Problem zu lösen. Eine Hochrechnung des Aufwands für die Problemlösung auf ein Jahr ergibt folgende Werte. Da der Druckereibetrieb 240 Arbeitstage im Jahr in Betrieb ist, entstehen 840 Minuten Arbeitszeit für die Problemlösung. Beaufschlagt man diese Zeit mit dem Stundenlohn (Arbeitsplatzkosten), ergeben sich Kosten in Höhe von 1820 Euro pro Jahr.

Ist der Wert in dem Beispiel vernachlässigbar? Wie viele Maschinen und Prozesse verursachen ähnliche Probleme? Welche Verschwendung ist Ihr Unternehmen bereit, zu akzeptieren?

### ■ Worum geht es?

First Defect Stop bezieht sich nicht nur auf moderne Fertigungsmaschinen, die Probleme erkennen und sich selbst abschalten, sondern auch auf manuelle Montagelinien. Die Idee des Jidoka ist, dass jeder Mitarbeiter des Unternehmens sich um Qualität und Verschwendung zu kümmern hat, also das Qualitätsproblem innerhalb einer vorgegebenen Zeit beheben muss (z. B. innerhalb eines Zyklus). Sollte der Mitarbeiter nicht in der Lage sein, den Fehler innerhalb einer im Vorhinein festgelegten Zeit zu beheben, so muss er die nächste Vorgesetztenebene kontaktieren. Aufgabe des Vorgesetzten ist, den Mitarbeiter bei der Fehlerbehebung/dem Fehlermanagement zu unterstützen bzw. die nächste Entscheidung zu treffen. Ziel ist dabei nicht (wie im Beispiel), einfach nur „die Maschine wieder zum Laufen zu bringen", sondern den Fehler bezüglich der Ursache zu beheben. Beide, sowohl der Mitarbeiter als auch der Vorgesetzte, handeln entsprechend einer im Vorhinein festgelegten Schrittabfolge des Reaktionsplans.

 **Jidoka:** japanischer Begriff für autonome Automation

Aufgabe des Vorgesetzten ist nun, eine Entscheidung zu treffen, ob kurzfristige Maßnahmen, dazu führen, dass der Kunde Produkte entsprechend seinen Erwartungen (fehlerfrei, bestellte Qualität, termingerecht) erhält und die Problematik nachhaltig gelöst worden ist, oder ob die Maßnahmen nicht ausreichend sind und die Fertigung nun angehalten werden soll. Die dann erforderlichen Maßnahmen werden nachfolgend dargestellt.

In den meisten Unternehmen sind Maschinen mit entsprechenden Lichtampeln/Andon-Systemen ausgestattet, die signalisieren, in welchem Status sich die Maschine befindet. Allerdings haben diese Systeme in der Praxis oft einen geringeren Erfolgsfaktor, wenn diese isoliert ohne ein organisatorisches Ablaufkonzept eingesetzt werden. Zum einen ist durch die Vielzahl der vorhandenen Lichtsignale/Andon-Systeme in der Fertigung ein „Gewöhnungseffekt" zu beobachten. In der Konsequenz kümmert sich lange niemand um das Problem. Zum anderen ist durch die oft komplexe Anordnung der Maschinen keine Übersichtlichkeit gegeben, und es werden rote Signale über einen längeren Zeitraum nicht erkannt. Damit ist die Wirkung der Idee des Jidoka ad absurdum geführt, und die erwarteten Wirkungen treten nicht ein.

 **Andon:** japanisch, Visualisierung des Jidoka-Prinzips

Die Idee des Andon ist die Visualisierung des Jidoka-Prinzips, wobei das Andon nicht nur das Qualitätsproblem darstellt, sondern jede Art von Maschinenstillstand. In der

Linienfertigung ist an jedem Montagearbeitsplatz ein Andon, d. h. eine technische Einrichtung angebracht, die es jedem Mitarbeiter gestattet, bei Problemen ein Signal auszulösen (Bild 5.26). Bei vollautomatischen Fertigungseinheiten wird das Andon automatisch oder manuell ausgelöst. Hierbei ist zunächst der Vorgesetzte mit dem Mitarbeiter aufgerufen, sich mit dem Problem zu befassen und in einer vorgegebenen Zeit dieses zu lösen. Sollte das Problem schwerwiegender sein und nicht in der Vorgabezeit zu lösen, wird das Produktionsband angehalten.

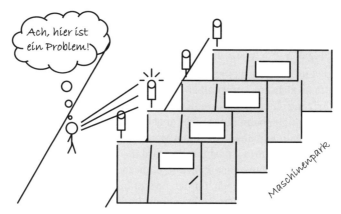

**Bild 5.26** Andon

Wie bei Jidoka ist die Lean-Management-Idee die der Sichtbarmachung des Problems und der endgültigen Lösung, damit dieses zukünftig nicht mehr auftritt. Ganz entscheidend ist hier zu erkennen, dass es sich um eine Grundeinstellung gegenüber Fehlern und Problemen handelt. Es geht nicht darum, wie im Detail Andon oder Jidoka technisch realisiert werden oder wann der Liefertermin gegenüber der Problemlösung möglicherweise Vorrang hat. Es geht vielmehr darum, dass Fehler und Probleme nicht ständig durch „Troubleshooting" überdeckt werden und dauerhaft bestehen. Das Jidoka- und das Andon-Prinzip tragen dazu bei, dass Troubleshooting sichtbar wird. Der hohe relative Zeitverlust generiert die Notwendigkeit zur nachhaltigen Problemlösung. Probleme müssen „beim Namen genannt" werden, für jeden sichtbar sein und endgültig gelöst werden.

Was passiert aber nun, wenn das Problem nicht durch kurzfristige Maßnahmen gelöst werden kann, es sich also um ein schwerwiegenderes handelt? In diesem Fall kann z. B. ein sechsstufiger Problemlösungskreislauf in Gang gesetzt werden (Bild 5.27; vgl. [6] S. 235).

An der ersten Stelle des Kreislaufs steht das Erkennen des Problems. Dies obliegt dem Mitarbeiter, der für die Maschine zuständig ist, bzw. dem Mitarbeiter an der entsprechenden Arbeitsstation. Um Fehler oder Probleme erkennen zu können, muss der Mitarbeiter auf der Basis eines Standards vorgehen. Das heißt, der Mitarbeiter arbeitet auf der Grundlage eines festgelegten und dokumentierten Standards für seine Aufgabe. Weicht das zu bearbeitende Werkstück oder die Zeit für die vorgesehene Bearbeitung vom Standard ab, besteht ein Problem, welches das Andon-Signal auslöst.

In der zweiten Stufe wird durch das Andon-Signal der Vorgesetzte informiert, und die Verantwortung für die weiteren Stufen geht auf diesen über. Hierin liegt eine kulturelle Barriere. Einem Vorgesetzten ein Problem zu berichten, die Produktion anzuhalten, ganz allgemein „Probleme zu machen" anstatt „Erfolge zu berichten", gilt in vielen Unternehmenskulturen als „klassischer Fehler", der den Karriereverlust nach sich zieht. Deshalb ist die Überwindung dieser Schwelle der schwierigste, aber auch entscheidende Schritt zu einem schlanken Unternehmen. Ein weiterer Aspekt ist es, den Mitarbeiter nicht alleine mit dem „Problem stehen zu lassen". Es ist ein psychologisch wichtiger Aspekt, der zu einer verbesserten Motivation des Mitarbeiters führt. Außerdem kann der Vorgesetzte sicherstellen, dass das Problem methodisch durch den Mitarbeiter „angegangen" worden ist.

Der Vorgesetzte und der Mitarbeiter haben nun gemeinsam die Aufgabe, das Problem zu bewerten. Sollte es sich um ein weniger großes Problem handeln (der Mitarbeiter hat einen geringfügigen Fehler in der Handhabung gemacht), kann dieses sofort gelöst werden, und das Produktionsband muss nicht angehalten werden. Je schwerwiegender das Problem ist (z. B. Qualitätsmangel an einem Montageteil, welches in einer vorgelagerten Arbeitsstation montiert wurde), desto weiter wird das Problem eskaliert. Dies bedeutet, dass die nächsthöheren Managementebenen einbezogen werden. Damit wird sichergestellt, dass dem Problem entsprechend der Bedeutung die angemessene Aufmerksamkeit gewidmet wird. Der Vorgesetzte übernimmt in dieser dritten Stufe die Verantwortung für die Entscheidung.

In der Stufe vier geht es darum, dass das erkannte Problem nicht z. B. als Qualitätsmangel bis zum Kunden gelangt. Hierbei ist sicherzustellen, dass sich der Fehler nicht auf die weiteren Bearbeitungs- oder Montageschritte auswirkt. Im günstigsten Fall kann das Problem auf den jeweiligen Arbeitsplatz, die Maschine oder Arbeitsstation begrenzt werden.

In Stufe fünf geht es um die Analyse der Ursachen des Problems. Dieser vielleicht wichtigste Schritt soll sicherstellen, dass das Problem nicht erneut auftritt. Je nach Schwere des Problems sind unterschiedliche Managementebenen involviert. Ziel ist es dabei, die Ursache festzustellen und zu analysieren, über welche Schritte des Produktionsprozesses das Problem besteht. Dabei kommt es darauf an, festzustellen, ob das Problem systematisch oder zufällig entstanden ist. Systematische Fehler entstehen z. B. durch fehlerhafte Zulieferteile oder nicht erkannte Änderungen in den Standards der Prozesse. Gerade bei zufälligen Fehlern ist eine hohe Aufmerksamkeit geboten, da diese nicht bekannt sind und oft bis zum Kunden „durchrutschen". Diese Art von Qualitätsproblemen spiegeln in vielen Unternehmen ca. 50 % der Qualitätsreklamationen wider.

In der letzten Stufe geht es um die Vermeidung des Problems in der Zukunft. Dabei wird im Hinblick auf die Fristigkeit ein Unterschied gemacht. Möglicherweise lassen sich viele Probleme durch kurzfristige Maßnahmen lösen. Der Übergang auf eine andere Maschine, das Auswechseln eines Werkzeugs oder der Einsatz eines erfahrenen Mitarbeiters können das Problem kurzfristig lösen. Es wäre jedoch ein Fehler, sich damit zufriedenzugeben. Lean erfordert, die Wurzel des Problems zu entdecken und es damit endgültig zu lösen.

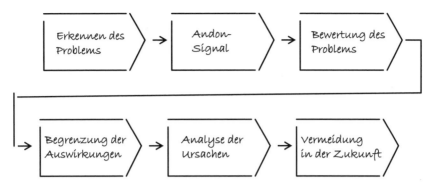

**Bild 5.27**  Andon – sechsstufiger Problemlösungskreislauf

## ■ Was bringt mir das?

Jidoka und Andon erfordern einen Kulturwandel im Unternehmen. Fehler und Probleme sind im Lean Management keine negativ belegten Begriffe, sondern willkommener Anlass zu Veränderung zum Besseren (Kaizen). Die Nutzen, die sich aus einer konsequent gelebten Fehlerkultur ergeben, sind:

- Kein ständiges Troubleshooting mehr, sondern die endgültige Beseitigung von Fehlern und Problemen.
- Verbesserung der Qualität durch nachhaltig stabile Prozesse.
- Verbesserung des Arbeitsplatzes und der Arbeitsmotivation der Mitarbeiter.
- Initiierung eines Prozesses der ständigen Verbesserung in den Produktions- und Dienstleistungsprozessen.
- Schärfung des Problembewusstseins der Mitarbeiter im Hinblick auf die Erfüllung der Kundenanforderungen.
- Kulturveränderung in Richtung der Erkenntnis, dass Fehler und Probleme Anlass für Verbesserungen sind.
- Integration der Mitarbeiter und der Führungskräfte in den ständigen Verbesserungsprozess.
- Optimierung des Coaching-Verfahrens von Mitarbeitern durch Vorgesetzte.

 **Beispiel: Lösung eines Problems im Versand durch Andon**

In der Versandabteilung eines Unternehmens für Spezialdrehteile kam es in Zeiten von Spitzenbelastung immer wieder zu Personalengpässen. Oft mussten Mitarbeiter aus anderen Abteilungen angefordert werden, um die Lastspitze abzudecken. Aufgabe der Mitarbeiter waren die sachgerechte Verpackung der Teile und die Zusammenstellung der relativ aufwendigen Dokumentation, die für jeden Kunden individuell unterschiedlich war. Kunden in Unternehmen der Automobilindustrie benötigten gegenüber Maschinenbauunternehmen eine wesentlich umfangreichere Dokumentation.

Problematisch war dabei oft die unklare Vorgabe für die Dokumentation durch den Vertrieb. Der Vertrieb hatte aufgrund der Verträge mit den Kunden eine genaue Übersicht über den darin geforderten Dokumentenumfang. Zuständig für die Erstellung der Dokumente war aber der Versand. Dieser wurde jedoch häufig nicht ausreichend über die Anforderungen der Kunden vom Vertrieb informiert, sodass Nachfragen notwendig waren, um die für den Kunden tatsächlich notwendigen Dokumente auszudrucken und diese der Sendung mit den Drehteilen beizulegen. Dadurch kam es zu Verzögerungen in Zeiten der Spitzenbelastung.

Um das Problem zu lösen, wurde eine Art Andon-Signal eingeführt. Wenn der Mitarbeiter im Versand eine Sendung mit Drehteilen zu bearbeiten hatte, prüfte er zunächst die Aufstellung der erforderlichen Dokumente im Versandauftrag. War diese unvollständig bzw. waren die erforderlichen Dokumente nicht ausreichend spezifiziert, bearbeitete er die Sendung nicht mehr weiter und stoppte den gesamten Versandprozess, wie z. B. in einer Montagelinie.

Der Abteilungsleiter wurde sofort verständigt. Nachdem das Problem an der Versandlinie nicht gelöst werden konnte, wurde die fehlerhafte Versendung auf einer Fläche abgestellt, die rot markiert und mit einer Tafel versehen war mit der Aufschrift „unvollständige Dokumentation".

Dieser teilte dem Vertrieb mit, dass die betreffende Sendung mit unzureichenden Informationen im Versandauftrag nicht weiterbearbeitet wird. Da die Leistung des Vertriebs an der termingerechten Zustellung der Drehteile gemessen wurde, erfolgte eine umgehende Reaktion des Vertriebs. Ein nachgebesserter Versandauftrag wurde schnellstens dem Versand zugestellt, der die Sendung dann weiterbearbeitete. Da dieser Effekt immer wieder eintrat, hat man sich entschieden, ein Kaizen-Team, welches aus Mitgliedern der Versandabteilung und des Vertriebs bestand, für diese Problematik zu gründen. Dieses Kaizen-Team startete seine Aktivität mit einem Workshop, um das Problem im Detail vor Ort (Gemba) zu analysieren und Werkzeuge nach Genchi Genbutsu zu installieren, wie z. B. ein Pareto-Diagramm für die internen Reklamationen. Hier ist anzumerken, dass diese Art von Fehlern in der Vergangenheit keine interne Reklamation ausgelöst hat (wie kann der Vertrieb eine Reklamation auslösen?), dies war auch eine Entscheidung des Teams, um die Fehlerrate und -quelle zu visualisieren.

Nach zwei Wochen hatte sich die Zahl der reklamierten Versandaufträge auf nahezu null reduziert. Im Vertrieb wurde der Prozess der Erstellung der Versandaufträge durch das Kaizen-Team neu konzipiert und eine gut definierte Schnittstelle zwischen Vertragsmanagement und Erstellung des Versandauftrags geschaffen, die eine fehlerfreie Übergabe der Informationen zur Dokumentation gewährleistete. Andon hat damit zu einer Eliminierung des Problems in der Versandabteilung geführt.

# ■ 5.7 Total Productive Maintenance (TPM)

## ■ Einstieg

Ein im Leistungssport bekanntes Phänomen ist der sogenannte Ringelmann-Effekt. Dieser besagt, dass mit der Größe einer Gruppe die Produktivität abnimmt. Misst man die Produktivität (oder sportliche Leistung) eines Einzelnen und vergleicht diese mit einer Gruppe von Menschen, welche die gleiche Aufgabe erfüllen sollen, so ist die Produktivität (oder Leistung) geringer als die multiplizierte Leistung des Einzelnen. Die Ursache liegt nach Ringelmann in einem Koordinationsverlust (die Leistungserbringung wird nicht perfekt koordiniert) und in einem Motivationsverlust, d. h. in der Neigung, andere für sich arbeiten zu lassen, da die Individualleistung nicht identifizierbar ist.

In der Unternehmenspraxis lässt sich dieses Verhalten häufig feststellen, wenngleich die Ergebnisse nicht immer sofort sichtbar sind. Bei der Instandhaltung und Reparatur von Maschinen wird dieser Effekt beispielsweise häufig beobachtet. Die Aufteilung der Verantwortlichkeit für die Funktion der Maschine ist in den meisten Unternehmen zwischen Bediener und Serviceabteilung aufgeteilt. Der Mitarbeiter fühlt sich für Wartung und Reparatur nicht verantwortlich, Maschinenausfälle und damit oft Stillstände der Produktion sind eine willkommene Unterbrechung des Arbeitsalltags. Die Mitarbeiter der Serviceabteilung beschuldigen den Maschinenbediener, nicht rechtzeitig die Vorzeichen des drohenden Ausfalls erkannt und damit erhebliche Folgeschäden verursacht zu haben.

Diese Diffusion der Verantwortung für den Betrieb von Maschinen und Produktionsanlagen zwischen Mitarbeitern verschiedener Abteilungen ist damit eine der Ursachen für Stillstände, die bei einer anderen Organisation hätten vermieden werden können. Total Productive Maintenance ist aber wesentlich umfassender und geht über eine Lösung des eben beschriebenen Problems weit hinaus. Grundsätzlich geht es bei TPM darum, die in Kapitel 4.5 detailliert dargestellte Verfügbarkeit (genauer gesagt die Overall Equipment Effectiveness – OEE) von Maschinen und Anlagen dauerhaft zu verbessern.

## ■ Worum geht es?

Der Stillstand von Maschinen und Anlagen bedeutet Verschwendung (Muda) und ist bei konsequenter Umsetzung des Lean-Management-Gedankens zu eliminieren. Hierzu ist es notwendig, die Ursachen von Stillständen näher zu betrachten. Im Anschluss können potenzielle Strategien entwickelt werden.

 **Muda:** japanischer Begriff für Verschwendung

Stillstände können folgende Ursachen haben:

- **Rüsten**
  Das Umrüsten von Maschinen oder Anlagen ist erforderlich, wenn von einem Teil oder einer Produktvariante auf eine andere umgestellt wird. Zu berücksichtigen sind hierbei auch Zeiten für die Herstellung von Einlaufteilen, da erst danach die neuen Teile mit der erforderlichen Qualität hergestellt werden können.

- **Anlaufverluste**

  Werden Maschinen z.B. bei Schichtbeginn hochgefahren, ist in der Regel nicht die volle Leistungsfähigkeit gegeben. Die Soll-Stückzahl kann nicht erreicht werden. Ursachen können nicht akzeptable Toleranzen der produzierten Teile oder eine noch nicht erreichte Betriebstemperatur der Anlage sein.

- **Schlechte Qualität**

  Entsprechen die produzierten Teile nicht der vom internen oder externen Kunden geforderten Qualität, bedeutet dies entweder Verschrottung oder Nacharbeit. In beiden Fällen ist das Ergebnis Verschwendung, die im Lean Management eliminiert werden muss. Ursache schlechter Qualität ist die Funktionsunfähigkeit der Anlage/Maschine bzw. ein nicht beherrschter Produktionsprozess.

- **Ungeplante Stillstände**

  Diese Ursache für den Stillstand von Maschinen und Anlagen führt die Häufigkeitstabelle an. Die Ursachen liegen hier in der Maschine selbst. Defekte der Teilsysteme der Maschine (Elektrik, Hydraulik, Mechanik) sind hierfür verantwortlich. Dies ist eine Fragestellung der Konstruktion der Maschine und der Wartung bzw. Instandhaltung.

- **Geplante Stillstände**

  Erforderliche Wartungsmaßnahmen führen ebenfalls zu Stillständen. Die Frage ist, inwieweit diese akzeptiert werden müssen oder Alternativen bestehen, die eine bessere Anlageneffizienz zur Folge haben, bzw. wie die Wartung schneller erfolgen kann.

- **Fehlendes Material**

  Die Organisation der Materialwirtschaft ist maßgeblich für eine kontinuierliche Versorgung der Arbeitsstationen. Nicht immer ist diese Organisation perfekt, sodass es zu Störungen im Nachschub kommen kann.

- **Mikrostopps (Kurzzeitstopps)**

  Kurze Unterbrechungen der Maschine oder Anlage durch Probleme in der Materialzuführung (z.B. Verklemmen des Rohmaterials oder Werkstücks in der Zufuhr) werden zwar in der Praxis relativ schnell behoben, bedeuten aber in der Summe nicht zu vernachlässigende Stillstände. Zwar sind Maschinen in fast allen Unternehmen mit Funktionsampeln versehen, sodass die Mitarbeiter diese Störungen eigentlich schnell erkennen sollten. In der Praxis werden diese Signale aber schnell übersehen (Ringelmann-Effekt), und die Unterbrechung dauert länger als notwendig.

Inhalt des TPM-Konzepts ist die schrittweise Verringerung der genannten Ursachen für die Maschinenstillstände. Insgesamt fünf Maßnahmenbereiche bilden die Grundlage von Total Productive Maintenance (vgl. [24] S. 337 ff. und [12] S. 88 ff.):

1. Erster Ansatzpunkt für TPM ist die **Beseitigung der Ursachen für die Maschinen- und Anlagenstillstände.** Zunächst werden die genannten Ursachen im Rahmen einer Analyse bezüglich deren Bedeutung klassifiziert. Hierzu kann das in Kapitel 4.8 vorgestellte Instrument der Pareto-Analyse eingesetzt werden. Anschließend wird ein Kaizen-Team mit der Beseitigung der Ursachen beauftragt, welche den höchsten Anteil an den Stillständen haben. Zur Analyse der Grundursachen werden die bereits vorgestellten Methoden und Instrumente, wie z.B. das Ursache-Wirkungs-Diagramm,

eingesetzt. Sind die Ursachen zuverlässig identifiziert, werden geeignete Maßnahmen entwickelt, um die erkannten Probleme zu lösen. Abschließend ist der Erfolg der durchgeführten Maßnahmen zu bewerten. Festzuhalten bleibt, dass damit jedoch kein Abschluss der Maßnahmen stattfindet, sondern eine Neubewertung der Bedeutung der Ursachen für die Stillstände durchzuführen ist und weitere Verbesserungsmaßnahmen folgen werden. Es ist also entsprechend dem PDCA-Kreis vorzugehen.

2. Die **autonome Instandhaltung** ist die zweite Grundlage von TPM. Diese setzt an der im Kapitel „Einstieg" geschilderten Problematik an. Die strikte Trennung zwischen Instandhaltung/Reparatur und Bedienung der Maschine wird aufgehoben, und die Bediener an der Wartung/Instandhaltung und Reparatur werden beteiligt. Auf den ersten Blick erscheint dies kontraproduktiv, da sich hierdurch möglicherweise die verfügbare Produktivzeit der Bediener verringert. In der Praxis jedoch hat sich gezeigt, dass sich die Gesamtanlageneffizienz hierdurch in beachtlichem Ausmaß erhöht.

   Die Mitarbeiter, welche die Maschine/Anlage bedienen, werden hierbei schrittweise an die Wartung herangeführt. Beginnend mit einfachen Reinigungsarbeiten lernen die Mitarbeiter die Maschine immer besser kennen. Nach Qualifizierungsmaßnahmen sind die Mitarbeiter auch in der Lage, komplexere Aufgaben der Instandhaltung wahrzunehmen. Anschließend können viele Aufgaben autonom, d. h. ohne Unterstützung der Mitarbeiter der Serviceabteilung durchgeführt werden. Die Mitarbeiter der Serviceabteilung bleiben nach wie vor für schwierigere Reparaturen und Wartungsmaßnahmen verantwortlich, haben aber nun ausreichend freie Kapazität, um sich Verbesserungsmaßnahmen mit dem Maschinenbediener zusammen widmen zu können. In weiteren Schritten wird die Arbeitsteilung weiter perfektioniert.

   Im Ergebnis fühlen sich die Mitarbeiter, welche die Maschinen bedienen, für „ihre Maschine" verantwortlich und leiten rechtzeitig Reparaturmaßnahmen ein, wenn Unregelmäßigkeiten erkennbar sind. „Breakdown Maintenance" gehört der Vergangenheit an und das Argument „not my job" ist nicht länger Standard.

3. Eine weitere Säule von TPM ist das **geplante Instandhaltungsprogramm.** Neben der autonomen Instandhaltung durch die Mitarbeiter an der Maschine wird auch die Serviceabteilung, welche die Verantwortung für Instandhaltung und Reparatur trägt, durch Verbesserungsmaßnahmen optimiert. Ziel ist dabei, die ausfallbedingte Instandhaltung durch geplante Instandhaltungsmaßnahmen zu ersetzen. Hierzu sind zunächst Prioritäten festzulegen, sodass Maßnahmen dort angesetzt werden können, wo die Probleme am größten sind (Häufigkeit des Ausfalls und Zeitdauer). Grundlage der geplanten Instandhaltung ist eine Datenbasis, welche alle wesentlichen Informationen über Ausfall, Ersatzteilbedarf und Kosten enthält. Darauf aufbauend werden Wartungspläne entwickelt und anhand der kontinuierlich gewonnenen Daten ständig verbessert.

4. Ohne **Schulung, Training und besonderes Coaching** der Mitarbeiter lässt sich TPM nicht in der Unternehmenspraxis umsetzen. Die Erkenntnis, dass in der täglichen Praxis der Produktion Veränderungen notwendig sind, ist der erste Schritt, um die Mitarbeiter für das Konzept zu sensibilisieren. In den weiteren Schritten müssen die Mitarbeiter in der Technik der Erkennung von Verschwendung und Problemen

trainiert und gecoacht werden. Schulung ist der erste Schritt, doch nicht das entscheidende Mittel, da erfahrungsgemäß der Lerneffekt und die Sensibilisierung für die Probleme in der Praxis nur unzureichend erreichbar sind. Die in Kapitel 7.3 dargestellte Technik des „Toyota Kata" ist wesentlich wirksamer. Der Mitarbeiter wird mit Unterstützung/Coaching des Teamleiters oder Gruppenleiters systematisch an die Technik der Problemidentifizierung und -lösung herangeführt und auf diese Art und Weise befähigt, zukünftig selbständig agieren zu können. Eine weitere Möglichkeit ist, zu Beginn dieser Aktivität einen Workshop mit dem Team zu starten und somit die Schulung und die ersten Schritte gemeinsam zu implementieren und danach durch intensive Heranführung/Coaching die nachhaltige Veränderung zu gewährleisten.

5. Die **präventive Instandhaltung** beginnt bereits bei der Beschaffung der Anlage oder Maschine. Bereits hier können die Weichen für eine effiziente Wartung und Reparatur gelegt werden. In der Praxis besonders bewährt hat sich das Cardboard Engineering (vgl. Kapitel 5.10). Hierbei wird die Maschine mithilfe von Kartonage aufgebaut und die Nutzung sowie Instandhaltung simuliert. Damit lassen sich kostengünstig mangelhafte Konstruktionen und ungünstige Anordnungen von Wartungselementen frühzeitig erkennen und in Zusammenarbeit mit dem Anlagenhersteller beseitigen. Bei der Entwicklung des Anlagenkonzepts werden zusätzlich zu den üblicherweise verwendeten Kriterien weitere, für die Instandhaltung und Bedienung wesentliche Kriterien einbezogen. Auch die Kosten von der Anschaffung der Maschine bis zur Verschrottung oder dem Verkauf (Total Cost of Ownership) sollten im Rahmen des Beschaffungsprozesses kalkuliert und Bestandteil des Entscheidungsprozesses sein. Während des Betriebs der Anlage sollten Daten sowohl über den Betrieb als auch die Instandhaltung und Reparatur gesammelt werden, um im Rahmen von Verbesserungsmaßnahmen die Effizienz zu erhöhen und bei Ersatzbedarf als Grundlage für die Beschaffungsentscheidung zu dienen.

Bild 5.28 zeigt die Elemente des Total Productive Maintenance im Überblick.

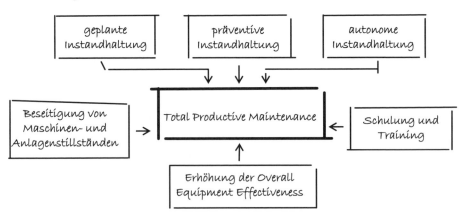

**Bild 5.28** Elemente von Total Productive Maintenance

## ■ Was bringt mir das?

Maschinenausfälle begrenzen die verfügbare Produktionskapazität und mindern die Overall Equipment Effectiveness (OEE). Das Interesse aller produzierenden Unternehmen sollte deshalb auf eine Erhöhung der OEE gerichtet sein. Total Productive Maintenance (TPM) ist ein wirksames Instrument, um dieses Ziel zu erreichen. Das Maßnahmenbündel im Rahmen von TPM umfasst:

- Schulung und Training der Mitarbeiter im Umgang mit Maschinen und Anlagen fördern das Know-how der Mitarbeiter und das Verständnis für die Bedeutung von TPM.

- Die Beseitigung von Maschinen- und Anlagenstillständen beinhaltet die systematische Suche nach den Grundursachen von entsprechenden Problemen. Durch die Eliminierung der Grundursachen, treten die Stillstände zukünftig nicht mehr auf.

- Die geplante, ebenso wie die präventive Instandhaltung möglichst außerhalb des Produktivzeitraumes hilft die ungeplanten Ausfälle auf ein Minimum zu reduzieren. Hierdurch wird eine erheblich bessere Verfügbarkeit erreicht.

- Die autonome Instandhaltung integriert die Mitarbeiter, die täglich mit der Maschine oder Anlage arbeiten, in den Wartungs- und Reparaturprozess. Die einfachen Wartungs- und Reparaturaufgaben werden direkt von Maschinenbedienern übernommen. Somit kann sich die Instandhaltung auf die nachhaltige Lösung der komplexeren Stillstände konzentrieren. Unternehmen können hieraus eine deutlich verbesserte Reduzierung der Ausfallhäufigkeit erwarten.

### Reaktiver TPM-Workshop

Um Probleme nachhaltig zu beseitigen wird ein reaktiver TPM-Workshop durchgeführt (reaktiv: als Reaktion auf aufgetretene Fehler). Ein reaktiver TPM-Workshop wird nach den Prinzipien des Kaizen umgesetzt und konzentriert sich auf die Probleme der ungeplanten Maschinenstillstände. Im Rahmen der Lösung des Problems wird jede Art von Betriebsmitteln wie Anlagen, Peripherieequipment oder einzelne Stationen automatischer oder manueller Linien einbezogen. Aktuell werden auch TPM-Ansätze für nicht produzierende Bereiche mit Betriebsmitteln angewendet, wie z. B. Gabelstapler oder Hochregalsysteme in der Logistik.

Die Schwerpunkte des reaktiven Workshops sind die ungeplanten Stillstände und Zykluszeitverluste sowie Kurzzeitstillstände. In einem Eröffnungsworkshop werden die nicht technischen Probleme identifiziert und dementsprechend die Aufgabenstellungen adressiert. Hierzu können innerhalb der Workshops von den Teams Lösungen erarbeitet werden.

 Der reaktive TPM-Workshop besteht aus einem Eröffnungsworkshop und den daraus resultierenden Folgeworkshops. Der Auslösepunkt eines reaktiven TPM-Workshops ist ein OEE-Verbesserungsprogramm oder ein aktuelles technisches Problem mit der Maschine oder Anlage.

In der Praxis gehen oft ein 5-S-Workshop und ein proaktiver TPM-Workshop dem reaktiven TPM-Workshop voraus und schaffen somit die Basis für die reaktiven Aktivitäten. Die in diesen Workshops behandelten Stillstände, die durch fehlende Standards, falsche Einstellung sowie fehlende vorbeugende Wartung entstehen (Bild 5.29), werden gelöst oder minimiert, sodass das Problem der ungeplanten Stillstände in der Bedeutung erheblich reduziert wird.

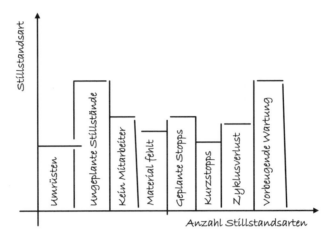

**Bild 5.29**  Charakter der Stillstände

Zur Identifizierung der Ursachen der Stillstände werden die Methoden und Werkzeuge des Lean Managements eingesetzt. Im Rahmen einer ersten Analyse kann das Pareto-Diagramm verwendet werden. Hierdurch wird die Grundlage für die weiteren Aktivitäten innerhalb des TPM-Workshops geschaffen (Bild 5.30).

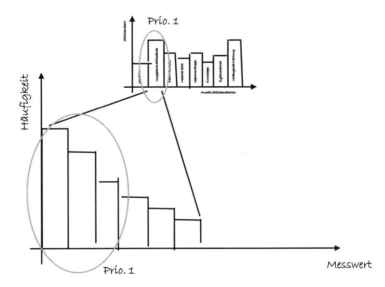

**Bild 5.30**  Veränderungen im Pareto-Diagramm

Ein 5-S-Workshop und ein proaktiver TPM-Workshop lösen das Problem der Stillstände, die durch fehlende Standards, falsche Einstellung sowie fehlende vorbeugende Wartung verursacht werden. Dadurch wird die Identifizierung und Zuordnung der ungeplanten Stillstände verbessert, welche aufgrund von Designfehlern entstanden sind.

## Vorbereitung eines reaktiven TPM-Workshops

Eine gute Vorbereitung des Workshops ist, wie in allen Methoden des Lean Managements, der erste und möglicherweise auch wichtigste Schritt. Es werden die Ziele für den Workshop festgelegt sowie die Daten gesammelt, und das Team wird zusammengestellt. Das Team sollte interdisziplinär zusammengesetzt sein. Wesentlich ist, Mitarbeiter aus der Fertigung im Team zu berücksichtigen. Bei den Teilnehmern aus der Fertigung sollte es sich um Mitarbeiter handeln, welche Kontakt und Erfahrungen mit dem zur Diskussion stehenden Problem haben, also z. B. Maschinenbediener, die die Probleme des Tagesgeschäfts aus eigener Erfahrung kennen.

 **Beispiel: Vorhandenes Wissen wird nicht genutzt**

Oft kennen die Maschinenbediener die Fehler, die die ungeplanten Stillstände verursachen, doch keiner hat ihnen genügend Gehör geschenkt. Dies ist eine der negativsten Erfahrungen, die man in der praktischen Anwendung vor Ort in Unternehmen macht. Das notwendige Wissen, um die Lösung eines Problems in Angriff zu nehmen, ist vorhanden. Es wird jedoch nicht genutzt, um diese Art der Verschwendung zu beseitigen.

Ein weiterer wesentlicher Punkt ist die Verfügbarkeit der Ressourcen. Es sollte selbstverständlich sein, dass die für das Team ausgewählten Teilnehmer rechtzeitig eingeladen werden. Notwendig ist aber auch, die unterstützenden Abteilungen einzubinden und entsprechend freie Ressourcen bereitzuhalten. Die mechanische Instandhaltung mit einzubeziehen hat in vielen Fällen erhebliche Vorteile. So können die im Workshop erarbeiteten Ideen direkt vor Ort getestet und mithilfe von Hypothesentests mit Fakten auf die Wirksamkeit überprüft werden. Damit ist es möglich, die eigentliche Problemursache zu identifizieren und an dieser mit Maßnahmen anzusetzen.

## Durchführung eines reaktiven TPM-Workshops

In einem reaktiven TPM-Workshop finden die Philosophie des Lean Managements und die Kaizen-Philosophie Anwendung. Der gesamte Workshop verläuft entsprechend dem PDCA-Zyklus (siehe Kapitel 4.1). Basierend auf der PDCA-Methodik erfolgt zunächst die Datenanalyse, und die Ziele des Workshops werden nochmals geklärt und konkretisiert. Es kommt zur Anwendung von Prinzipien von Gemba und Genchi Genbutsu. Die ausgearbeiteten Analysen werden also durch Beobachtungen vor Ort bestätigt, hinterfragt und möglicherweise widerlegt, wobei das gesamte Team am Ort des Geschehens arbeitet. Maschinenbediener, Mitarbeiter der Instandhaltung und Ingenieure hinterfragen und erarbeiten Lösungsansätze vor Ort, die wiederum mit Hypothesentests bestätigt oder widerlegt werden. Vorzugsweise erfolgt dies z. B. in der Fertigung direkt an den Fertigungsmitteln, also nicht am Schreibtisch oder im Besprechungsraum, die im Lean Management als Bereiche der Arroganz und Realitätsferne gelten.

**Beispiel: Toyota**

Als Taiichi Ohno bei Toyota zuständig für die Motorenfertigung war, sah er sich mit der Problematik konfrontiert, dass seine Ingenieurteams nicht, wie von ihm erwartet, das Gemba-Prinzip angewendet haben. Einige seiner Ingenieure sahen nicht die Vorteile, die sich aus der Prozessbeobachtung vor Ort ergeben, nämlich die wahren Probleme am Betriebsmittel zu studieren. Die Ingenieure betrachteten dies als Verschwendung ihrer wertvollen Zeit und hielten sich eher in Büroräumen auf. Hierdurch konnten Sie aber nicht die täglichen Probleme der Fertigung erkennen bzw. damit konfrontiert werden, sahen nicht den wahren Ursprung der Stillstände und verstanden somit nicht, warum ihre Lösungsansätze nicht wie erwartet die OEE steigerten.

Um dieses Problem zu lösen, wandte Ohno folgende Vorgehensweise an: Da er der Vorgesetzte des Ingenieurwesens war, bat er einzelne Ingenieure, ihn zu begleiten. In der Fertigung angekommen, zeichnete Ohno mit einer Kreide einen Kreis vor der Maschine auf. Nun bat er den zuständigen Ingenieur, in diesen hineinzutreten und mehrere Stunden die Maschine und den Prozess zu beobachten, ohne den Kreis zu verlassen. Hierdurch beobachtete der Ingenieur Ereignisse, die er vorher nie in seinen Gedanke vorhergesehen oder mit denen er sich nie beschäftigt hat. Damit war er nun besser in der Lage, auf die Herausforderungen einzugehen.

Die aus den Analysen und Hypothesentests erarbeiteten Lösungsansätze werden getestet, wobei sich zeigen muss, dass der ausgearbeitete Lösungsansatz die aufgestellten Erwartungen erfüllt. Zeigt sich die Lösung bzw. der Lösungsansatz als robust genug, wird dieser im letzten Schritt des PDCA-Zyklus implementiert oder zum Standard definiert. Hier können sich auch Aufgaben für die vorbeugende Instandhaltung ergeben oder Änderungen am Produkt bzw. an Zulieferteilen.

In einem TPM-Workshop werden folgende Methoden und Werkzeuge angewendet:

- PDCA,
- Gemba (gehe vor Ort),
- Genchi Genbutsu (ZDF – Zahlen, Daten, Fakten),
- Hypothesentest,

- Pareto-Diagramm,
- Ishikawa-Diagramm (4 bis 7 M),
- 6 W-Fragetechnik.

∎

## Streben nach Perfektion

Ein TPM-Workshop ist kein Projekt, das nach erfolgreicher Entwicklung von Maßnahmen abgeschlossen werden kann. Auch die Annahme, dass jetzt alle Probleme gelöst sind, ist falsch. Denn jetzt sind Aktionspläne abzuarbeiten, wenn Aktionen nicht innerhalb des Workshops bereits abgearbeitet werden konnten. Des Weiteren ist sicherzustellen, dass die definierten Maßnahmen auch umgesetzt, also „gelebt werden". Es ist zu prüfen, ob die gesetzten Ziele, z.B. die Steigerung der Overall Equipment Efficiency, erreicht werden. Außerdem ist bei Abweichung gegenzusteuern, um sicherzustellen, dass das Ergebnis nachhaltig wirkt. Hierfür werden im Workshop auch Managementroutinen definiert. Diese sind zu realisieren und einzuhalten.

Die letzte Phase des reaktiven TPM-Workshops ist auch der Beginn des nächsten Workshops. Wurde das angestrebte Ziel nachhaltig über einen längeren Zeitraum erreicht, so werden das nächste Ziel und der Startpunkt des nächsten TPM-Workshops definiert. Somit wird dem PDCA-Zyklus und der „ständigen Verbesserung zum Guten" (Kaizen) Rechnung getragen (Bild 5.31).

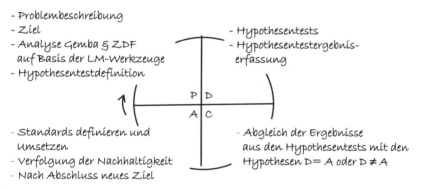

**Bild 5.31**  PDCA im reaktiven TPM

Probleme sichtbar zu machen, ist eines der Grundprinzipien des Lean Managements. In Bild 5.32 wird ein sich anbahnendes Problem durch 5S sichtbar gemacht. Bei einem Arbeitsvorgang in einer Presse gibt es eine Abweichung zwischen Schnitteingang und Stempelbreite. Hierdurch entsteht ein Abrieb, der unter der Maschine sichtbar wird. Ist 5S gelebte Praxis im Unternehmen, werden die Späne, die durch die Abweichung entstehen, sofort sichtbar. Da diese Abweichung vom Standard (Späne sollen im Regelbetrieb nur in sehr kleinen Mengen oder gar nicht entstehen) sofort sichtbar wird, führt sie sofort zu Maßnahmen. Der Prozess wird gestoppt, bevor ein Totalschaden an der Schnittplatte entsteht.

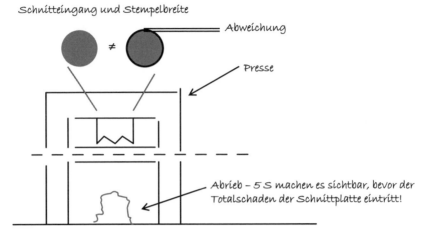

**Bild 5.32** Designproblem

### ■ Was bringt mir das?

Total Productive Maintenance hat das Potenzial, die Anlageneffizienz maßgeblich zu erhöhen. Damit können nicht nur die Kosten reduziert, sondern auch die Stillstände deutlich verringert werden. TPM schafft die Grundlage für eine fortlaufende Verbesserung der Anlageneffizienz und damit die Umsetzung der Lean-Initiative auch im Bereich der Produktionsanlagen.

Die intensive Integration der Mitarbeiter in das TPM-Konzept schafft nicht nur die Akzeptanz auf der Seite der Mitarbeiter, die mit den Maschinen und Anlage umgehen müssen, sondern nutzt auch deren kreatives Potenzial, um eine kontinuierliche Verbesserung der Anlageneffizienz zu erreichen.

Ein reaktiver TPM-Workshop ist die Antwort auf die Fragestellung, wie technische Probleme, die nicht im Rahmen des täglich praktizierten Kaizen gelöst werden, dennoch erfolgreich beseitigt werden können. Hier werden diese Probleme in Angriff genommen und mit nachhaltigen Maßnahmen durch Teamarbeit und methodische Vorgehensweise gelöst und anschließend implementiert. Dabei entwickelt die für den reaktiven TPM-Workshop spezifische Vorgehensweise, welche für die technische Fragestellung geschaffen worden ist, Teamzusammengehörigkeit und Team-Know-how. Die Konzeption des reaktiven TPM-Workshops führt die Mitarbeiter in der effizientesten und schnellsten Form systematisch zu Problemfindung und -lösung. Diese wird dokumentiert und im Rahmen eines Wissensmanagements allen zur Verfügung gestellt, was wiederum ermöglicht, dieses Wissen bei anderen Anlagen einzusetzen. Die unterschiedlichen Sprachbarrieren zwischen den Mitarbeitern der verschiedenen Fachabteilungen werden abgebaut, und es entsteht eine gemeinsame Sprache, die es den Teams erlaubt, intensiver zu kommunizieren und im Rahmen der Workshopumgebung die Probleme der gegenüberliegenden Seite kennenzulernen und auch auszusprechen. Somit werden soziale Spannungen abgebaut und wird Verständnis für die Argumentation der jeweils anderen Seite aufgebaut. Damit wird Raum für Zusammenarbeit und Ergebnisse geschaffen. Das Training erfolgt also nicht nur anhand der erarbeiteten Ergebnisse aus dem Workshop, sondern gerade während des Workshops. Durch die Notwendigkeit von Genchi Genbutsu und des PDCA-Zyklus kommen ZDF (Zahlen, Daten und Fakten) zum Tragen, die wiederum vor Ort erarbeitet und getestet werden und somit die Nachhaltigkeit sicherstellen. Das Endergebnis ist eine höhere und erheblich stabilere Overall Equipment Effectiveness (OEE).

**Beispiel: QRQC-Workshop von FCI Connectors Deutschland GmbH**

*Von Nadine Siegert (Lean Manager FCI Connectors Deutschland GmbH)*
*Workshopleiter: Mirza Selimovic (APU Continuous Improvement Manager FCI Connectors Deutschland GmbH)*

In der Montageabteilung im FCI-Werk wurde ein QRQC-Workshop (Quick Response Quality Control) an einer Kontakt-Umspritzanlage durchgeführt. Diese Art Workshop ist vergleichbar mit der PDCA-Methodik beziehungsweise mit der 8D-Methodik. Hierbei wird jeweils das wissenschaftliche Arbeiten mit Ursache-Wirkungs-Ketten in den Vordergrund gestellt.

Grund des Workshops war, dass die produzierten Teile gelegentlich mit Spänen an der Steckseite versehen waren. Nach dem Umspritzvorgang bilden sich Späne an der Steckseite bis zu einer Größe von 200 µm. Diese Fehler treten ca. zwei Stunden nach Reinigung der Form auf (Bild 5.33). Da der Fehler dauerhaft erscheint und mehr als 25 % der Fertigteile davon betroffen sind, besteht die Notwendigkeit, dieses Problem nachhaltig zu lösen. Die Spanbildung liegt außerhalb der Kundenspezifikation. Die Lösungsansätze der 100 %-Kontrolle oder des zweistündlich Werkzeugreinigens werden als sehr kostenintensiv bewertet und abgelehnt.

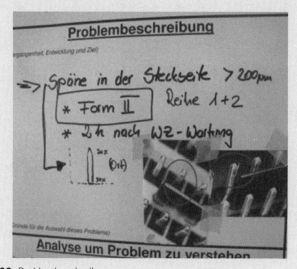

**Bild 5.33** Problembeschreibung

Der Workshop wurde mit Maschinenbedienern, dem Zellensprecher, dem Schichtführer sowie der Entwicklungs- und Konstruktionsabteilung durchgeführt. Die Vorgehensweise eines QRQC-Workshops umfasst die Problembeschreibung, die Ursachenanalyse, das Aufstellen verschiedener Hypothesen und das Erarbeiten von Aktionen, um diese Hypothesen zu testen. Die Aktionen werden im Anschluss auf ihre Wirksamkeit hin bewertet, und die geeignete Hypothese wird in einen neuen Standard überführt.

Ein QRQC-Workshop findet an der Maschine in der Produktion statt. Dies beruht auf dem Genchi Genbutsu, der das Wort Gemba beinhaltet und bedeutet: „Gehe an den Ort des Geschehens", „Beobachte das Geschehen mit deinen eigenen Augen", „Vergleiche Schlechtteile mit guten", und: „Sieh dir das reale Problem an."

Nachdem das Problem definiert wurde, widmete sich das Team der Ursachenanalyse. Hier haben die Mitglieder ein Brainstorming durchgeführt und ihre vermuteten Ursachen in Kategorien zusammengefasst. Um die möglichen Ursachen zu sammeln, haben die Workshopteilnehmer diese auf Post-its geschrieben und anschließend der Gruppe vorgestellt (Bild 5.34).

**Bild 5.34** Brainstorming zur Ursachenanalyse

Durch die Verwendung von Methoden und Werkzeugen während des Workshops erhalten die Teilnehmer (im Vergleich zu traditionellen Trainingsmethoden) nur eine sehr kurze Erläuterung der Theorie. Vielmehr wird die Theorie beim „Training on the Job" erlernt. Im nächsten Schritt erfolgte aus den vermuteten Ursachen eine Ableitung und Bewertung von Hypothesen. Die Bewertung wird durch die Workshopteilnehmer mit farbigen Punkten durchgeführt. Grün bedeutet, die Hypothese ist geeignet, um die Ursache zu bestätigen, und rot bedeutet, die Hypothese ist nicht geeignet. Ein grüner Punkt hat eine Wertigkeit von +1 und ein roter Punkt eine Wertigkeit von −1. Am Schluss werden alle Punkte je Hypothese addiert, und die Rangfolge wird somit festgelegt (Bild 5.35).

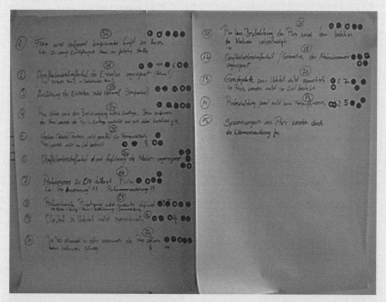

**Bild 5.35** Auflistung der Hypothesen mit Bewertung

Anschließend wird mit den Teilnehmern ein Hypothesentestplan erstellt. Dieser beinhaltet zu jeder Hypothese einen genau beschriebenen Test inklusive aller Einstellparameter. Auch wird in diesem Plan festgehalten, wann der Test durchzuführen ist, und das Ergebnis wird dokumentiert (Bild 5.36).

| Hypothese | Hypothesentest | Ergebnis |
|---|---|---|
| 1 | Formeinsatz (Pinkammer) ist 0,01mm umlaufend größer als der Pin. Bei Erwärmung der Form verringert sich dieser Abstand. | Formeinsatz (Pinkammer) bei Zimmertemperatur 22°C vermessen, anschließend die Einsätze auf 250°C erwärmen und erneut vermessen. Methode: optische Vermessung (3D-Messgerät) | Siehe Ab.1 Bereits im kalten Zustand wurde ein kleineres IST-Maß gemessen (Soll: 0,65mm; IST 0,63mm) Grund: Zinnablagerungen, die unter bisher angewendeter Reinigungsmethode nicht entfernt werden konnten. Im erwärmten Zustand zeigten sich keine signifikanten Änderungen |
| 2 | Die Hitze in der Form kann nicht abgeführt werden. Dadurch schmilzt die zinnbeschichtete Oberfläche der Pins und bleibt an der Pinleistenwand hängen. Im nächsten Zyklus führt das zum Abrieb bzw. zur Spanbildug an den Kontakten. | 1. Vergleich der Temperaturanzeige zwischen Temperiergerät vs. manuelles Messgerät vs. Temprarfühler in der Form 2. Entlüftungsschlitze zwischen Form 1 und Form 2 vergleichen 3. Thermographieanalyse | Siehe Abb.2 1. keine Nenneswerten Abweichungen 2. Entlüftungen sind im Gegensatz zu Form 1 nicht ausreichend und zum Teil nicht an gleicher Stelle vorhanden 3. Teiletemperartur ist nahezu identisch |
| 3 | Oberfläche der Formeinsätze ist zu rau, daher Beschädigung der Pins während des Bestückvorgangs. | Pinleisten polieren und erneut testen | Durch das Polieren wird die Standzeit des Werkzeugs verlängert. Späne treten erst nach ca. einer Schicht wieder auf |
| 4 | Roboter steht beim Bestücken nicht im Lot. Folge: Pins werden schief in die Form gesetzt, wodurch sie an den Formeinsätzen streifen und beschädigt werden. | Bestücktes Handling per Hand über die Formhälften fahren und bestücken. Dabei die Lage des Handlings bzw. Bestückgreifers überprüfen. | Siehe Abb.3 Es wurden alle relevanten Positionen überprüft. Keine Korrektur notwendig. |
| 5 | Pins werden beim Bestücken in die Masken (Werkstückträger) vorgeschädigt. Die Beschädigung begünstigt den Abrieb in der Form. | Masken (Werkstückträger) aus laufender Produktion entnehmen. Maske zerlegen und nach Abrieb / Flitter suchen. | Siehe Abb.4 In der Maske wurden Abrieb bzw. Späne gefunden. |
| 6 | Pins werden beim Bestückvorgang nicht in ihrer Endlage positioniert. Infolgedessen werden sie vom Oberteil während des Schließvorgangs beschädigt. | Form bestücken und im Handmodus die Formhälften zusammenfahren, dabei die Lage der Pins überprüfen. | Die Pins stehen gelegentlich über die Form. Sind jedoch über ihre Länge in der Pinkammer geführt und somit vor dem Schließvorgang präzise positioniert. |

**Bild 5.36** QRQC-Hypothesentestplan

Die bedeutendsten Hypothesen waren:

*Hypothese 1:* Die gemessene Breite der Pinkammer ist mit der Breite des Pins identisch und somit zu klein. Die Breite der Pinkammer entspricht dem Mindestmaß auf der technischen Zeichnung. Des Weiteren ergab die mikroskopische Untersuchung der Pinkammer, dass auf der Oberfläche Zinnreste sichtbar waren (Bild 5.37).

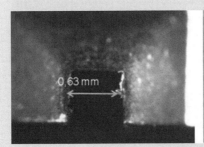 

**Bild 5.37** Breite einer Pinkammer und Zinnreste in der Pinkammer

*Hypothese 2:* Aufgrund der auffallenden Verfärbung der Pinleisten ist darauf zu schließen, dass in der Form Temperaturen um die 300 °C herrschen (Bild 5.38). Da die gemessene Formtemperatur nur um wenige Kelvin von der Soll-Temperatur abweicht, muss die Hitzeentwicklung einen anderen Ursprung haben. Sehr wahrscheinlich ist es, dass die verdrängte Luft aus der Kavität keine Möglichkeit zum Entweichen hat. Sie wird dabei stark komprimiert und entwickelt Hitze (Diesel-Effekt beim Spritzgießen).

**Bild 5.38** Temperaturmessung der Form

Bei diesen Hypothesentests wird deutlich, dass eine wissenschaftliche Vorgehensweise in QRQC-Workshops von Bedeutung ist. Die Subjektivität soll dabei so weit wie möglich außer Betracht bleiben. Es zählen nur Zahlen, Daten Fakten.

Anschließend werden die bestätigten Hypothesen in einen neuen Standard überführt. In diesem QRQC-Workshop sind die neuen Standards die Pinkammer-Vergrößerung von 0,01 mm auf 0,02 mm, der Pinkammer-Freischnitt und die Implementierung einer Entlüftung gemäß Form 1 sowie eine härtere Beschichtung der Formeinsätze, damit bei der Wartung bzw. des Formreinigungsvorgangs das Sandstrahlgerät verwendet werden kann. Dieser QRQC-Workshop hatte eine nachhaltige Reduzierung des Ausschusses zur Folge.

# ■ 5.8  U-Zellen-Design und Flexible Manpower Line

## ■ Einstieg

Der intensive Wettbewerb stellt heute weit höhere Herausforderung an die Produktionsprozesse als noch vor 50 Jahren. Die Variantenvielfalt, der schwankende Bedarf und der hohe Konkurrenzdruck machen konventionelle Produktionstechniken unwirtschaftlich und bindet in hohem Maße Investitionen sowie Material bei gleichbleibender Inflexibilität bei der Personalplanung. Die automatisierte Fertigung bedeutet eine hohe Mittelbindung und damit einen hohen Fixkostenanteil. Die zunehmende Komplexität der vollautomatischen Fertigungsanlagen führt außerdem zu einem hohen Bedarf für Wartung. Die kürzer werdenden Produktlebenszyklen steigern die Investitionen, welche sich in immer kürzeren Abständen amortisieren müssen. Viele Unternehmen sehen sich hierdurch stärkeren Markteintrittsbarrieren ausgesetzt. Die in westlichen Ländern steigenden Lohnkosten fordern Flexibilität, Produktivität und Qualität, die oft durch die konventionelle Gestaltung der Fertigungslinien nicht erreicht werden können.

## ■ Worum geht es?

Beim U-Zellen-Design und der Flexible Manpower Line handelt es sich um Bearbeitungs- und Montagelinien, welche nach dem One-Piece-Flow-Prinzip fertigen. Ein weiterer Aspekt des Designs ist die hohe Flexibilität bezogen auf den Kundenbedarf. Dabei wird auf die Vermeidung von Verschwendung, insbesondere die Vermeidung unnötiger Wege, großer Wert gelegt, was eine Ausbalancierung der gesamten Fertigungslinie zur Folge hat.

Zur Erläuterung des U-Zellen-Designs und der Flexible Manpower Line soll zunächst das konventionelle Montagelinien- bzw. Fertigungsliniendesign vorgestellt werden. Unter einem konventionellen Montagelinien- bzw. Fertigungsliniendesign wird eine Montagelinie verstanden, die in einer linearen Form aufgebaut ist. Die Arbeitsplätze verlaufen entlang der Montagelinie. Die notwendigen Arbeitsschritte werden in linearer Form abgearbeitet. Dabei werden in jeder Arbeitsstation vor- und nachgelagerte Materialpuffer vorgesehen (Bild 5.39).

Dieses Design der Fertigung hat folgende Nachteile. Die Gestaltung der Fertigungslinie führt zu verhältnismäßig hohem Flächenbedarf. Alle Arbeitsstationen müssen besetzt sein. Dies bedeutet, dass die Ausbringungsmenge nicht über die Anzahl der Mitarbeiter variiert werden kann (ohne einen Effizienzverlust pro Stück zu generieren), sondern nur über die Durchlaufzeit. Die Flexibilität des Produktionssystems im Hinblick auf den schwankenden Kundenbedarf wird dadurch eingeschränkt. Der Versuch, der Kostensenkung durch Automatisierung zu begegnen, führt zu Investitionen. Auch ein werkstattorientierter Aufbau einer Produktionslinie kann zum konventionellen Fertigungsdesign gezählt werden und mit ähnlichen Problemen belastet sein.

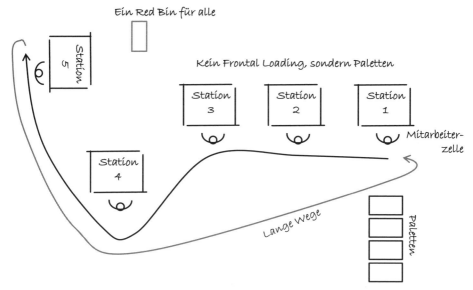

**Bild 5.39** Konventionelle Fertigungslinie

Im Gegensatz dazu stehen das U-Zellen-Design und die Flexible Manpower Line. Der Schwerpunkt des Designs der Montagezelle ist nicht linear, sondern in Form des Buchstabens U. Wie aus Bild 5.40 ersichtlich, ermöglicht das U-Zellen-Design den Einsatz von einem oder mehreren Mitarbeitern, indem die Abstände zwischen der ersten Station und der letzten Station minimiert und somit Wege und Stillstandszeiten reduziert werden.

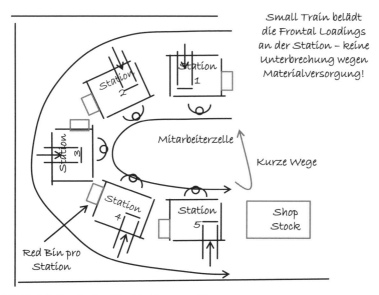

**Bild 5.40** U-Zellen-Design/Flexible Manpower Line

Die Anzahl der Mitarbeiter wird von der Anzahl der Stationen und über den Kundenbedarf bestimmt (Bild 5.41). Dabei kann bei Minimalbedarf ein Mitarbeiter eingesetzt werden und bis zu x Mitarbeiter bei höchstem Kundenbedarf (Bild 5.42). Bei niedrigem Kundenbedarf wird ein Mitarbeiter in der Zelle eingesetzt. Dieser startet mit der ersten Station und läuft Schritt für Schritt jede Station ab, bis er das Produkt fertiggestellt hat. Danach beginnt er wieder mit dem ersten Schritt ohne weiteren Zeitverlust. Beim höchsten Kundenbedarf arbeitet an jeder Station der U-Zelle ein Mitarbeiter, sodass der Takt maximiert wird. Durch das Ausbalancieren der einzelnen Arbeitsaktivitäten pro Station sind die Stückkosten bei einem Mitarbeiter und x Mitarbeitern gleichbleibend.

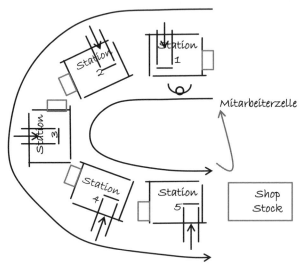

**Bild 5.41** U-Zellen-Design mit Pfeilen für die Bewegung von Mitarbeiter eins

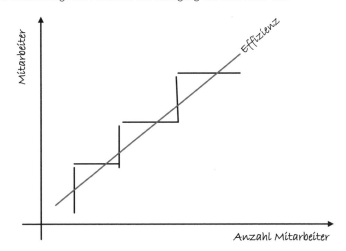

**Bild 5.42** U-Zellen-Design/Flexible Manpower Line – Graph zeigt die Ausbringung bei steigender Mitarbeiterzahl

Durch das Zellendesign wird die Ausbringungsmenge dem Kundenbedarf angepasst. Die resultierenden Vorteile sind auf der einen Seite gleichbleibende Stückkosten, auf der anderen Seite die Vermeidung von Verschwendung durch Überproduktion. Durch das U-Zellen-Design und die Flexible Manpower Line wird das One-Piece-Flow-Prinzip realisiert. Dies führt zur Reduzierung von Bestandspuffern und somit zur Visualisierung der potenziellen Probleme in den einzelnen Bearbeitungsstationen.

Die Reduzierung der Zwischenbestände führt bei einem Problem an einer der Bearbeitungsstationen sofort zu einem Stopp an der nachfolgenden Bearbeitungsstation, da kein Zwischenpuffer zur Überbrückung eingesetzt werden kann. Der sich im ersten Moment als Nachteil darstellende Stopp zeigt ein Problem auf und zwingt durch Kaizen, das Problem umgehend zu lösen. Durch den Aufbau des U-Zellen-Designs wird ein dauerhaftes Kaizen initiiert. Hieraus resultiert eine kontinuierliche Produktivitätssteigerung.

 **One-Piece-Flow-Prinzip**

Unter One-Piece-Flow-Prinzip wird die Vermeidung von Zwischenpuffern jeglicher Art verstanden (Bild 5.43). In der theoretischen Zielsetzung des Lean Managements sollte jede Art von Materialfluss nach dem One-Piece-Flow-Prinzip erfolgen. Der Einsatz des One-Piece-Flow-Prinzips erfolgt in den meisten Fällen in Montagelinien oder Bearbeitungszentren, um jegliche Art von Überproduktion zu vermeiden und Probleme zu visualisieren. Dies gelingt, indem Probleme nicht durch Zwischenpuffer „überbrückt" werden können, sondern sofort behoben werden müssen. ∎

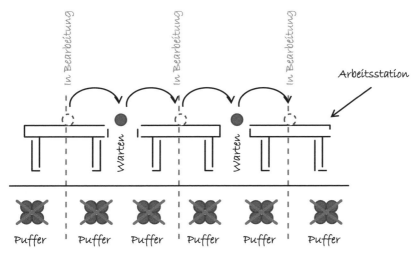

**Bild 5.43** One Piece Flow

■ **Was bringt mir das?**

U-Zellen-Design und Flexible Manpower Line reduzieren Kosten, indem das Konzept den flexiblen Einsatzes der Mitarbeiter ermöglicht. Weitere Investitionen können so lange vermieden werden (vor allem zu Beginn des Produktlebenszyklus), bis der Bedarf die hohen Investitionen für voll automatisierte Anlagen rechtfertigt. Die hohe Flexibilität des U-Zellen-Designs und der Flexible Manpower Line erlaubt den Unternehmen, bei gleichzeitig niedrigen Fertigungskosten flexibel auf Bedarfsschwankungen zu reagieren. Der hohe Grad der ständigen Verbesserung, der mit dem U-Zellen-Design und der Flexible Manpower Line verbunden ist, führt zur Steigerung der Produktivität und Verbesserung der Qualität. Hierdurch kann das freigesetzte Kapital in neue Produkte bzw. Verbesserungsprojekte investiert werden. Der hohe Flexibilitätsgrad von U-Zelle und Flexible Manpower Line reduziert Lagerbestände, indem die Produktion ausschließlich nach Kundentakt erfolgt. Finanzmittel können freigesetzt werden, um wettbewerbssteigernde Maßnahmen einzuleiten. Der gewonnene Raum aus U-Zellen-Design und Flexible Manpower Line sowie die Reduzierung der Lagerbestände erlauben es der Fabrik, zu wachsen und neue Märkte zu erschließen.

 **Beispiel: Hoshin-Workshop in der manuellen Montagelinie (FCI Tatabania)**

*Von Zoltan Kertai (Lean Manager FCI Connectors Hungary Kft)*
*Übersetzung: Nadine Siegert (Lean Manager FCI Connectors Deutschland GmbH)*

In einer zuvor ausgewählten Zelle der manuellen Fertigung im FCI-Werk Tatabania wurde ein Hoshin-Workshop durchgeführt. Einer der Hauptaspekte, welcher die Auswahl der Zelle entscheidend beeinflusst hat, ist der Vergleich von tatsächlicher zu theoretischer Leistung der Zelle (basierend auf dem Engpass). Die Leistung der gesamten Zelle ist stark abhängig vom Materialfluss in der Zelle, von der Anordnung der Arbeitsplätze sowie von der Verteilung der Arbeitslasten zwischen den Mitarbeitern.

Ziel dieses Hoshin-Workshops war es, beginnend mit der Ermittlung der Kundenbedarfe über die Messung der aktuellen Zykluszeiten und deren Abweichungen durch unterschiedliche Mitarbeiter das Layout dieses Fertigungsbereiches zu optimieren und die Arbeitsplätze zu verbessern, um Varianzen der Zykluszeit zu minimieren. Darüber hinaus war es der Wunsch, eine flexible Montagelinie mit One Piece Flow zu entwickeln. Diese muss eine optimale Ausnutzung der Arbeitskräfte bei sich ändernden Kundenbedarfen durch Sicherstellung der flexiblen Verfügbarkeit von Mitarbeitern basierend auf diesen Kundenbedarfen erlauben.

Im Folgenden wird der Ausgangszustand beschrieben, der einen Materialfluss mit vielen Kreuzungen und parallelen Arbeitsschritten beinhaltet.
Zwischen den einzelnen Arbeitsplätzen lagern unkontrollierte interne
Bestände. Um Rohmaterialien aus dem Zentrallager zu holen, sind die
Mitarbeiter gezwungen, ihre Arbeitsplätze zu verlassen. Es gibt also
keine Belieferung von Rohmaterialien an den Arbeitsplatz durch einen
Small-Train-Fahrer oder vergleichbare Lösungen. Dies bedeutet auch für
die Mitarbeiter in der Halbfertigproduktion, dass sich diese viel bewegen
müssen, da die Entfernungen innerhalb der Zelle sehr groß sind.

Auch die Einrichtung der einzelnen Arbeitsplätze ist nicht optimal. Teile
auf der Montagewerkbank zu positionieren gestaltet sich äußerst
schwierig. Des Weiteren erfordert die Größe der Montagewerkbank
weite Bewegungen durch die Produktionsmitarbeiter. Die Positionierung
der Beleuchtung auf der Werkbank ist nicht bestmöglich angebracht,
und das Werkzeug zur Bearbeitung der Teile auf der Werkbank ist in
einer nicht ergonomischen Weise fixiert (Bild 5.44).

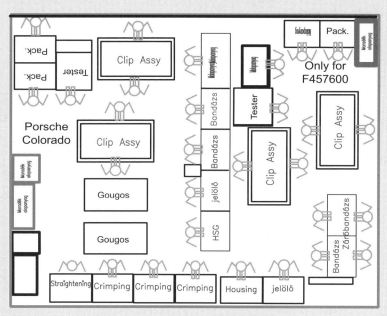

**Bild 5.44** Layout der Montagezelle vor dem Hoshin-Workshop

Nachdem ein dreitägiger Workshop unter Einbeziehung der Fertigungsmit-
arbeiter, des Zellensprechers, des Schichtführers und des APU-Leiters
durchgeführt wurde, sind viele Verbesserungen realisiert worden. Dieser
Dreitageworkshop beinhaltete eine Aufnahme des Ist-Zustands, eine Kon-
zepterarbeitung des Soll-Zustands und eine Realisierungsphase. Abschließend wurde das Ergebnis durch die Workshopteilnehmer allen APU-Mana-
gern und anderen Schichtleitern und Zellensprechern präsentiert.

Die erreichten Ziele des Workshops werden im Folgenden beschrieben. Es wurde von den Teilnehmern eine U-Zelle entwickelt, die Kreuzungen und unnötige parallele Arbeitsschritte im Prozessfluss vermeidet. Um die weiten Wege zur Rohmaterialbeschaffung durch die Produktionsmitarbeiter zu eliminieren, wurden Frontal Loadings für jede einzelne Arbeitsstation eingeführt. Diese werden durch den Small-Train-Fahrer direkt mit Vormaterial versorgt.

Jedes gefertigte Halbzeug wird vom Produktionsmitarbeiter direkt an die nächste Arbeitsstation weitergegeben. Der damit realisierte One Piece Flow reduzierte die internen Bestände auf nahezu null. Durch ein neues Arbeitszeitmodell und Querqualifikationen von Mitarbeitern konnte eine flexible Arbeitslastverteilung zwischen den Arbeitsplätzen auf Grundlage von Kundenbedarfen erzielt werden. Die einzelnen Montagewerkbänke wurden in der Größe auf ein Notwendiges reduziert und sehr nah aneinandergestellt. Dadurch wird die Produktweitergabe stark vereinfacht, und große Bewegungen der Mitarbeiter werden überflüssig.

Die Konstruktion einer neuen Vorrichtung zur Teilepositionierung auf der Werkbank, die regelbare Beleuchtung sowie das für jeden Produktionsmitarbeiter individuell einstellbare Werkzeug zur Bearbeitung der Teile auf der Werkbank vereinfachen und beschleunigen den Montageablauf entscheidend (Bild 5.45).

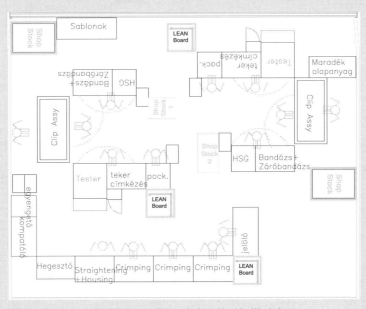

**Bild 5.45** Layout der Montagezelle nach dem Hoshin-Workshop

Aufgrund der beschriebenen Verbesserungen wurde die Produktivität um 40 % erhöht. Die Produktivität wird in PPH (Teile/Person/Stunde) gemessen und besagt, wie viele Teile pro Mitarbeiter innerhalb einer Stunde produziert werden. Zusätzlich wurde eine Reduktion der Produktionsfläche um 10 % erreicht.

Während des Workshops waren Mitarbeiter der Zelle, Einrichter, Teamleiter und neben der Qualität auch die Entwicklung an den Verbesserungen beteiligt. Dieser Workshop war nicht nur auf eine Schicht beschränkt, vielmehr bereicherten alle drei Schichten den Workshop mit praktischen Ideen und Verbesserungsvorschlägen. Durch diese Art der Umsetzung (schicht- und abteilungsübergreifend) gestaltete sich die Einführung neuer Abläufe innerhalb der Zelle viel einfacher und effizienter.

Während der drei intensiven Workshoptage, an denen sich die Teilnehmer in Vollzeit mit Verbesserungen beschäftigten, waren Optimierungen nicht das einzige Ziel, vielmehr hatte das Training der Mitarbeiter eine hohe Priorität. Am ersten Tag bekamen alle Teilnehmer eine theoretische Schulung und durchliefen ein Simulationsspiel. Hierbei erlangten die Mitarbeiter das Wissen, welches sie später praktisch anwenden sollten. Es ist bedeutend, dass während des Workshops die Mitarbeiter und Einrichter Anteil an den Verbesserungen hatten. Dabei entwickelte sich ihre Denkweise weiter, und sie erfuhren die positiven Effekte der Lean-Methoden unmittelbar.

# ■ 5.9 Chaku-Chaku-Zelle

## ■ Einstieg

Hohe und weiter steigende Lohnkosten führen selbst U-Zellen-Design und Flexible Manpower Line an die Grenze der Wirtschaftlichkeit. Der hohe Preisdruck lässt viele Unternehmen auf eine vollautomatische Fertigungslinie setzen. Die damit verbundenen Investitionskosten sind für jedes Unternehmen eine Herausforderung und ein unternehmerisches Risiko. Der oft kurze Produktlebenszyklus führt bei voll automatisierter Fertigungslinie zu höheren Fixkosten. Hinzu kommen die hohen Betriebskosten für voll automatisierte Fertigungslinien. Häufig stehen Anlagen, die für ein bestimmtes Produkt entwickelt und angeschafft wurden, nach vorzeitiger Beendigung des Produktlebenszyklus aufgrund des nicht eingetretenen Kundenbedarfs still. Die Auffassung, dass es zwischen einer manuellen Fertigungslinie und einer vollautomatischen Fertigungslinie keinen Zwischenschritt gibt, ist nicht zutreffend. Der in Lean-Management-Unternehmen eingesetzte Zwischenschritt führt zur Reduzierung der Investitionskosten und des unternehmerischen Risikos.

**Chaku:** japanisch für laden

## ■ Worum geht es?

Die Chaku-Chaku-Zelle (Bild 5.46) ist die Weiterentwicklung des U-Zellen-Designs und der Flexible Manpower Line, dabei wird auf eine voll automatisierte Fertigungslinie verzichtet. Vielmehr werden einzelne Stationen und deren Bearbeitungsschritte automatisiert. Der Mensch übernimmt nun das Beladen der Stationen sowie den weiteren Transport des zu bearbeitenden Werkstücks zur nächsten Station.

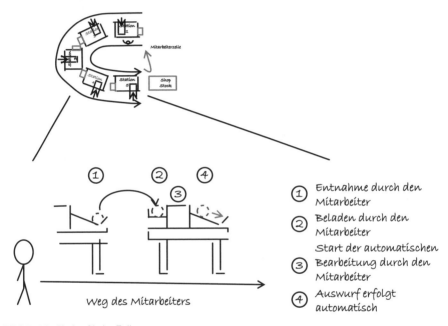

| | |
|---|---|
| ① | Entnahme durch den Mitarbeiter |
| ② | Beladen durch den Mitarbeiter |
| ③ | Start der automatischen Bearbeitung durch den Mitarbeiter |
| ④ | Auswurf erfolgt automatisch |

**Bild 5.46** Chaku-Chaku-Zelle

 **Vorgehen des Mitarbeiters in einer Chaku-Chaku-Zelle**

1. Entnahme des Vorprodukts aus der Materialbereitstellung und Beladung der Fertigungsstation (1).

2. Die Fertigungsstation entlädt das bearbeitete Produkt.

3. Der Mitarbeiter entnimmt das entladene Produkt der Fertigungsstation 1 und macht einen Schritt zur nächsten Station (2).

4. Der Mitarbeiter belegt nun die Fertigungsstation 2 mit dem Vorprodukt und entnimmt das entladene Produkt der Fertigungsstation 2.

5. Der Mitarbeiter entnimmt das entladene Produkt der Fertigungsstation 2 und macht einen Schritt zur nächsten Station (3).

6. Der Mitarbeiter belegt nun die Fertigungsstation 3 mit dem Vorprodukt und entnimmt das entladene Produkt der Fertigungsstation 3.

7. Der Mitarbeiter verpackt das fertige Produkt.

 **Beispiel: Chaku-Chaku-Prinzip**

Es hat sich gezeigt, dass einer der kompliziertesten Schritte in einer voll automatisierten Fertigungslinie das Beladen der Station ist. Dies gilt somit als kostenintensiv. Das Entladen wiederum stellt sich als einfach dar und ist nicht kostenintensiv. Der Mensch übernimmt mit seinen hohen Fertigkeiten das Beladen der Station und vermeidet Stillstände, Qualitätsprobleme und hohe Investitionskosten. Investitionen in Transportsysteme stellen keine Wertschöpfung dar und können vom Menschen durchgeführt werden. Hierdurch wird eine weitere Senkung der Investitionskosten erreicht. U-Zellen-Design und Flexible Manpower Line werden oft im nächsten Schritt zur Chaku-Chaku-Zelle weiterentwickelt, was höhere Investitionen für neue voll automatisierte Montagelinien vermeidet.

### ■ Was bringt mir das?

Die Chaku-Chaku-Zelle steigert den Automatisierungsgrad und senkt dabei die Kosten für Personal, Investitionen und Betrieb auf ein Minimum bei gleichzeitiger Steigerung der Ausbringungsmenge. Das spezifische Design der Chaku-Chaku-Zelle vermeidet den komplizierten, maschinellen Beladevorgang und automatisiert das einfachere Entladen. Die menschlichen Fähigkeiten werden auf die komplexen Aufgaben konzentriert, die technischen Prozesse beherrschbarer. Einfachere Prozesse werden dagegen automatisiert. Das Lean Management erzielt eine höhere Verfügbarkeit der Fertigungseinheiten bei gleichzeitiger Reduzierung der Personal-, Investitions- und Betriebskosten.

 **Beispiel: Ausbau einer U-Zelle zur Chaku-Chaku-Zelle**

In der Jahresplanung eines Unternehmens wurde festgestellt, dass bei Produkt A eine weitere Rationalisierung erfolgen muss, um mit dem steigenden Wettbewerb Schritt halten zu können. In der im Produktionsprozess eingesetzten U-Zelle sind fünf Mitarbeiter tätig. Zur Reduzierung der Personalkosten entscheidet die Geschäftsführung, die U-Zelle zu einer Chaku-Chaku-Zelle auszubauen, anstatt das Produkt an einen Subunternehmer in einem Niedriglohnland auszulagern.

In Zusammenarbeit mit einem Maschinenbauunternehmen werden die vorhandenen Stationen umgebaut, sodass die Mitarbeiter diese nur noch beladen müssen. Das Entladen erfolgt automatisch. Der Mitarbeiter belädt die Station 1 und entnimmt das bereits bearbeitete und ausgeworfene Teil aus der Station 1 und geht sofort an die Station 2. Während der Bearbeitung entsteht keine Wartezeit für den Mitarbeiter. Hier erfolgt das gleiche Prinzip: beladen und danach Mitnahme des bereits fertigen Teils usw.

Die Station 2 beispielsweise wurde ursprünglich von einem Mitarbeiter bedient, der vorgestanztes Material mit einem Gehäuse montierte und in einer manuellen Handhebelpresse das Material fertig stanzte. Nach dem Umbau der Station belädt der Mitarbeiter diese mit dem Gehäuse und dem Vorstanzmaterial. Die Handhebelpresse wurde durch eine automatische Presse ersetzt. Ein Startknopf und ein Auswurfmechanismus wurden an der Station ergänzt. Nun erfolgt das Montieren der Teile durch den Mitarbeiter zwischen der Station 1 und 2. Ablauf: Der Mitarbeiter belädt die Station 2 und startet sie, indem er den Startknopf drückt, entnimmt nun das montierte Teil (aus dem Vorzyklus) und geht zur Station 3 weiter.

Der Aufbau der Zelle entspricht der U-Zellen-Philosophie und hat sich gegenüber dem Ausgangszustand kaum verändert. Hierdurch kann diese Zelle nun mithilfe einer Anzahl von einem bis zwei Mitarbeitern betrieben werden. Das heißt, dass der Umbau auf der einen Seite die Bedieneranzahl verringert (bei gleichzeitiger Steigerung der Produktivität), auf der anderen Seite werden die Investitionen für eine Vollautomatisierung vermieden.

# ■ 5.10 Cardboard Engineering

## ■ Einstieg

In vielen Unternehmen besteht nach der Anschaffung neuer Maschinen oder Anlagen Unzufriedenheit über die Leistungen. Die operativen Mitarbeiter beschweren sich bei den Meistern über Probleme, die z. B. mit der Handhabung oder der Materialzuführung im Zusammenhang stehen. Die Controller beanstanden nach der Anschaffung zusätzliche Kosten, die im Rahmen der Investitionsrechnung nicht berücksichtigt wurden. Die Mitarbeiter der Abteilung Reparatur und Instandhaltung berichten regelmäßig über Wartungsprobleme oder ständige Reparaturen. Warum treten diese Probleme erst nach der Anschaffung auf? Die Entscheidung haben sich die Verantwortlichen nicht leicht gemacht und alle erdenklichen Aspekte in sie einfließen lassen. Die Antwort auf die

Frage ist relativ einfach. Abteilungsdenken und das „Treffen von Entscheidungen am Schreibtisch" sind typische Ursachen der geschilderten Probleme. Geht man tiefer ins Detail, können folgende Ursachen identifiziert werden (vgl. [25]):

- Das Wissen über Betriebsmittel, wie Maschinen, Anlagen oder technische Einrichtungen (z.B. Transport- und Fördermittel), ist in der Regel in verschiedenen Abteilungen und Spezialisierungen vorhanden. Wissensträger sind Betriebsmittelkonstrukteure, Fertigungsplaner, Hersteller von Betriebsmitteln, Mitarbeiter in der Produktion, Logistik und Materialwirtschaft. Dieses Wissen wird jedoch häufig nicht zusammengeführt, sodass keine gemeinsame Wissensbasis besteht, sondern verteiltes singuläres und abteilungsbezogenes Wissen.

- Fehlerquellen in Form leistungsmindernder Störungen werden nicht systematisch im Rahmen eines definierten Prozesses identifiziert. Hierdurch entstehen beim operativen Einsatz Defizite, die sich in einer, gegenüber der ursprünglichen Erwartung niedrigeren Overall Equipment Efficiency niederschlagen.

- Die technische Spezifikation des Betriebsmittels erfolgt aufgrund der „Aktenlage" in der zuständigen Abteilung bzw. der subjektiven Einschätzung des verantwortlichen Ingenieurs/Technikers. Die sich direkt aus der Einsatzpraxis des jeweiligen Betriebsmittels ergebenden, oft sehr spezifischen Anforderungen werden dagegen nicht berücksichtigt (siehe Beispiel „Neuer CNC-Mehrspindel-Drehautomat").

- Die Möglichkeit, Verschwendung bereits im Rahmen der Betriebsmittelplanung zu eliminieren, wird nicht genutzt. Ein Beispiel hierfür sind die Materialzuführung und die logistischen Prozesse. Wird ein Betriebsmittel geplant, ohne sich intensive Gedanken zum zugehörigen Materialfluss zu machen, wird Verschwendung erst nach der Installation „entdeckt". Dann sind oft Änderungen notwendig, die, abgesehen von den Kosten, zu Verzögerungen in der Inbetriebnahme führen. Zweifellos ist es nicht immer einfach, diese Aspekte auf der Basis von Konstruktionszeichnungen zu berücksichtigen. Nachträgliche Änderungen sind jedoch nicht nur für den Lieferanten ein Ärgernis, sondern verursachen hohe Kosten und binden interne Ressourcen.

- Die Planung der Arbeitsabläufe ist ganz entscheidend dafür, ob sich ein neues Betriebsmittel „nahtlos" in den Produktionsprozess einfügt oder zum ständigen Ärgernis der operativen Mitarbeiter führt. Werden die Arbeitsabläufe „am Schreibtisch" festgelegt, kann man mit an Sicherheit grenzender Wahrscheinlichkeit davon ausgehen, dass diese nicht in die „operative Realität" passen. Gemba, die Präsenz vor Ort, sich die Prozesse anzusehen, wie diese im Betrieb tatsächlich ablaufen, ist unabdingbar.

- Viele Fertigungsleiter beklagen sich darüber, dass die Mitarbeiter neue Maschinen nicht akzeptieren. Ständige Klagen über die unterschiedlichsten „Mängel" werden leichtfertig als feindliche Einstellung gegenüber allem Neuen abqualifiziert. Die Ursachen dieser Klagen der Mitarbeiter müssen jedoch ernst genommen und analysiert werden. Einerseits sind die bereits beschriebenen Probleme ursächlich verantwortlich, andererseits werden die Mitarbeiter, welche mit den Betriebsmitteln täglich umgehen müssen, von der Entscheidungsfindung ausgeschlossen. Allein hierdurch wird eine Distanz geschaffen, die Akzeptanzprobleme induziert.

- Erarbeitetes Wissen aus dem operativen Geschäft und der neuen Kundenanforderung, das sich auch in der operativen Umsetzung widerspiegelt, fließt durch die in vielen Unternehmen verursachte funktionelle Trennung der Abteilungen nicht in die Neubeschaffung mit ein. Demotivation und fehlende Ausschöpfung von Unternehmens-Know-how führen zum Brachliegen von Wettbewerbsvorteilen.

 **Beispiel: Neuer CNC-Mehrspindel-Drehautomat**

In einem Unternehmen, welches Zulieferteile für landwirtschaftliche Maschinen herstellt, sollte ein neuer CNC-Mehrspindel-Drehautomat angeschafft werden. Zur Diskussion standen Modelle verschiedener Hersteller. Ein wesentlicher Diskussionspunkt bei der Kaufentscheidung war die Leistungsfähigkeit in Bezug auf Stückzahl eines bestimmten Teils pro Stunde, welches den Hauptanteil ausmachen würde. Da als Kriterium die maximal mögliche Stückzahl angesetzt wurde, fiel die Entscheidung für ein bestimmtes Modell.

Nach Anschaffung und Installation stellte sich heraus, dass die Maximalleistung nie erreicht wurde, da durch die vorgegebene Taktzeit eine deutlich unter diesem Wert liegende Stückzahl erforderlich war. Eine Planung des neuen Drehautomaten in die bestehenden Prozesse und die erforderliche Taktzeit hinein hätte diese Fehlentscheidung vermieden. Das Argument der Reservekapazität, mit welchem die Entscheidung nachträglich gerechtfertigt werden sollte, erwies sich als gegenstandslos, da selbst nach der langfristigen Unternehmensplanung entsprechende Stückzahlen nicht zu erwarten waren.

## ■ Worum geht es?

Die Methode des Cardboard Engineerings versteht sich als Ergänzung zu den „klassischen" Methoden der bekannten bzw. softwaregestützten Entwicklung von Betriebsmitteln. Im Rahmen des Cardboard Engineerings wird eine Maschine oder z. B. eine ganze Fertigungszelle aus Kartons nachgebaut, und die späteren Abläufe werden simuliert. Die Durchführung erfolgt mittels eines Workshops. Teilnehmer sind Mitarbeiter des Unternehmens aus verschiedenen Abteilungen. Aufgabe ist, die neuen Betriebsmittel sehr genau nach wertsteigernden und nicht wertsteigernden Prozessschritten zu durchleuchten. Darüber hinaus wird die tatsächliche Anwendbarkeit des Anlagendesigns im Produktionsalltag überprüft.

In den Workshops, die zwischen den Betriebsmittelentwicklungsphasen durchgeführt werden, wird schrittweise Verschwendung (z. B. in Form unnötiger Bewegung) eliminiert und das Produktionsmittel den individuellen betrieblichen Anforderungen angepasst. Der Vorteil gegenüber den mehr oder weniger abstrakten 3-D-Zeichnungen ist, dass Probleme zutage kommen, die aus einer Abbildung nicht zu entnehmen sind.

Die aufgeführten Probleme des zwischen den verschiedenen betrieblichen Abteilungen verteilten Wissens lassen sich mit dem Cardboard Engineering lösen. Die Zusammensetzung des Teams im Workshop verbindet die eher abstrakt konzipierten Ideen der Ingenieure mit der eher praktisch orientierten Sichtweise der Mitarbeiter aus der Fertigung und Instandhaltung. Hierdurch wird eine Kluft überbrückt, die Mitarbeiter der genannten Bereiche oft aneinander vorbeireden lässt. Diese integrative Wirkung erhöht nicht nur die Akzeptanz bei den Mitarbeitern, die täglich mit dem Betriebsmittel umgehen müssen, sondern schafft auch Verständnis aufseiten der Ingenieure für die Belange der operativen Mitarbeiter.

Die Einbeziehung der Instandhaltung und Wartung, des Einkaufs und des Lieferanten garantiert die Nutzung der vorhandenen Wissensbasis und ein Angebot des Betriebsmittelherstellers, das unter Gesichtspunkten der Verfügbarkeit und der Kosteneffizienz „klassischen" Vorgehensweisen überlegen ist.

Der Moderation des Workshops kommt eine hohe Bedeutung zu. Einerseits sind die verschiedenen Interessengruppen, deren Meinungen manchmal konträr sind, zu moderieren und Konflikte durch Vermittlung zu entschärfen, andererseits muss der Workshop zu greifbaren Ergebnissen im Sinne der Lean-Management-Philosophie führen. Es werden Lean-Management-Werkzeuge, wie z. B. Brainstorming, eingesetzt, um zu neuen Lösungen für erkannte Probleme zu gelangen. Da letztlich die Effizienz (z. B. OEE als Kennzahl) als die maßgebliche Zielrichtung der Aktivitäten im Fokus des Workshops steht, werden fortlaufend Zahlen, Daten und Fakten erhoben, um die Objektivität zu gewährleisten. Jede Idee zur Verbesserung muss sich in Form einer objektivierbaren Datengrundlage niederschlagen.

Notwendig ist die Einbindung des Cardboard Engineerings in ein Lean-Management-Gesamtkonzept. Das Betriebsmittel wird in einen Produktionsprozess eingebunden, der im Zielzustand in der Zukunft nur noch (nach dem heutigen Stand der Technik) nicht vermeidbare Verschwendung enthält und dem Pull-Prinzip genügen soll. Wie alle Lean-Management-Methoden und -Werkzeuge hat auch das Cardboard Engineering positive Wirkungen auf den Produktionsprozess.

### ■ Was bringt mir das?

Das Design und die Beschaffung von Betriebsmitteln unter Zuhilfenahme des Cardboard Engineerings haben folgende Vorteile:

- Die Investitionskosten können durch Cardboard Engineering deutlich reduziert werden. Praxisfälle zeigen, dass z. B. eine sechsstellige Investitionssumme mittels Anwendung des Cardboard Engineerings halbiert werden konnte. Darüber hinaus konnte die zur Diskussion stehende Anlage wesentlich besser auf die Belange des Betriebs zugeschnitten werden.

- Zielgerichtetes Equipment vermeidet Kosten in der Betriebsphase. Es wird genau das angeschafft, was im Unternehmen wirklich gebraucht wird. Außerdem wird durch die Eliminierung von Fehlern und Schwachstellen eine höhere Verfügbarkeit erreicht.

- Die Cardboard-Engineering-Workshops initiieren einen Prozess des Kaizen (KVP – Kontinuierlicher Verbesserungsprozess). Dieser endet nicht mit der Installation der Maschine oder Anlage, sondern wird ständig vorangetrieben. Grundlage ist dabei das Streben nach Perfektion.

- Cardboard Engineering trägt zur Teambildung und Entwicklung der Mitarbeiter bei. Damit werden die Gräben zwischen den Fachrichtungen bzw. Funktionen im Unternehmen (z. B. Ingenieure, Fertigung, Controller, Einkauf, Instandhaltung usw.) abgebaut und es wird eine intensivere Zusammenarbeit gefördert.

- Durch die Beseitigung von Verschwendung und die Optimierung der Betriebsmittel wird eine einfachere Bedienbarkeit erreicht sowie der Wartungsaufwand in der Betriebsphase verringert.

- Die Mitarbeiter, welche mit den Betriebsmitteln umgehen, werden in die Verbesserung und Optimierung einbezogen, und deren Wissen fließt in die Gestaltung mit ein. Dadurch wird die Akzeptanz unter der Belegschaft erhöht.

# ■ 5.11  Minimum Technical Solution (MTS)

## ■ Einstieg

In jedem Unternehmen befinden sich viele Arten von Maschinen, Computern und technischen Ausrüstungen, deren Nutzen zumindest fragwürdig ist und deren Zweck nicht wirklich erkennbar ist. Maschinen werden mit Funktionen ausgestattet, die für den Prozess, in welchem diese eingesetzt sind, nicht erforderlich sind. Bei einer objektiven Betrachtung von Anlagen und Maschinen in der Fertigung stellt man sich die Frage, warum diese in dieser Form gebaut worden sind, vor allem aber, warum investive Mittel hierfür ausgegeben wurden. Cashflow und EBITDA (Earnings Before Interest, Taxes, Depreciation and Amortization) sind wichtige Ergebniskennzahlen im Unternehmen. Investitionen in Maschinen und Anlagen sowie Lagerbestände haben einen negativen Einfluss hierauf. Dennoch konzentrieren sich die Ingenieure auf die Perfektion der Maschine und den Einsatz modernster Technik, ohne sich die Frage zu stellen, ob es Alternativen gibt, welche das Budget für Investitionen weniger belasten. Oft fehlt den Mitarbeitern das Verständnis, diese Investitionen im Detail nach Einsparungspotenzial zu untersuchen.

**Beispiel: Maschine ohne Wertschöpfung**

Eine der interessanten Erfahrungen, welche die Verfasser im Bereich der Entwicklung von technischer Ausrüstung gesammelt haben, war eine Maschine, die keine Wertschöpfung hatte. Dieses Wunderwerk der Technik bewegte Teile über eine Distanz von einem Meter von einem Ort zum anderen. Dabei wurde die Maschine durch einen Mitarbeiter von vorne beladen, bewegte die Teile auf die andere Seite der Maschine und dann entnahm der Mitarbeiter die Teile wieder aus der Maschine. Jeder Zeuge dieses Vorgangs stellte sich die Frage: Was ist das? Wer hat diese Maschine überhaupt entwickelt? Und wer hat diese Maschine bezahlt?

### ■ Worum geht es?

Die Minimum-Technical-Solution-Methode ist ein Lean-Management-Werkzeug, welches die Aufgabe hat, technische Ausrüstung jeglicher Art im Unternehmen mit den minimalsten technischen Notwendigkeiten zu entwickeln und damit Investitionskosten zu reduzieren. Es wird sichergestellt, dass auf der einen Seite so weit wie möglich wertschöpfende Prozesse entwickelt werden und auf der anderen Seite Verschwendung minimiert wird (Bild 5.47). Das heißt, dass die technischen Anforderungen minimiert werden, indem der Entwicklungsprozess in allen Schritten immer wieder von Mitarbeitern aus der Produktion und Entwicklung nach bestimmten Kriterien des MTS untersucht und bewertet wird.

**Bild 5.47** Balance zwischen Qualität und Automation

An der Entwicklung der produktionstechnischen Ausrüstung ist nicht nur das Manufacturing Engineering beteiligt, sondern auch die Produktionsabteilung. Dabei fließen verschiedene Entwicklungsstufen des Produktlebenszyklus in die Entwicklung mit ein und erlauben die Reduzierung des Unternehmensrisikos, indem der Automatisierungsgrad in der Hochphase des Produktlebenszyklus den Höhepunkt erreicht. Die Minimum-Technical-Solution-Methode stellt sicher, dass die Lean-Management-Prinzipien, wie One Piece Flow oder SMED, berücksichtigt werden. Das Manufacturing Engineering und die Produktion simulieren während der Entwicklungsstufen den Produktionsprozess und den Entwicklungsvorschlag anhand der Minimum-Technical-Solution-Methode (z. B. während des Cardboard Engineerings, vgl. Kapitel 5.10). Die einzelnen Stationen bzw. Prozesse werden kritisch nach den Lean-Management-Prinzipien sowie aufgrund der gesammelten Erfahrungen aus der Vergangenheit bewertet. Das gesammelte Know-how, welches z. B. in einer Datenbank gespeichert ist, wird abgeglichen und in die neue Entwicklung eingebracht. Die entstandene Weiterentwicklung wird nun in den Gesamtprozess integriert und auch nach Supply-Chain-Gesichtspunkten sowie der entsprechenden Flächeninanspruchnahme des Gesamtkonzepts untersucht. Dabei erfolgt dieser Prozess sehr oft in Form eines Cardboard-Engineering- oder Minimum-Technical-Solution-Workshops. Die frühzeitige Einbindung der Lieferanten in den Entwicklungs- und Beschaffungsprozess sowie in die entsprechenden Workshops führt zu einem klaren Verständnis der Lieferanten für die Anforderungen. Dieses Vorgehen der Einbindung der Lieferanten in die frühe Phase der Entwicklung reduziert Investitionskosten. Alle Maßnahmen zusammen reduzieren also nicht nur die Investitionskosten, sondern wirken sich positiv auf die operative Leistungsfähigkeit der entwickelten Maschinen und Anlagen aus.

## Wertschöpfende und nicht wertschöpfende Prozesse

Ein Werkzeug, das bei einem MTS-Workshop zum Einsatz kommt, ist die Bewertung der Entwicklung oder der technischen Ausrüstung nach wertschöpfenden und nicht wertschöpfenden Prozessen entlang der verschiedenen Phasen der Projektierung (Bild 5.48). Das Team hinterfragt hierdurch die entwickelte Anwendung Schritt für Schritt und kann die nicht wertschöpfenden Prozesse, welche als Verschwendung anzusehen sind, reduzieren oder möglicherweise eliminieren. So können Investitionskosten sowie die späteren Betriebskosten der Anlage reduziert werden.

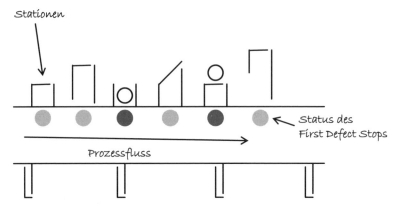

**Bild 5.48** Anlage mit verschiedenen Stationen

## Takt Time – Kundentakt

Überproduktion ist die größte und schlimmste Verschwendungsart, die in Lean Management entstehen kann. Sie entsteht, wenn der Fertigungsprozess eine kürzere Zykluszeit hat als der Kundentakt. Lean Management unterscheidet zwischen der Zykluszeit der Fertigungseinheit, also dem Zeitraum, den die Fertigungseinheit benötigt, um ein Produkt oder unfertiges Erzeugnis herzustellen, und dem Takt des Kundenabrufs. Dieser Aspekt ist für die Verschwendungsart Überproduktion von höchster Bedeutung, da bei der konventionellen Projektierung von Fertigungsanlagen versucht wird, die Zykluszeit zu optimieren und diese somit zu senken. Dabei entsteht der Nachteil, dass die Zykluszeit zwar gesenkt worden ist, aber in den meisten Fällen die Takt Time des Kunden höher liegt. In diesem Fall muss die Maschine öfter abgeschaltet werden, sonst würde

Überproduktion entstehen. Hier stellt sich also die Frage, warum in eine hohe Zyklus-zeit investiert wurde, wenn der Kunde diese nicht benötigt? In einem MTS-Verfahren wird das zu entwickelnde Equipment nicht auf die Zykluszeit hin optimiert, sondern auf die Takt Time, und somit werden unnötige Investitionen vermieden.

## Flexible Line

Unter Flexible Line (Bild 5.49) wird die Auslegung der zu entwickelnden Produktions-technik im Hinblick auf Flexibilität verstanden. Oft werden spezifische Anlagen entwi-ckelt, welche nach Ablauf des Produkts bzw. des Nichteintretens des Bedarfs des Pro-dukts nicht mehr eingesetzt werden können. Der Ansatz der Flexible Line führt dazu, dass Anlagen so gebaut werden, dass diese zum einen mehrere Varianten des Produkts fertigen können und zum anderen für verschiedene Produkte eingesetzt werden können (z. B. nach einem Umbau).

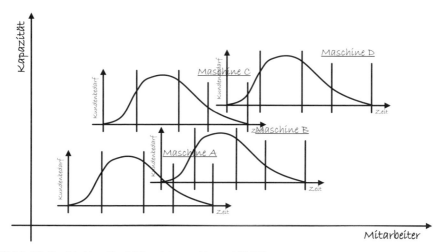

**Bild 5.49**  Flexible Line, Produktionslebenszyklus und SMED

## Lean-Management-Prinzipien

Bei Anwendung der MTS-Methode werden sowohl die Entwürfe als auch die Vorschläge der Lieferanten wiederholt nach den Lean-Management-Prinzipien untersucht und bewertet. In festgelegten Abständen wird die neue Technik von einem Team einem Audit unterzogen und bei festgestellten Abweichungen, z. B. während der Entwicklungs-, der Industrialisierungs- und der Implementierungsphase, gegengesteuert.

## ■ Was bringt mir das?

Der Ansatz des Lean Managements hat das Ziel, mit Minimum Technical Solution die Ausgaben für Investitionen zu senken und exzessiven Technologieeinsatz, sofern dieser nicht wertschöpfend ist, zu vermeiden. Die Entwicklung von Maschinen und Anlagen wird auf die Wertschöpfung konzentriert, indem den Mitarbeitern in der Entwicklung und der Produktion eine systematische Methode zur Verfügung gestellt wird. Hierdurch wird das Konzept der Lean-Management-Philosophie gefördert, Maschinen und Anlagen immer wieder in der Entwicklungsphase zu überarbeiten. Somit wird bereits bei der Implementierung Verschwendung weitgehend vermieden.

Die Minimum-Technical-Solution-Methode verändert die Sichtweise der Mitarbeiter in Richtung der Anforderungen des Kunden. Die Herausforderung ist nicht mehr, das modernste und komplizierteste System zu entwickeln, sondern das wirtschaftlichste und im Hinblick auf Investitionskosten das neutralste. Die Balance zwischen Qualität, Automatisierungsgrad und Leistungsfähigkeit erlaubt, den Einsatz von Mitteln zu reduzieren und diese für andere Projekte zu nutzen. Gleichzeitig wird das unternehmerische Risiko gesenkt und die Wirtschaftlichkeit des Unternehmens gesteigert.

**Beispiel: Cardboard-Workshop und Minimum Technical Solution**

Der viele Monate dauernde Einsatz der Vertriebsmitarbeiter wurde durch den Gewinn eines Auftrags belohnt. Dieser Auftrag birgt für den mittelständischen Autozulieferer sowohl große Chancen als auch Risiken. Auf der einen Seite ist beim Erfolg des neuen Modells mit hohen Stückzahlen und Umsätzen zu rechnen, auf der anderen Seite birgt die erforderliche Investition in einen Vollautomaten eine hohe Kapitalbindung. Bei geringen Stückzahlen in der Anlaufphase oder einem mäßigen Erfolg des Modells sieht sich der Autozulieferer mit hohen Fixkosten, unternehmerischen Risiken und der Herausforderung der technischen Beherrschbarkeit konfrontiert.

Der spartenverantwortliche Direktor entscheidet, die von Manufacturing Engineering erarbeitete Lösung (Vollautomat) in einem Workshop zu überarbeiten. Das Team beinhaltet sowohl die verantwortlichen Ingenieure als auch Mitarbeiter aus der Produktion, der Qualität, der Instandhaltung, dem Einkauf und der Logistik. Das Team startet mit dem Nachbau des Automaten mit Kartonage und dem Test. Dabei werden die Prinzipien des Cardboard-Workshops und der Minimum Technical Solution angewendet. Die Mitarbeiter testen mit dem Modell die Anwendungsfähigkeit, indem sie die Produktion simulieren. Das Konzept wird nach wertsteigernden Prozessen durchforstet, und Simulationen werden durchgeführt, welche eine Kombination verschiedener Automatisierungsgrade mit den Erfahrungen der Produktionsmitarbeiter ermöglichen. Die Ergebnisse werden dem Management vorgestellt, und es wird eine Entscheidung getroffen.

Der Workshop hat zu folgenden Verbesserungen geführt:

- Einführung von Teilautomatisierung als erster Schritt.
- Anpassung des Konzepts auf die Bedürfnisse der Produktion.
- Wegfall von Transportbändern, automatischer Beladung und Bunkersystemen.

- Implementierung von First Defect Stop.
- Ausrichtung auf One Piece Flow und Verkleinerung des Automaten.
- Erleichterung von Wartungsarbeiten.
- Neues Lastenheft, welches im zweiten Workshop mit den Lieferanten erarbeitet worden ist.
- Reduzierung der erforderlichen Investitionen in Anlagen.
- Entscheidung über weitere Tests an einer kritischen Station zur Sicherstellung der Prozessqualität.

# 5.12 Single Minute Exchange of Die (SMED)

## Einstieg

Die hohe Intensität des Wettbewerbs fordert in vielen Branchen von den Unternehmen ein Höchstmaß an Flexibilität im Hinblick auf die zu liefernden Mengen und die Anpassung an die individuellen Kundenanforderungen. Zusätzlich sind kurze Lieferzeiten zwingend erforderlich. Die Anzahl der Produktvarianten, die Herstellerunternehmen ihren Kunden heute liefern müssen, um wettbewerbsfähig zu bleiben, hat sich in den letzten Jahren in vielen Branchen dramatisch erhöht. Gleichzeitig besteht ein Preiswettbewerb zwischen den Unternehmen, der kostenintensive Lösungen von vornherein ausschließt.

Es ist deshalb nicht verwunderlich, dass mit allem Nachdruck nach Konzepten gesucht wird, welche die genannten Anforderungen erfüllen. In den Fokus des Interesses ist im letzten Jahrzehnt eine Methodik gelangt, die mit dem Begriff „Single Minute Exchange of Die" (SMED) bezeichnet wird. Die Idee ist hierbei, die Umrüstzeiten von Maschinen deutlich zu verkürzen. Ziel ist es, die Rüstzeit auf unter zehn Minuten zu reduzieren. Damit kann man eine Reduzierung der Durchlaufzeit durch die Produktionsprozesse insgesamt erreichen und gleichzeitig die geforderten Varianten des Endprodukts in der geforderten Menge herstellen.

Manche Unternehmen haben SMED in der Hoffnung angewendet, damit würden sich alle geschilderten Anforderungen gleichzeitig lösen lassen. Die Enttäuschung war häufig groß, da die erhofften Erfolge nicht eingetreten sind. Der Grund hierfür ist in den meisten Fällen einfach zu erklären. SMED wurde losgelöst von einem Lean-Management-Gesamtkonzept umgesetzt. Dazu ist anzumerken, dass in vielen Unternehmen hohe Durchlaufzeiten nicht nur auf lange Rüstzeiten zurückzuführen sind, sondern auch auf eine hohe Prozessinstabilität bzw. fehlende Prozessbeherrschung. Die nun umgesetzten Ergebnisse aus dem SMED-Workshop förderten die Prozessunzulänglichkeiten zutage, doch den Organisationen stehen nicht die notwendigen Fähigkeiten und Mittel (Lean-Management-Werkzeuge wie TPM und QRQC: Quick Response Quality Control) zur Verfügung um dieser Problematik zu begegnen. Damit soll eindringlich davor gewarnt werden, einzelne Lean-Management-Methoden unabhängig von einer umfassenden, alle Prozesse einschließenden Lean-Initiative einzusetzen.

 **Beispiel: Durchlaufzeitverkürzung**

In einem Unternehmen, welches Spritzgussteile aus Kunststoff für verschiedene Bauelemente von Computern (z. B. DVD- und BD-Laufwerke) herstellt, wird die Frage der Durchlaufzeitverkürzung diskutiert. Da die Kunden (spezialisierte Bauelementehersteller) immer anspruchsvoll werden, haben kürzere Lieferzeiten höchste Priorität. Eine in der dafür gebildeten Arbeitsgruppe heftig diskutierte Frage ist die der Produktvarianten. Bislang hatte der Logistikleiter die Strategie der Verfügbarkeit der Varianten durch großzügig bemessene Lagerbestände verfolgt. Bis vor zwei Jahren hat diese Strategie funktioniert, wenngleich der Controller die resultierende Kapitalbindung kritisch gesehen hat.

Danach hat allerdings die Variantenzahl dramatisch zugenommen. Der Vertrieb und das Marketing haben diese Entwicklung mit den Anforderungen der Kunden begründet. Aufgrund des Wettbewerbs habe daran kein Weg vorbeigeführt. Die Strategie der umfangreichen Lagerbestände hat seitdem nicht mehr den erwarteten Erfolg gehabt. Es werden von den Kunden immer wieder Varianten nachgefragt, die nicht in ausreichender Stückzahl vorhanden sind.

Als Lösungsstrategie schlägt der Continuous Improvement Manager der Arbeitsgruppe eine Verkürzung der Durchlaufzeit durch Reduzierung der Rüstzeiten der Spritzgussmaschinen vor. Im Rahmen von Betriebsbegehungen bei Unternehmen, die nicht direkte Wettbewerber sind, aber ebenfalls die Technologie des Kunststoffspritzgießens nutzen, hat der Produktionsleiter interessante technische Lösungen gesehen, welche die Umrüstzeit in geradezu unglaublichem Umfang reduzieren.

Nach drei Monaten intensiver Arbeit und mithilfe der Unterstützung eines Lean Managers aus einem der genannten Betriebe, die bereits erfolgreich die Rüstzeiten reduzieren konnten, sowie der Beauftragung eines Fachbetriebs für Formenbau wurden die Umrüstzeiten der Maschinen auf nur wenige Minuten reduziert. Die Durchlaufzeit konnte damit nennenswert verringert werden. Allerdings ist der Produktionsleiter der Versuchung erlegen, die reduzierten Umrüstzeiten zu einer Erhöhung der Stückzahl der Produkte insgesamt zu nutzen. Hierdurch sind die Lagerbestände nicht in erwartetem Umfang zurückgegangen.

Dieser typische Fehler bei der Umsetzung von SMED ist in der „klassischen" Denkweise vieler Produktionsleiter begründet, welche die Produktivität bzw. den Output des Produktionsprozesses als wichtige Zielgröße ansehen. In der Gedankenwelt des Lean Managements ist nicht der Output zu maximieren, sondern das Pull-Prinzip konsequent Schritt für Schritt umzusetzen. In einem Pull-System wird genau das produziert, was der Kunde nachfragt, nicht weniger, aber auch nicht mehr. Die Produktion auf Lager, um die Maschine besser auszulasten, ist Verschwendung. Deshalb wird die Rüstzeitreduzierung dazu verwendet, die Produktion so gut wie möglich mit der Kundennachfrage zu synchronisieren und somit den Gedanken des EPEI (Every Part Every Interval) zu erfüllen.

### ■ Worum geht es?

In der Praxis ist die Reduzierung der Rüstzeiten durch die SMED-Methode ein vierstufiger Prozess. Die Basis für den Start der SMED-Methode ist der Status quo bzw. die für das Umrüsten erforderlichen Arbeitsgänge. Anschließend wird die Rüstzeit in fünf Arbeitsschritten reduziert:

- **Schritt 1: Verlagerung der Vor- und Nachbereitung**
  Tätigkeiten, die zum Prozess des Umrüstens gehören, jedoch noch während des Betriebs der Maschine oder Anlage durchgeführt werden können, werden verlagert. Hierzu gehört z. B. das Vorbereiten der erforderlichen Werkzeuge, Bereitstellung von Materialien, das Aufräumen nach dem Umrüsten oder die Vorbereitung der erforderlichen Dokumentation. Diese Aufgaben werden während der noch laufenden Fertigung durchgeführt und verkürzen die Umrüstzeit entsprechend dem damit verbundenen Umfang.

- **Schritt 2: Trennung von internem und externem Rüsten**
  Im zweiten Schritt wird der eigentliche Umrüstvorgang betrachtet. Die einzelnen Aufgaben während des Umrüstens werden in zwei Komponenten aufgeteilt, eine interne und eine externe Komponente. Die interne Komponente beinhaltet Umrüsttätigkeiten, die während des Stillstands der Maschine oder Anlage durchgeführt werden können. Die externe Komponente umfasst Umrüstaufgaben, die durchgeführt werden können, während die Maschine oder Anlage noch läuft. Maßnahmen, um diese Trennung zu erreichen, sind z. B. Checklisten, welche die Betriebsbedingungen beschreiben. Anhand dieser Checklisten kann geprüft werden, ob Größen wie Druck oder Temperatur eingehalten werden, alle erforderlichen Materialien vorliegen, Normen eingehalten werden etc. Weitere Maßnahmen sind die Optimierung des Werkzeugtransports und die Durchführung von Funktionsprüfungen noch während der Laufzeit der Maschine oder Anlage.

- **Schritt 3: Umwandlung von internem in externes Umrüsten**
  In erster Linie ist zu untersuchen, ob tatsächlich alle internen Rüstvorgänge während des Stillstands durchgeführt werden müssen. Anschließend wird analysiert, ob interne Rüstvorgänge in externe überführt werden können. Damit lässt sich die Stillstandszeit weiter reduzieren. Geeignete Maßnahmen sind z. B. die Standardisierung von Aufgaben, Werkzeugen und erforderlichen Teilen, die Nutzung von Zwischenspannvorrichtungen, welche die Montage von Werkzeugen und Formen erleichtern, sowie die Vormontage von Bestandteilen der Umrüstmodule.

- **Schritt 4: Reduzierung des Zeitaufwands für das interne Umrüsten**
  Im nächsten Schritt steht die Aufgabe an, die interne Rüstzeit weiter zu verkürzen.

Mögliche Maßnahmen zur Erreichung der Rüstzeitverkürzung sind z. B. Paralleloperationen. Hierbei wird die Anzahl der Mitarbeiter, die mit der Umrüstung befasst sind, erhöht, sodass beispielsweise von beiden Seiten an einem Rüstelement gearbeitet werden kann. Weitere denkbare Maßnahmen sind z. B. die Nutzung von Schnellspannverschlüssen zur Befestigung von Formen und Modulen, sodass diese schneller eingebaut werden können. Einstellarbeiten sollten während des internen Rüstens so weit wie möglich vermieden werden. Erreicht werden kann dies z. B. durch ein verändertes technisches Design.

- **Schritt 5: Eliminierung von interner Umrüstzeit**
  Im letzten Schritt geht es um die Reduzierung der Rüstzeit, indem die internen Umrüstvorgänge durch organisatorische und besonders technische Veränderungen wegfallen. Ein Beispiel dafür ist, den Datumsstempel einer Spritzform nicht mehr umbauen zu müssen, da dieser durch einen Laser ersetzt worden ist. Eine andere Möglichkeit ist es, das Produkt und die Werkstückträger so umzugestalten, dass diese universell für alle Varianten genutzt werden können und somit der Umbau nicht mehr erforderlich ist.

Die Anwendung der Idee des SMED kann in der betrieblichen Praxis zu ganz erheblichen Verringerungen der Rüstzeit führen (Bild 5.50). Es gibt viele Beispiele, in welchen eine Reduzierung der Umrüstzeit auf 5 % des Ausgangswertes erreicht werden konnte.

 **Every Part Every Interval (EPEI)**

Unternehmen, welche Lean Management betreiben, setzen die durch SMED gewonnene Rüstzeitreduzierung hauptsächlich für die Reduzierung der Lagerbestände ein, solange die termingerechte Belieferung der Kunde durch Kapazitätsengpässe nicht in Gefahr ist. Die Reduzierung der Lagerbestände geht mit der Reduzierung der Losgrößen einher und erlaubt immer mehr, den Flow-(Fließ-) und One-Piece-Flow-Gedanken im operativen Geschäft umzusetzen. Hierbei hilft das Every Part Every Interval. Auf der einen Seite ist es eine Zielvorgabe, und auf der anderen Seite kann dieses als Kennzahl genutzt werden. EPEI heißt: Fertige **jedes Teil in jedem Intervall.** Als Intervall empfehlen wir als Einheit einen Tag (zu Beginn einer Lean-Management-Initiative). Das EPEI kann jetzt gemessen werden und spiegelt wider, wie viele Tage zwischen den einzelnen Teilenummern bis zur nächsten Umrüstung erfolgt sind. Außerdem gibt das EPEI an, wie weit man von der Umsetzung zum Ziel entfernt ist. Das Messen des EPEI ist also eine wichtige Größe neben der Rüstzeit und den Lagerbeständen bei der nachhaltigen Implementierung des SMED-Gedankens und der Flow-, Pull- und One-Piece-Flow-Philosophie.

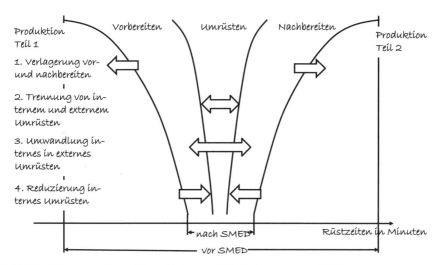

**Bild 5.50** Wirkung von Single Minute Exchange of Die (in Anlehnung an [20])

### ■ Was bringt mir das?

Der Nutzen von SMED ist in erster Linie die Reduzierung der Rüstzeit. Allerdings sollte man sich damit nicht zufriedengeben, sondern SMED unter dem Blickwinkel der wesentlich nachhaltigeren Ziele von Lean Management sehen. Eingebettet in ein Lean-Management-Gesamtkonzept führt SMED zu

- höherer Flexibilität, da je nach Marktanforderung schnell auf die erforderliche Produktvariante umgestellt werden kann,
- größerer Marktnähe, da die Produktion besser auf die Kundennachfrage eingestellt werden kann,
- besserer Reaktionsfähigkeit, da auf kurzfristige Änderungen der Nachfragestruktur bezüglich der Varianten schneller geantwortet werden kann,
- besserer Qualität, da der Umrüstvorgang im Rahmen von SMED einer Standardisierung unterzogen wird (vgl. Checklisten),
- einfacherem und sicherem Umrüsten durch den klar definierten und in einer Dokumentation festgehaltenen Arbeitsvorgang,
- einfacherer Planung, da „Überraschungen" und unvorhergesehene Verzögerungen weitestgehend ausgeschlossen sind,
- Leistungssteigerungen der Anlagen und Maschinen, da unproduktive Zeiten (Verschwendung aus der Lean-Sichtweise) drastisch reduziert werden,
- einem ergonomischeren Arbeitsplatz für die Mitarbeiter sowie höherer Arbeitssicherheit.

Die überkommene Vorstellung, dass Lagerbestände Sicherheit vor Lieferverzug und Kundenverlust bedeuten, ist heute nur noch in wenigen Branchen und Unternehmen zutreffend. Je größer die Variantenvielfalt, desto höher das Risiko, die geforderte Variante nicht auf Lager zu haben. Dieses Problem mit noch höheren Lagerbeständen oder

Maschinen- bzw. Anlagenkapazitäten lösen zu wollen, verhindert der intensive Wettbewerb, der zwar nicht ausschließlich, aber doch zu einem sehr hohen Anteil von den Produktionskosten bestimmt wird. Damit bietet sich SMED als ein Lösungskonzept an, welches dem Anwender umfassenden Nutzen bieten kann.

**Beispiel: SMED bei Toyota (Ausführungen beruhen auf [28])**

Im Jahre 1969 lag die Umrüstzeit für eine 1000-Tonnen-Presse für die Herstellung von Karosserieteilen bei rund vier Stunden. Ein Benchmark-Vergleich mit VW kam zu dem Ergebnis, dass dort der gleiche Vorgang in nur zwei Stunden bewältigt werden konnte. Die Folge dieser relativ langen Umrüstzeiten war ein großer Lagerbestand an Halbfabrikaten.

Unter der Führung von Shigeo Shingo, einem der Designer des Toyota-Produktionssystems, wurden intensive Arbeiten zur Verkürzung der Umrüstzeiten in Angriff genommen. Ziel war dabei Single Minute Exchange of Die, also ein Umrüsten im einstelligen Minutenbereich. Eine Vision, die viele Ingenieure im Automobilbau als unmöglich einschätzten.

Nach sechs Monaten konsequenter Aktivitäten zur Rüstzeitverkürzung lag die erforderliche Zeit bei 90 Minuten. Damit gab sich Shingo aber nicht zufrieden, da SMED noch nicht erreicht war. Nach drei weiteren Monaten konnte die Zeit für das Umrüsten auf drei Minuten reduziert werden. Das Ziel war erreicht.

Diese Geschichte zeigt eindrücklich, dass Ziele nicht hoch genug gesteckt werden können und dass dies in keiner Weise den Erfolg gefährdet. Deutlich wird aber auch, welche Erfolge möglich sind, wenn konsequent und mit Blick auf einen definierten Zielzustand an einer Prozessverbesserung gearbeitet wird. Die Potenziale des Lean Managements sollten nicht unterschätzt werden.

# ■ 5.13 KVP – internes Verbesserungs-vorschlagswesen

## ■ Einstieg

Eines der am meisten angewendeten und genutzten japanischen Wörter im Lean Management ist Kaizen. In Deutschland ist hierfür der Begriff „Kontinuierlicher Verbesserungsprozess" (KVP) etabliert. Darunter wird eine Unternehmensphilosophie verstanden, welche asiatische Unternehmen mit der Zielsetzung der ständigen Verbesserung zum Guten in der Unternehmenspraxis entwickelt haben. Welchen hohen Stellenwert Kaizen in Japan und im Lean Management genießt, sieht man daran, dass einer der Pioniere, Masaaki Imai, bei der Verbreitung des Konzepts sein Buch mit dem

Titel *Kaizen* versehen hat. Doch was ist die Verbesserung zum Guten? Ist es ein großer Sprung, z. B. ein Innovationssprung?

Es ist im Gegensatz hierzu ein dauerhafter und ständiger Verbesserungsprozess in kleinen Schritten. Viele Unternehmen versuchten, dieses System zu kopieren, indem sie unternehmensweit Verbesserungsprozesse implementiert haben. Dabei setzten sie ausschließlich auf die Motivation der Mitarbeiter, die fälschlicherweise als einzige treibende Kraft für kontinuierliche Verbesserung verstanden worden ist, indem man angenommen hat, dass der japanische Mitarbeiter von Grund auf ständig verbessert, bedingt durch seine Eigenmotivation. Verbunden mit der westlichen Verwaltungsorientierung entwickelten viele Unternehmen schwerfällige und komplizierte Systeme, die dem Mitarbeiter je nach Motivationspotenzial eine Möglichkeit geben, eine Verbesserung in Gang zu setzen. Um die Anzahl der Verbesserungsvorschläge im Unternehmen zu steigern, setzen die meisten Unternehmen ausschließlich auf die schlechteste Form der Motivation: Geld.

Dabei muss der Mitarbeiter mehrere Formulare ausfüllen, um seinen Verbesserungsvorschlag einzureichen. Der Vorschlag wird nun über Wochen oder Monate durch mehrere Gremien untersucht, die keinerlei Bezug zu seinem Arbeitsplatz haben. Sollte nun dieser Vorschlag angenommen werden (in der Zwischenzeit sind mehrere Monate vergangen und der Mitarbeiter ist bereits demotiviert), bekommt der Mitarbeiter eine Mitteilung, dass der Vorschlag umgesetzt werden kann. In manchen Unternehmen erfolgt diese Mitteilung schriftlich, ohne dass ein Vorgesetzter den Mitarbeiter persönlich informiert. Kein Wunder, dass viele dieser administrativen Systeme, welche nicht viel mit Kaizen zu tun haben, kaum genutzt werden oder ausschließlich bei großen Ideen, bei denen die Aussicht auf hohe Prämienauszahlung winkt, Erfolge aufweisen. Darunter wird aber nicht der kontinuierliche und ständige Verbesserungsprozess zum Guten verstanden.

### ■ Worum geht es?

Der erste Schritt von einem schwerfälligen und bürokratischen Verbesserungsvorschlagswesen zu einem Kontinuierlichen Verbesserungsprozess kann ein System sein, welches das Einbringen von Vorschlägen einfach macht, d. h., dass der Mitarbeiter keine „Barrieren" überwinden muss, um seine Ideen einzubringen. Werden die Vorschläge dann noch schnell bearbeitet und der hierzu erforderliche Prozess ist für die Mitarbeiter transparent, ist viel gewonnen, und die Anzahl der eingebrachten Vorschläge wird sich schnell erhöhen. Erfolgt darüber hinaus die Motivierung der Mitarbeiter nicht ausschließlich mit Geldprämien, sondern auch mit der Anerkennung durch den Vorgesetzten und die Unternehmensleitung, bewegt man sich in Richtung Kontinuierlicher Verbesserungsprozess. Die Fallstudie im nächsten Abschnitt zeigt auf, wie ein entsprechendes System im ersten Schritt unter dem Titel „Ideenmanagement" in der Praxis realisiert werden kann.

Der Kontinuierliche Verbesserungsprozess als internes Verbesserungsvorschlagswesen ist die Umsetzung des Kaizen-Gedankens auf der Ebene der Mitarbeiter im täglichen Ablauf aller Prozesse, wobei unter „Mitarbeiter" in einem Unternehmen sowohl der Mitarbeiter an der Maschine, dessen Vorgesetzter wie auch der Vorstand verstanden werden. Im Lean Management werden nicht nur gezielte Verbesserungen in Workshops oder durch Innovation erarbeitet, die durch die beschriebenen Werkzeuge initiiert werden, sondern basieren auf der Eigenmotivation der Mitarbeiter und besonders der Steuerung der Eigenmotivation durch den Vorgesetzten.

Die Motivation wird entweder selbst initiiert, aber auch in einem KVP-internen Verbesserungsvorschlagswesen gezielt gesteuert. Dieser Gedanke geht von der Befähigung jedes Mitarbeiters zur Mitwirkung an der Gestaltung der Prozesse aus, d. h., jeder Mitarbeiter hat das Recht, eine Verbesserung einzureichen. Dabei ist dieses Prinzip nicht ausschließlich auf dessen Arbeitsumfeld beschränkt, sondern erlaubt die Möglichkeit, an der Verbesserung an jedem Unternehmensprozess mitzuwirken. Das bedeutet, dass das Unternehmen ein System implementiert hat, welches den Mitarbeitern die Möglichkeit gibt, einen Vorschlag zur Lösung eines aktuellen Problems oder der Verbesserung eines Prozesses einzureichen. Der Mitarbeiter bekommt schnell ein Feedback, ob der Vorschlag angenommen oder nicht angenommen wurde und die Verbesserungsvorschläge werden in kürzester Zeit umgesetzt.

Der Mitarbeiter bringt die Vorschläge innerhalb seines Teams ein. Er verwendet hierzu ein standardisiertes Formular und hinterfragt das Problem z. B. mit der 6-W-Hinterfragetechnik. Anschließend bespricht der Mitarbeiter das Ergebnis mit seinem Team. Handelt sich um eine einfache Verbesserung, so wird diese vom Team angenommen und durch den Teamsprecher bestätigt. Bei einer Verbesserung, die außerhalb des Verantwortungsbereichs des Teams liegt, werden der Vorgesetzte sowie die Prozesseigener zum Entscheidungsprozess herangezogen. Die Verbesserung wird dann nach dem PDCA-Zyklus (siehe Kapitel 4.1) abgearbeitet. Daraus lässt sich schlussfolgern, dass der Mitarbeiter einen Anspruch auf Mitwirkung im Verbesserungsprozess hat. Der Mitarbeiter hat das Recht auf eine Antwort betreffend den Vorschlag sowie bei positiver Bewertung auf eine Umsetzung innerhalb eines kurzen Zeitraums, einschließlich einer Prämierung. Dabei ist die Prämierung nicht immer monetär zu gestalten und nicht in jedem Fall zwingend erforderlich.

 **Kaizen und Organisation**

Wird Kaizen in nachhaltiger und erfolgreicher Form betrieben, so muss jeder Mitarbeiter einem Team zugeordnet sein. Das heißt, dass eine Kaizen-Teamstruktur im Unternehmen aufzubauen ist und sowohl die Mitarbeiter, Teamsprecher (Hancho) als auch die Vorgesetzten im Kaizen-System gecoacht worden sind. Dabei gilt: kein effektives Kaizen-System ohne Hoshin Kanri (siehe Kapitel 3.2).

Ein weiterer Aspekt des KVP bzw. des internen Verbesserungsvorschlagswesens ist die nicht ausschließlich auf Eigenmotivation des Mitarbeiters basierende Verbesserung, sondern auf führungstechnischen Maßnahmen. Darunter wird das organisierte Kaizen verstanden. Den Mitarbeitern sind die angestrebten Ziele (siehe Kapitel 3.2) bekannt, die durch die tägliche Verbesserung zum Guten (Kaizen) erreicht werden sollen. Dabei werden die Mitarbeiter von den Vorgesetzten aufgefordert, Verbesserungen zu erarbeiten, die zur Zielerreichung führen. Eine weitere Quelle des organisierten Kaizen stellt z. B. die Managementroutine dar, bei der Probleme festgestellt und die Mitarbeiter aufgefordert werden, Verbesserungen einzureichen, um diese zu beheben. Gerade das organisierte Kaizen stellt den Schwerpunkt in Lean Management dar und die hohe Anzahl von Verbesserungsvorschlägen pro Mitarbeiter kann nur in dieser Form generiert werden (Bild 5.51).

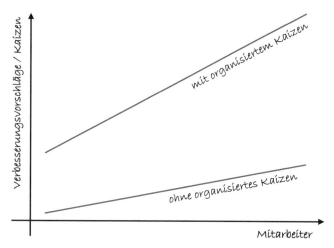

**Bild 5.51** Eigenmotiviertes Kaizen und organisiertes Kaizen

 Reichen Mitarbeiter Verbesserungsvorschläge ein, sollten diese innerhalb von 24/48 Stunden beantwortet werden. Dies führt zu einer höheren Motivation des Mitarbeiters, da dieser ein Feedback erhält und sich somit sicher ist, dass er Gehör findet. Eine zu lange Frist demotiviert die Mitarbeiter und reduziert die Anzahl der Verbesserungsvorschläge!

### ■ Was bringt mir das?

Ein Lean-Management-Unternehmen verfolgt das Ziel, die Kreativität der Mitarbeiter zu fördern, die Eigenmotivation zu stärken und die damit verbundene Möglichkeit von Kaizen zu nutzen. Betriebsblindheit, Verschwendung durch fehlendes Gemba, Probleme wie auch Ignoranz werden somit abgebaut, und neuen Ideen wird freier Lauf gelassen. Die Einbindung der Mitarbeiter in den Verbesserungsprozess wie auch die Befähigung, diese Verbesserungen einzuleiten, führen zu höherer Motivation und fördern den Teamgeist. Mitarbeiter wie auch Vorgesetzte, deren Motivation zur Verbesserung stark ausgeprägt ist, haben die Möglichkeit, diese erfolgreich im Unternehmen einzusetzen und somit positiv Einfluss auf den Unternehmenserfolg und die eigene Karriere zu nehmen.

Der Mitarbeiter wird mit seinen Problemen nicht allein gelassen, sondern bekommt ein Werkzeug an die Hand, welches ihm das Gefühl und die Möglichkeit gibt, in einem Team an Herausforderungen arbeiten zu können. Gleichwohl steigert ein KVP bzw.

internes Verbesserungsvorschlagswesen die Wettbewerbsfähigkeit des Unternehmens, indem die Verbesserungen nicht ausschließlich durch ein Programm und eine kleine Zahl von Mitarbeitern implementiert werden, sondern durch alle Mitarbeiter im Unternehmen.

Somit ist die Anzahl der kleinen Verbesserungen und der daraus resultierenden Potenziale um ein Vielfaches höher als bei den konventionellen Optimierungsprojekten. Die daraus resultierenden Kostenreduzierungen, Qualitätsverbesserungen und die Erhöhung der Flexibilität auf dem Markt generieren eine hohe Wettbewerbsfähigkeit.

 **Beispiel: Ideenmanagement bei Diehl Aerospace in Überlingen, Frankfurt und Nürnberg**

Diehl Aerospace ist führender Anbieter von Avioniksystemen und Beleuchtungskonzepten in der Luftfahrt. Das Unternehmen stellt komplexe Produkte unter Verwendung diverser Spitzentechnologien her. Mehr als 25 % seiner 1200 Mitarbeiter sind im Bereich der Forschung und Entwicklung tätig. Diehl Aerospace ist somit auf ständige Innovationen angewiesen. Um diesem Anspruch auch für die Zukunft gerecht zu werden, wurde zur Unterstützung des Innovationsprozesses ein Ideenmanagement eingeführt, welches im Folgenden beschrieben wird.

Im April 2011 wurde das betriebliche Vorschlagswesen durch ein Ideenmanagement abgelöst. Vorausgegangen waren Verhandlungen mit dem Betriebsrat mit dem Ziel, die Anzahl der Ideen stark zu erhöhen und die Durchlaufzeit deutlich zu reduzieren. Darüber hinaus sollte ein über alle Standorte einheitlicher Prozess sichergestellt werden. Um diese Ziele zu erreichen, wurde die Funktion des „Ideenmanagers" geschaffen, der ein zentrales Bindeglied zwischen dem Ideengeber und dem Vorgesetzten darstellt.

Der Ideenmanager begleitet den Verbesserungsvorschlag durch den gesamten Prozess, von der Einreichung durch den Mitarbeiter bis zur Realisierung. An den genannten Standorten sind jeweils zwei Ideenmanager berufen worden. Das Ideenmanagement ist hier keine Vollzeitstelle für die entsprechenden Mitarbeiter. Vielmehr wurden in der Betriebsvereinbarung die hierfür notwendigen Kapazitäten festgelegt.

Der Ideenmanager berichtet an eine Kommission, die sich aus Vertretern des Arbeitgebers und der Arbeitnehmer zusammensetzt. Eine wesentliche Rolle bei der Bewertung der eingereichten Ideen spielen die Gutachter, welche die fachliche Kompetenz in das Ideenmanagement einbringen. Ganz entscheidend für den Erfolg des Ideenmanagements ist auch hier, dass die Geschäftsleitung und der Betriebsrat in einer Betriebsvereinbarung die Rahmenbedingungen für das Ideenmanagement festgelegt haben.

Hat ein Mitarbeiter eine Idee zur Verbesserung der betrieblichen Abläufe, so stellt er diese direkt in eine IT-Plattform ein, die unter dem Stichwort „Ideenpark" im Intranet des Unternehmens zu finden ist. Darüber hinaus kann der Mitarbeiter die Idee auch bei seinem Vorgesetzten einreichen, oder er wendet sich direkt an den Ideenmanager. Es wird zwischen einer Abteilungsidee und einer Unternehmensidee unterschieden. Die Abteilungsidee entspricht dem, was in diesem Fachbuch unter dem Begriff „Kaizen" einzuordnen ist.

Um den organisatorischen Aufwand gering zu halten, wird diese Idee vom Vorgesetzten des einreichenden Mitarbeiters bewertet und gegebenenfalls umgesetzt. Der Mitarbeiter erhält für seine Idee eine Geldprämie.

Ein Verbesserungsvorschlag, der mehr als eine Abteilung betrifft, wird als Unternehmensidee bezeichnet und von den Ideenmanagern bearbeitet. Durch die IT-gestützte Datenbank und den darin vorgegebenen Prozessablauf wird ein standardisiertes Verfahren gewährleistet. Dem Ideenmanager obliegt die weitere Bearbeitung und Koordination der notwendigen nächsten Schritte. Wenn nach der Entgegennahme der Verbesserungsidee eine fachliche Bewertung vorgenommen werden muss, die nur ausnahmsweise im Fachkompetenzbereich des Ideenmanagers liegt, werden Gutachter mit der Bewertung beauftragt. Dies sind Mitarbeiter unterschiedlicher Managementebenen, welche über die Sachkunde für ein qualifiziertes Gutachten verfügen.

Sobald das Gutachten erstellt ist, wird der Verbesserungsvorschlag der genannten Kommission übergeben. Diese diskutiert im Rahmen einer Sitzung die eingereichten Ideen unter Hinzuziehung des Gutachtens. Da sowohl Arbeitgeber- als auch Arbeitnehmervertreter in der Kommission vertreten sind, werden die Unternehmens- und die Mitarbeiterinteressen gleichermaßen bei der Entscheidung berücksichtigt.

Für Ideen, welche die Kommission zur Umsetzung freigibt, wird dem Mitarbeiter eine Prämie ausgezahlt, die sich an dem durch die Verbesserung erreichten Nutzen orientiert. In vielen Fällen wird durch die Verbesserung eine Kostenreduzierung realisiert. Daran wird der Mitarbeiter angemessen beteiligt. Darüber hinaus erhält der Mitarbeiter eine Urkunde, die im Rahmen einer Würdigung der Leistung übergeben wird. In der Firmenzeitschrift werden besonders erwähnenswerte Verbesserungsvorschläge vorgestellt. Für den Fall, dass die eingereichte Idee zwar für das Unternehmen von Nutzen wäre, jedoch z. B. technische Gegebenheiten oder organisatorische Rahmenbedingungen eine Umsetzung verhindern, erhält der Mitarbeiter eine Anerkennungsprämie (Bild 5.52).

Sollte der Einreicher der Idee mit der Entscheidung der Kommission nicht einverstanden sein, hat er die Möglichkeit zum Einspruch. In diesem Fall werden die Einwände des Mitarbeiters nochmals genau geprüft.

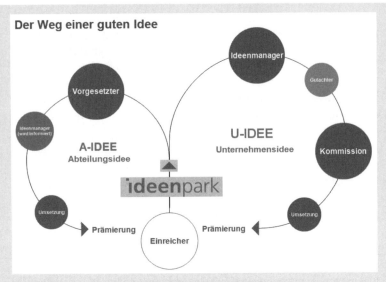

**Der Weg einer guten Idee**

**Bild 5.52** Ideenmanagement bei Diehl Aerospace

Zusammenfassend lässt sich sagen, dass die bisherigen Erfahrungen mit dem Ideenmanagement ausgesprochen positiv verlaufen sind. Die Anzahl der Ideen hat sich vervielfacht und die Durchlaufzeiten haben sich deutlich verkürzt. Der Mitarbeiter erhält in jedem Fall eine schnelle Rückmeldung. Da der Mitarbeiter Zugriff auf die Ideendatenbank hat, in welcher auch der Fortschritt der Bearbeitung seiner Idee sichtbar ist, besteht volle Transparenz des Prozesses. Auch das Gutachten zur Mitarbeiteridee ist für den Einreicher sichtbar. Damit wird eines der wichtigsten Prinzipien des Lean Managements beachtet – den Mitarbeiter nicht über Prozessabläufe bei der Einreichung von Verbesserungsvorschlägen im Unklaren zu lassen und nach Abschluss der Bewertung mit einer Entscheidung ohne Begründung zu konfrontieren, sondern nachvollziehbar und transparent in den Entscheidungsprozess einzubeziehen.

Die Mitarbeiter fühlen sich ernst genommen, da jede eingereichte Idee begutachtet bzw. bewertet werden muss. Viele Mitarbeiter haben schon seit Jahren Ideen für Verbesserungen angedacht. Erst durch die Realisierung des Ideenmanagements entstand die Motivation, diese auch in den Verbesserungsprozess mit einzubringen.

Das Ideenmanagement bei Diehl Aerospace hat hohe Priorität und wird ausdrücklich von der Geschäftsleitung gesponsert. „Eine Idee pro Mitarbeiter pro Jahr" lautet die unverbindliche Erwartungshaltung an die Mitarbeiter, aber vor allem auch an die Vorgesetzten.

# ■ 5.14 Kaizen und Kaizen-Workshops

## ■ Einstieg

Tote Fische schwimmen mit dem Strom. Wer nicht ständig in Bewegung ist und sich im Fluss talwärts treiben lässt, verliert die erreichte Position. Unternehmen, die nicht jeden Tag versuchen, besser zu werden, sich den verändernden Kundenanforderungen anzupassen, die Veränderung in den Märkten in der Unternehmensstrategie umzusetzen, und aufhören, die Marktposition zu verbessern, werden eines Tages zu den Verlierern gehören und von den Wettbewerbern überholt. Veränderung und Verbesserung sind damit nicht eine Entwicklungsphase des Unternehmens, sondern ein Teil des Geschäftssystems des Unternehmens.

Jeder Mitarbeiter hat im Unternehmen Vorstellungen darüber, was nicht optimal funktioniert, was die tägliche Arbeit erschwert und was verbessert werden könnte. Dieses Potenzial zu nutzen ist eine der Basisstrategien im Lean Management. In der „Light-Version" wird ein betriebliches Verbesserungsvorschlagswesen (vgl. Kapitel 5.13) eingerichtet, welches dem Mitarbeiter einen strukturierten Prozess zum Einbringen dieser Ideen bietet.

Soll die ständige Verbesserung aber integraler Bestandteil des Geschäftssystems werden, ist eine umfassendere Organisation des Verbesserungsprozesses erforderlich. Kaizen bietet hierfür die notwendige Methodik, um im Unternehmen die ständige Verbesserung zu einem Teil der Unternehmenskultur zu machen.

Viele Unternehmen versuchen, Probleme mithilfe von Projektteamarbeit zu lösen. Doch werden die Teams oft mit einer Aufgabenstellung beauftragt, ohne dass ihnen die Mittel, die Unterstützung und die Methodik zum Lösen des Problems zur Verfügung gestellt werden. Somit werden diese Teams bzw. die Mitarbeiter mit der Aufgabenstellung sowie mit dem sich daraus ergebenden Leistungsdruck allein gelassen. Die daraus resultierenden Lösungsansätze greifen bei komplexeren Problemstellungen nicht wie erwartet oder haben keinen nachhaltigen Effekt, insbesondere wenn die Teams nach Beendigung des Projekts das Augenmerk auf andere Probleme richten. Hier tritt der sogenannte Verbesserungs-Jo-Jo-Effekt ein, d. h., dass die realisierte Verbesserung zum Teil verloren geht, wenn der Fokus nicht mehr darauf gerichtet ist.

Daraus wird deutlich, dass die Grundursache des Problems nicht erkannt und nicht gelöst worden ist. Die Nachhaltigkeit der implementierten Verbesserungsprozesse wurde nicht gewährleistet, und der gewünschte langfristige Effekt, wie z. B. bei der Kostensenkung bzw. der Qualitätsverbesserung, tritt nicht ein. Ein weiterer Aspekt ist, dass Ressourcen meist nur temporär verfügbar sind und in einem begrenzten Zeitrahmen bei begrenzten Mitteln auch nur eine geringe Zahl an Projekten/Verbesserungen umgesetzt werden können. Anzumerken ist außerdem, dass der hohe Effizienzverlust der einzelnen Ressourcen in den Projekten bzw. der Teamarbeit häufig durch fehlende Organisationen verursacht wird. Viel zu oft sind die Teams und auch die Projektleiter in keiner Weise ausgebildet, um den auftretenden Herausforderungen zu begegnen. Die Folge ist, dass die notwendige Objektivität fehlt, eine geeignete Methodik nicht zur Anwendung kommt und subjektive Aspekte in die Projektarbeit einfließen.

■ **Worum geht es?**

Im Deutschen wird Kaizen als Kontinuierlicher Verbesserungsprozess bezeichnet. Im Gegensatz zur Innovation oder dem Reengineering von Prozessen wird hierbei eine Verbesserung von Prozessen oder Arbeitsabläufen in kleinen Schritten angestrebt. Die Summe der Verbesserungen aus den Ideen aller Mitarbeiter über das gesamte Geschäftsjahr gesehen ist ein beachtlicher Beitrag zur Steigerung der Wettbewerbsfähigkeit des Unternehmens.

Im Kaizen spielen zwei Akteure eine Hauptrolle. Die Mitarbeiter und die Kunden. Basis dieses Aspektes von Kaizen ist die Struktur eines Prozesses, der entweder ein Produkt, ein Bauteil oder eine Dienstleistung produziert. Der Mitarbeiter führt den Prozess durch und hat die Anforderungen des Kunden in die Ausführung der Aktivitäten innerhalb des Prozesses einzubeziehen. Verbesserungen, die auf Initiative des Mitarbeiters initiiert werden, sollen immer den Kunden im Blick haben. Der Kunde ist entweder der externe Kunde, der die Produkte des Unternehmens erwirbt, oder der interne Kunde, der die Ergebnisse des Prozesses z. B. weiterverarbeitet. Kaizen ist damit konsequent kundenorientiert und dient nie rein internen Belangen.

Die ständige Verbesserung ist die Bewegung von einem Ausgangszustand zu einem Zielzustand in kleinen Schritten. Dies bedeutet, dass die Verbesserungsschritte nicht „planlos" durchgeführt werden, sondern immer einen Zielzustand im Blick haben, der durch Ergebniskennzahlen exakt beschrieben ist. Nur Verbesserungen, die einen (vielleicht auch sehr kleinen) Schritt in Richtung der Ergebniskennzahlen bedeuten, werden realisiert. Der Kaizen-Prozess selbst wird mittels Prozesskennzahlen gesteuert. Auf diese Weise wird der aktuelle Zustand des Prozesses in Richtung des Zielzustands verbessert.

Die Kennzahlen und die Ziele, die mit Kaizen verfolgt werden, sind keinesfalls „Geheimsache". Eines der Prinzipien des Kaizen ist die offene Kommunikation über alle Führungsebenen des Unternehmens hinweg, welche Ziele (genauer Zielzustände der Prozesse) angestrebt werden, sodass jeder Mitarbeiter eine klare Vorstellung von dem hat, was man von ihm erwartet. Die Ziele werden im Rahmen des Hoshin Kanri so detailliert, dass auch der Mitarbeiter an der Drehbank keinen Zweifel über die Zielrichtung hat.

Die nachhaltige Implementierung von Kaizen stellt eine enorme Herausforderung für die Organisation dar:

- Kaizen kann nicht delegiert und diktiert werden.
- Kein System, keine Struktur, kein Kaizen.
- Keine Kapazitäten, kein Kaizen.
- Kaizen ist zu 100 % von Menschen abhängig.
- Kaizen kennt keine Kompromisse.
- Keine Fehlerkultur, kein Kaizen.

Methodisch umfasst Kaizen insgesamt sieben Stufen. In den Stufen eins bis drei wird das Problem, welches im Rahmen des Kaizen gelöst werden soll, präzisiert. Anschließend folgt die Analyse der Ursachen. In den Schritten fünf bis sieben wird das Problem gelöst (Bild 5.53):

- **Schritt 1: Ursprüngliche Problembeschreibung**
  Betriebliche Probleme werden von den betroffenen Mitarbeitern oft kompliziert und wenig präzise beschrieben. Häufig wird ein Sachverhalt dargestellt, der das eigentliche Problem nicht anspricht. Deshalb muss in dieser Stufe das wirkliche Problem identifiziert werden.

- **Schritt 2: Klärung des Problems**
  Bei Toyota wird ohne Vorurteile und mit dem gesunden Menschenverstand das Problem direkt vor Ort in Augenschein genommen. Das heißt, das Problem wird nicht am Schreibtisch gelöst, sondern dort, wo es auftritt (Genchi Genbutsu). Erst die Begutachtung des Problems an der Stelle des Prozesses, wo es auftritt, führt zu einer detaillierten, zutreffenden und für die weiteren Stufen brauchbaren Problembeschreibung.

- **Schritt 3: Lokalisierung der Ursache**
  Die Ursachen von Problemen liegen oft an einer anderen Stelle als dort, wo diese auftreten. In Prozessen liegen die Problemursachen oft „stromaufwärts". Deshalb ist es in den meisten Fällen erforderlich, den Weg bis zum Entstehungsort des Problems (Grundursache) zurückzugehen, um den problemauslösenden Ort zu identifizieren.

- **Schritt 4: Untersuchung der Grundursache**
  Sechsmal warum zu fragen ist eine sehr gute Methode, um der „wahren" Ursache von kleinen Problemen auf den Grund zu gehen (vgl. Kapitel 4.10). Ereignisketten bestimmen oft den Endzustand eines Systems (es fehlt z. B. Ware im Kommissionierlager). An dieser Stelle ist das hieraus entstehende Problem nicht lösbar, sondern stromaufwärts. Deshalb sind das penetrante Nachfragen nach der wahren Problemursache und der Weg bis zum Ort der Ursache (z. B. Nachschubsteuerung der Kommissionierung) die wichtigste Stufe im Kaizen.

- **Schritt 5: Gegenmaßnahmen**
  Die Kreativität des Kaizen-Teams ist der Motor der Entwicklung von Problemlösungen. Einfluss auf die Entwicklung der Lösungen haben die Zusammensetzung des Teams (am Problem beteiligte Mitarbeiter, interdisziplinär, Coaching durch Teamleiter) und die Nutzung des Wissens aus bereits durchgeführten Kaizen-Projekten.

- **Schritt 6: Bewertung**
  Nach der Einführung der Gegenmaßnahmen ist das Ergebnis bzw. die Wirkung zu bewerten. Nur wenn die zu Beginn des Kaizen-Projekts festgelegten Ziele in Form von Prozesskennzahlen auch erreicht werden, kann das nächste Problem in Angriff genommen werden.

- **Schritt 7: Standardisierung**
  Hat sich die Problemlösung als wirksam im Sinne der Zielvorgaben erwiesen, wird diese Teil des Standards im Rahmen des Prozesses. Damit wird ein neuer Standard geschaffen, der zuverlässig das Auftreten des Problems in der Zukunft verhindert.

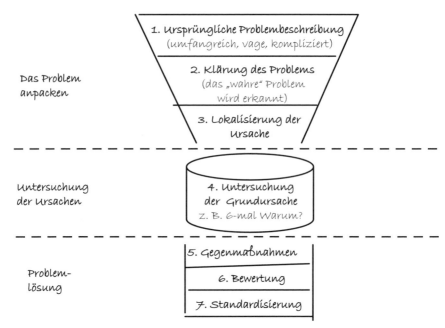

**Bild 5.53** Kaizen (in Anlehnung an [26] S. 256)

## Durchführung eines Problem-Solving-Workshops

Ein Problem-Solving-Workshop ist eine teamorientierte Zusammenarbeit von Mitarbeitern aus gleichen oder verschiedenen Fachbereichen mit der Zielstellung, einen Problemlösungsansatz zu finden. Dabei wird das Team von einem Moderator begleitet, der methodische Werkzeuge und Vorgehensweisen dem Team „on the job" vermittelt und somit die notwendige Struktur im Vorgehen sicherstellt. Zu Beginn des Workshops werden dem Team die Problemstellung und die Zielsetzung genannt sowie die Vorgehensweise. Der nun während des Workshops erfolgende fachliche Austausch, die Untersuchungen, Analysen der Problemstellung sowie Hypothesen und Hypothesentests führen zur Verifizierung des Ursachenproblems. Die Zielstellung der nachhaltigen Lösung des Problems bzw. der Verschwendung ist während des Workshops immer gegeben, dabei verläuft der Problem-Solving-Workshop entlang des PDCA-Zyklus. Dieser stellt sicher, dass die strukturierte und methodische Vorgehensweise neben den methodischen Lean-Management-Werkzeugen, wie z. B. den sieben statistischen Werkzeugen, eingehalten wird. Es erlaubt dem Team, seine Subjektivität abzulegen und objektiv an die Aufgabenstellung heranzugehen.

Dabei wird großen Wert auf das Genchi-Genbutsu-Prinzip, einschließlich der Einhaltung von Gemba-Prinzipien, während des Workshops gelegt. Das heißt, dass der Workshop nicht schwerpunktmäßig in einem Besprechungsraum stattfindet, sondern am Ort des Geschehens (Gemba). Die Bewertungen des Ist- und Soll-Zustands erfolgen nach dem Genchi-Genbutsu-Prinzip, welche vor Ort gemessen bzw. erfasst werden. Die Mitarbeiter beobachten das Geschehen mit ihren eigenen Augen und bekommen so einen realen

Eindruck von der Problemstellung. Dabei legt man während eines Problem-Solving-Workshops Wert auf Objektivität, d. h., dass jede Art von Aufzeichnungen hinterfragt wird, sei es die Beobachtung oder Erfassung von Daten und deren Messmethoden und -mitteln.

 **Das Prinzip heißt: Arbeite mit ZDF**

- Zahlen
- Daten
- Fakten

Durch diese systematische Vorgehensweise und das Führen durch den Moderator über den Workshopzeitraum erreicht das Team einen nachhaltigen Lösungsansatz, welcher dann im Workshop implementiert wird. Der Problem-Solving-Workshop beinhaltet also nicht nur das Untersuchen und Lösen von Problemstellungen, sondern zielt auf die Umsetzung ab. Das heißt, dass während eines Problem-Solving-Workshops der Schwerpunkt auf das Umsetzen gelegt wird und somit das Team versucht, so viel wie möglich im Rahmen des Workshops umzusetzen. Dabei kann es vorkommen, dass die Lösungsansätze vorläufig implementiert werden, also eine Zwischenlösung erreicht wird. Damit wird sichergestellt, dass der Lösungsansatz sofort implementiert werden kann. Erst nach dem Workshop wird die nachhaltige Form der Idee umgesetzt.

### Offener Problemlösungsworkshop

Ein offener Problemlösungsworkshop (Bild 5.54) ist ein nicht auf eine bestimmte Problemstellung ausgelegter Workshop. Dieser erlaubt, jede Art von Problemen oder identifizierter Verschwendung zu untersuchen und Lösungsansätze zur erarbeiten. Dabei begleitet ein Moderator, in den meisten Fällen ein Lean-Management-Experte, das Team bei der strukturierten und methodischen Vorgehensweise. Der Moderator wählt die notwendigen Lean-Management-Werkzeuge im Voraus aus und leitet das Team. Dabei verlangt ein offener Problemlösungsworkshop eine größere Erfahrung vom Moderator und dem Team als ein geschlossener Problemlösungsworkshop. Einsatzgebiet eines offenen Problemlösungsworkshops sind spezifische Problemstellungen im Unternehmen, welche nicht von einem geschlossenen Problemlösungsworkshop abgedeckt werden können. Des Weiteren dient der offene Problemlösungsworkshop am Beginn einer Lean-Initiative zur Definition der Vorgehensweise in einem geschlossenen Problemlösungsworkshop. Am Ende des Workshops erfolgt eine Präsentation des Teams vor dem Management über deren Erfolge und die erarbeiteten Lösungen. Dabei wird keine PowerPoint- oder computergestützte Präsentation eingesetzt, sondern die Präsentation ist, wenn möglich, vor Ort zu halten. Die Präsentation wird ausschließlich von den Teammitgliedern mithilfe von Moderationswerkzeugen, wie z. B. Paper Boards, gehalten.

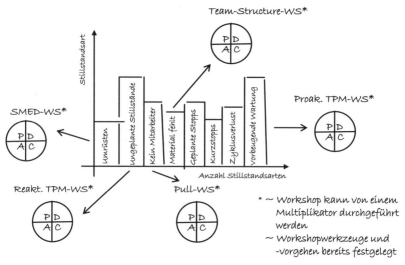

**Bild 5.54** Offener Problemlösungsworkshop

## Geschlossener Problemlösungsworkshop

Ein geschlossener Problemlösungsworkshop (Bild 5.55) ist im Unterschied zu einem offenen Problemlösungsworkshop auf eine definierte Problemstellung ausgelegt und somit im Vorgehen, in der Struktur, der Auswahl der Lean-Management-Werkzeuge sowie der Moderationsstruktur festgelegt. Das bedeutet, dass das Lean-Management-System des Unternehmens gezielte Workshops organisiert, welche auf eine bestimmte Problemstellung auszulegen sind.

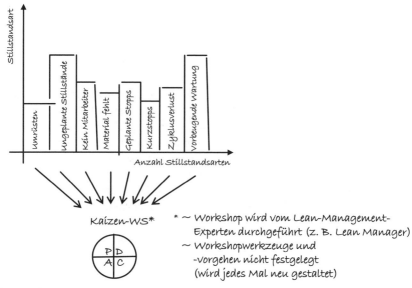

**Bild 5.55** Geschlossener Problemlösungsworkshop

**Beispiele für geschlossene Problemlösungsworkshops**

- SMED-Workshop
- TPM-Workshop
- QRQC-Workshop
- VSM-Workshop (Workshop zur Wertstromanalyse, VSM: Value Stream Mapping)

Besonders die Vorgehensweise wie auch die Strukturierung des geschlossenen Problemlösungsworkshops ermöglicht es den Mitarbeitern, effizienter an der Problemstellung zu arbeiten. Außerdem können bei einem geschlossenen Problemlösungsworkshop Mitarbeiter eingesetzt werden, die als Experten in bestimmten Problemfeldern gelten. Die Spezialisierung erlaubt also den Einsatz von Mitarbeitern als Moderatoren im Lean-Management-System. Hierdurch können die wertvollen Ressourcen der Lean-Management-Experten multipliziert werden, und die Anzahl der Problemlösungsworkshops kann dadurch erhöht werden.

### ■ Was bringt mir das?

Die Einbeziehung jedes Mitarbeiters in den Prozess der ständigen Verbesserung schöpft die Potenziale aus, die in Form von Ideen in den Köpfen der Mitarbeiter vorhanden sind. Die Methodik des Kaizen schafft den notwendigen systematischen Rahmen, um die Unternehmensprozesse in Richtung des angestrebten Zielzustands zu verändern.

Kaizen als Bestandteil des Geschäftssystems initiiert die ständigen Veränderungen der Unternehmensprozesse, die notwendig sind, um die Wettbewerbsfähigkeit nicht nur zu erhalten, sondern zu verbessern. Das Unternehmensumfeld ist einer permanenten Veränderung unterworfen. Spiegelbildlich muss sich das Unternehmen ständig verändern, um diese Herausforderung meistern zu können.

Die klare Strukturierung und Organisation des Problemlösungsansatzes in Form von z. B. Problemlösungsworkshops führt zur Eliminierung von Verschwendung. Das Unternehmen bedient sich, neben dem KVP bzw. internen Verbesserungsvorschlagswesen, eines zweiten Lean-Management-Werkzeugs, um den Verbesserungsprozess zu strukturieren und zu organisieren. Die klar strukturierte und methodische Vorgehensweise in einem Problemlösungsworkshop generiert Ergebnisse, welche nachhaltiger und effizienter sind. Die dazugehörigen Managementroutinen wie auch die Doktrin der Hypothesentests gewährleisten die erforderliche Nachhaltigkeit (Bild 5.56). Neben Ergebnissen wie Kostenreduzierungen, Qualitätsverbesserungen und Verbesserungen des Service wird auch eine positive Entwicklung der sozialen Kompetenz der teilnehmenden Mitarbeiter erreicht. Die fachübergreifende Teamentwicklung, die Ausbildung der methodischen Vorgehensweise wie auch die methodischen Werkzeuge erlauben den Mitarbeitern, die erworbenen Fähigkeiten im Tagesgeschäft und im täglichen Kaizen einzusetzen.

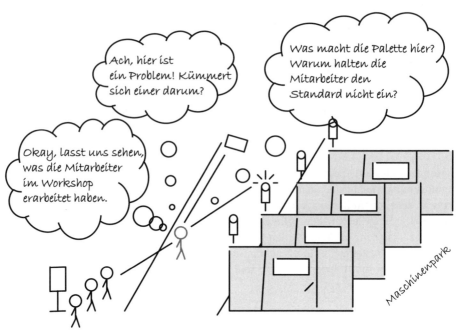

**Bild 5.56** Managementroutinen – Gemba zur nachhaltigen Implementierung von Standards

Der Aspekt des strukturierten und organisierten Kaizen-Workshops führt außerdem zu einer Möglichkeit der Realisierung von erforderlichen Innovationsdurchbrüchen, also der Innovation (Kaikaku), die in der Spirale des Tagesgeschäfts und des „Feuerlöschbetriebs" nicht realisiert werden konnten. Insbesondere der Aspekt der Freisetzung der Mitarbeiter für den Zeitraum des Workshops realisiert die Möglichkeit der Erreichung von Durchbruchszielen, welche nicht im Tagesgeschäft möglich wären. Die durch die Teams erarbeiten Lösungsansätze wie auch die Konzentration der Lean-Management-Werkzeuge auf bestimmte Problemstellungen erlauben einen Blick über den „Tellerrand" und schaffen somit neue Lösungsansätze. Somit ist der Problemlösungsworkshop ein weiteres Werkzeug des Lean Managements zum gesteuerten und strukturierten Kaizen.

 **Kaikaku:** japanisch für radikalen Wandel

# 5.15  Poka Yoke – Fehler verhindern

## Einstieg

Die Problem- bzw. Fehlerkultur im Lean Management unterscheidet sich grundlegend von der, die normalerweise in Unternehmen besteht. In den meisten Unternehmen wird der Mensch ursächlich als Fehlerquelle betrachtet, und es wird erwartet, dass durch Ausbildung und Training eine Reduzierung der Fehlerhäufigkeit erreichbar ist. Es ist nicht von der Hand zu weisen, dass diese Maßnahmen zu einer Reduzierung der Fehler führen. Es ist aber auch zutreffend, dass Unaufmerksamkeit, Ermüdung durch eintönige Verrichtungen oder das versehentliche Ablesen falscher Daten zu Fehlern führen, die durch Training nicht zu beseitigen sind.

Im Lean Management besteht eine grundsätzlich andere Einstellung zu Fehlern. Zunächst wird das Auftreten als ein wertvoller Hinweis zur Verbesserung angesehen. Nicht der „Verursacher Mensch" steht im Fokus der danach ablaufenden Aktivitäten, sondern der Prozess, in welchem der Fehler aufgetreten ist. Es wird davon ausgegangen, dass der Prozess (oder das Produkt) Schwachstellen aufweist, die zu einem fehlerhaften Verhalten des Mitarbeiters führen. Deshalb wird im Rahmen der Entwicklung von Maßnahmen zur Beseitigung des Fehlers auf die Prozessgestaltung abgestellt.

Poka Yoke lässt sich übersetzen als „Vermeidung von dummen Fehlern". Da diese Art von Fehlern im Rahmen einer Stichprobenkontrolle nur sehr schwer zu entdecken ist und somit häufig erst beim Kunden auftritt, sind eine Analyse der Ursachen und die Beseitigung der entsprechenden Schwachstellen eine Vorgehensweise, die sich auszahlt.

 **Poka:** japanisch für „unglückliche" Fehler
**Yoke:** japanisch für vermeiden, vermindern

## Worum geht es?

Damit Poka Yoke wirksam im Prozess der Erstellung von Dienstleistungen und Produkten eingesetzt werden kann, müssen im ersten Schritt die Ursachen der Fehler identifiziert werden. Hierbei wird in den meisten Fällen die Fehlerquelleninspektion (Source Inspection) eingesetzt, die, wie Poka Yoke, von Shigeo Shingo entwickelt wurde. Hierbei wird die gesamte Kausalkette untersucht, um der wahren Ursache des Fehlers auf den Grund zu gehen. Zum Einsatz kommt die 6-W-Hinterfragetechnik, die z. B. auch im Kaizen verwendet wird. In manchen Fällen kann es sinnvoll sein, im Rahmen einer Produkt-FMEA (Fehlermöglichkeits- und -einflussanalyse) den Fehler im Produktentwicklungsprozess zu vermeiden. Durch eine entsprechende Änderung der Konstruktion (z. B. asymmetrische Passungen) ist eine frühzeitige Fehlervermeidung möglich.

Bei der Realisierung von Poka-Yoke-Maßnahmen sind in Bezug auf die Abfolge die Prüfmethode, der Initialisierungs- und Auslösemechanismus, der Detektionsmechanismus sowie der Regulierungsmechanismus zu beachten:

- Die Prüfmethode kann an der Fehlerursache ansetzen (dort, wo der Fehler entsteht, z.B. Materialausgabe) und aus einer direkten Rückmeldung (fehlerhaftes oder falsches Material wird am Arbeitsplatz per Selbstkontrolle erkannt) oder aus einer indirekten Rückmeldung bestehen (im Rahmen einer nachfolgenden Kontrolle wird das fehlerhafte Material erkannt und eine Weitergabe zum nächsten Prozessschritt verhindert).
- Der Initialisierungs- und Auslösemechanismus führt zu einer Identifizierung des Fehlers.
- Der Regulierungsmechanismus verhindert, dass der Fehler auftritt bzw. in den nächsten Arbeitsschritt übernommen wird.

Der Initialisierungs- und Auslösemechanismus legt fest, wie ein Fehler festgestellt wird. Alternativ wird auch von einem Detektionsmechanismus gesprochen. Darin werden Maßnahmen z.B. der Arbeitsplatzgestaltung verwendet, um eine falsche Positionierung z.B. eines Werkstücks zu verhindern. Es sind drei Methoden möglich:

- Bei der Kontaktmethode sind physikalische Größen maßgeblich, die einen Indikator für einen Fehler darstellen. Zum Beispiel sind Temperatur, Gewicht oder Form für eine Abweichung vom Standard entscheidend und geben den Hinweis auf einen Fehler.
- Die Konstantwert- oder Fixwertmethode wird verwendet, wenn eine festgelegte Anzahl von Arbeitsschritten oder Verrichtungen für einen korrekt ablaufenden Prozess erforderlich ist. Zum Beispiel kann hier durch einfaches Zählen der Fehler erkannt werden.
- Im Rahmen der Schrittfolgenmethode werden Abweichungen von einem festgelegten Standard des sequenziellen Ablaufs z.B. von Montagevorgängen erkannt.

Zur Vermeidung der Fehler können zwei Methoden verwendet werden:

- Die Eingriffsmethode verhindert eine weitere Bearbeitung des Werkstücks oder Fortsetzung des Arbeitsprozesses (Bild 5.57, Bild 5.58). Maschinen werden automatisch angehalten oder Transportvorgänge unterbrochen.
- Bei der Alarmmethode wird durch optische oder akustische Signale auf den Fehler hingewiesen, sodass der Mitarbeiter diesen korrigieren kann.

Häufig wird der Einwand vorgebracht, dass mit der Änderung der Einstellung gegenüber Fehlern diese toleriert werden und dass mit Poka Yoke Arbeitsplätze „idiotensicher" gemacht würden und damit die Mitarbeiter abqualifiziert. Hierzu ist festzustellen, dass im Lean Management Fehler nicht akzeptiert oder toleriert werden, sondern im Gegenteil eliminiert. Anerkannt wird, dass Menschen Fehler machen, Schuldzuweisungen aber niemandem weiterhelfen. Vielmehr ist es eine Daueraufgabe, Fehler zu entdecken und mit den Methoden und Werkzeugen des Lean Managements auf Dauer zu beseitigen.

Im Rahmen von Poka Yoke wird oft mit einfachen Mitteln verhindert, dass Fehler beim Umgang mit Anlagen oder Maschinen auftreten. Wie in Bild 5.57 angedeutet, können verschiedene Gewinde (z.B. ein Links- und ein Rechtsgewinde) für verschiedene Anschlüsse verhindern, dass diese versehentlich verwechselt werden. Ein Rohran-

schluss Linksgewinde lässt sich in keinem Fall an den Anschluss mit dem Rechtsgewinde anschließen. Hierdurch werden Schäden durch falsches Anschließen ausgeschlossen.

Bei der Montage von Einzelteilen zu einem Fertigprodukt kommt es sehr häufig auf die
richtige Anordnung eines Teils im Gesamtobjekt an. Eine falsche Montage (z. B. seiten-
verkehrt) führt zu einer Fehlfunktion oder das Bauteil wird zerstört. Wie in Bild 5.58
angedeutet, führt die Anordnung von runden und eckigen Aussparungen und entsprechenden Gegenstücken im Gesamtobjekt dazu, dass der Mitarbeiter das Bauteil nicht
montieren kann, wenn ein falscher Einbau versucht wird. Der Mitarbeiter erkennt den
Fehler sofort. Damit kann eine Falschmontage nicht mehr auftreten.

Anschlüsse – unterschiedliche
Drehrichtungen des Gewindes

**Bild 5.57** Produkt-Poka-Yoke

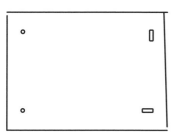

**Bild 5.58** Prozess-Poka-Yoke

Der „idiotensichere" Arbeitsplatz ist nicht das Ziel von Poka Yoke. Der Mitarbeiter soll
durch die getroffenen Maßnahmen darin unterstützt werden, Fehler zu vermeiden und
eine exzellente Produktqualität zu erzeugen. Gerade durch die Integration des Mitarbeiters in die Fehleridentifizierung, Ursachenanalyse und Maßnahmenplanung wird ein
Akzeptanzgrad erreicht, der den Erfolg sichert.

### ■ Was bringt mir das?

Poka Yoke ist in vielen Fällen nicht mit hohen Investitionen verbunden (das Beispiel
Pick-by-Light ist hier eine Ausnahme). Oft sind es relativ einfache Maßnahmen, die in
kurzer Zeit realisiert werden können. Die Veränderung der Konstruktion, sodass eine
falsche Montage nicht mehr möglich ist, oder das Design von Passungen, die ein verkehr-
tes Zusammenstecken von Verbindungen verhindern, können bereits im Produktentwicklungsprozess berücksichtigt werden.

Die Auswirkungen von Poka-Yoke-Maßnahmen auf die Produkt- bzw. Prozessqualität
können erheblich sein. Ausgehend von der Tatsache, dass die Fehlerkosten mit dem Fort-

schritt im Produktionsprozess bis zur Auslieferung am Kunden exorbitant zunehmen, sind entsprechend hohe Erwartungen an den Nutzen der Maßnahmen zu knüpfen.

Im Gegensatz zu den Maßnahmen der Qualitätskontrolle sind durch Poka Yoke keine zusätzlichen Prozessschritte erforderlich. Die Qualität wird sozusagen in den Prozess implementiert und durch die Art des Arbeitsvorgangs in situ geprüft. Damit sind Nacharbeit und die Verschrottung unbrauchbarer Produkte bzw. Teile aufgrund der mit Poka Yoke beseitigten Fehler in deutlich geringerem Umfang notwendig.

Das Erkennen von Fehlerquellen und die Erarbeitung von Gegenmaßnahmen sind nur in Zusammenarbeit mit dem Mitarbeiter möglich, der für den jeweils betrachteten Montageschritt verantwortlich ist. Dadurch wird die Akzeptanz des Mitarbeiters erhöht. Der Mitarbeiter wird nicht mit einer technischen Lösung konfrontiert, die dessen Kompetenz und Qualifikation infrage stellt, sondern es wird gemeinsam eine Lösung entwickelt, welche den Mitarbeiter vom Druck der ständigen Beachtung dieser Fehlerquelle entlastet.

Die Kontrolle von Halbfabrikaten und dem Endprodukt verursacht oft hohe Kosten. Zu bedenken ist, dass Qualitätskontrollen nicht wertschöpfende Tätigkeiten sind. Wird ein Produkt im ersten Durchgang durch die Produktion fehlerfrei hergestellt, können Kontrollen entfallen. Mit Poka Yoke kann somit Verschwendung eliminiert und können Kosten reduziert werden.

 **Beispiel: Pick-by-Light in der Kommissionierung**

In einem Großhandelsunternehmen für elektronische Bauteile wurde festgestellt, dass in der Kommissionierung eine Fehlerquote von 8 % bestand. Da ein Teil der Kunden aus Produktionsbetrieben mit Just-in-time-Anlieferung bestand, waren die Konsequenzen der fehlerhaften Sendungen teils gravierend. Das Unternehmen musste dringend nach Maßnahmen suchen, welche die Fehlerquote auf einen Wert von unter 2 % reduzierten.

Zunächst wurden Maßnahmen in Betracht gezogen, die auf eine Verbesserung der Routine des Kommissionierungspersonals ausgerichtet waren. Da aber häufig Personal in Teilzeit beschäftigt wurde und hier eine entsprechende Fluktuationsquote bestand, schien diese Lösung wenig vielversprechend. Deshalb wurde von einem hinzugezogenen Beratungsunternehmen Poka Yoke als Lösungsstrategie vorgeschlagen.

Die Kommissionierarbeitsplätze bestanden aus einem Regal mit einer Vielzahl von einzelnen Kästen, welche die Bauteile enthielten und mit zwölfstelligen Artikelnummern versehen waren. Es kam immer wieder vor, dass ein Mitarbeiter in die falsche Box griff und ein nicht bestelltes Bauteil kommissioniert wurde. Teils wurde auch ein Bauteil nicht kommissioniert, da der Mitarbeiter in der Kommissionierliste eine Position übersprang.

Eine Analyse der Ursachen ergab, dass aufgrund der Arbeitsplatzsituation Konzentrationsmängel und Fehlgriffe im Prozess begründet und nur durch Veränderung der Arbeitsplatzgestaltung zu vermeiden waren. Eine Kontrolle jeder Kommission nach Abschluss des Vorgangs erschien aus Kostengründen nicht praktikabel. Das Beratungsunternehmen schlug eine technische Lösung vor. Das sogenannte Pick-by-Light besteht aus einer gut sichtbaren Lampe unter dem jeweiligen Behälter für das Bauteil. Diese leuchtet dann gesteuert durch die für die Kommissionierung eingesetzte Software auf, wenn Bauteile entnommen werden sollen. Zusätzlich gibt eine Anzeige an, wie viel Stücke für den Auftrag aus der Box entnommen werden sollen. Ein Bestätigungsknopf ist danach vom Kommissionierer zu betätigen. Damit springt die Kommissionieranzeige zur nächsten Position, und das Lagerverwaltungssystem erhält die Information über die Entnahme.

Im Rahmen einer Investitionsrechnung wurden die Investitionskosten (Hard- und Software) zu den reduzierten Kosten ins Verhältnis gesetzt. Die Kostenreduzierung betraf zum einen die verringerten Prozesskosten je Kundenauftrag (Erhöhung der Anzahl der kommissionierten Artikel pro Zeiteinheit), die Reduzierung der Aufwendungen für Reklamationsbearbeitung nach Falschlieferung (Nachsendung mit Kurier-Express-Paket-Dienst, Rücknahme falscher Teile, Preisnachlässe gegenüber dem Kunden) und die Reduzierung der aufgrund von Falschlieferungen fälligen Konventionalstrafen bei den Just-in-time-Kunden. Da die Investitionsrechnung einen akzeptablen Return on Investment auswies, führte das Unternehmen die Pick-by-Light-Kommissionierung ein. Die Fehlerquote lag danach deutlich unter 2 %. Das Ziel der Maßnahme war damit erreicht.

 **Kundenbeziehung versus Return on Investment (ROI)**

Poka-Yoke-Maßnahmen vermeiden Reklamationen, erhöhen die Kundenbindung sowie die Motivation der Mitarbeiter. Doch trotz zumeist kleinem Investitionsaufwand werden sie nicht umgesetzt. Klassisches „Blindcontrolling" bzw. „Pfennigfuchserei", selbst bei kleinen Investitionen alles mit einem ROI zu belegen, führt allzu oft zu einer Verschlechterung der Kundenbeziehung und zur Demotivation der Mitarbeiter bei der Verschwendungseliminierung. Das Controlling selbst arbeitet in diesem Fall nicht konsequent und die Kosten der Kundengewinnung bzw. des Kundenverlusts fließen bei der Kalkulation nicht ein.

# ■ 5.16 Fehlermöglichkeits- und -einflussanalyse (FMEA)

## ■ Einstieg

Fehler, die bereits bei der Herstellung eines Produkts entstehen, führen früher oder später bei der Verwendung durch den Kunden zu Qualitätsmängeln oder einem Ausfall. Am Beispiel der Geschichte von Scott und Amundsen, welches am Anfang des Buches dargestellt wurde, lassen sich die Konsequenzen besonders drastisch darstellen. Amundsen legte, wie beschrieben, besonderen Wert auf eine an die Umweltbedingungen in der Antarktis angepasste Ausrüstung. Das unbekannte Terrain, das vor ihm lag, und die extremen klimatischen Verhältnisse würden bei einem Fehler in der Planung und Ausrüstung zur schlimmsten denkbaren Konsequenz führen: dem Tod seiner Teammitglieder und seinem eigenen Tod. Scott hat diese Sorgfalt und Perfektion teilweise außer Acht gelassen. Das Ergebnis ist Geschichte.

Bei der Produktion von Gütern und Dienstleistungen sind die Konsequenzen in manchen Bereichen ähnlich dramatisch. Fehler in Verkehrsflugzeugen oder Pkw können bei ungünstiger Konstellation der betroffenen Teile ebenfalls den Tod von Menschen verursachen. In der Luftfahrt gelten deshalb besonders weitgehende Vorschriften des Luftfahrtbundesamtes die Sicherheit betreffend, und ein sehr hoch entwickeltes Qualitätssicherungssystem ist in dieser Branche Standard. Entsprechend niedrig ist die Anzahl der Unfälle in diesem Bereich. Pro Million geflogener Strecken stürzen nur 0,81 Flugzeuge ab. Dies bedeutet, dass die Wahrscheinlichkeit, bei einem Flugzeugabsturz zu sterben, bei 0,000012 liegt.

Betrachtet man Produktfehler, die zu weniger fatalen Problemen führen, steht oft die Reputation des herstellenden Unternehmens auf dem Spiel, oder diese führen zu zusätzlichen Kosten, welche die Wirtschaftlichkeit der Produktlinie infrage stellen. Es liegt deshalb nahe, Fehler in der Konstruktion und in der Produktion von Gütern weitgehend zu vermeiden. Jeder Qualitätsmanager kennt die Kostenkurve von Fehlerkosten in Abhängigkeit von der Konstruktions- bzw. Produktionsstufe (Bild 5.59). Werden Fehler bei der Produktentwicklung und Konstruktion entdeckt, liegen die hieraus resultierenden Kosten in überschaubarem Rahmen. Fehler, die im Produktionsprozess entdeckt werden, verursachen meist deutlich höhere Kosten, z. B. für Nacharbeit, oder im schlimmsten Fall die Verschrottung.

Gelangt ein fehlerhaftes Produkt zum Kunden, ist der Schaden in der Regel am höchsten. Der Kunde ist unzufrieden, das Produkt muss repariert oder zurückgenommen und gegen ein einwandfrei funktionierendes ausgetauscht werden. Am schwersten wiegt zweifellos die Unzufriedenheit des Kunden. Der Verlust des Kunden und das Kommunizieren der Erfahrungen an potenzielle Kunden richten erheblichen Schaden an.

Aus den genannten Gründen ist es vorteilhaft, Fehler so früh wie möglich zu entdecken und zu beseitigen. Je geringer die Kosten für diese Fehlerbeseitigung, desto wirtschaftlicher kann das Produkt hergestellt werden. Die Fehlermöglichkeits- und -einflussanalyse (Failure Mode and Effects Analysis) bietet das notwendige methodische Instrumentarium, um dieses Ziel zu erreichen.

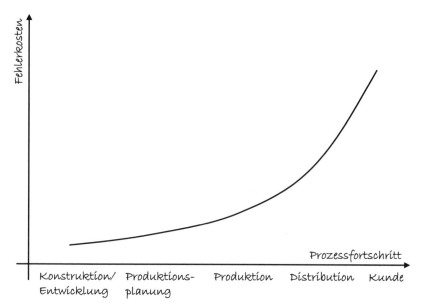

**Bild 5.59**  Fehlerkosten in Abhängigkeit vom Zeitpunkt der Fehlerentdeckung

## ■ Worum geht es?

Mithilfe der FMEA werden Produkte oder Prozesse systematisch auf Fehler bzw. Schwachstellen untersucht. Diese werden im Hinblick auf das Risiko, d. h. die Eintrittswahrscheinlichkeit und daraus resultierende Folgen für die Funktionsfähigkeit des Produkts bzw. Prozesses bewertet. Damit wird die Grundlage zur Entwicklung von Maßnahmen zur Eliminierung oder zumindest Reduzierung des Risikos gelegt. Im Folgenden sollen die Schritte zur Durchführung eine Prozess-FMEA beschrieben werden.

Nach der Festlegung des Umfangs der FMEA (Beschreibung des Prozesses oder Teilprozesses, für welchen die FMEA durchgeführt werden soll) muss zunächst das Analyseteam gebildet werden. Bei der Teambildung sollte Wert darauf gelegt werden, dass dieses interdisziplinär zusammengesetzt wird. Nur so lassen sich einseitig fachbezogene Blickwinkel auf Fehler und deren Ursachen vermeiden. Die FMEA wird in fünf Schritten durchgeführt (Bild 5.60):

- **Schritt 1: Erfassung der Datengrundlagen**
  Im ersten Schritt der FMEA werden alle relevanten Informationen zusammengetragen, die dabei helfen können, Probleme und Fehler zu analysieren. Einbezogen werden dabei die beteiligten Unternehmensbereiche, aber auch Kunden und Lieferanten. Relevante Informationen können Prozessbeschreibungen (z. B. aus dem Qualitätsmanagement-Handbuch des Unternehmens), statistische Daten über Reklamationen und Fehler, Ergebnisse von Kundenzufriedenheitsbefragungen, Ergebnisse von Audits oder Kennzahlen aus den relevanten Prozessen sein.

- **Schritt 2: Beschreibung des Ist-Zustands**
  Bei der Beschreibung des Ist-Zustands wird der Prozess in Teilprozesse und Arbeitsschritte bzw. Arbeitsplätze zerlegt. Anschließend wird eine detaillierte Beschreibung der Inhalte der Prozesse unter Berücksichtigung der Sequenz der Prozessschritte erstellt. Dann werden potenzielle Fehler aus den Prozessinhalten abgeleitet und mit ersten Aussagen zu den möglichen Fehlerursachen versehen.

- **Schritt 3: Bewertung des Ist-Zustands**
  Ziel der Bewertung des Ist-Zustands ist, die „kritischen" Fehler herauszufiltern. Hierbei hat sich folgende Vorgehensweise in der Praxis bewährt. Grundsätzlich sind die Eintrittswahrscheinlichkeit, die Fehlerauswirkungen und die Wahrscheinlichkeit für das Entdecken des Fehlers zu quantifizieren. Da es in der Praxis schwierig ist, Wahrscheinlichkeiten zu beziffern oder Fehlerauswirkungen mit Geldwerten zu belegen, wird eine Bewertung in Form eines Punktesystems vorgenommen. Die Eintrittswahrscheinlichkeit wird z. B. in einer Skala zwischen 1 und 10 eingeordnet. Liegt die Fehlerrate eines Prozesses z. B. unter 10 ppm, wird dieser der Wert 1 zugeordnet. Ist hingegen eine Fehlerrate z. B. von über 150 000 ppm wahrscheinlich, wird dieser der Wert 10 zugeordnet.

  Bei den Folgen von Fehlern werden die Kosten des Fehlers und Konsequenzen aus dem Fehler für die Bewertung verwendet. Bei einer Bewertung mit dem Skalenwert 1 würde eine geringe Störung des Prozesses vorliegen. Bei einem Wert von 10 wäre der Prozess nicht nur sehr gestört bzw. unterbrochen, es käme auch zu Problemen, welche z. B. die Arbeitssicherheit beeinträchtigen oder katastrophale Folgen haben.

  Bei der Wahrscheinlichkeit des Entdeckens des fehlerhaften Prozessablaufs kommt es auf die Sichtweise des Kunden an. Ist der Fehler im Prozess offensichtlich und leicht zu entdecken, bevor das resultierende Produkt zum Kunden gelangt, liegt der Skalenwert bei 1. Ist dagegen der Fehler weitestgehend unsichtbar, und das defekte Produkt gelangt mit großer Wahrscheinlichkeit bis zum Kunden, erhält dieser Fehler den Skalenwert 10.

  Anschließend kann die Risikoprioritätszahl berechnet werden. Diese stellt die Wahrscheinlichkeit des Auftretens multipliziert mit der Bedeutung der Fehlerfolge multipliziert mit der Wahrscheinlichkeit des Entdeckens vor Auslieferung dar. Die Fehler mit der höchsten Risikoprioritätszahl sind vorrangig zu beseitigen.

- **Schritt 4: Erarbeitung von Maßnahmen zur Erreichung eines Soll-Zustands**
  Im vierten Schritt werden Maßnahmen zur Vermeidung der Fehler entwickelt. Hierbei wäre es ein Fehler, auf eine Erhöhung der Wahrscheinlichkeit des Entdeckens abzustellen. Dies wäre zweifellos Verschwendung und würde den Lean-Prinzipien zuwiderlaufen. Sowohl eine hohe Eintrittswahrscheinlichkeit als auch eine hohe Bedeutung der Fehlerfolgen sind Indikatoren für ein schnelles Handeln.

  Im Rahmen des Schrittes werden zu jeder erkannten und im Sinne der Risikoprioritätszahl bedeutenden Fehlerursache Maßnahmen entwickelt, die im Hinblick auf Wirkung und Kosten bewertet und entsprechend zur Durchführung vorgeschlagen werden.

- **Schritt 5: Bewertung des erreichten Soll-Zustands**
  Im letzten Schritt wird die Durchführung der Maßnahmen verfolgt, die Termineinhaltung geprüft und das Ergebnis einer Evaluierung unterzogen. Hierbei sind folgende

Fragen zu beantworten: Hat die Maßnahme die erwarteten Ergebnisse im Hinblick auf die Vermeidung von Fehlern erfüllt? Gab es Abweichungen bei den Kosten der Maßnahme zwischen Plan und Ist? Sind nicht erwartete Auswirkungen der Maßnahme aufgetreten? Anschließend wird die Risikoprioritätszahl neu berechnet, und die nächsten Verbesserungen im Sinne der Fehlervermeidung werden angestoßen.

**Bild 5.60** FMEA am Beispiel der Kommissionierung

### ■ Was bringt mir das?

Die FMEA führt zu einer Reduzierung von Fehlern in Produktions- und Dienstleistungsprozessen. Die Wirkungen sind einerseits quantitativer Natur im Hinblick auf die Verbesserung der Wirtschaftlichkeit, andererseits qualitativer Natur im Hinblick auf die Organisation innerhalb des Unternehmens. Folgende Nutzen ergeben sich aus der systematischen Anwendung der FMEA (vgl. [12] S. 690):

- Durch das Entdecken und Vermeiden von Fehlern werden die Fehlerkosten reduziert. Dies trifft besonders auf die Konstruktions-FMEA zu, die bereits in der Entwicklungsphase Fehler aus den Produkten eliminieren kann.

- Fehler, die nach der Entwicklungsphase entstehen, wenn das Produkt in den Fertigungsprozess geht, führen zu Änderungen von Konstruktion und Werkzeugen. Wird der Fehler hingegen bereits im Entwicklungsprozess entdeckt, entstehen diese Kosten nicht.
- Das frühzeitige Entdecken von Fehlern schützt den Kunden vor den Konsequenzen und trägt somit zur Kundenzufriedenheit bei.
- Die FMEA hat den Vorteil, dass Fehler nicht im Rahmen einer Qualitätsprüfung am Ende des Produktionsprozesses entdeckt werden, sondern viele Prozessstufen davor. Damit wird Verschwendung eliminiert.
- Die Zusammenarbeit der Mitarbeiter in den FMEA-Teams reduziert die Barrieren zwischen den Fachabteilungen und fördert die Kommunikation innerhalb des Unternehmens.

Das nachfolgende Beispiel aus dem Bereich des Gefahrguttransports ist fiktiv, beruht aber auf einem realen Hintergrund, der aufgrund des Schutzes der Beteiligten in allgemeiner Form dargestellt wird.

**Beispiel: Unfallrisiko beim Gefahrguttransport**

Ein Transport mit einer chemischen Substanz von 20 Tonnen eines Gefahrguts der Klasse 4 (entzündbare feste Stoffe, Vorprodukt für einen chemischen Produktionsprozess) ist auf einer Landstraße von der Fahrbahn abgekommen und mit mehreren Bäumen kollidiert. Der Fahrer wurde schwer verletzt, die Substanz ist teilweise aus den Kammern des Silo-Lkw ausgetreten. Die Feuerwehr der nahe gelegenen Kleinstadt musste weitere spezialisierte Einsatzfahrzeuge der benachbarten Großstadt zu Hilfe rufen, um größeren Schaden abzuwenden und die Umwelt vor den Folgen des Gefahrgutaustritts zu schützen. Der Sachschaden am Fahrzeug, der Verlust der Ladung und die Kosten des Einsatzes der Feuerwehr führten zu einem Schaden im sechsstelligen Bereich.

Eine Untersuchung über den Hergang und die Ursachen des Unfalls durch die zuständige Staatsanwaltschaft kam zu dem Schluss, dass der Fahrer die höchstzulässige Lenkzeit um drei Stunden überschritten hatte und zum Unfallzeitpunkt stark übermüdet war. Auf dieser Grundlage wurde Anklage gegen den Fahrer erhoben. In der Unfallstatistik wurde als Unfallursache „menschliches Versagen" vermerkt.

Mit der rechtskräftigen Verurteilung des Fahrers wäre der Fall abgeschlossen. Im Rahmen einer Prozess-FMEA würden die wahren Ursachen des Unfalls aufgedeckt werden können. Hierbei erfolgt eine ganzheitliche Untersuchung des gesamten Systems des Gefahrguttransports mit allen zugehörigen Systemelementen, beginnend bei der Entstehung des Transportauftrags über den Verlauf der Transportroute bis hin zum Zeitpunkt des Unfalls. Das System des Gefahrguttransports stellt sich wie in Bild 5.61 dar.

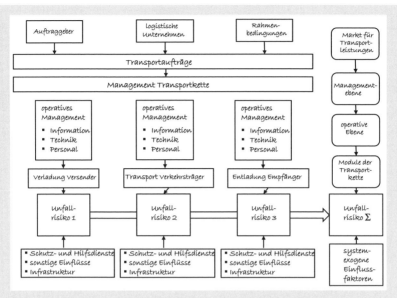

**Bild 5.61** System des Gefahrguttransports (in Anlehnung an [17])

Die Prozess-FMEA würde auf der operativen Ebene des Prozesses beginnen. Hier ist der Fehler offensichtlich aufgetreten. Der Fahrer hat aufgrund von Übermüdung die Kontrolle über den Lkw verloren und damit den Unfall verursacht. Nach den Lean-Prinzipien gibt man sich damit allerdings nicht zufrieden. Die eigentliche Ursache des Unfalls liegt mit großer Wahrscheinlichkeit „stromaufwärts" im Prozess, der in der Endphase zu einem Transport des Gefahrgutes auf der Straße führt.

Die diesem Prozessschritt (Transport – Verkehrsträger – Straße) vorgelagerte Stufe ist das operative Management der Transporte. Konkret kommt hier die Disposition des Fahrzeugs im Transportunternehmen in den Fokus der Betrachtung. Hier würde man feststellen, dass der Disponent den Zeitrahmen für die Ablieferung des chemischen Produkts beim Kunden so eng gesetzt hat, dass die Einhaltung der vorgeschriebenen Ruhezeit nicht möglich war. Dies mag für den Fahrer durchaus sofort erkennbar gewesen sein. Die Angst vor einem eventuellen Arbeitsplatzverlust hätte die Akzeptanz der resultierenden Delinquenz zur Folge gehabt. Es würde nun auf der Hand liegen, den Disponenten juristisch zur Verantwortung zu ziehen. Entsprechende Fälle sind bekannt. Aber auch damit wäre eine FMEA nicht ausreichend „in die Tiefe gegangen".

Nach den Prinzipien des Lean Managements würde jetzt die Frage folgen, warum der Disponent so gehandelt hat? Auf der nächsten Ebene des Systems Gefahrguttransport befinden sich die Transportaufträge. Diese werden zwischen dem Auftraggeber (z. B. einem Chemieunternehmen) und einem logistischen Unternehmen (z. B. einer Spedition)

ausgehandelt. Bei der Vertragsverhandlung ist die Liefer- bzw. Transportzeit einer der zu bestimmenden Bestandteile des Vertrags. Da der Trans-
portmarkt überwiegend ein Käufermarkt ist, besteht ein Ungleichgewicht
der Vertragspartner. Die Spedition möchte den Kunden nicht verlieren
oder ist möglicherweise auf den Umsatz aus dem Auftrag angewiesen,
um wirtschaftlich zu überleben. Folglich werden Lieferzeiten akzeptiert,
die eine Durchführung des Transportauftrags unter Einhaltung der Lenk-
und Ruhezeiten unmöglich machen.

Damit würde die Ursache des geschilderten Gefahrgutunfalls auf einer
sehr weit prozessaufwärts liegenden Ebene zu verorten sein. Der Fehler,
der letztlich zu dem Unfall geführt hat, kann unter keinen Umständen auf
den darunter liegenden Prozessstufen vermieden bzw. beseitigt werden.
Das vorgestellte Beispiel macht deutlich, dass mit der FMEA Fehler und
Probleme dauerhaft eliminiert werden können, da nur mittels dieser
Methodik die Ursachen wirksam beseitigt werden können.

# ■ 5.17  Total Quality Management (TQM)

## ■ Einstieg

Die in diesem Fachbuch vorgestellten Methoden und Instrumente können isoliert und
unabhängig von der (oder einer) Unternehmensphilosophie im Unternehmen angewendet bzw. eingesetzt werden. Die volle Wirkung entfalten diese jedoch erst dann, wenn
eine Einbindung in den Rahmen einer ganzheitlichen, alle Beteiligten und sowohl Kunden als auch Lieferanten umfassenden Unternehmensphilosophie erfolgt.

Die Einführung eines Kanban-Systems hat für sich genommen den Nutzen eines selbststeuernden Regelkreises, der nur wenig manuelles Eingreifen benötigt. Eine zentrali-
sierte Planung des Materialflusses entfällt damit weitgehend. Wesentlich mehr Nutzen
bringt das Kanban-System aber erst in einem Pull-System, das die konsequente Syn-
chronisierung der Aktivitäten innerhalb der Prozesse mit der Kundennachfrage beinhaltet. Aber auch damit wird nicht das gesamte Nutzenpotenzial ausgeschöpft. Erst
wenn das Pull-System in eine ganzheitliche Unternehmensphilosophie eingebunden ist,
welche die langfristigen Unternehmensziele mit Blick auf den Kundennutzen und den
Nutzen für die Gesellschaft verfolgt, wird die Vision eines Unternehmens angestrebt,
das sich zu Recht „Lean-Management-Unternehmen" nennen kann.

Total Quality Management ist deshalb die Grundlage zur Entwicklung eines ganzheitlichen Ansatzes zur Realisierung einer konsistenten, langfristigen und auf die Belange
der Kunden zugeschnittenen Unternehmensvision. Damit erfüllt TQM die Klammer-
funktion der einzelnen Methoden und Instrumente im Rahmen des Lean Managements.

### ■ Worum geht es?

Eine anerkannte Definition von Total Quality Management lautet (DIN EN ISO 9000): „Auf die Mitwirkung aller ihrer Mitglieder basierende Managementmethode einer Organisation, die Qualität in den Mittelpunkt stellt und durch Zufriedenstellung der Kunden auf langfristige Geschäftserfolge sowie Nutzen für die Mitglieder der Organisation und für die Gesellschaft zielt."

Die einzelnen Aspekte dieser Managementmethode orientieren sich an den Begriffen „Total", gemeint ist hier der umfassende Rahmen des TQM, der über Abteilungs- und Unternehmensgrenzen hinausgeht, „Qualität", Qualität der Produkte und Dienstleistungen des Unternehmens, die zwingend auch eine definierte Prozessqualität bedingen, und „Management", die Art und Weise der Konzeption der Unternehmensführung. Im Einzelnen beinhalten die genannten Begriffe folgende Grundsätze.

## Total

Von entscheidender Bedeutung für den Erfolg des Veränderungsprozesses im Unternehmen durch die Einführung von Total Quality Management ist das Engagement der obersten Führungsebene (vgl. Kapitel 8). Eine Absichtserklärung mit anschließender Delegation der Aufgabe zur Umsetzung der TQM-Initiative im Unternehmen ist nicht nur nicht ausreichend, sondern verurteilt die Initiative zum Scheitern. Deshalb sollte TQM vom Topmanagement initiiert, kontinuierlich begleitet und unterstützt werden. Dies ist vor allem dann wichtig, wenn Widerstände auf den verschiedenen Managementebenen auftreten. In diesem Fall ist die Geschäftsführung gefragt, deren Aufgabe dann die Durchsetzung der TQM-Ziele im Unternehmen ist.

Die Konzeption von Produkten und Unternehmensprozessen beginnt am Ende der Supply Chain: beim Kunden. Die Einbeziehung des Kunden in alle Planungen und Aktivitäten des Unternehmens, die Kundenorientierung, ist eine der tragenden Säulen des Unternehmens. Die Kundenzufriedenheit und deren regelmäßige Messung sind der Ausgangspunkt von Veränderungen. Wesentlich erscheint dabei, nicht nur die Produkte selbst im Fokus zu haben, sondern die Sichtweise des Kunden und die Funktion sowie den spezifischen Nutzen des Produkts. Eine einseitige Produktorientierung kann zum Verlust des Markts führen, wie das Beispiel Polaroid am Ende des Kapitels zeigt.

Zusätzlich zum Kunden wird im Total Quality Management die Lieferantenseite der Supply Chain mit einbezogen. Ein Unternehmen kann die internen Prozessstrukturen mithilfe der Instrumente und Methoden des Lean Managements von Verschwendung befreien und ein funktionierendes Pull-System aufbauen. Arbeiten die Lieferanten dieses Unternehmens hingegen noch nach überkommenen, traditionellen Prinzipien, finden die Verbesserungsaktivitäten schnell ihre Grenzen auf der Versorgungsseite der Supply Chain. Deshalb ist die Lieferantenintegration die zweite Seite des „Total". Lieferantenintegration bedeutet eine Veränderung der Einstellung gegenüber dem Lieferanten vom Vertragspartner zum Partner im Rahmen der Gestaltung von Prozessen über die Schnittstellen der Unternehmen hinweg und die gemeinsame Entwicklung des Produkts bzw. der vom Lieferanten benötigten Teile und Systeme. Nur dann ist es möglich, Konzepte wie „just in time" oder das Vendor Managed Inventory zu entwickeln und erfolgreich zu implementieren.

Neben den externen Kunden und Lieferanten gibt es auch interne Lieferanten und Kunden. Mit dieser Sichtweise des Prozessmanagements wird die überkommene funktionale Handlungsweise in traditionell organisierten Unternehmen überwunden (Bild 5.62). Eine Abteilung, welche eine Komponente für das Endprodukt herstellt, hat interne Lieferanten (z. B. die Materialwirtschaft) und interne Kunden (z. B. die Montagelinie). Zwischen den beteiligten Abteilungen gibt es eine Leistungsvereinbarung, welche die Anforderungen spezifiziert. Die fertige Komponente wird deshalb nicht „über den Zaun" der Abteilungsgrenze geworfen, sondern diese wird exakt entsprechend den Anforderungen abgeliefert. Damit werden die klassischen Qualitätsprobleme überwunden und wird eine höhere Prozessqualität erreicht.

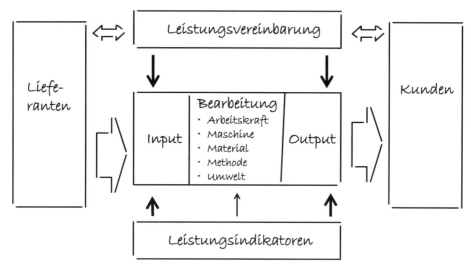

**Bild 5.62** Prozessmanagement (in Anlehnung an [17])

## Quality

Qualität als das erste und wichtigste Unternehmensziel ist der Weg aus dem typischen Optimierungsdilemma bei konfliktären Zielen. Die Ziele Produktqualität, Durchlaufzeit und Produktionskosten können dann nicht gleichzeitig erreicht werden, wenn nur das Endprodukt betrachtet wird. Eine höhere Produktqualität kann nur erreicht werden, wenn mehr Zeit in die Qualitätskontrolle investiert wird und hochwertigere und damit teurere Vorprodukte eingekauft werden. Ein Liefertermin kann nur eingehalten werden, wenn die Durchlaufzeit verkürzt und damit die Qualität des Endprodukts reduziert wird. Ursache dieses Konflikts ist die falsche Sichtweise. Die Frage der Produktqualität ist eine Frage der Prozessqualität. Prozesse mit höherer Qualität reduzieren z. B. die Ausschussquote, die Produktionskosten sinken und die Durchlaufzeit verkürzt sich. Der Konflikt löst sich „in Luft auf".

Die Qualität eines Produkts kann nicht durch Kontrollen sichergestellt werden. Bei Kontrollen werden Fehler entdeckt und dann aufwendig beseitigt oder das Produkt wird verschrottet. Dies bedeutet hohe Kosten und einen reduzierten Output des Produktionsprozesses. Deshalb sollen Fehler von vornherein durch Präventivmaßnahmen verhindert werden. Mithilfe von Leistungsindikatoren wird im TQM sichergestellt, dass der Prozess im Sinne der Leistungsvereinbarung mit dem Kunden so abläuft, dass die erwartete Qualität aus dem Prozess resultiert. Methoden, um Fehler zu vermeiden, werden in diesem Buch im Abschnitt zur Fehlermöglichkeits- und -einflussanalyse, den sieben statistischen Werkzeugen, den sieben Managementwerkzeugen und Poka Yoke vorgestellt.

Sich mit einem einmal erreichten Qualitätsniveau der Prozesse und Produkte zufriedenzugeben, würde bedeuten, der Konkurrenz die Chance zum Auf- oder Überholen zu geben. Deshalb gehört die kontinuierliche Verbesserung zum Total Quality Management. Unter dem japanischen Begriff „Kaizen" wird dieser Aspekt der Qualität in einem eigenen Kapitel diskutiert.

## Management

Unternehmen, die durch Total Quality Management die Einführung einer neuen Unternehmensphilosophie anstreben, müssen sich über den Zweck des Unternehmens Klarheit verschaffen und diesen transparent für Kunden und Mitarbeiter kommunizieren. Dabei kann es nicht um die typisch kurzfristigen Aspekte wie Gewinn oder Return on Investment gehen, sondern die langfristigen Aspekte. Einbezogen werden sollen Kunden bzw. Märkte und Mitarbeiter. Viele Unternehmen haben ein Mission Statement formuliert, welches als Grundlage dienen kann.

In einem Unternehmen, in welchem Total Quality Management als Unternehmensphilosophie umgesetzt wird, ist auch ein Wandel des Führungsstils erforderlich. Dies bedeutet die Abkehr von der anweisenden und kontrollierenden Führungskraft und die Hinwendung zur Führungskraft als Coach seiner Mitarbeiter. Damit wird der Mitarbeiter von der Führungskraft zur Lösung von Problemen angeleitet und fördert damit die Problemlösungskompetenz. Diese ist der entscheidende Motor im Prozess der ständigen Verbesserung.

Auch bei der Festlegung der Unternehmensziele bedeutet TQM einen Wandel vom Management by Objectives zu einer wesentlich kooperativeren und an den einzelnen Managementebenen orientierten Vorgehensweise. Diese Hoshin Kanri oder Policy Deployment genannte Art und Weise, Unternehmensziele festzulegen, berücksichtigt einerseits die vertikale Zielplanung. Hierbei erfolgt die Zielvereinbarung zwischen der obersten und den darunter liegenden Ebenen. Andererseits erfolgt auch eine horizontale Zielplanung. Eingang hierin finden die gegenwärtigen und potenziellen Fähigkeiten der jeweiligen Planungsebene sowie die Kundenerwartungen. Damit ist sichergestellt, dass die Zielplanung realistisch ist und die jeweilige Planungseinheit nicht überfordert. Es wird aber auch der Kundenaspekt in der Zielplanung berücksichtigt, und zwar auf der jeweiligen Ebene, auf welcher die Planung durchgeführt wird. Dadurch wird das Potenzial zur Verbesserung erschlossen und der Verbesserungsprozess gleichzeitig in Gang gesetzt. Dieser auch Kaizen genannte Prozess entsteht entgegen der Ansicht vieler Manager nicht aus der Initiative einzelner Mitarbeiter.

### ■ Was bringt mir das?

Total Quality Management ist eine Unternehmensphilosophie, die zu einer völlig neuen Kultur im Unternehmen führt. Die hieraus resultierenden Vorteile führen zu erhöhter Wettbewerbsfähigkeit und langfristiger Profitabilität des Unternehmens. Im Einzelnen sind folgende Nutzen aus einer Umsetzung von Total Quality Management im Unternehmen zu erwarten:

- Das dauerhafte Engagement der obersten Führungsebene im Rahmen von Veränderungen im Unternehmen durch Realisierung von Total Quality Management fördert die Erfolgschancen und die Durchsetzung der damit verbundenen Unternehmensziele. Im Gegensatz zu einem Projekt ist TQM eine Unternehmensphilosophie, die gravierende Veränderungen in der Unternehmensstruktur bedeutet.

- Konsequente Kundenorientierung schafft die Voraussetzung für den dauerhaften Markterfolg des Unternehmens. Wird in allen Ebenen des Unternehmens und innerhalb der Supply Chain das Bewusstsein verankert, dass die Qualität vom Kunden bestimmt wird, entsteht eine neue Kultur, welche zu wettbewerbsfähigeren Produkten und Dienstleistungen führt.

- Die Integration der Lieferanten in das TQM-Konzept ermöglicht neue Formen der Zusammenarbeit. Die Gestaltung von schlanken Supply Chains ist nur im Rahmen einer Partnerschaft zwischen Unternehmen und Lieferanten möglich. Die Entwicklung technisch komplexer Produkte oder Dienstleistungsangebote, die dem Kunden einen einzigartigen Nutzen bieten können, ist ohne Partnerschaft undenkbar.

- Die Prozessorientierung führt zur Überwindung der überkommenen funktionalen Organisation und schafft ein Qualitätsbewusstsein in allen Stufen des Produktionsprozesses.

- Die Verschiebung des Fokus von der Produkt- auf die Prozessqualität führt zu einer Auflösung des Zielkonflikts zwischen den Zielen Durchlaufzeit, Kosten und Produktqualität.

- Fehler und Qualitätsprobleme, die nicht entstehen, reduzieren die Produktionskosten und tragen zur Kundenzufriedenheit bei. Deshalb steht die Verbesserung im Vordergrund des Total Quality Managements.

- Die ständige Verbesserung der Produkt- und Prozessqualität bedeutet, eine dauerhaft führende Rolle im Wettbewerb zu spielen und das Unternehmen an sich verändernde Umwelt- und Umfeldbedingungen anzupassen.

- Eine klare Formulierung des Unternehmenszwecks und die Kommunikation gegenüber Kunden und Mitarbeitern sichern die langfristige Perspektive des Unternehmens ab.

- Mitarbeiter, die gewohnt sind, nur auf Anweisung zu handeln, und ständig vom Vorgesetzten kontrolliert werden, können das Kreativitätspotenzial zur kontinuierlichen Verbesserung der Prozesse nicht erschließen. Dies gelingt nur, wenn die Führungsrolle (wie im TQM) als Anleitung und Unterstützung zur Problemlösungskompetenz der Mitarbeiter verstanden wird.

- Der klassische Ansatz des Management by Objectives (Führen durch Zielvereinbarungen) verfehlt allzu oft das Ziel der Optimierung des Unternehmens als Ganzes. Im

Gegensatz dazu wird im Rahmen des Hoshin Kanri erreicht, dass durch Berücksichtigung der Kundenanforderungen und der Potenziale der jeweiligen Planungsebene nicht nur ein prozessorientierter Ansatz verwendet wird, sondern dass funktions- und abteilungsbezogene Optimierungen durch die ganzheitliche Perspektive im Zielplanungsprozess ersetzt werden.

**Beispiel: Polaroid (vgl. [19])**

Polaroid war einst eines der erfolgreichsten Unternehmen im Markt für Fotogeräte und entsprechendes Zubehör. Fotos direkt nach der Aufnahme verfügbar zu haben war nicht nur für Amateure, sondern auch z. B. für Immobilienmakler und Außendienstmitarbeiter von Versicherungen von hohem praktischem Wert.

Die Produktqualität war eines der wesentlichen Kriterien für den Markterfolg. Da Potenzial für die Verbesserung der Produkte erkannt wurde, startete die Vizepräsidentin des Unternehmens, Carole J. Uhrich, im Jahr 1996 eine Qualitätsinitiative. Beeindruckt durch die Erfolge anderer Unternehmen, wie General Electric oder Motorola, wurde der Manager für Qualitätsstrategie, Joseph Kasabula, beauftragt, die Qualität aus Kundensicht zu analysieren und Maßnahmen zu deren Verbesserung vorzuschlagen. Nach einer tief gehenden Analyse konnte Joseph Kasabula das Management davon überzeugen, dass Six Sigma zu einer höheren Rentabilität des Unternehmens und darüber hinaus zur Stärkung der Marktposition führen würde.

Im gleichen Jahr wurde mit der Einführung von Six Sigma begonnen. Die einzelnen Geschäftsbereiche wurden zunächst nach deren Einschätzung der Six-Sigma-Fähigkeit gefragt. Auf dieser Grundlage wurde das Ziel definiert, im Jahr 2001 das Six-Sigma-Fehlerniveau zu erreichen. Im Rahmen der Umsetzung der Strategie wurden die Mitarbeiter geschult, die an Six-Sigma-Projekten beteiligt waren. Die Absicht war, die Trainingsinitiativen zu fokussieren, um den Schulungsaufwand überschaubar zu halten. Nach dem Six-Sigma-Training waren die Mitarbeiter angehalten, vor allem solche Projekte zu beginnen, die bezüglich der Wirtschaftlichkeit für das Unternehmen als besonders interessant angesehen wurden. Damit sollten die Mitarbeiter der Six-Sigma-Teams für den Aspekt der Wirtschaftlichkeit besonders sensibilisiert werden.

Schon im Jahre 1997 wurden die für die Projekte benötigten Black Belts ausgebildet, sodass diese die ersten Six-Sigma-Projekte beginnen konnten. Das Training für Black Belts bestand aus einer Woche Theorieunterricht in Form einer Klasse, drei Wochen praktischer Anwendung des erlernten Wissens und anschließender Präsentation der Ergebnisse. Das Training umfasste die Phasen Measure, Analyse, Improve und Control des DMAIC-Zyklus. Das gesamte Training dauerte damit vier Monate.

Die Belichtung einer Sofortbildkamera war für die Bildqualität von hoher Bedeutung. Hierin wurde damit ein wichtiger Aspekt für die Kundenzufriedenheit gesehen. Ein Team von fünf Mitarbeitern bildete ein Six-Sigma-Team mit der Aufgabe, die Qualität der Belichtung zu verbessern. Hierfür waren zwei chemische Substanzen und deren Mischungsverhältnis verantwortlich. Das Projektteam erstellte eine Dokumentation, in welcher dieser Zusammenhang aufgezeigt wurde. Darüber hinaus wurde der Produktionsprozess während des Mischvorgangs dokumentiert. Daraus konnten Fehler identifiziert werden, die bei der Reihenfolge und der Konsistenz der Substanzen entstehen konnten.

Das Problem der schwankenden Qualität der Belichtung konnte mittels dieses Projekts relativ einfach gelöst werden. Vorhergehende Projekte waren dagegen nicht in der Lage, das Problem zu lösen. In den Jahren 1997 bis 2001 konnte Polaroid beachtliche Kostenreduzierungen erreichen, da sich der Umfang der als Ausschuss zu deklarierenden Produkte stark verminderte. Im Jahr 2001 stellte sich Polaroid unter den Schutz des Chapter 11 und war mit einem Schuldenberg von über 900 Millionen US-Dollar insolvent.

Was war der Grund für dieses abrupte Ende der Erfolgsstory? Hobbyfotografen und professionelle Nutzer der Sofortbildkameras, die dieses System für mehr als 50 Jahre genutzt hatten, nutzten jetzt Digitalkameras. Polaroid hat diesen Trend viel zu spät erkannt. Unternehmen wie Sony, HP und Kodak bestimmten von nun an den Markt. An diesem Beispiel wird deutlich, dass Lean-Management-Instrumente und -Methoden in eine ganzheitliche Unternehmensphilosophie eingebunden werden müssen, die eben nicht nur den einseitigen Fokus auf unternehmensinterne Effizienzsteigerung und technische Produktqualität beinhalten sollte. Hierdurch lassen sich zwar kurzfristig Gewinne erzielen, die Umwelt des Unternehmens verändert sich jedoch oft sehr schnell. Wenn sich Technologien verändern und die Kunden auf diese Veränderungen reagieren, müssen die Unternehmen mit einer adäquaten Markt- und Produktstrategie antworten. Diese Erfahrung haben auch die Hersteller von Schreibmaschinen und Rechenschiebern machen müssen.

Aus diesem Grund sprechen die Verfasser des Buches nicht von einem Produktionssystem als Lean-Management-System, sondern von einem Business-Excellence-System. Selbst Toyota setzt heute nicht mehr das Toyota Production System (TPS) ein, sondern Total TPS. Das Total TPS ist Toyotas Business-Excellence-System für das gesamte Unternehmen.

Eine Unternehmensvision, die „Qualität" zu einem der wesentlichen Leitgedanken macht, sieht den Kundennutzen und den Kundenwert des Produkts als Basis für die Kundenzufriedenheit. Neue Technologien, wie die Digitalfotografie, verändern den Wert des Produkts „Polaroid-Sofortbildkamera" ganz erheblich. Dies bedeutet, dass ein ständiges Monitoring des Markts aus der Sicht des Kunden erforderlich ist. Es muss ständig die Frage gestellt werden: Gibt es neue Technologien, welche gleiche oder ähnliche

Funktionen für den Kunden bieten, aber möglicherweise einen höheren Nutzen haben? Wird diese Frage mit „Ja" beantwortet, ist eine Änderung der Produkt- und Marktstrategie dringend erforderlich.

Auch der Markt für Mobiltelefone hat gezeigt, dass immer wieder Märkte von entsprechenden Veränderungen betroffen sind und zu erheblichen Verschiebungen bei den im Markt vertretenen Unternehmen führen. Die Produktinnovation „Smartphone", die durch Apple in den Markt eingeführt wurde, hat den damaligen Marktführer Nokia innerhalb weniger Monate um dessen Spitzenstellung gebracht. Nokia hat viel zu spät erkannt, dass die Entwicklung eines neuen Betriebssystems notwendig ist, um neue Funktionen und Anwendungen zu ermöglichen.

# ■ 5.18 Six Sigma

## ■ Einstieg

Fehlerquellen zu identifizieren, deren Ursachen zu analysieren und diese Fehler zukünftig zu vermeiden ist das wesentliche Ziel der Methode Six Sigma. Diese Methode hat sich neben Lean Management etabliert und wird in vielen Unternehmen als Basis zur Prozessverbesserung eingesetzt. Der Schwerpunkt wird hierbei auf Qualitätssicherung gelegt. Unter Nutzung von statistischen Werkzeugen und einer detaillierten Datenanalyse der Prozesse im Status quo wird der Ansatzpunkt für die Qualitätsverbesserung gesetzt. Die prozessbezogenen Datengrundlagen umfassen Prozesskennzahlen, Fehlermöglichkeiten und Parameter, die einer statistischen Auswertung unterzogen werden.

Wie auch im Lean Management insgesamt wird bei Six Sigma großer Wert auf Systematik, Nachvollziehbarkeit der Daten sowie auf den Nachweis der Zielerreichung der Projekte gelegt. Six Sigma ist nicht, wie Lean Management, eine Unternehmensphilosophie, die als kontinuierliche Grundlage der Prozessverbesserung angelegt ist, sondern ein Projekt, welches den Beginn eines Versuchs zur Verbesserung darstellt. Dabei konzentriert sich die Verbesserung auf die Ganzheitlichkeit der Optimierung der Prozesse. Des Weiteren fehlt Six Sigma die Systemausrichtung auf das ständige Streben nach der Perfektion mit vergleichbar hohem Grad, wie die Lean-Management-Philosophie dies anstrebt, weshalb heute Six Sigma oft ins Lean Management bzw. Business-Excellence-System als ein Werkzeug integriert wird. Man spricht auch auf dem Markt oft von Lean Six Sigma.

Der Begriff „Sigma" (σ) definiert die Maßzahl für die Prozessfähigkeit, d.h. die Fähigkeit eines Prozesses, Ergebnisse zu produzieren, die der festgelegten Spezifikation entsprechen. Konkret bedeutet dies, dass sich Six Sigma auf die statistische Größe der Standardabweichung einer Häufigkeitsverteilung bezieht. Sigma bezeichnet den Abstand zwischen dem arithmetischen Mittelwert und dem Wendepunkt der Kurve der Normalverteilung. Mit zunehmender Distanz zwischen Mittelwert und Sigma streuen die festgestellten Werte um den Mittelwert, d.h., die Abweichungen von der Spezifikation nehmen zu. Sigma-Werte werden häufig in der betrieblichen Praxis in Beziehung zu der

Messgröße dppm, d. h. defective parts per million, gesetzt. Das Ziel der Six-Sigma-Projekte ist, einen Wert von $6\,\sigma$ zu erreichen, dies bedeutet 3,4 dppm.

Damit wird ein Qualitätsniveau angestrebt, welches deutlich über den in der Praxis anzutreffenden Werten liegt und letztlich das Ziel „null Fehler" beinhaltet. Damit liegt eine Integration von Six Sigma in die Lean-Management-Werkzeuge und -Methoden auf der Hand.

### ■ Worum geht es?

Six Sigma ist einerseits eine statistische Größe, zum anderen ist Six Sigma eine umfassende Qualitätsmanagementmethodik, die eine Vielzahl von Instrumenten umfasst. Ziel der Six-Sigma-Methodik ist, die Qualität von Prozessen zu steigern und damit die Kosten schlechter Qualität (Nachbesserung, Ausgleich/Beseitigung von Fehlern) zu senken. Hierzu werden die Prozesse mittels Kennzahlen und statistischer Methoden analysiert und bewertet. Erreicht werden sollen Prozesse mit sehr geringer Streuung, d. h. mit geringen Abweichungen vom Soll-/Zielwert. Zum Einsatz kommen exakt strukturierte und definierte Methoden und Verfahren, die zur Prozessverbesserung führen.

Eine im Lean Management und der Six-Sigma-Methodik verwendete Vorgehensweise ist der sogenannte DMAIC-Regelkreis. Der Name beruht auf einer Abfolge von Projektschritten, die zu einer Verbesserung der Prozesse im Hinblick auf definierte Ziele führen sollen. Ansatzpunkt aller Aktivitäten im Rahmen dieser Vorgehensweise ist die Betrachtung von Prozessen, d. h. die voneinander abhängige Abfolge von Aktivitäten, die einen Input von Lieferanten von außerhalb des Unternehmens und innerhalb des Unternehmens benötigen und am Ende des Prozesses zu einem Produkt oder einer Dienstleistung führen, die einem Kunden (unternehmensintern oder -extern) übergeben werden. Der DMAIC-Regelkreis umfasst insgesamt fünf Schritte (Bild 5.63):

- **Schritt 1: Define**
  In der ersten Projektphase wird der zu verbessernde Prozess beschrieben, die vermutlichen Ursachen von Problemen werden aufgeführt, und das Ziel der Projektverbesserung wird spezifiziert. Der betreffende Prozess wird präzise in Bezug auf Beginn und Ende beschrieben. Oftmals ist es hilfreich, den Prozess in Teilprozesse zu zerlegen. Das Ziel der Projektverbesserung wird in Form einer Optimierungsgröße mit dem zu erreichenden Zielwert festgelegt.

- **Schritt 2: Measure**
  In dieser Phase werden alle relevanten Daten erhoben und zusammengestellt, welche die Ursache-Wirkungs-Beziehung im Hinblick auf die Optimierungsgröße und die Einflüsse auf diese Größe betreffen. Besonderer Wert wird dabei auf die Analyse des Ursache-Wirkungs-Zusammenhangs gelegt. Mithilfe von statistischen Methoden werden die Verteilungsfunktion (z. B. der Fehlerrate) und die Parameter der Verteilung ermittelt. Hierzu kann es notwendig sein, eine passende Methode für die Erhebung von Stichproben einzusetzen.

- **Schritt 3: Analyse**
  In dieser Prozessphase werden die Ursachen der nicht erfüllten Kundenanforderungen herausgefiltert und mit statistischen Methoden überprüft. Mittels dieses Schrittes

der Methodik sollen Vermutungen und Schlussfolgerungen aus Erfahrungen über die Fehlerursachen durch abgesicherte und statistisch verifizierte Daten ersetzt werden. Zum Einsatz kommen statistische Verfahren wie die Regressionsanalyse, die multifaktorielle Varianzanalyse oder die statistische Versuchsplanung.

- **Schritt 4: Improve**
  Auf der Basis des in den Vorphasen erlangten Prozesswissens werden Verbesserungen geplant und implementiert. Im Vordergrund steht hier vor allem die Generierung von Lösungen für die erkannten Probleme. Diese werden entsprechend dem Einfluss auf die Optimierungsgröße ausgewählt. Nachdem die Entscheidung für eine Lösung erfolgt ist, ist zunächst eine Planung der Realisierung notwendig. Anschließend kann mit der Realisierung selbst begonnen werden.

- **Schritt 5: Control**
  Im letzten Schritt wird die Erreichung der in Projektschritt 1 festgelegten Ziele überprüft. Zum Einsatz kommen auch hier statistische Verfahren, die eine präzise Überprüfung des jeweiligen erreichten Niveaus der Optimierungsgröße im Ist-Zustand eines Prozesses ermöglichen.

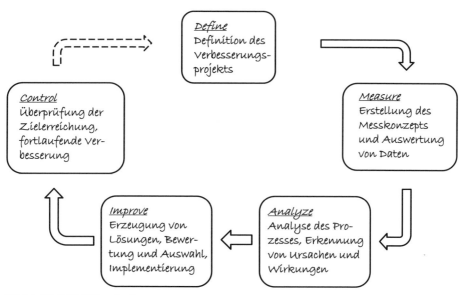

**Bild 5.63** DMAIC-Regelkreis

Die Wirksamkeit von Six Sigma beruht im Wesentlichen auf der Methodik und dem organisatorischen Aufbau der Projektteammitglieder. Damit wird in Six Sigma versucht, die typischen Probleme in Verbesserungsprojekten zu beseitigen. Dies sind z. B. fehlende Ressourcen, unklare Verantwortlichkeiten oder lange Entscheidungswege. Darüber hinaus erfolgt eine klare Aufgabentrennung und -zuteilung. Somit lässt sich sicherstellen, dass das Six-Sigma-Projekt nicht schon beim Start an organisatorischen Maßnahmen scheitert und dass die notwendige Ausrichtung auf die wirtschaftlichen Ziele des Unternehmens erfolgt. Die Aufgaben sind auf folgende Rollen verteilt:

- **Sponsoren**
  Die Sponsoren sind die Prozesseigner. Diese nutzen Six Sigma als ein Werkzeug, um ihre Prozesse zu verbessern. Sie stellen die notwendige Infrastruktur zur Verfügung und arbeiten mit den Six-Sigma-Champions Ziele und Aufträge aus. Unter Infrastruktur werden Ausbildung, Ressourcenfreigabe und Kapazität verstanden. Hiermit soll sichergestellt werden, dass die Beteiligung des Managements gewährleistet ist.

- **Champion**
  Die Champions stellen die Verbindung zwischen den Sponsoren/dem Management und der Six-Sigma-Struktur her. Sie beauftragen die Six-Sigma-Teams unter Führung der Black Belts mit Verbesserungsprojekten und stellen zusammen mit den Sponsoren/dem Management sicher, dass die Ressourcen zur Verfügung gestellt werden. Champions stehen dem Projekt und den Projektteams zur Seite und lösen Probleme und Widerstände.

- **Black Belt**
  Die Black Belts sind die Projektleiter von Six Sigma, arbeiten eng mit den Champions zusammen und erarbeiten zusammen die Ziele und die Auswahl der Teams. Danach führt der Black Belt das Team an und nutzt die Green Belts als Unterstützung. Der Black Belt reagiert bei Abweichungen und stellt sicher, dass das Projekt erfolgreich abgeschlossen wird. Black Belts müssen nicht notwendigerweise in Verbesserungsprojekten eingesetzt werden, sondern sind teilweise in das Tagesgeschäft eingebunden. Die Fähigkeit eines Unternehmens, den Black Belts die notwendigen freigegebenen Ressourcen zur Verfügung zu stellen, um die Projekte umzusetzen, ist von entscheidender Bedeutung.

- **Green Belt**
  Die Green Belts stellen die Mitarbeiter der oberen Ebene dar und sind die Teammitglieder. Sie unterstützen die Black Belts im Projekt durch Zuarbeit und sind nur zeitweise in den Six-Sigma-Projekten tätig.

### ■ Was bringt mir das?

Die Verbesserung der Prozesse im Hinblick auf die erreichte Produkt- oder Prozessqualität ist in fast allen Unternehmen eine Daueraufgabe. Neben den vielen möglichen Ansätzen, dieses Ziel zu erreichen, bietet Six Sigma klare Vorteile:

- Ein wesentlicher Vorteil von Six Sigma ist der statistisch fundierte Ursache-Wirkungs-Zusammenhang. Vermutungen oder nicht abgesicherte Erkenntnisse aus der Vergangenheit werden ersetzt durch statistische Analysen, die Zusammenhänge nachweisbar machen und damit den Ansatzpunkt für die wirksamsten Maßnahmen liefern können. Subjektivität wird wie in Lean Management und TQM durch Methodik ersetzt und führt zu nachhaltigen Ergebnissen.

- Verbesserungsprojekte scheitern sehr häufig in der Praxis an der Projektorganisation. Ein weitgehend „machtloser" Projektleiter, dem möglicherweise der Rückhalt auf der obersten Führungsebene fehlt, kann kaum Veränderungen bewirken. Six Sigma gewährleistet durch das Promotorenkonzept eine Integration aller für den Projekterfolg wesentlichen Ebenen im Unternehmen. Damit erhöht sich die Erfolgswahr-scheinlichkeit ganz erheblich.

- Die präzise definierte und quantifizierte Optimierungsgröße führt zu einem Projekt-ziel, das sich leicht messen lässt und den Erfolg der Realisierungsschritte jederzeit offenlegt. Damit ist eine Diffusion der Zielrichtung des Verbesserungsprojekts weit-gehend ausgeschlossen.

Viele Unternehmen, wie z. B. Motorola, haben mit Six-Sigma-Projekten beachtliche Erfolge in der Verbesserung der Produktqualität, Reduzierung der Kosten und der bes-seren Erfüllung der Kundenanforderungen erreicht. Allerdings sollte das Potenzial von Six Sigma nicht überschätzt werden, wie das nachfolgende Praxisbeispiel beweist.

 **Beispiel: Six Sigma bei einem Automobilzulieferunternehmen**

In der Fachliteratur ist ein interessantes Fallbeispiel zu den Resultaten eines Six-Sigma-Projekts dokumentiert (vgl. [6] S. 513 ff.). Hier war die Reduzierung der Umrüstzeiten bei Spritzgussmaschinen in einem Werk eines Automobilzulieferunternehmens Gegenstand der Six-Sigma-Aktivitäten.

Die entsprechenden Maschinen wurden dreimal pro Woche umgerüstet. Die Umrüstzeit lag durchschnittlich bei 3,5 Stunden. Als Ziel für die Optimierungsgröße wurde eine Umrüstzeitverkürzung auf weniger als 2,5 Stunden gesetzt. Erster Schritt war eine Analyse der Daten. Ziel war dabei, zu untersuchen, ob es Zusammenhänge zwischen Arbeitsschich-ten, Maschinen und den verschiedenen Gussformen gab. Auch wurden die Ideen des SMED (Single Minute Exchange of Die) in die Betrachtung einbezogen.

Im Rahmen eines Brainstormings mit den an der Umrüstung beteiligten Mitarbeitern wurden eine Reihe von Maßnahmen entwickelt, wie die Verlegung des Umrüstens in die Lunchpause, damit die Formen in den Pausenzeiten erhitzt werden konnten, Verbesserungen im Transport und die Bildung spezialisierter Umrüstteams. Die Ergebnisse des Six-Sigma-Projekts lagen über den Erwartungen: Die durchschnittliche Umrüstzeit lag nun bei 1,2 Stunden. Damit wurde die Arbeitszeit für Umrüstungen erheblich reduziert, was sich in einer beachtlichen Reduzierung der Umrüstkosten ausdrückte. Die Frage ist nun, ob dies tatsächlich auch ein Erfolg aus der Sichtweise des Lean Managements darstellt. Liker (vgl. [6]) ist sich in seiner Bewertung der Fallstudie sicher, dass dies kein Erfolg unter Berücksichtigung der Lean-Management-Philosophie ist. Hierfür werden folgende Gründe genannt:

- Der Aufwand für die statistische Analyse der Daten benötigte mehrere Monate. In einem Kaizen-Workshop hätte hierfür eine Woche ausge-reicht.

- Die „Hauptlast" der Arbeiten wurde vom Projektleiter getragen. Teamleistungen der Mitarbeiter waren die Ausnahme.

- Entscheidungen bezüglich der zu realisierenden Maßnahmen wurden vom Projektleiter alleine getroffen. So wurde die Idee der Vorerhitzung der Gussformen aus der weiteren Betrachtung ausgeschlossen. Hierdurch hätte sich aber eine weitere deutliche Reduzierung der Umrüstzeiten ergeben.

- Das Ziel für die Umrüstzeit von Spritzgussmaschinen von 2,5 Stunden ist bei Weitem zu niedrig. Selbst die erreichten Zeiten von 1,2 Stunden sind nicht akzeptabel. Ein Ziel von unter zehn Minuten oder ein darunter liegender Wert wären ein akzeptables Ziel gewesen.

- Da die Umrüstung in der Mittagspause erfolgte und weniger Zeit in Anspruch nahm, wurde die Zahl der Umrüstungen reduziert. Dadurch stieg der Teilebestand deutlich an. Im Rahmen einer Wertstromanalyse wäre offensichtlich geworden, dass die Reduzierung der Umrüstzeit zu häufigeren Umrüstungen hätte genutzt werden sollen. Damit hätte der Lagerbestand gesenkt werden können.

- Durch die Konzentration der Tätigkeit auf den Projektleiter fehlt die Ausbildung der Teammitglieder und verhindert ein weiteres und ständiges Verbessern zum Guten (Kaizen) nach dem Projektende. Dies erfolgt in einem Kaizen-Workshop, sodass das Projektergebnis nicht nur den Erfolg in einem Lean-Management-Unternehmen darstellt, sondern vielmehr die Entwicklung der Mitarbeiter und deren weitere Verbesserungen der Erfolg sind.

Dieses Beispiel zeigt, dass eine Integration von Six Sigma in ein Lean-Management-Gesamtkonzept, das „Business-Excellence-System" heißt, eingebunden werden muss. Die Optimierung losgelöst vom Wertstrom und abgehoben von dem Ziel der Realisierung eines Pull-Systems führt zu Verbesserungsmaßnahmen, die im Konflikt mit der Idee eines schlanken Unternehmens stehen.

Deutlich wird aber auch, dass Six Sigma oft den Blick für Gemba, den Ort des Geschehens, verlieren lässt. Es wird viel Zeit mit Datenanalysen und detaillierten Berichten verbracht, anstatt dorthin zu gehen, wo die Prozesse real stattfinden, und dort konkret nach Lösungen zu suchen. Nichtsdestotrotz ist es ein Werkzeug, welches bei komplexen Problemstellungen eingesetzt wird, wo tägliches Kaizen nicht ausreicht und somit in den Bereich der Kaikaku-Aktivitäten in einem Lean-Management-Gesamtkonzept bzw. Business-Excellence-System fällt.

# 6 Mit dem Pull-Prinzip zu einem synchronisierten Wertstrom

Die heutige Wettbewerbssituation ist im Vergleich zu den 50er- und 60er-Jahren, der Zeit des deutschen Wirtschaftswunders, eine vollkommen andere. Der Wechsel von Wachstums- zu Verdrängungsmärkten führt zu einem hohen Wettbewerb und somit zur Notwendigkeit einer hohen Rationalisierung in den Unternehmen. Niedriglohnländer stellen heute einen weiteren Wettbewerber dar, insbesondere da diese heute nicht nur mit niedrigen Lohnkostenstrukturen, sondern auch mit Produkten am Markt teilnehmen. Hierdurch ergeben sich neue oder erweiterte Erfolgsfaktoren, um auf dem Markt bestehen zu können. Technologie-, Kosten- und Qualitätsführerschaft stellen wesentliche Strategien in der Unternehmungsführung dar. Dies setzt aber eine Optimierung der betrieblichen Prozesse bis zum maximalen Grad der Wirtschaftlichkeit voraus. Um dies zu erreichen, müssen die Unternehmen jede Art von Signalen wahrnehmen, die der Identifizierung einer Schwachstelle, also der Verschwendung dienen können und sich somit eines effizienten Produktionssystems bzw. eines Wissenssystems im Unternehmen bedienen.

Das sogenannte Lagerungsparadigma bezieht sich besonders auf die durch den Lagerungsprozess verursachte/versteckte Verschwendung. Als ein praktisches Beispiel für versteckte Verschwendung/Ineffizienz im Unternehmen durch Lagerungsprozesse ist die nicht optimierte Fertigung zu nennen. Weitere Beispiele für ineffiziente Prozesse sind:

- falsche/ungenaue Prognose der Abrufe des Kunden,
- hohe Rüstzeiten,
- instabile Fertigungsprozesse,
- Qualitätsmängel.

Diese müssen zur Sicherstellung der Kundenbelieferung durch Lagerbestände abgefangen werden. Lagerbestände sind jedoch Kostentreiber. Hierdurch wird ersichtlich, warum die Überproduktion, also eine über den Kundenbedarf hinausgehende Produktion als die schlimmste Art der Verschwendung im Lean Management angesehen wird.

Die Ineffizienz von Prozessen und der damit verbundene Flexibilitätsmangel werden durch die hohen Lagerbestände bis zu einen gewissen Grad abgefangen, indem man bei Produktionsengpässen auf den Sicherheitsbestand zurückgreift und somit in der Lage ist, den Kunden dennoch zu beliefern. Folglich entsteht keine direkte Störung des Belieferungsprozesses, und für die Verantwortlichen im Unternehmen wird kein Handlungsbedarf signalisiert. Dies kann man sich plastisch durch das Bild eines auf dem Meer fahrenden Schiffes vorstellen. Ist der Wasserspiegel hoch genug, so kann das Schiff einfach und ohne Probleme oder Schäden über eine unter der Wasseroberfläche verborgene Sandbank fahren. Für die meisten Kapitäne sind diese gefährlichen Hindernisse nicht sichtbar, und es besteht für sie kein Handlungsbedarf (Bild 6.1). Senkt man nun den Wasserspiegel so ab, dass die Hindernisse an die Oberfläche gelangen, so ist ein Schaden vorprogrammiert. Werden die Hindernisse zu spät erkannt, entstehen mehr oder weniger Beschädigungen am Schiff (Bild 6.2).

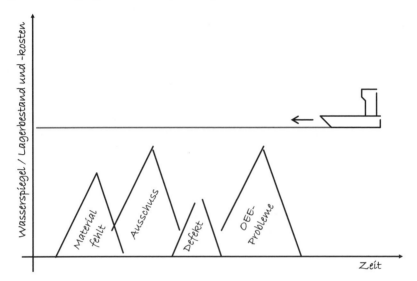

**Bild 6.1** Hoher Wasserstand/Lagerbestand

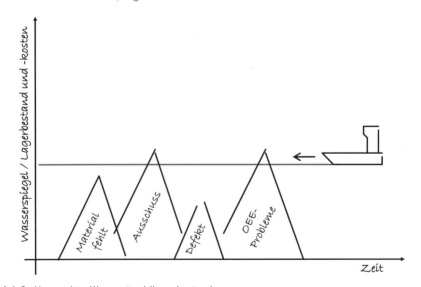

**Bild 6.2** Abgesenkter Wasserstand/Lagerbestand

Die Lagerbestände können nicht nur zur Absicherung genutzt werden. Sie stellen zudem eine Möglichkeit des Missbrauchs dar, der sich in einem „Umfahren" der bestehenden Problematik – statt diese zu lösen – zeigt. Vergleicht man die verantwortlichen Personen eines Unternehmens mit dem Kapitän eines Schiffes, so bleibt ihnen beim vorprogrammierten Crash nur noch die Möglichkeit, Maßnahmen zur nachträglichen Schadensbegrenzung zu treffen. Die zu hohen Kosten ergeben sich aus den im Beispiel genannten Gründen. Die Chance, vorbeugende Maßnahmen zu treffen und somit dem Crash entgegenzusteuern, wird durch das Fehlen von Alarmsignalen minimiert, und das Zunehmen von Verschwendung wird begünstigt, verursacht durch die ständige Missachtung der Probleme.

Somit ist Lagerung ein potenzieller Verschwendungsverstärker, der ein wesentliches Hindernis bei der Erreichung des angestrebten Return on Investment (ROI) darstellt. Die Vermeidung von Verschwendung, die Optimierung von Prozessen und die daraus resultierenden niedrigeren Kosten führen zu einem höheren ROI.

Pull steht für die Umsetzung der Kanban-Philosophie in einem gesamtheitlichen Konzept. Entgegen der allgemeinen MRP-II-Philosophie (Manufacturing Resource Planning) wird bei Pull die Fertigung gezogen, nicht geschoben (Push). Das heißt, dass es sich um eine bedarfsorientierte Fertigung handelt, die erst produziert, wenn der Konsument, z. B. ein Kunde oder eine vorgelagerte Fertigungseinheit, ein Produkt anfordert. Zur Übertragung der fertigungsauslösenden Information wird Kanban eingesetzt, welches sich innerhalb eines Regelkreises bewegt und den Maximalbestand im Regelkreis bestimmt (siehe Kapitel 6.7). Dabei wird der gesamte Materialfluss nivelliert und somit entlang der Wertschöpfungskette in Fluss gebracht.

## Push

Das Push-Prinzip, auch Bring-Prinzip genannt, stellt ein Sukzessivplanungskonzept dar. Das bedeutet, dass alle Ebenen durchgeplant werden. Man geht also von einem Start- und Endzeitpunkt aus, wobei genaue detaillierte Arbeitsvorschriften erarbeitet werden. Der dabei entstehende Informationsfluss entspricht dem des Materialflusses (Bild 6.3).

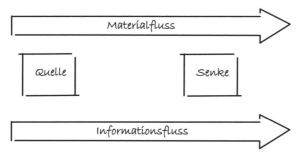

**Bild 6.3** Push-Material- und -Informationsfluss

Dabei führt jede Fertigungseinheit ihren eigenen Fertigungsauftrag durch. Kommt es z. B. zu einer Stornierung des Kundenauftrags, produzieren die vorgelagerten Fertigungseinheiten deren Aufträge weiter. Es kommt zu Überproduktion und somit zu überschüssigen

Lagerbeständen, da die unfertigen Erzeugnisse jetzt nicht verbraucht werden (Bild 6.4). Gleiches erfolgt bei Stillstand durch die Maschinenauswahl des Endprodukts. Damit kommt es zur gleichen Verschwendungsart.

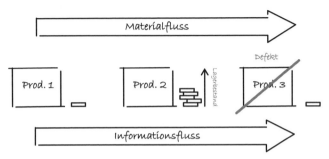

**Bild 6.4** Überproduktion einer Fertigungseinheit

## Flow

Bei der Fließfertigung werden die Produktionsanlagen den Produktionsschritten nach entlang des Wert- und Materialstroms angeordnet. Der Standort der Fertigungsanlagen hängt somit vom Fertigungsprozess ab. Die einzelnen Fertigungseinheiten sind folglich hintereinander angeordnet und werden entlang des Wert- und Materialstroms durch das Pull-Prinzip gesteuert.

## Pull

Im Gegensatz zum Push-Prinzip steht hier nicht jeder Produktionsstufe eine detaillierte Arbeitsvorschrift zur Verfügung. Es wird vom System abhängig ein Produktionsplan für das Endprodukt erstellt, welcher in der Master Production Schedule (MPS) nivelliert worden ist (siehe Kapitel 6.1). Die unfertigen Erzeugnisse werden von den vorgelagerten Fertigungsstellen entnommen oder gefertigt. Als Fertigungsanstoß gilt hier nicht wie beim Push-Prinzip der Fertigungsauftrag, sondern die Anfrage der nachgelagerten Stelle. Die entnommenen unfertigen Erzeugnisse werden dann nachproduziert. Dabei verläuft der Informationsfluss gegensätzlich zum Materialfluss. Der Informationsfluss geht, bildlich gesprochen, Richtung Quelle und der Materialfluss Richtung Senke. Entsprechend dem Pull-Prinzip gilt der Grundsatz: „Flow if you can, Pull if you can't." Das heißt, dass dem Aufbau einer flussorientierten Fertigung immer ein Pull vorzuziehen ist (Bild 6.5).

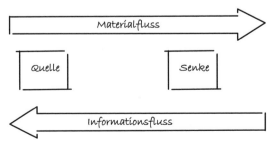

**Bild 6.5** Pull-Material- und -Informationsfluss

## Doppelnatur des Flow-/Pull-Systems

Mit der Konzentration auf Flow- bzw. Pull-Systeme in Verbindung mit der Kultur der Eliminierung der Verschwendung entsteht im Lean Management ein Werkzeug mit der Eigenschaft einer Doppelnatur. Das Flow- oder Pull-System ist auf der einen Seite ein Produktionssteuerungssystem, auf der anderen Seite aber auch ein Fortschrittsmotor.

Das Produktionssteuerungssystem ist die operative Umsetzung der verschiedenen Produktionsarten und – was viel wichtiger und bedeutsamer an Pull ist – der Fortschrittsmotor der sogenannten gezielten Darstellung und Beseitigung von Verschwendung, indem die Lagerbestände zum einen in ihrem vollen Umfang visualisiert und zum anderen dem Verursacher zugeordnet werden. Bei traditionellen Lagersystemen erfolgt keine entsprechende Zuordnung (Bild 6.6). Dieser methodische Ansatz erzwingt durch die Visualisierung zum Handeln und gewährleistet, dass der wahre Verursachungsgrund durch den wahren Verursacher behoben wird (Bild 6.7).

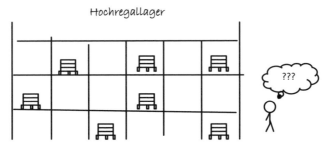

**Bild 6.6** Verursacher der Bestände nicht sichtbar

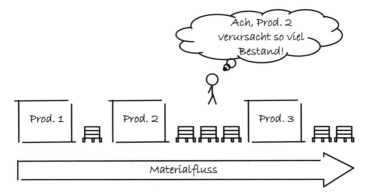

**Bild 6.7** Verursacher der Bestände sichtbar

## Verursacherprinzip der Lagerbestände

Die Unterteilung der Lagerbestände nach dem Verursacherprinzip führt zu einer klaren Kaskadierung der Verantwortlichkeit und somit zu einer klaren Verantwortungsmatrix.

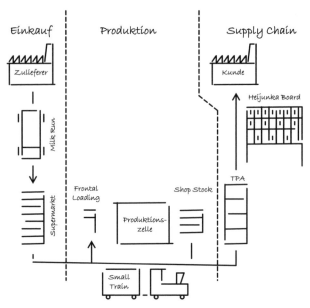

**Bild 6.8** Pull-System mit Aufteilung

Das chaotische Lagersystem, welches den gesamten Lagerbestand auf das gesamte Lager verteilt und somit den Überblick über das Ausmaß der Lagerbestände nicht erlaubt, legt ausschließlich die Verantwortung für die Bestände in die Supply Chain. Im Vergleich zu einem chaotischen Lagersystem erlaubt das Verursacherprinzip des Pull-Systems die physische Aufteilung der Lagerbestände auf die Verantwortlichen bis in die Fertigungseinheit und gleichzeitig die Visualisierung des Ausmaßes der Bestände (Bild 6.8), wie es aus der Abbildung ersichtlich ist. Hierdurch ist es jedem Verursacher möglich, die Auswirkung seiner Verschwendungsarten zu erkennen und die erforderlichen Maßnahmen zur Eliminierung der Verschwendung durch Kaizen-Aktivitäten einzuleiten. Des Weiteren kann für die einzelnen Gründe eine gezielte Strategie der Lagerung definiert werden.

**Visuelle Kontrolle und Managementroutinen**

Das Prinzip der visuellen Kontrolle zieht sich durch das gesamte Lean Management. Es ist einer der Tragpfeiler für standardisierte Arbeit, die Zielsetzung und die Steuerung bei Abweichung (siehe Kapitel 5.5) und ist maßgeblich für den Erfolg des Pull-Systems verantwortlich. Taiichi Ohno beschrieb diese Idee wie folgt: „Es müsste doch möglich sein, den Materialfluss in der Produktion nach dem Supermarktprinzip zu organisieren, d. h., ein Verbraucher entnimmt aus dem Regal eine Ware bestimmter Spezifikation und Menge, die Lücke wird bemerkt und wieder aufgefüllt" [29, S. 228].

Unter der visuellen Kontrolle des Pull-Systems wird die Fähigkeit verstanden, Bestände und deren Zielvorgaben sowie auch die Abweichung zu visualisieren, indem Lagersysteme nach dem Supermarktprinzip aufgebaut werden und der gesamte Wertstrom sichtbar wird. Hier sind z. B. Überproduktion oder Fehlbestände zu nennen. Somit ist es jedem Mitarbeiter sowohl innerhalb als auch außerhalb des Prozesses möglich, den Ist-

Zustand zu beurteilen und bei einer Abweichung gegensteuernd einzugreifen. Durch diese Konfiguration des Produktionssystems entsteht die Möglichkeit der Einrichtung von Managementroutinen. Diese erlauben einen kontinuierlichen Überwachungs- und Steuerungsprozess des Prüfsystems, der Lagerbestände und der daraus resultierenden Prozesseffizienz.

**Mögliche Arten der Managementroutine in einem Pull-System**

- Schichtführerroutine zur Steuerung der täglichen Herausforderung in der Fertigung,
- Routine der Produktionsplaner und Arbeitsvorbereitung zu Wartung der einzelnen Pull-Systeme,
- die Mitarbeiter- und Teamsprecherroutine zur Steuerung der aktuellen Fertigungseinheit,
- Supply Chain Manager, Autonomous Production Unit Manager (APU) und Werksleiter, Managementroutine zur Überwachung des gesamten Produktionssystems.

Im Pull-System stehen verschiedene visuelle Werkzeuge zur Verfügung, auf die in den folgenden Kapiteln eingegangen wird.

# 6.1 Heijunka Board/Levelling Board

### Einstieg

Die Erkenntnis, dass Kanban sich selbst steuert, kann richtig aber auch falsch sein. Abhängig vom Aufgabengebiet ist die Aussage im Allgemeinen vielleicht sogar als fahrlässig zu betrachten. Die häufig gescheiterten Implementierungen von Kanban-Systemen zeigen, dass das System nicht verstanden worden ist. Die Problematik liegt hier an dem mangelnden Wissen aus der Vergangenheit, das ausschließlich auf Beobachtungen der besuchten Unternehmen basiert, indem die vereinzelten Kanban-Systeme in deren Regelkreisen beobachtet worden sind. Tiefere Studien haben nicht stattgefunden, und das Gesamtsystem mit den notwendigen Komponenten wurde nicht erfasst bzw. in wissenschaftlichen Studien ausgewertet, welches aber für den Erfolg des Pull-Prinzips von höchster Bedeutung ist. Das Flow- bzw. Pull-System und dessen Umsetzung in Form des Kanban-Systems ist ein Fortschrittsmotor und nicht ausschließlich ein Produktionssystem. Es basiert nicht nur auf den Regelkreisen des Kanban-Systems, sondern auf vielen einzelnen Komponenten, die nicht immer sofort ersichtlich sind. Bei komplizierten Produktionssystemen bzw. Prozessen reicht es nicht, einen Kanban-Regelkreis zu implementieren. Vielmehr muss ein Gesamtsystem aufgebaut werden, welches erlaubt, den schwankenden Kundenbedarf zu nivellieren und abzufangen und somit Stabilität in den

Fertigungsprozess zu etablieren. Dies geschieht mit dem Sales and Operations Plan (S&OP), der Master Production Schedule (MPS) und dem Heijunka Board.

 **Pull-Komponenten unterteilt nach sichtbar und nicht sichtbar**

Pull-Prinzipien – nicht sichtbar

Kanban – sichtbar

S&OP – nicht sichtbar

MPS – nicht sichtbar

Nivellierte Fertigung – nicht sichtbar

Kundentakt – nicht sichtbar

Heijunka Board – sichtbar

Supermarkt – sichtbar

Small Train – sichtbar

Frontal Loading – sichtbar

Shop Stock – sichtbar

Truck Preparation Area (TPA) – sichtbar

Managementroutine – nicht sichtbar

Kriterium zur Bewertung von sichtbar und nicht sichtbar ist die unmittelbare Fähigkeit, das Element jederzeit wahrnehmen zu können.

### ■ Worum geht es?

Ziel des Flow- bzw. Pull-Systems ist die nivellierte Fertigung. Hierfür wird das Heijunka Board eingesetzt. Es gibt den Takt des Small Train vor, was bedeutet, in welchen zeitlichen Abständen die Fertigprodukte vom Shop Stock abzuholen und an die TPA anzuliefern sind. Dabei wird sichergestellt, dass der Fertigungsprozess nivelliert ist und sowohl die Logistik als auch die Produktion den Fertigungsmengen zugestimmt haben. Die Heijunka-Kanban-Karten liefern das Signal hierzu (Bild 6.9).

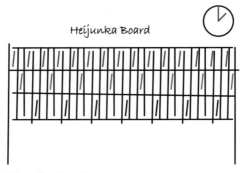

**Bild 6.9** Heijunka Board (Levelling Board)

**Heijunka:** japanisch für nivellieren, glätten

## Kundentakt – Takt Time

Überproduktion ist die größte und schlimmste Art der Verschwendung, die in Unternehmen, die Lean anstreben, entstehen kann. Diese entsteht, wenn der Fertigungsprozess eine kürzere Zykluszeit hat als der Kundentakt. Lean Management unterscheidet also zwischen der Zykluszeit der Fertigungseinheit, also des Zeitraumes, den die Fertigungseinheit benötigt, um ein Produkt oder unfertiges Erzeugnis herzustellen, und dem Takt des Kundenabrufes. Dieser Aspekt ist für die Verschwendungsart Überproduktion von höchster Bedeutung, da heutzutage bei der konventionellen Projektierung von Fertigungsanlagen versucht wird, die Zykluszeit zu optimieren und somit diese zu senken. Die Produktionsplanung wiederum versucht, das Fertigungslos so schnell wie möglich abzuarbeiten. Dabei wird aber der Kundenabruf nicht einbezogen, was wiederum zu Überproduktion führt und somit zu Lagerbeständen und Verschwendung. Konzentriert man sich nun aber bei der Projektierung oder Produktionsplanung auf den Kundentakt als Stellgröße, so werden die Produktionsplanung und wiederum die Produktion auf den Kundenbedarf ausgerichtet, und die Verschwendungsart Überproduktion wird reduziert.

**Berechnung Kundentakt – Takt Time:**

Takt Time = verfügbare Fertigungszeit : Kundenbedarf.

## Nivellierte Fertigung

Unter Nivellieren wird die Fähigkeit verstanden, den Kundenbedarf über einen bestimmten Zeitraum (z.B. zwischen einer und zwei Wochen) zu glätten und somit sowohl die Fertigungsabläufe als auch die Logistikabläufe von den Schwankungen des Kundenbedarfs abzukoppeln. Unter Nivellierung wird sowohl die horizontale als auch die vertikale Nivellierung verstanden. Das heißt, dass das Niveau über diesen Zeitraum jeden Tag gleichbleibend in der Auslastung der Kapazitäten ist (Bild 6.10, Bild 6.11 und Bild 6.12).

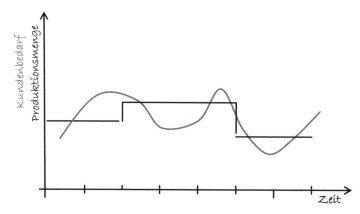

**Bild 6.10** Beispiel Nivellierung

Tabelle Kundenbedarf pro Tag

|     | A  | B  | C  |
| --- | -- | -- | -- |
| Mo  | 80 | 20 | 90 |
| Di  | 40 | 10 | 80 |
| Mi  | 60 | 30 | 70 |
| Do  | 80 | 10 | 80 |
| Fr  | 40 | 40 | 70 |
| Mo  | 60 | 0  | 40 |
| Di  | 80 | 20 | 70 |
| Mi  | 40 | 10 | 50 |
| Do  | 60 | 30 | 60 |
| Fr  | 80 | 0  | 80 |

**Bild 6.11** Tabelle mit täglich verändertem Kundenbedarf

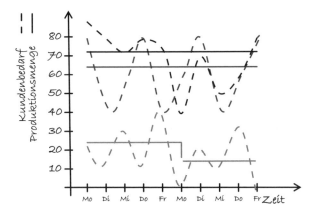

**Bild 6.12** Nivellierung täglich mit drei Teilenummern

Das Heijunka Board ist die physische Umsetzung des Nivellierungsgedankens, welcher sich aus dem S&OP- und MPS-Prozess ergibt und dadurch die bedarfsorientierte Fertigung ermöglicht. Es handelt sich hier um ein Board, das alle Informationen und Entscheidungen aus den vorigen S&OP- und MPS-Prozessen enthält, diese visuell jedem Mitarbeiter zur Verfügung stellt und die in Form von Levelling-Kanban-Karten realisiert sind. Das heißt, dass jedes Heijunka Board in ein Raster von mindestens 24 Stunden unterteilt ist sowie die dazugehörigen Teilenummern der Fertigungseinheit oder Montagelinie enthält, in welche die Levelling-Kanban-Karten gesteckt werden. Diese wiederum geben dem Small-Train-Fahrer das Signal, die jeweiligen Fertigteile vom Shop Stock (siehe Kapitel 6.6) abzuholen und an die TPA (siehe Kapitel 6.8) auszuliefern. Somit ist das Heijunka Board der Taktgeber für die Fertigung und auch das Steuerungselement für den Small Train. Erreicht wird dies durch die Levelling-Kanban-Karten und den Standardprozess.

Der visuelle Aufbau des Heijunka Boards erlaubt nun, die gesamte Wochenproduktionsplanung zu sehen sowie eine tägliche Sequenz der Abrufe und den Grad der Nichterfüllung zu messen. Die dazugehörigen Eskalationsstufen erlauben, proaktiv bei Prozessproblemen sofort wirksam einzugreifen.

 **Heijunka Board „Produktionsplaner" (Bild 6.13)**

1. Der Planer erarbeitet während des Master Planning Scheduler Meetings mit dem entsprechenden Team, welches im Voraus vorbereitet wurde, die Entscheidungen und die daraus resultierende Nivellierung.

2. Entsprechend dem vom Master Planning Scheduler erarbeiteten Produktionsplan steckt der Produktionsplaner täglich die Levelling-Kanban-Karten in das Heijunka Board. Dabei respektiert er den zuvor erstellten Steckplan.

3. Er ermittelt den Erreichungsgrad, der anhand von Levelling-Kanban-Karten erreicht worden ist.

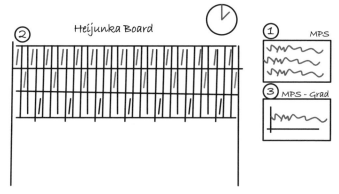

**Bild 6.13**  Heijunka Board (Produktionsplaner)

 **Heijunka Board „Small Train" (Bild 6.14)**

1. Innerhalb jedes Zyklus (Minimum jede Stunde) startet der Small-Train-Fahrer seine standardisierte Route am Heijunka Board. Dabei entnimmt er die Levelling-Kanban-Karten entsprechend dem Zyklus.

2. Entlang seiner standardisierten Route hält der Small-Train-Fahrer nach Vorgaben der Levelling-Kanban-Karten und entnimmt die entsprechenden Fertigteile aus dem Shop Stock (siehe Kapitel 6.6)

3. Entsprechend den Levelling-Kanban-Karten ordnet der Small-Train-Fahrer die Fertigteile der jeweiligen Truck Preparation Area zu.

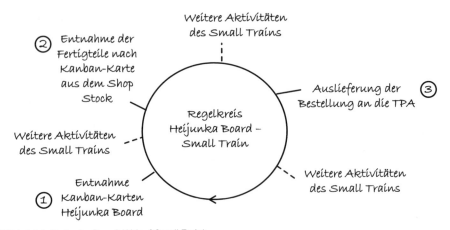

**Bild 6.14** Heijunka Board (Ablauf Small Train)

## Levelling-Kanban-Karte

Die Levelling-Kanban-Karte ist der Signalgeber für den Small-Train-Fahrer, die Fertigteile aus dem Shop Stock zu entnehmen und an die entsprechende Truck Preparation Area auszuliefern. Sie wird entsprechend dem Steckplan aus dem Master Planning Scheduler in das Heijunka Board gesteckt.

## Managementroutine

Das Heijunka Board spiegelt die Nivellierung visuell wider und zeigt für jeden Tag den Bedarf und somit indirekt die Belastung der Fertigungseinheit und der Logistik. Zu Beginn der Truck-Preparation-Area-Managementroutine werden die einzelnen Heijunka Boards besprochen, und bei Abweichungen der gesetzten Produktionspläne wird entsprechend reagiert. Dies erfolgt vor Ort nach dem Gemba-Prinzip.

## ■ Was bringt mir das?

Das Heijunka Board hat die Aufgabe, eine Einigung zwischen den verschiedenen Abteilungen, z. B. Produktion und Supply Chain Management, über die Fertigungs- und Auslieferungsmengen an den Kunden physisch abzubilden und den Takt vorzugeben, in welchem die Fertigteile von den Fertigungseinheiten bzw. Montagelinien abzuholen sind. Überdies soll es die Fertigung ausbalancieren und Prozessinstabilität visualisieren, indem es den Master-Planning-Schedule-Prozess abbildet und somit für jeden Mitarbeiter sichtbar macht. Durch die Zugehörigkeit des Heijunka Boards zu der Fertigungseinheit entsteht seitens der Supply Chain ein zentraler Punkt für Kaizen. Die auf Kanban basierenden Signalgeber zwingen die Planer sowie das Management zu Gemba. Besonders durch die Einbindung des Heijunka Boards in der Truck-Preparation-Area-Managementroutine kommt es zu einer höheren Fokussierung auf das proaktive Agieren des Managements bei jeglicher Art von Prozessstürmen und somit aus den erfolgreichen Aktionen zu einer höheren Kundenzufriedenheit.

# ■ 6.2 Milk Run

## ■ Einstieg

Die Strategie der Reduzierung der Bestände, wie Rohmaterialien, Komponenten und Betriebsstoffe, besteht nicht darin, „window dressing" zu betreiben, indem man z. B. Konsignationslager implementiert, den Lagerbestand beibehält bzw. erhöht, somit Kosten und das Management von Lagerbeständen einer externen Partei überlässt und im Bericht eine angebliche Bestandsreduzierung nachweist, gleichzeitig aber die Verschwendung sogar noch erhöht.

Bei der Einführung des Konsignationslagers ohne Reduzierung der Lagerbestände in der Supply Chain spricht man vom sogenannten „Zahnpasta-Tuben-Dilemma". Das Lager im Herstellerbetrieb wird in ein Konsignationslager umgewandelt. Die vom Lieferanten in das Lager des Herstellerunternehmens gelieferten Komponenten bleiben im Eigentum des Lieferanten bis zu dem Zeitpunkt, wenn diese aus dem Lager entnommen und weiterverarbeitet werden. Bild 6.15 deutet an, dass sich die Bestände buchhalterisch durch den späteren Eigentumsübergang auf Seiten des Herstellers verringert haben. In der Supply Chain sind die Bestände in Bezug auf die Kapitelbindung einfach vom Hersteller auf den Lieferanten verschoben worden, so wie der Inhalt einer halb vollen Zahnpasta-Tube. Die Bestände haben sich in der Supply Chain nicht verändert und damit auch nicht die Kosten hierfür.

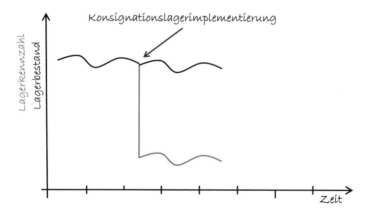

**Bild 6.15** Konsignationslagerparadoxon

Vielmehr sollte das Ziel sein, die Kostenverursacher zu identifizieren und systematisch die Bestände zu eliminieren, indem die physischen Bestände gesenkt, nahe an die Produktion gebracht und ständig unter Kontrolle gehalten werden, und man somit die Kostenverursacher, wie z. B. Lagerfläche, abbaut. Des Weiteren muss eine Stabilisierung der Supply Chain vorangetrieben werden. Darüber hinaus ist Raum für Kaizen-Aktivitäten zu schaffen. Dies schließt den Lieferanten mit ein. Es stellt sich die Frage, wie Bestände auch physisch gesenkt werden können, wenn die Belieferungsstruktur derzeit nur alle zwei Wochen oder monatlich eine Belieferung vorsieht.

**Milk Run:** Abholung von Teilen und Rohmaterial vom Lieferanten in einer Rundtour in festgelegten Zeitabständen (täglicher Zyklus)

## ■ Worum geht es?

Milk Run ist die Antwort des Lean Managements auf diese Fragestellung. Doch was versteht Lean Management unter dem Begriff „Milk Run"? Ist es der ursprüngliche Milchwagen, der jeden Tag frische Milch gebracht und die leere Flasche mitgenommen hat? Tatsächlich ist diese Ursprungsidee aufgenommen worden. In der Vergangenheit wurde dieses Konzept über Jahre hinweg optimiert, um den Milchbestand im Haushalt zu senken und die Gefahr des „Ausschusses" durch das Verderben der Milch zu minimieren, indem man den Bestand auf die Tagesration reduzierte.

Unter Milk Run versteht man in Lean Management einen Rundlauf-Lkw, der täglich mehrere Lieferanten auf derselben Route anfährt und dabei den täglich Bedarf abholt. Im Gegensatz zu der konventionellen Belieferungsart, in der ein Lieferant monatlich oder wöchentlich angefahren, die gesamte Menge geladen und bei der Anlieferung bis zum schrittweisen Verbrauch eingelagert wird (Bild 6.16). Hierdurch entstehen Verschwendung und hohe Logistikkosten.

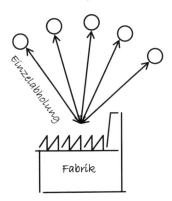

**Bild 6.16** Konventionelle Lieferantenabholung

Das heißt, dass bei einem Milk Run mehrere Lieferanten in die Tour einbezogen werden und dabei nur der tägliche Verbrauch bzw. Bedarf der Fertigung abgerufen wird (Bild 6.17). Dabei ist zu bedenken, dass der tägliche Bedarf größtenteils durch das Pull-System nivelliert ist und somit die gleiche Menge täglich beim Lieferanten über einen bestimmten Zeitraum abgerufen wird. Der Nivellierungszeitraum kann z.B. bei einer Woche liegen.

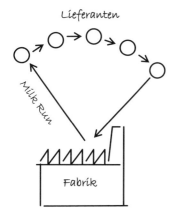

**Bild 6.17** Milk-Run-Prinzip

## Operatives Lieferantenmanagement

Die Daten des S&OP und der MPS werden an die Lieferanten weitergeleitet und abgestimmt. Damit ist der Lieferant in der Lage, seine eigene Organisation auf die Bedarfs- und Planungsstruktur einzustellen sowie die erforderliche Menge zum Tag des Lieferabrufes zur Verfügung zu stellen.

## Organisation des Milk Runs

Der Milk Run ist ein Rundlauf-Lkw, der nicht mehr die gesamte Monatsmenge mitnimmt, sondern auf einer festgelegten Route mehrere Lieferanten anfährt und den Tagesbedarf abholt. Dabei wird die Milk-Run-Route so ausgelegt, dass der Lkw-Laderaum effizient genutzt wird und keine höheren Kosten entstehen. Der Milk Run wird im Regelfall nicht vom Lieferanten organisiert, sondern vom Supply Chain Management des Unternehmens. Die Kosten trägt das Unternehmen selbst und kontrolliert diese somit ebenfalls selbst. Je nach Entwicklungsstand des Unternehmens und der Materialart werden Mehrwegverpackungen eingesetzt.

## Seitliche Beladung

Der Einsatz von Mehrwegverpackungen macht eine seitliche Beladung notwendig, um die wiederholte exzessive Bewegung der Leerverpackungen während der gesamten Route beim Be- und Entladen zu vermeiden. Das heißt, dass die meisten Milk-Run-Lkws im optimalen Zustand seitlich be- und entladen werden (Bild 6.18).

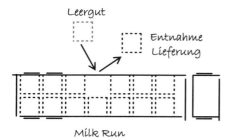

**Bild 6.18** Seitliche Beladung des Milk-Run-Lkw

**Tourenplanung**

Ein Milk Run hat eine festgelegte Route, die täglich befahren wird. Diese ist im Detail einschließlich der Reihenfolge der anzufahrenden Lieferanten festgeschrieben. Des Weiteren werden mehrere alternative Routen und Aktionen im Fall von Ablaufproblemen erstellt, wie z. B. bei einem Stau. Entlang der Route werden Zeitfenster mit dem Fahrer und den Lieferanten festgelegt, sodass keine Wartezeit bei der Ent- und Beladung entsteht. In diesem Zeitraum sind die Lieferanten angehalten, ihre Anlieferrampen und Logistikmitarbeiter für den Milk Run frei zu halten. Das tägliche Anlieferungszeitfenster ist festgelegt und muss eingehalten werden. Dabei werden im Vertrag für die Nichteinhaltung der Zeiträume Vertragsstrafen festgelegt. Die Einhaltung und Nichteinhaltung wird mithilfe von Visual-Control-Systemen verfolgt und ausgewertet. Anhand der Auswertung werden Kaizen-Maßnahmen für die Lösung von Problemen und die Weiterentwicklung des Milk Runs und des Lieferanten definiert. Das heißt, dass der Einkauf und das Supply Chain Management regelmäßig Audits und vor allen Dingen Kaizen-Workshops, wie z. B. SMED-Workshops beim Lieferanten, erfordern.

### ■ Was bringt mir das?

Der Milk Run ist die Umsetzungskomponente des Pull-Systems und damit die gezielte Realisierung der Idee des Pull-Systems und der Eliminierung der Verschwendung im Hinblick auf die Lieferanten. Es ist die tatsächliche und konsequente Umsetzung des Lieferantenmanagementsystems und der Reduzierung der Logistik- und Lagerkosten. Es zwingt durch das Eigenmanagement, die Kosten selbst zu erfassen, zu bewerten und zu steuern. Durch die konsequente Senkung der Bestände und die Nivellierung der Materialflüsse über die gesamte Supply Chain werden die Kosten in der Logistik nachhaltig gesenkt und Probleme visualisiert (Bild 6.19). Damit wird das Wertschöpfungsnetzwerk weitaus zielorientierter gestaltet und geht über die in den typischen PowerPoint-Präsentationen vorgestellten Maßnahmen zum Supply Chain Management hinaus.

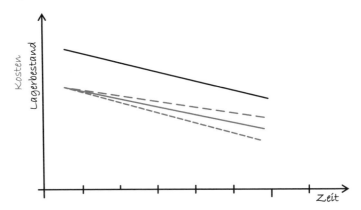

**Bild 6.19** Lagerentwicklung und Kosten

Die erforderliche Flexibilität und Effizienz im gesamten System generiert Wettbewerbsvorteile durch das Lieferantenmanagement, indem nicht nur Papier in Büroräumen „produziert" wird. Es basiert auf den Kennzahlen und Zielen, die täglichen Probleme werden gelöst sowie Strategien für den nächsten Evolutionssprung festgelegt. Lieferanten werden tatsächlich durch S&OP und MPS eingebunden und im Fluss berücksichtigt. Ein starkes wie auch systematisches Lieferantenmanagement wird auf Basis von Kaizen und Gemba (in diesem Fall vor Ort beim Lieferanten) aufgebaut und realisiert. Das heißt, dass der Einkauf systematisch Workshops beim Lieferanten abhält und somit die Probleme und Kosten nicht als gegeben hinnimmt, sondern mit dem Lieferanten zusammen transparent macht und somit Ansatzpunkte zur Senkung aufdeckt.

 **Beispiel: Milk Run in FCI Turin plant**

*Von Giuseppe Imbimbo (Lean Production System Manager FCI Italia S. p. A.)*

1st September 2009 has been the starting date for the first local Milk Run in FCI Turin. After studies and analysis for routes and timing of loading and unloading operations, we decided to put in place a Milk Run with the purpose to go to the supplier and get from them just what we need to refill our supermarket. We involved eight local suppliers, placed in Turin area, with a distance maximum of 50 kilometers.

For our needs and to optimize the whole truck we organized a route twice a day, the first one with delivery at 12 am and the second at 5 pm. It was immediately clear that this system gave us a lot of advantages more or less tangibles:

- Supplier batch size reduction.
- Reduce sorting out cost for quality issues (smaller lots).
- Flexibility and on time delivery under control by FCI not from supplier.
- To pick up the exactly the quantity and avoid over shipment and short shipment.
- No truck queue at the company and truck loading optimization (fixed timing).
- Fully utilize the truck loading through the standardization of pallets.
- Lower $CO_2$ emissions.

And the most important ones for the plant:

- Flow time reduction.
- Free up warehouse space (to realize the TPAs).

**Figure 6.20**  Turin local Milk Run

Today the local Milk Run is part of our production system, like the internal Small Trains, and is daily managed by our planning department. Following this good experience, we put in place other Milk Runs for the long distance supplier. The frequency of this Milk Run is not daily but is from one to three times a week. In most of cases the supplier involved are metallic or plastic raw material suppliers. Today we have five different Milk Runs to cover 22 suppliers on 43 active suppliers in total. All European strategic suppliers for raw material and components are managed through a Milk Run.

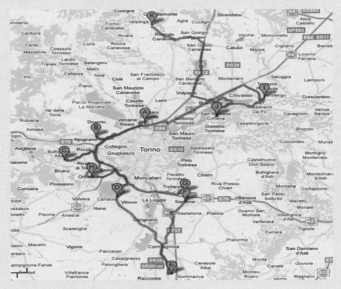

**Figure 6.21**  Example of local Milk Run route

**Figure 6.22**  Example of European Milk Run route

Results Key Performance Indicators:

Flow time reduction (related to material and bought out components) from 27.8 days in September 2009 to 3.9 days in August 2012 (81% improvement).

Free up warehouse space with the utilization of supermarket instead of shelves. It allowed us to realize the TPAs.

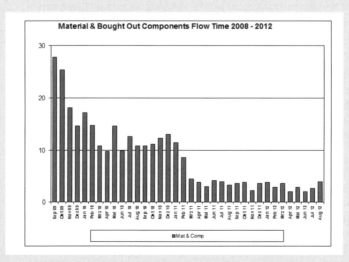

**Figure 6.23**  Material & bought out components flow time 2008–2012

**Figure 6.24** Supermarket instead of shelves

 **Beispiel: Effizienz in der Transportlogistik**

*Von Michael Rada*

Im Rahmen eines Optimierungsprojektes der Global Supply Chain bei einem japanischen Unternehmen für Haushaltsgeräte mit Produktionsstandort in Tschechien wurde bei der Analyse der Transportlogistik eine geringe Auslastung der Lkw für eine der wichtigsten Komponenten des Endprodukts festgestellt.

Der Verpackungsstandard wurde ohne Veränderung übernommen. Der Grund war die Sicherstellung der Vermeidung von Beschädigung der Komponente während des Transports. Da es sich um eine relativ komplexe Komponente handelte, wurden insgesamt vier Qualitätskontrollen zwischen der Verpackung auf Europaletten und der Verladung auf Lkw durchgeführt. Eine weitere Qualitätskontrolle fand in einem externen Distributionszentrum statt, welches als Lagerhaus für das Produktionsmaterial des Standortes diente. Eine weitere Qualitätskontrolle wurde im Wareneingang des Produktionsstandorts durchgeführt.

Die Anzahl der Qualitätskontrollen wurde als größtes Problem und Schwachstelle im Rahmen der Optimierung der Global Supply Chain angesehen. Ansatzpunkt der Verbesserung war zunächst die niedrige Auslastung der Lkw. Da die Komponente sehr druckempfindlich war, resultierten hieraus spezielle Anforderungen an die Verpackung. Die ausgewählte Verpackung konnte maximal 25 Komponenten je Europalette aufnehmen. Jede einzelne Komponente wurde von der nächsten durch zwei wiederverwendbare Raumteiler aus Polyschaum getrennt. Die 25 Komponenten auf der Palette wurden oben mit einem Deckel aus Holz abgeschlossen, der mit drei Gurten an der Palette fixiert war. Die gesamte Höhe der Verpackungseinheit lag bei 185 Zentimeter.

Da die Gesamthöhe eines Lkw bei 280 bzw. 300 Zentimeter liegt, wurde lediglich eine volumenbezogene Auslastung des Frachtraumes von 61 % bzw. 66 % erreicht. Die Gewichtsauslastung des Lkw war weit unter der möglichen Maximalauslastung.

Alle bisherigen Bemühungen im Rahmen von Lean-Prozessen hatten die Verbesserung der Höhe der Verpackungseinheit zum Ziel, wobei die Anzahl der Qualitätskontrollen nicht im Fokus lag. Es wurden detaillierte Analysen der Prozesse von der Produktion über die Montage, Verpackung, Transport, Lagerung bis zum Endkunden durchgeführt. Ergebnis war, dass eine konventionelle Verpackung aufgrund der Anforderung der ständigen Sichtbarkeit der Komponente nicht möglich war.

Dem Unternehmen wurde vom Berater ein sogenanntes „Logistics Efficiency Design" (LED) vorgeschlagen. Das Unternehmen akzeptierte diese Methodik unter der Bedingung, dass die Qualitätskontrollprozesse nicht verändert werden. Darüber hinaus wurde ein definierter Return of Investment (ROI) innerhalb von zwölf Monaten für die Verbesserungsmaßnahme gefordert.

Auf der Basis der LED-Methodik wurde vom Berater eine Reduzierung der Anzahl von Komponenten je Verpackungseinheit in Kombination mit einer Erhöhung der Anzahl der Verpackungseinheiten auf der Palettenfläche vorgeschlagen. Im nächsten Schritt wurde die Anwendung in die Praxis umgesetzt. Es wurde hierzu eine spezielle Verpackungseinheit (Universal Frame Packaging Unit - UFPU) auf der Basis der Palettenfläche (0,96 Quadratmeter) mit abnehmbaren Stützen und einem Rahmendeckel entwickelt. Die Höhe einer UFPU reduzierte sich auf 95 Zentimeter. Die Anzahl der Komponenten in einer Verpackungseinheit reduzierte sich von 25 auf 14. Damit ließen sich drei Verpackungseinheiten übereinander zu einer Höhe von drei Metern und damit der Innenhöhe eines Lkw kombinieren. Die Kapazitätsauslastung des Lkw konnte von 61 % bzw. 66 % auf 96 % gesteigert werden.

In Bild 6.25 ist die Neukonzeption der Verpackungseinheit abgebildet.

Bild 6.26 zeigt die Veränderung der Verpackungseinheit sowie der Laderaumnutzung vor (Before) und nach der Umstellung (After).

| | Vor Optimierung | Nach Optimierung |
|---|---|---|
| Anzahl der Komponenten | 825 | 1.386 |
| Auslastung der Ladekapazität | 61 % | 96 % |

Die Anwendung dieser Veränderung der Konzeption der Verpackungseinheiten auf die Transportlogistik des Unternehmens in der Zulieferlogistik

**Bild 6.25**  Neukonzeption der Verpackungseinheiten

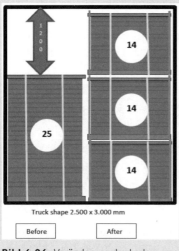

**Bild 6.26**  Veränderung der Laderaumnutzung

des Werkes in Tschechien verringerte den Lkw-Verkehr um 41%. Der ROI wurde auf einer 17-Monatsbasis erreicht und lag damit über den Anforderungen. Um das Einjahresziel zu erreichen, wurde zusätzlich ein Milkrun zwischen den lokalen Lieferanten eingerichtet. Damit wurde eine weitere Verbesserung der Lkw-Flotte im Zulieferbereich ermöglicht. Damit wurde schließlich ein ROI innerhalb von elf Monaten erreicht.

Die Nutzen aus der Umstellung der Verpackungseinheiten waren:

- keine Veränderung der Produktionszeit der Lieferanten,
- Reduzierung der Zeit für Be- und Entladen der Lkws,
- Verringerung der erforderlichen Mitarbeiter,
- Reduzierung der Mindestbestellmenge in Übereinstimmung mit der Tact Time,
- Reduzierung der Menge der gelagerten Komponenten,
- Reduzierung des erforderlichen Lagerraumes,
- Reduzierung der Durchlaufzeit.

# ■ 6.3 Supermarkt

## ■ Einstieg

Die nun mit dem Milk Run oder einer wöchentlichen Belieferung angelieferten Komponenten und Rohmaterialien werden eingelagert, da diese nicht sofort von der Fertigung verbraucht werden können. Besonders bei den Materialien, die nicht auf das Milk-Run-Prinzip umgestellt worden sind, kommt die Frage auf, wie diese gelagert werden sollen. In der Warenannahme und in der Fertigung befindet sich nicht genug Platz, um bis zur 100 % des Verbrauchs zwischenzulagern. Sollen diese Materialien in einem chaotischen Hochregallagersystem eingelagert werden? Doch geht hier nicht das Visual-Control-Prinzip verloren? Außerdem müssen Gabelstapler oder besondere Hochregalfördersysteme eingesetzt werden, um die Materialien zwischenzulagern. Dabei entstehen oft Fehleinlagerungen sowie Fehlbuchungen. Exzessiver Lagerbestand ist die Folge. Dieser verursacht hohe Kapitalbindungskosten bzw. hohe Kosten in der Verwaltung und hat im Falle der Obsoleszenz auch noch Verschrottungskosten zur Folge. Die Lösung des Problems ist die Implementierung eines Visual-Control-Lagersystems, welches in diesem Fall der „Supermarkt" ist.

## ■ Worum geht es?

Der Supermarkt ist das Rohmaterial- und Komponentenlager im Pull-System und fungiert als eine Art Puffer zwischen der Anlieferung und dem Verbrauch durch die Fertigung. Dabei wird besonderes Augenmerk auf Visual Control (visuelle Kontrolle), Sicherheit und leichte Handhabung gesetzt. Er wird vom Small Train befahren und anhand der Small-Train-Kanban-Karte, die das Signal für den Abruf der Materialien darstellt, gesteuert. Die Wiederbeschaffungsentscheidung basiert auf den Prinzipien von Gemba (gehe vor Ort) und der Visual Control sowie auch auf der nivellierten Abrufmenge der Fertigung. Je nach Ausprägung des Supermarkts kommen auch Supermarkt-Kanban-Karten zum Einsatz, welche die Beschaffung bei der Entscheidung über die Wiederbeschaffung unterstützen (Bild 6.27).

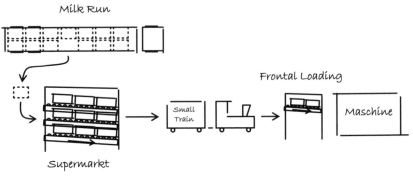

**Bild 6.27** Milk Run – Supermarkt – Small Train – Fertigung

Der Supermarkt ist also ein Durchlaufregallager, in welchem die Komponenten und Rohmaterialien in ergonomischer Höhe sowie akzeptabler Traglast gelagert werden. Jede Teilenummer hat einen fest zugeordneten Lagerplatz im Durchlaufregal. Das Prinzip des Durchlaufregals gewährleistet das FIFO-Prinzip (first in, first out; Bild 6.28).

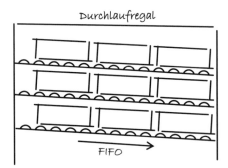

**Bild 6.28** Supermarktregal

Jede Teilenummer ist mit einem Minimal- und Maximalbestand, durchschnittlichem Verbrauch, Lieferfrequenz, Bestelltag sowie dem Liefertag versehen, welche visuell am Durchlaufregal pro Teilenummer abgebildet sind. Somit basiert der Bestand im Supermarkt auf einer Berechnungsgrundlage, die wiederum auf der Leistungsfähigkeit des Produktionssystems aufsetzt. Dabei stützt sich die beschaffende Stelle auf die Ergebnisse aus der Master Production Schedule, also der Bedarfsliste sowie den Daten des Lieferanten. Entsprechend trifft der Beschaffende die notwendigen Bestellentscheidungen.

## Visual Management des Supermarkts

Das Visual-Management-System des Supermarkts beinhaltet also das Durchlaufregal und alle entscheidungskritischen Daten, wie z. B. Minimal- und Maximalbestand. Es erlaubt, den Bestand ohne Nutzung von zusätzlicher Ausstattung visuell zu überprüfen und den Entscheidungsverlauf nachzuvollziehen. Dies wird vor allem dadurch erreicht, indem ein Mitarbeiter täglich das Gemba-Prinzip (gehe zum Ort des Geschehens) anwendet. Das heißt, dass die Mitarbeiter entsprechend den Bedarfsdaten aus der Fertigung (MPS) jeden Tag den Supermarkt ablaufen, die Bestände und Bedarfe überprüfen und somit sowohl den Bestell- als auch den Lieferprozess steuern.

## Berechnung des Supermarktbestands

Für die Definition bzw. die Berechnung der Lagermenge und des Regelkreises des Supermarkts sind die Wiederbeschaffungsmenge sowie der minimale und der maximale Bestand von hoher Bedeutung. Die Vielfalt an Berechnungsmöglichkeiten für die Bestellmenge und die Lagermenge in der Lagerwirtschaft erschwert häufig die Wahl der richtigen Berechnungsgrundlage in der Praxis. Weshalb in diesem Buch die Wahl für die Berechnungsgrundlage des Supermarkts auf die in der Lean-Management-Praxis gewählte Berechnungsart fällt. Hier die drei wesentlichen Faktoren für die Berechnung des Supermarktbestands:

- **Wiederbeschaffungsmenge (WBM):**
  Die Wiederbeschaffungsmenge stellt die Menge des Verbrauchs in Abhängigkeit zur Lieferzeit dar. Das heißt, wie hoch der Verbrauch in Volumen innerhalb eines Lieferzyklus ist.

  Wiederbeschaffungsmenge WBM = LZT · DVT

  LZT = Lieferzeit in Tagen

  DVT = durchschnittlicher Verbrauch in Teilen pro Tag

- **Minimal- und Maximalbestand (Regelkreis):**
  Der minimale und maximale Bestand stellt die beiden Definitionsgrößen innerhalb der Regelkreise dar und bestimmt damit den Sicherheitsbestand und das Absolute des Maximalbestands. Somit ist in einem Supermarkt der Minimalbestand definiert (Sicherheitsbestand), welcher nicht unterschritten werden sollte, sowie auch der Maximalbestand, welcher nicht überschritten werden sollte. Ziel des Beschaffers also ist es, sich innerhalb dieser beiden Grenzen mit seinen Lieferabrufen zu bewegen und mit dem Supermarkt die Verbrauchsschwankungen auszugleichen.

- **Minimalbestand**
  (Nur beim täglichen Milk Run.)
  Der Minimalbestand stellt den Sicherheitsfaktor im Supermarkt dar. Er basiert auf einem Lieferzyklus und soll diesen bei einem Lieferausfall überbrücken. Wie beschrieben, sollte der Minimalbestand (Sicherheitsbestand) nicht unterschritten werden.

  Minimalbestand = 1 · Wiederbeschaffungsmenge

- **Maximalbestand**
  (Nur beim täglichen Milk Run.)
  Der Maximalbestand stellt das Maximum des berechneten Bestands im Supermarkt

dar. Die Berechnungsgrundlage basiert auf einem Lieferzyklus plus Minimalbestand und spiegelt somit den Bewegungslagerbestand wider. Dieser Bestand wird vom Beschaffer als operativer Lagerpuffer bis zur nächsten Lieferfrequenz genutzt mit dem Ziel der nivellierten Fertigungsbelieferung. Also handelt es sich hier um den Bestand, der vom Beschaffer genutzt wird, um die Fertigung bis zur nächsten Lieferung des Milk Runs zu beliefern. Wie beschrieben, sollte der Maximalbestand (Sicherheitsbestand) nicht überschritten werden.

Maximalbestand* = 2 · Wiederbeschaffungsmenge

Maximalbestand** = 2 · Wiederbeschaffungsmenge + Sicherheitsfaktor

\* nur beim täglichen Milk Run, \*\* falls erforderlich.

- **Sicherheitsfaktor:**
  Der Sicherheitsfaktor wird angewendet, um Risiken bei Problemen, z.B. aufgrund eines hohen Ausfallrisikos des Lieferanten oder von Transportproblemen, abzufangen. Des Weiteren könnten unregelmäßige Abrufe der Fertigung, verursacht durch die Prozessinstabilität im Fertigungsbereich, einen Sicherheitsfaktor vorübergehend notwendig machen. Der Sicherheitsfaktor ist also ein zusätzlicher Lagerbestand im Regelkreis, der Schwankungen kompensiert. Der Sicherheitsfaktor an sich ist reine Verschwendung und kann nur vorübergehend akzeptiert werden, da durch höhere Bestände Probleme verdeckt werden.

### ■ Was bringt mir das?

Kontrollierter und sich stetig reduzierender Bestand bei hoher Verfügbarkeitsrate ist der Nutzen des Supermarkts. Durch den visuellen Zwischenpuffer der Lagerbestände ist sowohl die Verantwortlichkeit für die Bestände definiert als auch die Systematik für die nachhaltige Bestandsreduzierung etabliert. Auch die Problematik der Zwischenlager wird durch Milk Run gelöst. Fehler bzw. Probleme werden sofort erkannt und notwendige Kaizen-Aktivitäten können initiiert werden.

 **Beispiel: Lageroptimierung**

*Von Tatiana Bérangé*

### Allgemeine Ausgangssituation

Die FCI Automotive Deutschland GmbH (FCI) am Standort Nürnberg stellt Steckverbinder für die Automobilindustrie her. Dort besteht die Produktion aus Stanzerei, Spritzerei und zwei vollautomatisierten Montageabteilungen: die SRS und die Header-Produktion. Das Werk besteht aus drei verschiedenen Gebäuden: ein Verwaltungsgebäude und zwei Produktionsgebäuden. In einem der Produktionsgebäude befindet sich im ersten Stockwerk die SRS-Produktion

In den letzten Jahren ist die Produktion stark gewachsen und hat die Logistik nach und nach aus dem Werk in ein externes Lager verdrängt. Die Fläche für die interne Logistik in der Produktion wurde kontinuierlich reduziert, um aus wirtschaftlichen Gründen Platz für weitere Maschinen zu schaffen.

Nachdem der Anbau eines weiteren Produktionsgebäudes am Standort nicht möglich war, gab es in der Vergangenheit verschiedene Ansätze, eine langfristige Standortplanung durchzuführen. Ein 360 m² großes Zelt, das auf dem Gelände aufgestellt wurde, soll den Platzmangel in der Produktion entschärfen.

Vor mehr als zehn Jahren hat FCI entschieden, sich auf seine Kernkompetenzen zu fokussieren und hat den kompletten Logistikbereich (die interne Logistik im Werk und das externe Lager) im Rahmen eines Outsourcing an einen externen Logistikdienstleister übertragen.

Der Logistikdienstleister betreibt zum Start des Optimierungsprojektes ein Hauptlager und eine Nebenhalle für Verpackungsmaterial und Low Runners. Das Hauptlager befindet sich drei Kilometer entfernt vom Werk und hat eine Fläche vom ca. 4.500 m². Dort werden folgende Aufgaben von dem externen Logistikdienstleister im Auftrag von FCI bearbeitet:

- Wareneingang,
- Lagerung von Rohmaterialien, Halbfertigteilen und Fertigwaren,
- Produktionsversorgung,
- Produktionsentsorgung,
- Kommissionierung,
- Warenausgang und
- Versand/Zoll/Transport.

Das externe Lager ist mit dem Werk durch einen so genannten Werksverkehr verbunden. Diese zweite Halle hat eine Fläche von 1.700 m² und ist zwei Kilometer entfernt vom Hauptlager. Dort werden hauptsächlich Verpackungen und Low Runner gelagert.

Platzmangel im Werk, Produktvielfalt, externes Lager, verschiedene Lagerorte, lange und komplexe Materialflüsse: all diese Faktoren haben dazu beigetragen, dass die Logistikkosten in den letzten Jahren überproportional gegenüber dem Umsatz gestiegen sind (der leichte Rückgang im Jahr 2009 in Bild 6.29 ist mit der Wirtschaftskrise zu erklären).

Um diesem Trend entgegen zu wirken, wurde ein Kostenreduzierungsprojekt ins Leben gerufen. Das Ziel war die Reduzierung der Gesamtlogistikkosten um mindestens 15 % (Kosten für die interne Logistik, den Werksverkehr und das Lager). Dies sollte durch die Reduzierung der Komplexität in der Logistik erreicht werden.

Es fiel die Entscheidung, die Logistikabläufe in zwei Schritten zu optimieren. Der erste Schritt war die Implementierung des Small Train im Werk (wie im Absatz 6.4 beschrieben). Nachdem diese durchgeführt wurde und nachdem die ersten Verbesserungsmaßnahmen nach einer Stabilisierungsphase umgesetzt worden sind, konnte im zweiten Schritt mit der Optimierung des externen Lagers sowie mit der Weiterentwicklung des aktuellen Logistikdienstleiters begonnen werden.

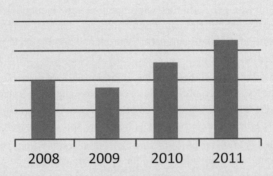

**Bild 6.29** Entwicklung der Logistikkosten bis 2011

## Ausgangssituation des Projekts

Da im Hauptlager keine Hochregale eingesetzt wurden, mussten Paletten doppelt gestapelt werden. Es war also ein hohes Verbesserungspotenzial vorhanden. Aufgrund des Platzmangels im Lager konnten auch keine sortenreinen Paletten gebildet werden. Dieses bedeutete einen sehr hohen Aufwand in der Handhabung. Um z. B. einen Karton zu kommissionieren, musste die oberste Palette heruntergefahren und mehrere Kartons umgeschichtet werden.

Es sollte primär mehr Platz im Hauptlager geschaffen werden, um die Komplexität zu reduzieren. Nachdem der Lagerbestand nicht so weit reduziert wurde, um mit der Lagerfläche im Hauptlager auszukommen, musste ein Hochregal gebaut werden.

Außerdem war noch ein hohes Optimierungspotenzial nach dem Umzug vorhanden, da der neue Logistikdienstleister nach bestehendem Werkvertrag nicht in der Verantwortung stand, die Abläufe kontinuierlich zu verbessern und somit weitere Kostenreduzierung zu gewährleisten.

## Zwei Bausteine des Projekts: Hochregalbau und Lieferantenentwicklung

Zuerst wurde ein Kernteam bestehend aus FCI-Mitarbeitern und aus Mitarbeitern des Logistikdienstleisters gebildet. Wichtig dabei war, von Anfang an den Logistikdienstleister bei dem Projekt einzubeziehen, um eine hohe Akzeptanz bei der Umsetzung der Maßnahmen zu erzielen. Das Kernteam traf sich gemäß einem Projektplan in regelmäßigen Abständen im Lager, um vor Ort (Gemba) die einzelnen Themen zu bearbeiten. Die Hauptmeilensteine waren

- der Bau des Hochregalsystems und

- die Optimierung der Abläufe in den einzelnen Bereichen des Lagers.

## Das Hochregalsystem

Der erste Schritt in dem Projekt war der Bau eines Hochregalsystems. Dieser Schritt sollte auch die anderen Optimierungsmaßnahmen ins Rollen bringen. Das Hochregalsystem war notwendig, um die Logistikfläche zu konsolidieren und somit die zweite Lagerhalle zu schließen sowie die Komplexität der Abläufe zu reduzieren.

Im ersten Workshop wurde vom Kernteam der aktuelle Materialfluss vom Wareneingang bis zum Warenausgang mittels einer Wertstromanalyse untersucht. Ziel war es, durch einen Ist-Soll-Vergleich die zukünftigen Abläufe grob zu definieren. Dabei spielte im Lager der Small Train, als Verlängerung des Small Train in der internen Logistik, eine große Rolle.

Es musste eine Lösung gefunden werden, in der die Ver- und Entsorgung des Small Train mit dem Hochregalsystem kombiniert werden konnte. Nachdem der Small Train in regelmäßigen kurzen Abständen (z. B. stündlich) fährt, ist es nicht sinnvoll, die Ver- und Entsorgung direkt aus dem Hochregal zu organisieren. Ansonsten muss z. B. mehrere Male hintereinander dieselbe Palette aus- und eingelagert werden, um das benötigte Material zu entnehmen. Dieses verursacht einen hohen Bedarf an Personal für die Handhabung. Ein Rundlauf innerhalb einer Stunde ist dann kaum möglich.

Das Team entschied sich für eine Bodenlagerung als eine Art Übergabebereich, um die Produktionsver- und -entsorgung zu bewältigen. Dieser Bereich sollte vom Hochregal klar getrennt werden, damit die Small Trains und der Staplerverkehr sich nicht gegenseitig blockieren.

Danach teilte sich das Kernteam in zwei Untergruppen: eine Gruppe berechnete die Anzahl der benötigten Bodenstellplätze für den Übergabebereich, während die andere Gruppe sich um die Berechnung der benötigten Stellplätze in den Hochregalen kümmerte.

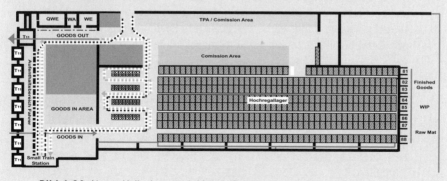

**Bild 6.30** Neues Hallenlayout mit Materialfluss

Mit dem Input der beiden Gruppen konnte das Layout der Hochregale genau definiert werden (Bild 6.30, Bild 6.31), um damit Angebote einzuholen. Neben der Beschaffung der Regale musste die Beleuchtung komplett erneuert werden sowie neue Stapler beschafft werden, um die Regale bedienen zu können.

| | | | Ebene | Pal. / Fach | Paletten |
|---|---|---|---|---|---|
| **Regal R1** | | | | | |
| **Stanzerei FG** | | | | | |
| Stanzerei | 3 Pal x 21 Regalelemente | 100 | 1 | 3 | 63 |
| | | 27 | | | |
| | 3 Pal x 21 Regalelemente | 100 | 1 | 3 | 63 |
| | | 27 | | | |
| | 3 Pal x 21 Regalelemente | 125 | 1 | 3 | 63 |
| | | 27 | | | |
| | 3 Pal x 21 Regalelemente | 160 | 1 | 3 | 63 |
| | | 27 | | | |
| | 3 Pal x 21 Regalelemente | 160 | 1 | 3 | 63 |
| | Regalgesamtlänge: 5900 cm | | | | |
| Summe: | | **753** | 5 | 15 | 315 |
| | Regalhöhe: | **753 cm** | | | |
| | Anzahl Ebenen: | 5 | | | |
| | Anzahl Paletten insgesamt pro Regal: | 315 | | | |

**Bild 6.31** Beispiel: Layout einer Regalreihe

Mit den Ergebnissen des ersten Workshops wurde eine Wirtschaftlichkeitsrechnung vom FCI-Team erstellt, um die erforderlichen Investitionen zu rechtfertigen. Dabei wurde die potenzielle Kostenreduzierung berechnet. Diese beinhalteten den Effekt folgender Maßnahmen:

- Schließung der zweiten Halle inkl. Reduzierung des Personals und Eliminierung des Lkw-Verkehrs,
- Reduzierung des Personals durch Optimierung bzw. Standardisierung der Abläufe nach dem Bau des Hochregales,
- Reduzierung des Personals durch Schulung der Lagermitarbeiter,
- Reduzierung des Personals durch den flexiblen Einsatz der Lagermitarbeiter.

Aufgrund dieser Maßnahmen konnten Einsparungen nachgewiesen werden. Dadurch wurde der Investitionsantrag problemlos vom Management genehmigt.

Bei der Auswahl des Regallieferanten wurde ein genauer Plan erstellt, wie die Regale gebaut werden sollten. Nachdem das Lager während der Bauzeit nicht geschlossen werden konnte, musste die Vorbereitungsphase genau geplant werden, um die Auslieferungen an die Kunden und die Produktionsversorgung nicht in Gefahr zu bringen.

Nach einem schwierigen Start (die Monteure kamen einen halben Tag zu spät) lief der Regalbau nach Plan. Eine Seite der Halle war am Wochenende zuvor ausgeräumt worden, damit die erste Regalreihe am Montag gebaut werden konnte. Am Abend erfolgte dann die Abnahme der Regalreihe durch den Lieferanten und über Nacht wurde die am Tag gebaute Regalreihe gemäß dem Belegungsplan befüllt. Nach fünf Tagen war das komplette Regalsystem in Betrieb und die zweite Halle war leer geräumt (Bild 6.32).

**Bild 6.32** Entfernung Regalsystem

Danach folgte eine Phase des „Baby Sitting". Die Lagermitarbeiter wurden zwar vor dem Regalbau mit den neuen Abläufen und mit dem Handling der neuen Stapler vertraut gemacht. Aber erst nach dem Bau der Regale kamen die Fragen der Mitarbeiter. Neu definierte Abläufe mussten entsprechend der PDCA-Methodik verbessert werden.

## Lieferantenentwicklung und Optimierung der Abläufe

In der zweiten Phase des Projektes ging es um die Menschen: die Mitarbeiter vom Geschäftsführer bis zum Lagerarbeiter des Logistikdienstleisters mussten überzeugt werden, dass die Abläufe durch die Lean-Methodik optimiert werden konnten.

Bereich für Bereich wurden die Abläufe durch Beobachtungen vor Ort (Gemba) analysiert und die Probleme aufgelistet. Zu dem Kernteam kam immer ein Lagerarbeiter des betroffenen Bereiches dazu, um den Bereich proaktiv an den Änderungen zu beteiligen.

Nachfolgend sind Beispiele für Verbesserungen dargestellt:

### Wareneingangsbereich

Nach der Wareneingangsbuchung erfolgt eine Qualitätskontrolle. Erst wenn die Waren vom Qualitätsmitarbeiter freigegeben worden sind, können diese vom Lagerarbeiter eingelagert werden. Da es nicht visuell erkennbar war, ob das Material schon freigegeben worden ist oder nicht, musste der Lagerarbeiter mehrmals die Waren einscannen, um die Info zu erhalten, ob er diese einlagern kann. Um das unnötige Scannen zu vermeiden (= Verschwendung), ist eine visuelle Steuerung der von der Abteilung Qualitätsmanagement im Wareneingang freigegebenen Paletten durch das Anbringen eines grünen Hütchens eingeführt worden (Bild 6.33). Somit ist sofort sichtbar, welche Waren zum Einlagern freigegeben worden sind. Wenn keine grünen Hütchen zu sehen sind, kann sich der Lagerarbeiter anderen Aufgaben widmen, ohne Zeit zu verlieren.

### Produktionsversorgung

Die Produktionsversorgung wird durch die Bestellungen der internen Logistik, die in Papierform aus einem Drucker ausgegeben werden, gesteuert. Durch Beobachtungen wurde festgestellt, dass die Lagerarbeiter lange Wege zwischen den Regalen und dem Drucker fahren mussten, um ihre nächsten Aufträge zu holen. Um die Wege zu optimieren, wurde der Drucker neben den Hochregalen angebracht. Außerdem wurde ein ergonomischer Tisch gebaut, auf dem der Lagerarbeiter die Bearbeitung der Label erledigen kann.

Ein anderes Problem in dem Bereich waren die Leerfahrten mit dem Stapler. Die Lagerarbeiter fuhren vom Wareneingangsbereich leer in den Regalbereich, um dort angefordertes Material abzuholen und nach vorne an die Rampen zu bringen. Jedes Mal fuhren sie an dem Wareneingangs-

**Bild 6.33** Visualisierung der Materialfreigabe

bereich vorbei, in welchem Waren darauf warteten, in den Hochregalen eingelagert zu werden.

Durch Simulationen und Zeitaufnahmen konnte den Lagerarbeitern vermittelt werden, dass es effizienter wäre, wenn sie den Einlagerungsprozess vom Material aus dem Wareneingang mit dem Produktionsversorgungsprozess kombinieren würden. Somit würden sie sich zwei Leerfahrten mit dem Stapler sparen.

Small Train: Jede Stunde müssen im Lager zwei Small Trains gleichzeitig von einem fest definierten Startpunkt (sogenannter Hauptbahnhof) starten, um eine Stunde später bereit für die nächste Abholung mit dem Werksverkehr zu sein. Innerhalb einer Stunde müssen alle Trailer der beiden Small Trains ent- und beladen werden. Wichtig dabei ist, genau zu definieren, welche Standardroute die beiden Small Trains zu fahren haben, um sicherzustellen, dass nach einer Stunde alle acht Trailer fertig sind, um rechtzeitig wieder am Hauptbahnhof zu sein.

Nach einigen Tests entschied sich das Team, zwei verschiedene Routen zu definieren, damit die Small Trains sich nicht gegenseitig stören: die erste Route verläuft von der rechten Seite des Übergangsbereiches, die zweite Route von der linken Seite (Bild 6.34).

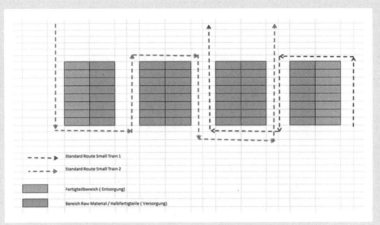

**Bild 6.34** Route der Small Trains

Die Route eines der beiden Small Trains fuhr vom Hauptbahnhof über den Übergangsbereich bis zur hinteren Halle, um dort Spritzteile, leere Umlaufverpackungen und Komponenten in die Trailer zu laden. Der Small-Trailer-Fahrer verlor sehr viel Zeit bei der Entnahme der Komponenten, die gemischt auf Paletten gelagert waren. Durch die gemischten Paletten entstand außerdem ein sehr unordentlicher Eindruck.

Das Team entschied sich, einen Supermarkt (Durchlaufregale von max. 1,5 m Höhe) für die Komponenten einzuführen. Somit entfiel das zeitaufwendige Umschichten. Ein Handgriff reichte, um die Teile zu entnehmen und auf den Small Train zu laden.

Durch die einzelnen Verbesserungen konnte die Zeit für eine Small-Train-Route von 48 auf 35 Minuten verkürzt werden. Somit hatte der Small-Train-Fahrer Zeit, um seine Kollegen aus der Produktionsversorgung oder aus der Kommissionierung zu unterstützen.

**Kommissionier-Bereich**

Das Problem im Kommissionier-Bereich war vergleichbar mit dem in der Produktionsversorgung. Die Mitarbeiter legten weite Wege zurück, um die benötigten Fertigteile zu kommissionieren. Die Mitarbeiter verloren Zeit beim Warten auf die Versandlabel am Drucker oder beim Schneiden des Kantenschutzes für das Verpacken der Paletten. Die Arbeitsplätze der Mitarbeiter waren nicht optimal. Die Mitarbeiter mussten immer wieder nach Werkzeugen und Geräten (Scanner, Schere, Cutter Messer ...) suchen und verloren dabei Zeit.

Nachdem die Drucker eine Engpassstelle waren, wurde ein neuer Drucker beantragt. Neue ergonomische Kommissionier-Tische wurden gebaut, auf denen ein Drucker Platz fand und eine Schublade, welche die Versandlabel auffing (Bild 6.35). Um das Schneiden des Kantenschutzes zu beseitigen, das neben dem Zeitaufwand ein Unfallrisiko darstellt, wurden drei neue Standardmaße für den Kantenschutz definiert. Diese wurden dann vom Einkauf beschafft und an der Seite der Kommissionier-Tische in angepassten Kästchen angebracht (Bild 6.38).

**Bild 6.35** Drucker mit Auffangschublade für die Versandlabel

**Bild 6.36** Ergonomisch eingerichteter Tisch für den Versand von Musterteilen

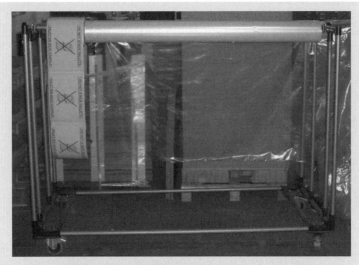

**Bild 6.37** Spender von Etiketten und Folien

**Bild 6.38** Kästchen für  Kantenschutz in drei verschiedenen Maßen

Das Hauptverbesserungsprojekt im Kommissionier-Bereich war die Optimierung der Kommissionier-Wege. Im Lager wurde noch ohne Lagerverwaltungssystem gearbeitet. Somit war es den Mitarbeitern selbst überlassen, manuell die Wege zu optimieren. Das Konzept war, ein Zusatzprogramm für das MRP-System zu entwickeln, um eine Liste zu erzeugen, in welcher aufgrund der aktuellen Kundenbedarfe der Staplerfahrer die Fertigteile für die Kommissionierer auslagern könnte. Diese Liste sollte nicht in Papierform, sondern elektronisch auf einem Bildschirm erscheinen, der am Stapler fixiert war. Dieses Optimierungsprojekt konnte nicht umgesetzt werden, da keine Programmierkapazität im Werk zur Verfügung stand und es wurde nicht erlaubt, diese extern einzukaufen. Trotzdem wurden die Staplerfahrer, wie im Bereich Produktionsversorgung geschult, deren Fahrten durch das Vermeiden von Leerfahrten zu optimieren.

**Flexibler Einsatz des Personals**

Ein weiterer Optimierungspunkt war der flexible Einsatz der Mitarbeiter über mehrere Bereiche. Zuvor waren die Mitarbeiter einem bestimmten Bereich zugeordnet. Es wurde eine bestimmte Anzahl an Mitarbeitern pro Abteilung definiert, die das Durchschnittvolumen bewältigen sollten. Dieses starre Model war aber nicht geeignet, um die Volumenschwankungen zwischen den Wochentagen oder innerhalb eines Tages auszugleichen. Deshalb wurde entschieden, die Mitarbeiter zu schulen, damit diese sich nicht nur in deren eigener Abteilung auskennen, sondern auch in anderen Bereichen mithelfen können. Dadurch konnten sich die Mitarbeiter so organisieren, dass z. B. vormittags ein Mitarbeiter aus dem Warenausgang seinen Kollegen aus dem Wareneingang beim Einlagern helfen konnte, wenn an diesem Tag wenig Spediteure Waren abholten, während in derselben Zeit viele Lkw Waren anlieferten.

## Ergebnis des Projektes

Das Lageroptimierungsprojekt erstreckte sich über mehr als sechs Monate. In dieser Zeit ist das Lager durch den Bau der Hochregale komplett umorganisiert und durch einzelne Verbesserungen der Abläufe, der Ausstattung und durch Schulung der Lagerarbeiter optimiert worden.

Alle Optimierungsvorschläge konnten nicht umgesetzt werden, aber die Gesamtbilanz des Projektes ist positiv. Folgende Verbesserungen konnten erreicht werden:

- Schließung der zweiten Lagerhalle (in 2012),
- Abbau des Zusatz-Lkw zur Ver- und Entsorgung der zweiten Halle (in 2012),
- Reduzierung des Lagerpersonals um 13 Mitarbeiter (schrittweise in 2012 und 2013),
- Definition klarer Abläufe,
- Reduzierung der Komplexität,
- Reduzierung der vom Dienstleister verursachten Reklamationen beim Kunden.

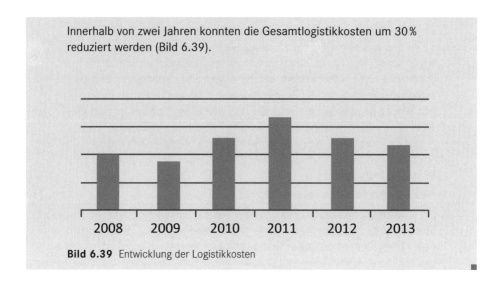

Innerhalb von zwei Jahren konnten die Gesamtlogistikkosten um 30 % reduziert werden (Bild 6.39).

**Bild 6.39** Entwicklung der Logistikkosten

# ■ 6.4 Small Train

## ■ Einstieg

Die Einführung eines Kanban-gesteuerten Materialflusses durch die Implementierung des Pull-Systems führt zu der bedarfsorientierten Fertigung. Doch wie organisiert ein Unternehmen die physischen Materialflüsse zwischen den einzelnen Kanban-Regelkreisen?

Betrachtet man die Abläufe in der Fertigung mit den Augen des Lean Managers in der Praxis, so wird zwar häufig die Realisierung des Kanban-Systems erkannt, die Organisation des Materialflusses zwischen den Arbeitsstationen und Maschinen erscheint aber als ein von Verschwendung gekennzeichnetes Chaos. Mitarbeiter sind mit dem Be- und Entladen von Teilen in bzw. aus Behältern (Verschwendung: unnötige Bewegung, da nicht wertschöpfend) sowie dem Transport von leeren Behältern zwischen Werkstätten und Lager (Verschwendung: unnötiger Transport, da nicht wertschöpfend) beschäftigt. Mitarbeiter warten auf den Materialnachschub (Verschwendung: Wartezeit, da nicht wertschöpfend). Ständig sind Gabelstapler in der Halle unterwegs, die leere Behälter abtransportieren und Behälter mit Material antransportieren. Immer wieder fehlt Material an den Arbeitsstationen, da die Organisation des Materialtransports unzureichend ist. Um dieser Problematik entgegenzuwirken, setzt das Lean Management innerhalb des Pull-Systems den Small Train ein.

## ■ Worum geht es?

Bei einem Small Train (auch Little Train oder Small Milk Run genannt) handelt es sich um ein Werkzeug des Pull-Systems, welches der Umsetzung der Materialströme innerhalb der bedarfsorientierten Fertigung im Lean Management dient. Es handelt sich hierbei um eine Zugmaschine mit mehreren Anhängern und einer definierten Route. Das Einsatzspektrum des Small Trains beinhaltet die gesamte Intralogistik wie Lager- und Fertigungsbereich sowie die Auslieferungsdocks. Der Small Train stellt das Bindeglied in der physischen Umsetzung der Waren- und Informationsflüsse in einem Unternehmen, also der Exekutive des Pull-Gedankens dar. Die Steuerung erfolgt über Kanban-Karten der verschiedenen Regelkreise, wobei das Heijunka Board die Taktung, d.h. den Rhythmus vorgibt. Die nivellierte Taktung setzt voraus, dass der Small Train in einem Pull-System eingesetzt wird, um die Funktionsfähigkeit des Kontinuierlichen Verbesserungsprozesses zu gewährleisten (Bild 6.40).

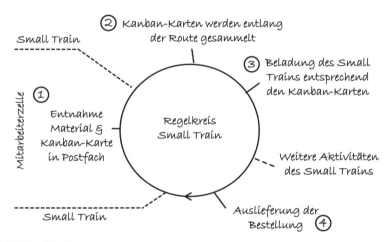

**Bild 6.40** Small Train

---

**Ablauf der Bestellung und der Lieferung durch den Small Train von Rohmaterialien und halb fertigen Erzeugnissen (WIP – Work in Process)**

1. Der Mitarbeiter an der Maschine entnimmt das erforderliche Material aus dem Frontal Loading und steckt die dazugehörige Small-Train-Kanban-Karte in das Postfach.

2. Der Small-Train-Fahrer sammelt entlang seiner Standardroute die Small-Train-Kanban-Karten.

3. Die Bestellungen, die nun als Small-Train-Kanban-Karten zur Verfügung stehen, werden systematisch abgearbeitet, indem der Small-Train-Fahrer sowohl die zugekauften Komponenten im Supermarkt als auch die halb fertigen Erzeugnisse aus dem Shop Stock belädt.

4. Entsprechend der Standardroute liefert der Small-Train-Fahrer die bestellten Materialien und die dazugehörigen Small-Train-Kanban-Karten aus.

 **Ablauf der Abholung von Fertigteilen durch den Small Train**

1. Der Small-Train-Fahrer entnimmt aus dem Levelling Board die Levelling-Kanban-Karte jeweils zu Beginn des Takts.
2. Der Small-Train-Fahrer fährt entlang seiner Standardroute und entnimmt nach Vorgabe der Levelling-Kanban-Karten die Fertigteile aus dem Shop Stock (siehe Kapitel 6.6).
3. Die Standardroute des Small-Train-Fahrers endet an der TPA.

## Konfiguration des Small Trains

Die Konfiguration des Small Trains beinhaltet eine standardisierte Route, innerhalb welcher mehrere Aktionen erfolgen (Bild 6.41):

- Levelling-Kanban-Karten aus dem Heijunka Board entnehmen,
- Anfahrt,
- Beliefern und Entnahme der bestellten Materialien innerhalb der Fertigung,
- Mitnahme der Small-Train-Kanban-Karten aus dem Postfach,
- Rückfahrt,
- Bestückung des Small Trains mit Zukaufteilen aus dem Supermarkt.

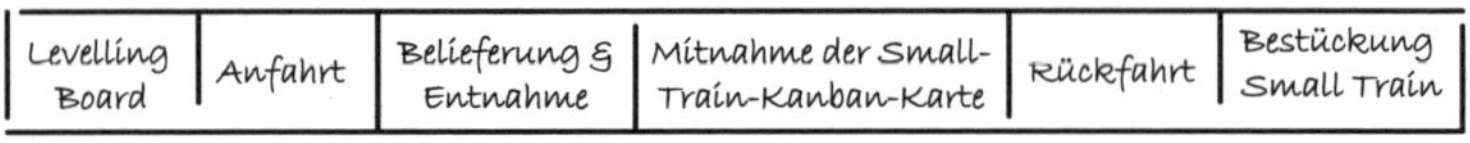

| Levelling Board | Anfahrt | Belieferung & Entnahme | Mitnahme der Small-Train-Kanban-Karte | Rückfahrt | Bestückung Small Train |
|---|---|---|---|---|---|

**Bild 6.41** Small-Train-Ablaufdiagramm

## Belieferungszyklus

Der Small-Train-Zyklus beinhaltet die gesamte standardisierte Route. Diese sowie der Startpunkt und die Dauer der Route sind festgelegt, ebenso wie die gesamten zu verrichtenden Tätigkeiten innerhalb der standardisierten Route.

 Der übliche Zyklus der Belieferung ist mindestens jede Stunde!

## ■ Was bringt mir das?

Das Grundprinzip des Small Trains ist die definierte Route, welche innerhalb des zu beliefernden Bereichs im Takt durchfahren wird. Das Design des Small Trains und die

Art der Belieferung beinhalten nicht nur die Anlieferung, sondern auch die Abholung von verschiedenen Gütern innerhalb der Route zur selben Zeit. Das heißt, dass neben der Abholung und Auslieferung auch die Bestellannahme durch ein System von Kanbans (Karten), zeitgleich erfolgt.

Die Vorteile des Konzepts sind:

- Zum einen vermeidet man Leerfahrten, zum anderen benötigt man keine Mitarbeiter, welche Bestellungen aufnehmen und verwalten.

- Durch diese Maßnahme reduziert man nicht nur den logistischen Aufwand, welcher nicht zu den wertschöpfenden Tätigkeiten gehört, sondern nimmt auch positiven Einfluss auf die Gestaltung des Materialflusses im Prozessablauf.

- Die Belieferung ist standardisiert und erlaubt die Visualisierung bei Abweichung.

- Die bedarfsorientierte Abholung bzw. Belieferung führt innerhalb eines Pull-Systems zur Nivellierung der Intralogistik und zur Verbesserung der Ergonomie, da die Behälter auf ergonomische Vorgaben ausgerichtet sind.

- Die Reduzierung der Bestände in der Fertigung, abgestimmt auf den Takt, führt zu einer geringeren Bestandsverteilung über den Prozess und einer klaren Bestandsverwaltung im Lager, da nun z. B. Rohstoffe bis zu deren Verbrauch in der Produktion im Lager verbleiben.

- Damit führt die klarere Zuordnung der Lagerbestände zur Reduzierung der Kapitalbindung und bringt Vorteile in Bezug auf den Kontinuierlichen Verbesserungsprozess (Kaizen). Dies gilt nicht nur für den Bereich der Rohstoffe, sondern auch für Halbfabrikate und fertige Erzeugnisse.

**Beispiel: Small Train von FCI Connectors Deutschland GmbH**

*Von Nadine Siegert (Lean Manager FCI Connectors Deutschland GmbH)*

Die Einführung des Small Trains im Produktionswerk Nürnberg fand Ende des Jahres 2010 statt. Mit der Realisierung des Pull-Flow-Systems war es nun notwendig, zur Belieferung der Fertigungszellen mit Vormaterial und zum Abtransport der Fertigerzeugnisse aus den Shop Stocks den Small Train einzuführen. Der Ausgangszustand vor der Small-Train-Einführung wird beschrieben durch einen hohen Handlingsaufwand, Kisten mit Fertigteilen mussten mehrfach angefasst und umgeschichtet werden. Des Weiteren birgt das Verwenden von Paletten in der Produktion ein hohes Sicherheitsrisiko für die Mitarbeiter.

**Bild 6.42** Shop Stocks mit Fertigteilen in der Produktion

Zu Beginn wurde je Abteilung ein Small Train eingesetzt, der bereitge-
stellte Vormaterialien aus einem temporären Lager an die einzelnen Fertigungsmaschinen brachte. Die Fertigprodukte wurden dann auf Mischpaletten im temporären Lager abgestapelt und mit einem Lkw in das
externe Lager gesendet.

Nach und nach wurden feste Routen, sogenannte Small Train Standardi-
zed Routes, erstellt, die dem Fahrer Zeiten für die Auslieferung und
Abholung liefern. Für eine Runde der Belieferung und Abholung ist dem
Fahrer eine Stunde Zeit vorgegeben. Auch sind in den standardisierten
Routen die Stationen beschrieben, an denen der Fahrer eines Small
Trains Waren holen und an die er Waren bringen muss.

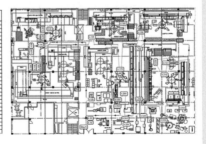

**Bild 6.43** Small Train Standardized Route und Layout

Zur Einführung des Small Trains gehörten die Installation von Frontal Loadings für das Vormaterial sowie das Erstellen von Small-Train-Kanban-Karten. Paletten wurden im ersten Schritt vollständig aus der Produktion entfernt, was ein geringeres Sicherheitsrisiko darstellt. Das Bereitstellen der Vormaterialien im Zelt und das Umschichten der Fertigteile auf Mischpaletten bereiten immer noch einen großen Handlingsaufwand. Jedoch wurde der logistische Ablauf in der Produktion, aufgrund der stündlichen Belieferung, optimiert. Eine Minimierung der Maschinenstillstände durch fehlendes Vormaterial sowie die Senkung der WIP-Bestände waren das Ergebnis.

Im zweiten Schritt, Anfang des Jahres 2012, wurden alle Routen optimiert, und ein Hauptbahnhof wurde aufgebaut. Hier werden die Trailer mit den Vormaterialien angeliefert und diese mit den Fertigprodukten abgeholt, um mit einem stündlich verkehrenden Shuttle-Lkw in das externe Lager gebracht zu werden.

**Bild 6.44** Shuttle-Lkw bei der Entladung der Trailer mit Vormaterialien

Hierbei werden die einzelnen Trailer im externen Lager mit Vormaterialien vorbereitet, zum Produktionswerk mit dem Shuttle gefahren, dort entladen und von dem Small Train in die einzelnen Fertigungsbereiche gebracht. Die Fertigteile werden parallel beim Entladen des Small Trains auf der Route mitgenommen und in dem Trailer wieder ins externe Lager gesendet. Besonders ist hierbei zu erwähnen, dass ein externes Lager grundsätzlich nicht sinnvoll, jedoch aufgrund der räumlichen Gegebenheiten am Standort derzeit unverzichtbar ist.

Die Größe der Frontal Loadings wird bei der Small-Train-Belieferung stark von der Zykluszeit bestimmt, das bedeutet die Zeit, bis der nächste Small Train durch den Fertigungsbereich fährt. Eine Stunde Zykluszeit ist vorgegeben worden. Für die Fahrt vom und zum externen Lager benötigt der Shuttle-Lkw jeweils 15 Minuten. Dabei bleiben zum Be- und Entladen also jeweils 7,5 Minuten Zeit übrig. Um diese Zeit zu erreichen, ist ein SMED-Workshop durchgeführt worden, der als Ergebnis einen optimalen Entlade- und Beladeplan mit Stellplätzen am Hauptbahnhof aufweist. Auch eine Visualisierung im Shuttle-Lkw für die einzelnen Stellplätze der Trailer wurde eingerichtet.

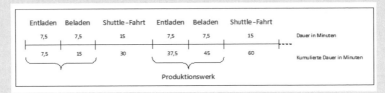

**Bild 6.45** Zyklus für eine Shuttle-Runde

Um den Small-Train-Fahrern das Fahren zu vereinfachen, wurde eine Ideallinie auf den Fußböden angebracht. Diese zeigte sich jedoch als weniger praktikabel, da sich der Fahrer nun mehr auf die Linie als auf sein Umfeld konzentrierte. Die Linie wurde wieder entfernt, da die Hypothese der höheren Sicherheit nicht zutreffend war.

Mit der Einführung und Optimierung des Small Trains ist die Sicherheit für die Mitarbeiter stark erhöht worden. Ein erheblich minimiertes Handling von Fertigteilen und Vormaterialien konnte realisiert werden, welches zur Senkung von Logistikkosten führte. Auch ein besserer Materialfluss, der zu geringeren Maschinenstillständen aufgrund von fehlendem Material führt, konnte mit dem Small-Train-Konzept erreicht werden.

Das Small-Train-Konzept ist ein „lebendes System". Das bedeutet, es muss bei jeder Maschinenumstellung angepasst werden. Hierzu zählen das Anpassen der Frontal Loadings, der Shop Stocks, der Haltestellen, der Kanban-Karten und vieles mehr. Die nächste Optimierung des Systems wird in Kürze beginnen, und zwar mit dem spiegelbildlichen Aufbau der Small-Train-Routen im externen Lager, sodass auch dort sowohl das Bestücken der Trailer mit den Vormaterialien als auch das Entladen der Fertigteile zu geringeren Logistikkosten möglich ist.

# ■ 6.5 Frontal Loading

## ■ Einstieg

Eine Verschwendungsart von Lean Management ist die Lagerung aufgrund des fehlenden Wertzuwachses während des Lagerprozesses. Hinzu kommt die hemmende Wirkung der Lagerbestände auf den Kaizen-Prozess durch die problemverdeckenden Eigenschaften der Bestände. Häufig wird diese Verschwendungsart im Zusammenhang mit der Intralogistik und der Fragestellung der Art der Lagerung des WIP (Work in Process) unterschätzt oder gar nicht gestellt. Dabei ist in vielen Unternehmen der WIP-Bestand ein Großteil der nicht sichtbaren Lagerbestände. Da dieser WIP-Lagerbestand im gesamten Prozess und Unternehmen verteilt ist, wird dieser nicht mit der erforderlichen Aufmerksamkeit wahrgenommen. Die Folge daraus sind hohe Durchlaufzeiten, fehlendes Verantwortungsbewusstsein, vermeidbare Kosten und Kapitalbindung in hohem Maß.

Ein weiterer Aspekt ist die Lokalisierung der WIP-Bestände in der Fertigung. Dieser Aspekt wird oft vollkommen vernachlässigt. Das heißt, dass Vormaterialien zur „Vereinfachung" des Aufwands auf Paletten direkt in der Nähe der Fertigungs- oder Montagezellen aufgestellt werden. Resultat ist, dass Montagemitarbeiter den Produktionsprozess unterbrechen müssen, der eine wertschöpfende Aktivität ist, um ein weiteres Los von der Palette an den Arbeitsplatz zu bringen: Kartonage aufmachen, positionieren und erst dann wieder mit dem Produktionsprozess beginnen können. Dies sind aber alles nicht wertschöpfende Aktivitäten. Hinzu kommen weitere organisatorische Aktivitäten, um die Bestellungen zu planen und auszulösen. Das Frontal Loading greift diese Problematik im Gesamtsystem des Pull-Prinzips auf und liefert die notwendigen Lösungsansätze an der Fertigungszelle. Es definiert innerhalb des Fertigungsprozesses, wie Bestände zu lagern und zu organisieren sind.

## ■ Worum geht es?

In den meisten Fällen ist das Frontal Loading ein Durchlaufregal (Bild 6.46), welches das Material für einen definierten Zeitraum an der Fertigungseinheit oder Montagelinie bis zum Verbrauch vorhält. Das heißt, dass das Material vom Mitarbeiter der Fertigungszelle aus dem Frontal Loading nach Bedarf entnommen und verbraucht wird.

Die dabei verarbeitete Menge an Teilen und Komponenten wird mit dem nächsten Small-Train-Zyklus über eine Small-Kanban-Karte bestellt und wieder durch den Small Train an das Frontal Loading geliefert. Dabei steht der Vorhaltezeitraum in Abhängigkeit zum Small-Train-Zyklus. Das heißt, dass der Small-Train-Zyklus die Lagermenge des Frontal Loadings bestimmt. Die Lagerbestände der Fertigungseinheit können hierdurch so niedrig wie möglich gehalten werden. Es ist dabei in manchen Fällen zwischen dem Frontal Loading einer manuellen und einer vollautomatischen Fertigungs- bzw. Montagezelle zu unterscheiden.

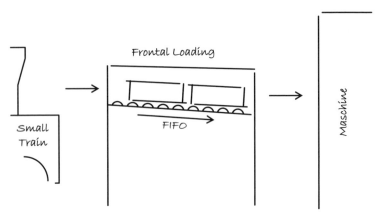

**Bild 6.46** Frontal Loading

## Manuelle Montagezelle

Das Frontal Loading wird z. B. als eine kleine Ansammlung von Kleindurchlaufregalen innerhalb der Montagelinie konzipiert (Bild 6.47). Dies bedeutet, dass innerhalb der Montagelinie ein Frontal Loading pro Montagestation integriert ist und sich somit direkt vor dem Bewegungs- und Montagebereich des Montagemitarbeiters befindet. Der Montagemitarbeiter verliert nun keine Zeit mehr beim Montageprozess. Das Material wird durch den Small Train direkt an seinen Arbeitsplatz, die Montagezelle, geliefert und steht somit ergonomisch zur Verfügung.

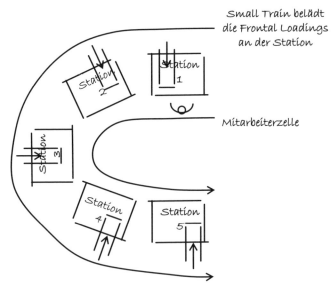

**Bild 6.47** Frontal Loading manuelle Zelle

## Automatische Zelle

Die Bauart von vollautomatischen Fertigungseinheiten erlaubt nicht immer eine Integration des Frontal Loadings an der Fertigungseinheit (Bild 6.48). Hier wendet man das Prinzip eines Minimarkts an. Das Frontal Loading ist wie ein Durchlaufregal konzipiert und steht innerhalb der Zelle an einer oder verschiedenen Positionen (abhängig von der Größe und Zugänglichkeit). Es beinhaltet das gesamte Material, welches vom Mitarbeiter je nach Bedarf entnommen und zu der jeweiligen verbrauchenden Station gebracht wird. Der vollautomatische Fertigungsprozess ist vom Maschinenbediener abgekoppelt und führt somit nicht zu einer Prozessunterbrechung während des Befüllvorgangs.

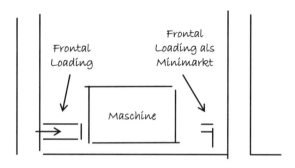

**Bild 6.48**  Frontal Loading automatische Zelle

## Frontal-Loading-Behälter

Die Verpackungsform, die innerhalb des Systems eingesetzt wird, ist meistens eine wiederverwendbare Verpackungsform wie z. B. Kleinladungsträger. Damit werden Kosten reduziert und dem Umweltschutz durch den Einsatz von Mehrwegsystemen Rechnung getragen. Das Volumen einer Verpackungseinheit ist maximal der Verbrauch der Fertigungs- bzw. Montageeinheit innerhalb eines Small-Train-Zyklus, solange das Gewicht nicht die ergonomischen Vorschriften überschreitet. Darüber hinaus können zum Zwecke der Bestands- oder Befülloptimierung auch kleine Behälter eingesetzt werden.

Das Volumen der Verpackungseinheit wird wie folgt berechnet:

Volumen Verpackungseinheit = STZ · MVF

STZ = Small-Train-Zyklus

MVF = maximaler Verbrauch der Fertigungseinheit innerhalb des Small-Train-Zyklus

## Frontal-Loading-/Small-Train-Regelkreis

Der Small-Train-Regelkreis besteht aus der Quelle und der Senke. In diesem Fall ist die Senke das Frontal Loading und die Quelle der Supermarkt oder ein Shop Stock eines vorgelagerten Vorproduktionsprozesses (Bild 6.49).

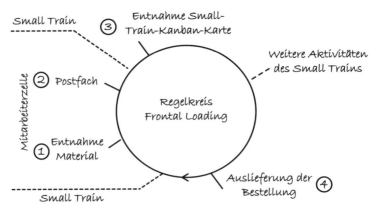

**Bild 6.49** Frontal-Loading-/Small-Train-Regelkreis

## Small-Train-Kanban-Karte

Die Small-Train-Kanban-Karte ist der Signalgeber für den Small Train innerhalb des Frontal-Loading-/Small-Train-Regelkreises (Bild 6.50). Sie gibt dem Small-Train-Fahrer das Signal, das verbrauchte Material beim nächsten Zyklus wieder zu befüllen.

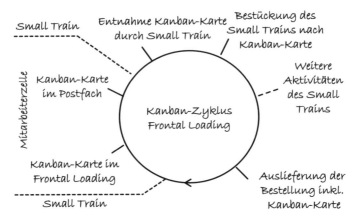

**Bild 6.50** Frontal Loading – Kanban-Karten-Zyklus

 **Small-Train-Schritte für das Frontal Loading**

1. Verbrauch bzw. Entnahme des Materials aus dem Frontal Loading.
2. Small-Train-Kanban-Karte wird in Small-Train-Postfach gelegt.
3. Small-Train-Fahrer entnimmt die Small-Train-Kanban-Karten entlang der Route.
4. Small-Train-Fahrer liefert das bestellte Material an der Fertigungszelle im nächsten Zyklus aus.

■ **Was bringt mir das?**

Die Vorteile eines Frontal Loadings liegen auf der Hand:

▪ Es handelt sich um ein Visual-Management-System, das sowohl dem Mitarbeiter als auch dem Management (z. B. Schichtführer) die Möglichkeit gibt, jederzeit ohne Nutzung komplizierter Computersysteme festzustellen, ob genug Material für das Fortfahren der Fertigung zur Verfügung steht bzw. für das Umrüsten auf das nächste Produkt.

▪ Des Weiteren warnt das System rechtzeitig, wenn ein Engpass entsteht bzw. ein Systemfehler vorliegt und somit zu Kaizen auffordert, um den Prozess des Wertzuwachses nicht zu unterbrechen.

▪ Es ist ein bedarfsorientiertes, bestandsminimierendes und sich selbst steuerndes System, das Überproduktion vermeidet und dem Produktionsmitarbeiter erlaubt, sich auf seine Kernaufgabe zu konzentrieren, nämlich den Wertzuwachs ohne Unterbrechungen zu generieren.

▪ Die Nutzung der wiederverwendbaren Verpackung erlaubt es, die Ergonomie für die Mitarbeiter zur verbessern, die Umweltbelastung sowie die Kosten zu reduzieren und daraus Wettbewerbsvorteile zu generieren.

# ■ 6.6 Shop Stock

■ **Einstieg**

Bestände in Unternehmen haben auf der einen Seite eine „heilende Wirkung" und auf der anderen Seite eine „schädigende Wirkung". Zwar lassen sich durch Bestände Probleme im operativen Bereich kompensieren, Fluktuationen auf dem Markt abfangen (Bullwhip-Effekt) und Engpässe überbrücken, dennoch ist der Einsatz von Beständen, insbesondere Überbeständen, nicht wirtschaftlich. Die auf kurze Sicht vorteilhafte Nutzung von Beständen zur Überbrückung von Problemen zeigt auf lange Sicht die umgekehrte Wirkung, die Verschleppung von Problemlösungen.

Die Bestände überbrücken auf lange Sicht in vielen Unternehmen die (oft nicht sichtbaren) Probleme und verhindern die Motivation zur Lösung und somit zu Eliminierung der Ursachen. Außerdem generieren Bestände ein weiteres Problem, nämlich Verneblung der Problemursachen. Für hohe Bestände wird oft das Supply Chain Management oder die Logistik zur Verantwortung gezogen bzw. als Verursacher dargestellt. Dabei sind die Bestände nur ein Abbild der operativen Excellence. Hochregallager sind weit entfernt vom Verursacher, z. B. der Fertigungseinheit mit einem fluktuierenden Wirkungsgrad.

Die zur Überbrückung der operativen Fluktuation notwendigen Bestände können die Teams nicht wahrnehmen, und genau hier greift das Prinzip des Pull-Systems, jedem Verursacher wird sein Bestand zugeordnet. Für die Produktion ist es der Shop Stock. Dieser erlaubt es, die operative Ineffizienz visuell abzubilden und zu überbrücken, sodass kurzfristig die Belieferung des Kunden nicht in Gefahr gebracht wird, gleichzeitig aber durch die direkte Zuteilung zum Verursacher die Notwendigkeit der Verbesserung sichtbar wird.

### ■ Worum geht es?

Der Shop Stock ist in der Fertigung ein visueller Zwischenpuffer, der die Aufgabe hat, die Ineffizienz der Fertigung abzufangen und abzubilden. Der Shop Stock bildet den Überbrückungszeitrahmen zwischen den einzelnen Fertigungsvarianten. Er visualisiert die Prozessqualität und Prozesssicherheit durch seine Größe und seinen Inhalt. Es handelt sich hier um ein Durchlaufregal, das am Ende der Wertschöpfungskette der Fertigungseinheit positioniert wird, also der Output der Fertigungszelle ist. Die Größe des Shop Stocks wird durch die Ineffizienz der Fertigung definiert, die Einflussfaktoren sind sowohl die Maschinenausfälle, der Ausschuss als auch die Umrüstzeiten. Hierdurch kann die Zuordnung zum Verursacher gewährleistet, können die Gründe für den Bestand bestimmt und kann der Bestand berechnet werden. Der Shop Stock zeigt visuell auf, welches Ausmaß die Verschwendung in Form von Bestand angenommen hat, und fordert so zur Problemlösung auf, indem Kaizen-Initiativen in Gang gesetzt werden. Gleichzeitig wird die aktuelle Belieferung des Kunden als die Überbrückung der Periode bis zur Problemlösung durch den Shop Stock gewährleistet. Der Shop Stock erlaubt durch den Einsatz von Kanban-Karten die bedarfsorientierte Steuerung der Fertigung und somit die Vermeidung von Überbeständen.

### Regelkreise und Prinzip des Shop Stocks

Der Regelkreis innerhalb des Shop Stocks ist die bedarfsorientierte Steuerung der Produktion und somit die nach dem Pull-Prinzip gesteuerte Fertigung (Bild 6.51). Innerhalb dieses Regelkreises wird über Kanban als Auslöser des Fertigungsprozesses die Produktion gesteuert. Dabei ist der Shop-Stock-Regelkreis im Pull-System eingebunden. Der Abruf des WIP (Work in Process) und der Abruf der Fertigteile erfolgen über den Small Train.

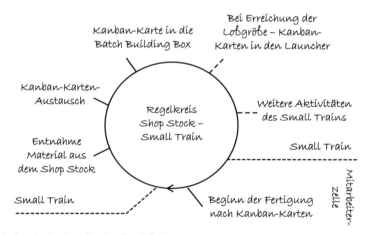

**Bild 6.51** Regelkreis Shop Stock – Small Train

**Ablauf des Shop-Stock-Regelkreises**

1. Der Small-Train-Fahrer entnimmt einen Behälter bzw. eine Verpak-kungseinheit aus dem Shop Stock nach Vorgabe der Levelling-Kanban-Karte.

2. Der Small-Train-Fahrer tauscht die Produktions-Kanban-Karte mit der Levelling-Kanban-Karte auf dem Behälter bzw. einer Verpackungs-einheit.

3. Die nun freie Produktions-Kanban-Karte steckt der Small-Train-Fahrer in die Batch Building Box entsprechend der Teilenummerierung.

4. Im Falle der Erreichung der Losgröße schnürt der Small-Train-Fahrer alle Produktions-Kanban-Karten im Slot zu einem Bündel von Produk-tions-Kanban-Karten.

5. Der Small-Train-Fahrer steckt die Produktions-Kanban-Karten-Bündel, welche die Losgröße darstellen, in den Launcher nach dem FIFO-Prinzip.

6. Der Mitarbeiter der Fertigungszelle entnimmt die Produktions-Kanban-Karten-Bündel und beginnt mit der Fertigung.

## Shop Stock als Regal

Der Shop Stock ist ein Durchlaufregal, das üblicherweise am Ende einer Produktionslinie steht, somit ist es Bestandteil der Fertigungseinheit (Bild 6.52). Die Verantwortung für den Shop Stock obliegt den Teams innerhalb der Fertigungszelle. Das Durchlaufregal stellt FIFO (first in, first out) sicher und erlaubt eine ergonomische Beladung. Dabei ist zu beachten, dass das Gewicht der eingesetzten Behälter den ergonomischen Bestimmungen entspricht und eine einfache Zugänglichkeit sowohl für den Mitarbeiter der Fertigungszelle als auch für den Small-Train-Fahrer gewährleistet wird. Somit ist der Shop Stock die physische Umsetzung der Bestände, welche durch Ineffizienz in der Fertigung verursacht werden.

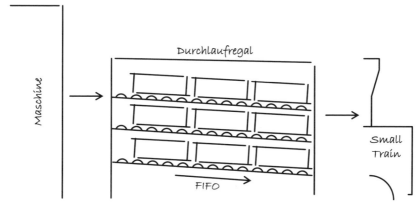

**Bild 6.52** Shop Stock am Ende der Zelle

## Batch Building Box

Die Batch Building Box ist die Umsetzung der Losgrößenfertigung, die im Falle einer hohen Rüstzeit notwendig wird (Bild 6.53). Das heißt, dass eine hohe Rüstzeit eine Einzelfertigung unwirtschaftlich gestaltet und somit in Losgrößen gefertigt werden muss. In diesem Fall besteht eine Losgröße aus einer festgelegten Anzahl an Behältern und der gleichen Anzahl an Kanban-Karten. Sowohl die Behälter als auch die Kanban-Karten ergeben zusammen die Losgröße. Die Batch Building Box fungiert in diesem Fall als ein Zwischenspeicher für die Kanban-Karten, bis die Anzahl dieser die notwendige Losgröße für die wirtschaftliche Fertigung erreicht und es somit zur Auslösung der Fertigung der Losgröße kommt.

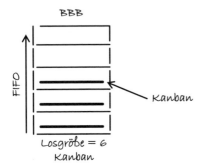

**Bild 6.53** Batch Building Box (BBB)

## Launcher

Der Launcher ist der Auslöser der Fertigung (Bild 6.54). Hier lagern die nächsten Produktionsaufträge in Form von Produktions-Kanban-Karten, gebündelt nach Losgrößen. Es handelt sich hier um ein Durchlaufrohr, das nach dem FIFO-Prinzip die in Losgrößen zusammengefassten Produktions-Kanban-Karten speichert und visuell die Reihenfolge der nächsten Fertigungsaufträge abbildet. (Im Fall von Losgröße eins, eine Kanban-Karte, gilt das gleiche Prinzip.)

Sobald eine Losgröße in der Batch Building Box erreicht worden ist, entnimmt der Small-Train-Fahrer die gesamten Produktions-Kanban-Karten dieser Teilenummer und fasst diese zu einer Losgröße zusammen. Gebündelt werden diese in den Launcher nach dem FIFO-Prinzip eingesetzt. Für den Mitarbeiter der Fertigungszelle ist die Produktions-Kanban-Karte bzw. das Bündel an Produktions-Kanban-Karten (Losgröße) das Signal, die Produktion zu starten.

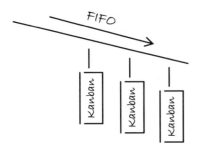

**Bild 6.54** Launcher

## Produktions-Kanban-Karte

Die Produktions-Kanban-Karte ist der Regelkreis innerhalb der Produktionszelle, d. h. zwischen der Fertigungseinheit und dem Shop Stock (Bild 6.55). Das bedeutet, dass der Regelkreis für die Produktions-Kanban-Karte ausschließlich zwischen Shop Stock, Batch Building Box und Launcher verläuft. Die Produktions-Kanban-Karte löst also den Fertigungsstart aus, indem der Small-Train-Fahrer einen Behälter bzw. eine Verpackungseinheit aus dem Shop Stock entnimmt. Hierdurch wird die bedarfsorientierte Fertigung gewährleistet. Die Anzahl der Kanban-Karten bestimmt den Regelkreis des einzelnen Artikels und somit den Bestand im Shop Stock. Das heißt, dass jeder Behälter bzw. jede Verpackung im Shop Stock eine Produktions-Kanban-Karte besitzt.

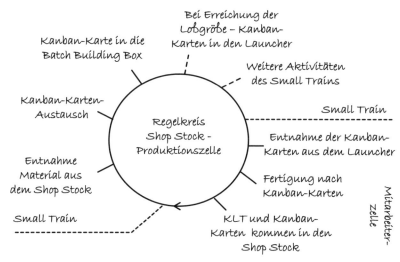

**Bild 6.55** Regelkreis Shop Stock – Produktionszelle

## Berechnung des Shop Stocks

Die Berechnung bzw. Definition des Shop Stocks erfolgt auf Basis der operativen Leistungsfähigkeit. Maschinenstillstände, Ausschuss und der Maschinenoutput sind die Hauptvariablen für die Berechnung des Shop Stocks. Die Rüstzeit ist dabei die zentrale Variable, welche die Größe des Shop Stocks bestimmt, da die Rüstzeit die Flexibilität der Fertigungseinheit darstellt und somit den notwendigen Überbrückungszeitraum zwischen verschiedenen Varianten diktiert. Maschinenstillstände und auch Ausschuss spiegeln den Sicherheitsfaktor in der Berechnung des Shop Stocks wider:

Shop Stock = RM · OPM · 2 · SF

RM = Rüstzeit in Minuten

OPM = Output in Stück pro Minute

SF = Sicherheitsfaktor

Sicherheitsfaktor = 1 + ((100 − 10 − OEE) : 100)

OEE = Overall Equipment Effectiveness

Für die Berechnung des Shop Stocks existieren verschiedene Möglichkeiten, wobei in diesem Buch die Wahl auf eine einfache Methode fiel.

### ■ Was bringt mir das?

Das Prinzip des Shop Stocks erlaubt die Aufteilung der Bestände nach dem Verursacherprinzip. Hierdurch wird der Anteil der Bestände sichtbar, welche durch die operative Leistungsfähigkeit verursacht wurden. Dieses Prinzip erlaubt nun, die Verschwendung zu identifizieren und in einzelne Verursacheruntergruppen aufzuteilen. Durch die Verantwortungsteilung entsteht eine klare Aufgabenzuordnung, die nun alle Teilnehmer am Wertschöpfungsprozess zu Kaizen auffordert und somit der Fertigung erlaubt, an ihrem Anteil an der Verschwendung gezielt zu arbeiten.

Außerdem gewährleistet das Shop-Stock-Prinzip bei aktuellen Problemen die Belieferung, indem es als ein Puffer fungiert. Die hierdurch gewonnene Zeit erlaubt dem Produktionsmitarbeiter, gezielt und konzentriert auf das Problem einzugehen und dieses zu lösen. Der Shop Stock entlastet also den Mitarbeiter während des Lösungsfindungsprozesses, indem er die Kurzfristmaßnahmen zur Sicherstellung der Belieferung vermeidet.

Darüber hinaus visualisiert der Shop Stock den aktuellen Zustand der Lieferfähigkeit in der Fertigung und ermöglicht dem Mitarbeiter bzw. dem Management, bei Engpässen vorbeugend einzugreifen und hierdurch Lieferengpässe zu vermeiden. Durch die visuellen Signalwirkungen des Shop Stocks auf die Lieferperformance bereits im Fertigungsprozess erlaubt der Shop Stock, die Lieferperformance gegenüber den Kunden sowohl zu stabilisieren als auch zu verbessern. Sonderfrachtkosten, Überstunden und Maschinenstillstände werden durch das proaktive Agieren während des Tagesgeschäfts wie auch in Verbesserungsworkshops minimiert, die Kundenzufriedenheit wird erhöht, die Produktionskosten werden gesenkt und die Wettbewerbsfähigkeit des Unternehmens wird somit gesteigert.

**Beispiel: Shop Stocks in der Spritzerei am Beispiel der SRS-Product-Gruppe (FCI Connectors Deutschland GmbH)**

*Von Nadine Siegert (Lean Manager FCI Connectors Deutschland GmbH)*

Die Fertigprodukte der Spritzerei im Werk wurden in der Vergangenheit in ein externes Lager, welches ca. zehn Kilometer entfernt lag, geliefert. Diese in Kartonage verpackten Produkte sind Halbfertigteile für den Montagebereich. Sobald es Bedarf nach Spritzteilen in der Montage gab, wurde eine Bestellung ausgelöst und das Material mit einem Lkw vom externen Lager in den Fertigungsbereich Montage befördert. Hierbei vergingen oft vier bis sechs Stunden. Dies bedeutet auch, dass ein Bestand von vier bis sechs Stunden immer vor Ort in der Montagefertigung bereitstehen musste (siehe Bild 6.56).

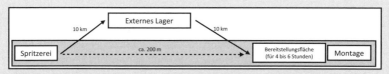

**Bild 6.56**  Ausgangssituation WIP-Handling im FCI-Werk Nürnberg

Die Ausgangssituation lässt eine hohe Verschwendung erkennen, die sich in langen Wegen, Handling von Paletten mit Halbfertigteilen und hohen notwendigen Beständen, um die Fertigung aufrechtzuerhalten, ausdrückt. Dabei ist besonders hervorzuheben, dass die Distanz von der Spritzerei zur Montage lediglich 200 Meter beträgt. Außerdem gab es keine Steuerung der Produktion über Kanban. Die Mitarbeiter mussten oft lange Wege in der Produktion zurücklegen, um Bestellungen auszulösen.

Im ersten Schritt wurde ein Wertstromanalyse-Workshop durchgeführt, an dem die APU-Manager, die Logistik und auch Schichtführer und Maschinenbediener teilnahmen. Hierbei wurden folgende Probleme aufgezeigt. Die Verschwendungsarten Transport, Bewegung und Bestände resultierten aus den hohen Losgrößen, mit denen die Spritzerei produzierte. Aufgrund der hohen Ausbringungsmenge je Artikelnummer entstand ein hoher Platzbedarf, der im Werk nicht zur Verfügung stand.

Es mussten also die Losgrößen reduziert werden. Hierzu wurde ein flexibles Lager auf dem Produktionsgelände errichtet, welches sich über Kanban steuerte. Dies bedeutet, dass die Halbfertigerzeugnisse aus der Spritzerei in flexiblen Lagern zwischengelagert wurden, bis die Montage die Teile über Kanban-Bestellung anforderte (siehe Bild 6.57). Durch die räumliche Nähe und die damit verbundenen kürzeren Bestellzeiten konnten die Fertigungslosgrößen reduziert werden. Es erfolgte eine Umstellung von Kartonageverpackungen auf Kleinladungsträger (KLTs), die ein Volumen von maximal zwölf Kilogramm erlaubten. Damit ging ebenso eine Kostenreduzierung für Verpackungsmaterial einher. Die Kartonageverpackungen sind Einwegverpackungen, während die KLTs aus Kunststoff bestehen und Mehrwegverpackungen sind.

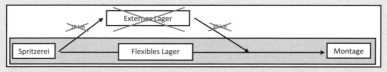

**Bild 6.57**  WIP-Handling mit flexiblem Lager vor Ort

Nun wurden zwar die langen Wege und die WIP-Bestände reduziert, jedoch blieb das Handling der KLTs bestehen. Diese wurden aus der Spritzerei in das flexible Lager und von dort bei Bedarf in die Montage gebracht. Im zweiten Schritt wurden zur Minimierung des Handlingsaufwands die Teile aus dem flexiblen Lager in Shop Stocks in der Spritzerei umgezogen (Bild 6.58).

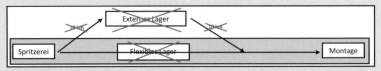

**Bild 6.58** WIP-Handling ohne Zwischenlager

Hierzu mussten die Losgrößen ein weiteres Mal reduziert werden. Dies geschah durch dreitägige SMED-Workshops an allen Spritzmaschinen. Zeitgleich wurden auch die KLTs verkleinert, und das Kanban-System wurde ausgeweitet. Nach den Workshops hatte jeder Spritzautomat in der Standardspritzerei einen Shop Stock mit berechneter Losgröße für jede Artikelnummer. Diese Losgröße ist ausschlaggebend für den Platzbedarf im Shop Stock. Um eine verbesserte Steuerung durch Kanban zu gewährleisten, erfolgte das Einrichten von Batch Building Boxes (BBBs) und Launchern. Des Weiteren wurde ein Small Train eingeführt, der auf einer vorgegebenen Route die Bestellungen der Montage in der Spritzerei abholt.

Wenn die Montage einen KLT mit Halbfertigprodukten aus dem Frontal Loading verbraucht, wird eine Small-Train-Kanban-Karte frei, die dem Small-Train-Fahrer das Signal gibt, das Halbfertigprodukt aus dem Shop Stock des Spritzautomaten zu holen. Bei der Entnahme eines KLT aus dem Shop Stock wird eine Produktions-Kanban-Karte frei, die durch den Small-Train-Fahrer in die BBB gesteckt wird. Ist die BBB voll, werden alle Produktions-Kanban-Karten aus der BBB entnommen und in den Launcher gehängt. In diesem ist die Reihenfolge der künftigen Produktion zu sehen. Nach der Produktion gehen die Halbfertigprodukte wieder in den Shop Stock der Spritzmaschine und warten dort, bis der Small-Train-Fahrer den nächsten KLT entnimmt (Bild 6.59).

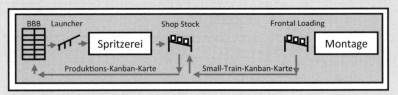

**Bild 6.59** Pull-System

Im dritten Schritt wurde eine Verkleinerung der Shop Stocks durch weitere zahlreiche SMED-Workshops erreicht. Auch Optimierungen, wie das Verwenden von Haltestellen, um dem Small-Train-Fahrer das Finden der benötigten Teile zu erleichtern, trugen zur vereinfachten Steuerung der Produktion mittels des Pull-Systems bei. Mit der Einführung der Shop Stocks in der Spritzerei wurden lange Wege minimiert, und das Handling von Paletten wurde eliminiert. Eine deutliche Bestandsreduzierung und Visualisierung der Fertigung wurde erreicht (Bild 6.60).

**Bild 6.60** Shop Stocks in der Spritzerei

# ■ 6.7 Kanban-Karte

## ■ Einstieg

In den 70er-, 80er- und 90er-Jahren waren computergestützte Produktionssysteme das allgemeine Heilmittel, um Produktionsablaufs- und Produktionsplanungsverfahren zu organisieren. Die Zielausrichtung dieser Systeme war die Reduzierung der Lagerbestände. Durch die heute vorherrschende hohe Variantenvielfalt und den Grad an Komplexität der Fertigungsprozesse führen gerade die computergestützten Systeme zu fehlender Übersicht und funktionsorientiertem Denken. Die „Silomentalität" der einzelnen Fertigungseinheiten bzw. Abteilungen und die fehlende Übersicht in der Fertigung durch die „Blackbox" ERP-System führen zu hohen Beständen und einer niedrigeren Prozesseffizienz (Bild 6.61).

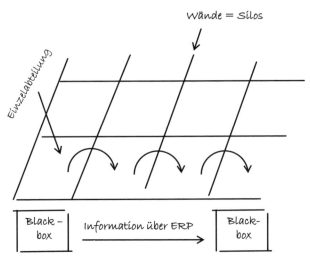

**Bild 6.61** Blackbox und Silodenken

### ■ Worum geht es?

Das Prinzip der Fertigung nach Kanban ist die bedarfsorientierte Fertigung. Das bedeutet, dass die Fertigung erst dann mit der Produktion beginnt, wenn tatsächlich Bedarf entsteht. Die Kanban-Karten setzen das Pull-Konzept operativ um und sind Informationsträger sowohl für die Mitarbeiter als auch für das Management. Kanban visualisiert darüber hinaus Bestand.

Ein weiterer Aspekt von Kanban ist die Ausrichtung auf das Pull-Prinzip. Die nachgelagerte Stelle bezieht die erforderlichen Teile von einer vorgelagerten Stelle. Dieses Konzept zieht sich durch die gesamten Ebenen der Fertigung. Dabei ist der Informationsfluss rückwärts und der Materialfluss vorwärts gerichtet. Es entsteht ein selbststeuernder Regelkreis. Die Kanban-Karte löst die Fertigung aus und begleitet das Produkt bis zum Verbrauch (Bild 6.62).

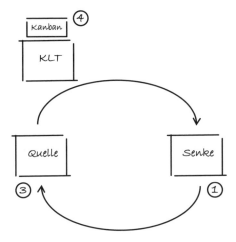

**Bild 6.62** Kanban-Prinzip

**Ablauf Kanban**

1. Mitarbeiter entnimmt einen Behälter und verbraucht das Material.
2. Kanban-Karte wandert zu der Quelle, also dem Erzeuger des Materials.
3. Kanban-Karte löst Produktionsprozess aus.
4. Nachdem der Behälter zu 100 % aufgefüllt worden ist, wird dieser mit der produktionsauslösenden Kanban-Karte bestückt.

Der Kanban-Regelkreis wird als ein geschlossenes System verstanden, das den Informations- und Materialfluss beschreibt. Das Regelsystem ist in sich selbst konsistent und bedarf nach einer Konfiguration keiner weiteren Eingriffe, abgesehen von einer wiederkehrenden Konfiguration bei veränderten Präferenzen. Diese sind z. B. größere Abnahmemengen oder längere Bearbeitungszeiten. Man geht also von einem selbststeuernden System aus.

Überträgt man nun den Regelkreis auf die Kanban-Karte, so lässt sich die Funktion folgendermaßen beschreiben. Die sich am Behälter befindende Kanban-Karte wird mit der Entnahme des Materials z. B. an die für die Fertigung der Erzeugnisse zuständige Produktionszelle geschickt und löst dort den Fertigungsprozess aus. Nach Beendigung der Fertigung kehrt die Kanban-Karte mit den unfertigen Erzeugnissen an den Ursprungsort zurück. Ist die Kanban-Karte dahin zurückgekehrt, kann der Vorgang beliebig oft wiederholt werden. Es entsteht ein Regelkreis.

Es gibt mehrere Arten von Kanbans innerhalb des Pull-Systems, hier die drei wichtigsten

- Produktions-Kanbans lösen den Fertigungsstart aus und bestimmen den Shop Stock.
- Small-Train-Kanbans geben das Signal für den Small Train, die Fertigungszelle zu beliefern.
- Heijunka-Kanbans geben dem Small Train den Takt für die Abholung der Fertigprodukte vor.

## ■ Was bringt mir das?

Das Kanban-System ist ein selbststeuerndes und -regelndes System, das auf einem visuellen Managementsystem basiert und die bedarfsorientierte Fertigung ermöglicht. Hierdurch ergibt sich nicht nur der Vorteil von geringen Lagerbeständen, welche aus der Umsetzung der bedarfsorientierten Fertigung resultieren, sondern auch ein geringer Wartungsaufwand des Systems, bedingt durch den selbststeuernden Regelkreise und der hohen Eigenverantwortung der Prozesseigner.

Die Vielfältigkeit des Einsatzes des Kanban-Systems ermöglicht nicht nur den Einsatz in der Fertigung, sondern auch z. B. in der Ersatzteilverwaltung oder im Bürobereich. Die Reduzierung der Lagerbestände führt zur Notwendigkeit nachhaltiger Prozessverbesserung, also zu Kaizen, was langfristig zu einer höheren Wettbewerbsfähigkeit des Unternehmens führt.

 **Beispiel: Kanban-Regelkreis**

Der Spritzautomat beliefert mit seinen unfertigen Erzeugnissen eine Montagelinie. Die Planung des Spritzautomaten wird von der AV/PPS (AV = Arbeitsvorbereitung, PPS = Produktionsplanung und -steuerung) übernommen. Es kommt immer wieder zu Engpässen bei bestimmten Teilenummern, während andere in großen Mengen zur Verfügung stehen. Immer wieder beschweren sich die Mitarbeiter in der Montage über die unzuverlässige Belieferung aus der Spritzerei. Der Supply Chain Manager wiederum beschwert sich über die hohen Bestände. Die Mitarbeiter in der Spritzerei dagegen äußern, dass die Planung/Montage fehlerhaft bestellt, denn sie arbeiten immer die Fertigungsaufträge ab.

Das Management bespricht die Probleme und entscheidet, eine Kanban-Schleife zwischen der Montagelinie und der Spritzerei zu implementieren. Zu diesem Zweck wird der Regelkreis im Workshop errechnet, und der Shop Stock wird aufgebaut. Kanbans werden erstellt und an den Material-boxen angebracht. Es werden dann alle anderen Lagerplätze aufgelöst, sodass die Teile nun vor der Maschine lagern. Zusätzliche Maßnahmen bestehen in der Bildung der Teamstruktur in der Spritzerei an dieser Maschine, und es werden SMED-Workshops durchgeführt. Der Abtransport erfolgt durch den Small Train.

Nach einem halben Jahr trifft sich nun das Team wieder und betrachtet die Ergebnisse:

- Die Lagerbestände konnten reduziert werden.
- Es wird nur noch nach Verbrauch produziert.
- Die Fehllieferungen sind nahezu eliminiert.
- Die PPS ist entlastet worden, da der Prozess sich nun über Kanban selbst steuert.
- Die Teambildung ist nun optimiert, insbesondere die zwischen den beiden Abteilungen.

# ■ 6.8  Truck Preparation Area (TPA)

## ■ Einstieg

Die Kundenzufriedenheit ist in einem Lean-Management-System das höchste Gut und, neben der Gewinnerzielung, die Zielsetzung des Unternehmens. Die Kundenzufriedenheit wird erreicht, wenn die bestellte Ware zur richtigen Zeit am richtigen Ort in der richtigen Menge und in der erwarteten Qualität dem Kunden zur Verfügung gestellt wird. Während die Qualität ein langfristiger Faktor ist und selbst nach der Auslieferung die Kundenzufriedenheit sowohl positiv als auch negativ beeinflussen kann, haben die anderen drei Faktoren im Zusammenspiel einen direkten Einfluss auf die Kundenzufriedenheit. Wird einer dieser drei Faktoren nicht erfüllt, so hat dies einen direkten negativen Einfluss auf die Kundenzufriedenheit. Deshalb ist der Aufbau des Pull-Systems in seiner Gesamtheit auf diese Zielsetzung ausgerichtet.

Um dies, wie in den vorhergehenden Kapiteln des Pull-Systems bereits angesprochen, zu gewährleisten, werden verschiedene Systeme innerhalb des Pull-Systems eingesetzt, um z. B. Prozessinstabilitäten abzufangen. Den letzten Teil des Pull-Systems stellt die Truck Preparation Area dar. Es handelt sich hierbei um die organisierte Form des Auslieferungsdocks. Damit soll verhindert werden, dass die gesamten Anstrengungen des Unternehmens am Ende deshalb scheitern, weil die rechtzeitige Auslieferung an den Kunden, verursacht durch Missmanagement und fehlende Warnsysteme, nicht wie vereinbart erfolgt. Es erscheint indiskutabel, dass das in das Unternehmen gesetzte Vertrauen des Kunden und die Kundenzufriedenheit negativ beeinflusst werden, weil im letzten Prozessablauf die notwendige Professionalität fehlt.

## ■ Worum geht es?

Bei der Truck Preparation Area handelt es sich um ein organisiertes Auslieferungssystem bzw. eine nach den Lean-Management-Prinzipien organisierte Bereitstellungsfläche für Kundensendungen. Fertigwaren auf Paletten für die Auslieferung an den Kunden werden hier entsprechend den Lkws und den Auslieferungstagen vorbereitet. Dabei wird großer Wert auf visuelles Management und proaktives Handeln gelegt. Die TPA ist also das Bindeglied zwischen dem Pull-System, der Leistungsfähigkeit der Fertigung und dem den Kunden zugesicherten Bedarf.

An dieser Stelle wird also der Wertstrom sowohl bei der Erfüllung der Vorgaben als auch bei Abweichungen in Form fehlender Produkte sichtbar. Ein weiteres Aufgabenfeld der TPA ist es, einen Lagerpuffer für die nivellierte und die bedarfsorientierte Fertigung zur Verfügung zu stellen. Durch die Eliminierung des Lagers und die direkte Belieferung der TPA aus dem Shop Stock entsteht der Bedarf der Lagerung der Fertigwaren bis zur Abholung durch den Kunden. Diese Aufgabe übernimmt die TPA (Bild 6.63).

TPA – Truck Preparation Area

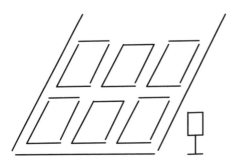

**Bild 6.63** Truck Preparation Area

## Ablauf

Der Ablauf beginnt am Levelling Board (siehe Kapitel 6.1). Der Small-Train-Fahrer entnimmt, entsprechend dem Rhythmus, die Levelling-Kanban-Karten und fährt entlang einer standardisierten Route die Fertigungseinheiten ab. Dabei entnimmt der Small-Train-Fahrer nach Vorgaben der Levelling-Kanban-Karten die Fertigwaren aus dem Shop Stock. Die standardisierte Route endet an der TPA. Das heißt, dass der Small-Train-Fahrer nun die Fertigwaren entsprechend den Vorgaben über die TPA verteilt und an den Standarddokumenten visuell den Erfüllungsgrad abbildet. Dabei achtet der Small-Train-Fahrer auf die Einhaltung des Zonings (Bild 6.64).

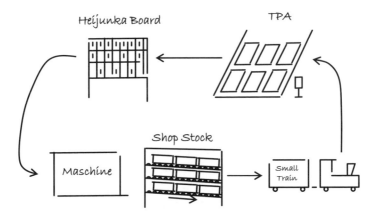

**Bild 6.64** Small Train, Small-Train-Route und TPA

Die Standardzielvorgabe einer TPA ist es, 24 Stunden vor Auslieferung den Status 100-prozentiger Befüllung erreicht zu haben. Hierdurch ist eine Redaktionsmöglichkeit von 24 Stunden bei einer Abweichung gegeben. Es gibt zwei Grundarten von TPAs in Abhängigkeit von den Belieferungszyklen. Es sind dies die tägliche und die wöchentliche Belieferung.

**Tägliche Belieferung (Bild 6.65)**

Es werden zwei TPAs pro Lkw geöffnet. Der Status der TPA eins ist „In Bearbeitung", Status der TPA zwei ist „Zur Abholung". Somit ist in unserem Fall die TPA zwei 24 Stunden im Voraus zur Auslieferung bereit und die TPA eins in Bearbeitung.

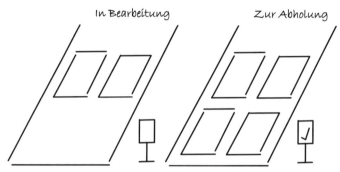

**Bild 6.65**  Tägliche TPA

 **Wöchentliche Belieferung (Bild 6.66)**

Bei einer wöchentlichen Belieferung wird ausschließlich eine TPA geöffnet. Diese ist die gesamte Zeit „In Bearbeitung" bis zur Erreichung der 24-Stunden-Regel. Danach ist das Ziel, den Status „Zur Abholung" zu erreichen.

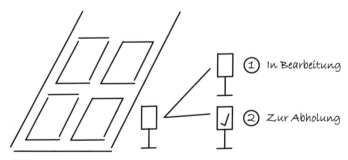

**Bild 6.66**  Wöchentliche TPA

## Visuelles Management

Das visuelle Management der TPA (Bild 6.67) ist einmal in der Einrichtung selbst zu sehen, indem die Bereitstellungsfläche durch Zoning klar definiert ist. Die einzelnen TPAs sind somit voneinander getrennt und zeigen, zu welchem Lkw sie gehören. Ein weiterer Aspekt des visuellen Managements der TPA ist das sogenannte „Totem". Dieses beinhaltet die Standarddokumente, die Öffnungs- und Schließzeiten der TPA sowie den Status.

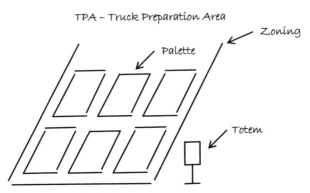

**Bild 6.67** Visuelles Management der TPA

## Managementroutine

Das proaktive Reaktionsprinzip der TPA wird durch die Kombination des visuellen Managements und der Managementroutine der TPA erfüllt. Der tägliche Rundgang des Werksleiters, des APU-Managers und des Supply Chain Managers sowie anderer Teammitglieder entlang der TPA-Zone führt zum Abgleich und zu frühzeitiger Erkennung von Fehllieferungen. Durch die 24-Stunden-Regel verbleibt nun die Möglichkeit des proaktiven Handelns auf Fehllieferung und somit deren weitgehende Vermeidung.

## ■ Was bringt mir das?

Das Prinzip der Truck Preparation Area stellt sicher, dass terminierte Kundenauslieferungen zur richtigen Zeit am richtigen Ort in der richtigen Menge den Kunden erreichen. Das Prinzip der Truck Preparation Area stellt die notwendigen Werkzeuge und das visuelle Management zur Verfügung, um bei Gefahr der nicht vollständigen Auslieferung der Ware an den Kunden zur richtigen Zeit das Problem zu visualisieren. Die dabei angewendete Lean-Management-Routine erzwingt, dass das Management und die Mitarbeiter nach Kundensichtweise denken und handeln.

Die sich daraus ergebende Verhaltensweise der Mitarbeiter und des Managements erlaubt einen höheren Servicegrad und somit die Reduzierung von Kosten, wie etwa Sonderfrachtkosten. Des Weiteren wird der Aufwand von nicht wertschöpfenden Tätigkeiten reduziert, da auf einen Einlagerungsprozess verzichtet wird. Durch die tägliche Konzentration auf die Lieferfähigkeit und somit die eingehende Auseinandersetzung mit den Problemen erlaubt die Truck Preparation Area, die Verschwendung (Muda) zu erkennen, diese eingehend zu bewerten und entsprechende Gegenmaßnahmen, in Form von Kaizen, einzuleiten.

Hier zeigt sich auch der Unterschied zwischen dem TPA-Prinzip und der konventionellen Vorgehensweise. Im Gegensatz zur konventionellen Methode, bei der der Servicegrad am Ende des Monats gemessen wird, ermöglicht die TPA, den Servicegrad jeden Tag zu überwachen und entsprechend gegenzusteuern. Damit wird proaktiv gehandelt, um die Auslieferung zu ermöglichen. Im Gegensatz zur konventionellen Methode, bei welcher am Ende des Monats der Servicegrad gemessen wird und somit kein Handlungsspielraum mehr besteht. Darüber hinaus implementiert das TPA-Prinzip Kaizen im Tagesgeschäft mit der Zielstellung der langfristigen Wettbewerbssicherung.

**Beispiel: How the Pull Flow has been changed the FCI Turin/ Italy plant**

*Von Giuseppe Imbimbo (Lean Production System Manager FCI Italia S. p. A.)*

In these few rows we try to explain how the application of one of the most important principle of the Lean Manufacturing, "forced" the whole organization to modify the way to produce and to think about the flows.

Since his first introduction (at the end of 2008), it was soon clear that the Pull Flow System would change completely the logistic flow and the production organization in our plant. At that time, the production flow in Turin worked in the following way:

- Each department was asked to produce, through a "work order" released by the Planning department.

- An "economic" batch (economic for the machine utilization) for the central warehouse whether the part number was a finish good or a component.

The planning tried to match the customer forecast with the production needs, in terms of batches dimension, with the result that in most of cases the finish goods waited months before shipped and the components waited more or less the same time. The central warehouse had in charge to supply the raw material or the components to the production departments through picking list linked to the released work order. The shop floor situation was the following: material everywhere in the departments waiting to be used, production cells dedicated for days to same part/number, a lot of finish goods stocked in warehouse waiting for a customer order that usually needed what we didn't have at stock. The plant was focused more on the cells utilization than on the customer needs.

**Figure 6.68** Turin plant – FCI warehouse in 2008

**Figure 6.69** Shelves in warehouse

**Figure 6.70** Dismounting phase

With the Pull Flow System this way of thinking was completely reversed. Today the customer for us is the starting point and not the finishing point of value chain. Everything in the plant is "moved" by a customer order and is focused to satisfy it on time. Currently we buy or produce only what is consumed to process a sales order. In our TPAs (Truck Preparation Areas) we prepare the shipping for the next eight days and we fill the different customer "truck" day by day, picking, with a levelling system, the finish good directly on the production cells.

The finish goods picked up by the Small Train at the cells every hour, go to the TPAs to fulfill the different shipments of the next week. Shipment must be completed 24 hours in advance and there is a daily management routine to ensure the shipment closure on time. The distribution of finish goods in TPA is levelled for the different customers with priority given by for the shipping date.

**Figure 6.71** TPA – Truck Preparation Area – FCI warehouse today

**Figure 6.72** Assembly Shop Stock

**Figure 6.73**  Small Train in TPA

**Figure 6.74**  Levelling area

Results Key Performance Indicators:

As main results obtained by the plant through the introduction of the TPAs we can mention the improvement of the two main logistic KPIs:

- MPM (to measure the delivery service to the customer) from 350.760 MPM in March 2008 to 23.674 MPM in August 2012 (93 % of improvement).

- Flow time (to measure the plant stock) from 60.3 days in March 2008 to 7.8 days in August 2012 (87 % of improvement).

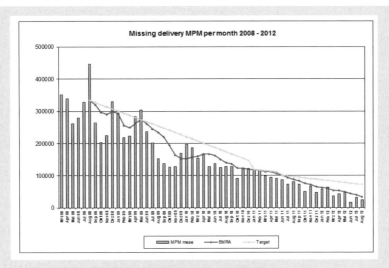

**Figure 6.75**  Missing delivery MPM per month 2008–2012

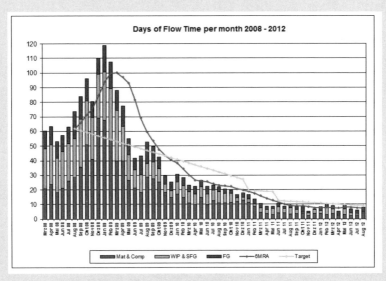

**Figure 6.76**  Days of flow time per month 2008–2012

# 7 Die Lean-Organisation im Unternehmen einführen und etablieren

## ■ 7.1 Erfolgsfaktoren der Lean-Implementierung im Unternehmen

In den bisherigen Ausführungen ist deutlich geworden, mit welchen Herausforderungen bei der Realisierung des Lean Managements zu rechnen ist und welche Hürden zu überwinden sind. Die Frage ist, welche Faktoren den Erfolg von Lean-Initiativen in der Praxis begünstigen und welche Ausschlusskriterien identifizierbar sind, die einen Erfolg mit hoher Wahrscheinlichkeit verhindern?

Um diese Frage zu beantworten, können am besten die Erfahrungen von Unternehmen herangezogen werden, die mit der Einführung von Lean Management gescheitert sind. Die Problemkultur westlicher Unternehmen ist wenig ausgeprägt, sodass gescheiterten Projekten eher eine „Beerdigung erster Klasse" zuteil wird. Dabei sind gerade die Erfahrungen aus gescheiterten Projekten von hohem praktischem Wert.

In der Fachliteratur findet sich hierzu eine interessante Fallstudie einer im ersten Anlauf gescheiterten und im zweiten Anlauf erfolgreichen Einführung von Lean Management (vgl. [21]), die für die nachfolgenden Ausführungen zur Grundlage genommen wurde. Darüber hinaus sind die Erfahrungen aus Praxisprojekten der Verfasser in die Ausführungen eingeflossen. In insgesamt zehn Punkten lassen sich die Erfolgsfaktoren zusammenfassen.

### Erfolgsfaktor 1: Personal Commitment des Vorstands und CEO (Chief Executive Officer)

Der Vorstand und besonders der CEO müssen täglich viele Entscheidungen treffen und haben für einzelne Projekte in der Regel wenig Zeit. Da Lean Management eine Frage der Unternehmensphilosophie und der Veränderung des gesamten Unternehmens (Bild 7.1) ist und von wesentlicher Bedeutung für die zukünftige Entwicklung, können sich der Vorstand und der CEO nicht auf die für Projekte „übliche Zeitscheibe" beschränken. Der Zeitaufwand für die Lean-Initiative wird für Vorstand und CEO weit darüber hinausgehen. Außerdem verlangt Lean Management von Vorstand und CEO ein eindeutiges und klares Bekenntnis zu den Prinzipien und Zielen des Lean Managements. Jede halbherzige Aussage und jeder unpräzise Gemeinplatz wird von den Mitarbeitern registriert. Damit wird die Bedeutung aus der Sicht der Mitarbeiter abgewertet, und der Erfolg ist in hohem Maße gefährdet.

Der Erfolg der Lean-Management-Initiative verlangt vom CEO weit mehr als die üblichen Unternehmensprojekte und -initiativen. Ein Statement, eine gut gelungene Rede in der Mitarbeiterversammlung und ein Briefing der Führungskräfte reichen bei Weitem nicht aus. Der CEO muss sich nicht nur mit Lippenbekenntnissen, sondern auch mit Präsenz im Rahmen des Projekts einbringen. Die Geschichte von Wendelin Wiedeking, der im Rahmen der Lean-Management-Initiative bei Porsche im Blaumann mit der Kettensäge die Lagerregale gekürzt hat, ist allgemein bekannt (vgl. [22] S. 238 f.).

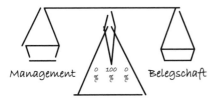

**Bild 7.1** Lean Management ist eine gemeinsame Herausforderung

Die Signalwirkung derartiger Aktionen sollte nicht unterschätzt werden. Die Mitarbeiter erkennen daran, dass die Lean-Management-Initiative vom Topmanagement nachhaltig unterstützt wird und dass Lean Management auf der Führungsebene bedingungslos mitgetragen wird. In einem der derzeit aktuellsten Fachbücher zum Thema „Managen" schreibt Mintzberg ([23] S. 113): „Der Manager muss also von seinem Elfenbeinturm steigen und sich ein Bild vom Geschehen machen, und das kann er beispielsweise, indem er sich konkret an Projekten beteiligt." Für Unternehmen, die schlank werden wollen, gilt dies ganz besonders.

Fachkenntnis, Präsenz da, wo die Wertschöpfung stattfindet, und die Bereitschaft, die Lean-Management-Initiative mit seiner Entscheidungskompetenz zu fördern, sind von entscheidender Bedeutung für den Projekterfolg. Der Vorstand und der CEO sind vor allem dann gefragt, wenn es darum geht,

- die Notwendigkeit für die Verbesserung und somit für das Lean Management zu schaffen bzw. zu visualisieren,
- die notwendige Plattform zu entwickeln und in das Unternehmen zu kaskadieren,
- die neue Unternehmensphilosophie dauerhaft im Unternehmen zu verankern,
- Ressourcen und Rahmenbedingungen (Personal, Sachmittel, Investitionsmittel) für die Lean-Management-Initiative zur Verfügung zu stellen,
- Entscheidungsprozesse im Rahmen der Initiative zu verkürzen,
- Kontakte zu Unternehmen herzustellen, die erfolgreich Lean Management realisiert haben,
- Manager der mittleren Führungsebene, Supervisor und Mitarbeiter von der Wichtigkeit der Lean-Management-Initiative zu „überzeugen", wenn das notwendige Commitment fehlt,
- den Kaizen-Prozess vor Ort, also in Form von Gemba zu verfolgen und das Team (Manager und Mitarbeiter) zu coachen und zu motivieren.

Grundsätzlich geht es bei Lean Management nicht darum, eine Methode oder Werkzeuge zu implementieren, sondern ein Business-Excellence-System im Unternehmen zu etablieren. Da viele Unternehmen und deren Mitarbeiter mit dem Begriff „Lean" bzw. „schlank" schlechte Erfahrungen gemacht haben, ist eine von der Unternehmensführung getragene und nachhaltig unterstützte Einführung von hoher Bedeutung. Viele Manager und Mitarbeiter verbinden mit den genannten Begriffen schlicht eine Reduzierung der Mitarbeiterzahl.

Business Excellence entsteht nicht durch besonders ausgereifte Methoden des Controllings oder im Rahmen eines Benchmarkings, sondern allein und ausschließlich in einem darauf ausgerichteten Unternehmen, in welchem eine entsprechende Kultur geschaffen wird.

### Erfolgsfaktor 2: Einsatz von Experten

Es ist davon auszugehen, dass in dem Unternehmen, welches eine Lean-Management-Initiative beginnen möchte, keine oder wenig erfahrene Lean-Management-Experten vorhanden sind. Der übliche Weg, Mitarbeiter durch Schulungen und Fortbildungsmaßnahmen zu Experten zu machen, ist aus drei Gründen wenig Erfolg versprechend. Zum einen gibt es eine große Zahl von Bildungsangeboten von zweifelhaftem Wert. Selbst die Trägerschaft der Fortbildungsmaßnahme durch Hochschulen ist kein Qualitätsgarant. Zum anderen generiert man hierdurch keine Experten, da die Praxiskomponente fehlt oder nur rudimentär vorhanden ist. Des Weiteren ändert die Lean-Management-Implementierung das gesamte Unternehmen und nicht einen Prozess.

 **"It's all about People", sagt Freddy Ballé**

Bei der Implementierung von Lean Management geht es ausschließlich darum, die Unternehmenskultur zu ändern, das bedeutet, nicht einfach nur Lean-Management-Werkzeuge zu implementieren! Das heißt, die Veränderung im Menschen umzusetzen, angefangen beim Manager bis zum Maschinenbediener. Die Veränderung im Menschen kann nicht einfach an eine Schulungsmaßnahme „delegiert" werden. Derartige Veränderung des Menschen verlangt nach einem hohen Wissens- und Erfahrungsgrad, welcher über Jahre aufgebaut werden muss.

Die Abwerbung von Experten von anderen Unternehmen erscheint demgegenüber schon eher attraktiv. Allerdings muss bedacht werden, dass ein Kopieren der Erfolgsrezepte anderer Unternehmen riskant ist. Jedes Unternehmen, auch innerhalb derselben Branche, ist unterschiedlich strukturiert und erfordert aufgrund abweichender Produkt- oder Kundenstruktur unterschiedliche Konzepte/Business-Excellence-Systeme für Lean Management. In einem Unternehmen können Lagerbestände für Endprodukte z. B. radikal reduziert werden, in einem anderen Unternehmen würde dies zulasten der Kundenbasis gehen. Experten aus anderen Unternehmen, die sich dieser Problematik bewusst sind, können eine Bereicherung für die Lean-Management-Initiative sein.

Unsere Erfahrung zeigt, dass eine Implementierung von Lean Management nicht auf der Basis von Büchern funktionieren kann. Die Wahl der richtigen Senseis, die in einem Unternehmen die Implementierung von Lean Management über Jahre begleiten, sind von großer Bedeutung und stellen einen zentralen Schlüsselerfolg dar. Kein Buch kann den nicht sichtbaren Teil des Lean Managements, also die Veränderung der Manager und Mitarbeiter, die z. B. am Ende in der Kanban-Karte mündet, vermitteln.

Berater für Lean-Management-Initiativen sind im Consulting-Markt zu finden, aber auch hier sind die Fachkompetenz und die Praxiserfahrung von entscheidender Bedeutung. Das am Anfang dieses Kapitels erwähnte Unternehmen hat einen Experten unter Vertrag genommen, der von einem japanischen Consulting-Unternehmen kam und Praxiserfahrung bei Toyota gesammelt hat. Ein solcher Sensei (japanisch Meister) kann ein nicht zu unterschätzender Erfolgsfaktor für Lean-Management-Initiativen sein. Auch die Lean-Management-Initiative von Wendelin Wiedeking wurde durch einen Sensei erfolgreich unterstützt.

### Erfolgsfaktor 3: Kaizen-Maßnahmen mit schnellem Erfolg

Die zweifellos schwierigste Frage, die sich am Anfang jeder Lean-Management-Initiative im Unternehmen stellt, ist: Wo beginnen? Setzt man sich die „Lean-Brille" auf und geht durch das Unternehmen, wird man im ersten Schritt viele Formen der Verschwendung nicht entdecken. Das „Sehenlernen" der Verschwendung ist ein langwieriger Prozess und wird von den Senseis beherrscht. Eine Wertstromanalyse deckt viele Ansatzpunkte für Kaizen auf. Also: Wie und wo soll das Startsignal für Lean Management gesetzt werden?

Zur Beantwortung dieser Frage müssen zunächst die Randbedingungen festgelegt werden. Diese sind:

- Die Lean-Management-Initiative darf die Kundenbasis des Unternehmens nicht gefährden. Oberste Priorität hat die Sicherstellung der Kundenzufriedenheit.
- Um die Unternehmensführung und die Mitarbeiter von dem Potenzial der Lean-Management-Initiative zu überzeugen, ist vorzeigbarer schneller Erfolg vorteilhaft.
- Da die meisten Mitarbeiter keine Erfahrung mit Lean Management haben, sollte die Komplexität der ersten Kaizen-Herausforderungen niedrig sein.
- Der Prozess sollte mit einem aus der Sicht des Managements gravierenden Problem behaftet sein (z. B. hoher Anteil defekter Produkte), um die Verschwendung für jeden sichtbar zu machen.

**Keine Initialzündung ohne ein System**

Der Start von Lean Management in Ihrem Unternehmen sollte nicht ohne ein bereits vorbereitetes Business-Excellence-System sein. Die Initialzündung ist der Beginn des Business-Excellence-Systems.

In Anbetracht dieser Randbedingungen empfiehlt sich der Beginn der Lean-Management-Initiative mit einer Kaizen-Initialzündung. Gegenstand dieses Pilotprojekts sollte ein Produktions- oder Dienstleistungsprozess sein, der von überschaubarer Komplexität ist. Weniger geeignet ist z. B. ein Produktionsprozess, der mehrere Abteilungen oder Fertigungsstätten durchläuft.

Im Rahmen der Kaizen-Initialzündung wird zunächst der zukünftige Zustand des Prozesses beschrieben und mit geeigneten Kennzahlen hinterlegt, sodass eine laufende Überprüfung und Bewertung des Fortschritts möglich ist. Dies dient auch der Dokumentation des Erreichten als Basis für die Kommunikation der Erfolge im gesamten Unternehmen.

### Erfolgsfaktor 4: Schnelle Ausweitung von Lean Management auf das gesamte Unternehmen

Nach Abschluss der Kaizen-Initialzündung ist nach einer Phase der Reflexion eine Ausweitung von Lean Management auf das gesamte Unternehmen der nächste Schritt. Die durch die Kaizen-Initialzündung gewonnenen Mitarbeiter mit Lean-Management-Erfahrung sind der Kristallisationskern für die Ausweitung Schritt für Schritt auf alle anderen Prozesse (einschließlich der administrativen Prozesse) des Unternehmens. Die Auswahl der Manager und der Mitarbeiter, als Teilnehmer der Kaizen-Initialzündung, ist von hoher Bedeutung.

Hierbei tritt jedoch häufig ein Problem auf, wenn die Unternehmensleitung keine Erfahrung mit Lean Management hat. Bei der Bewertung der Lean-Management-Initiative werden die erreichten Erfolge in Form von Schlüsselkennzahlen dargestellt und im Unternehmen kommuniziert. Da die Kaizen-Initialzündung auf einem Prozess vergleichsweise geringer Komplexität angesetzt wurde, sind Erfolge schnell realisierbar. Darüber hinaus können außerordentliche Verbesserungen der Schlüsselkennzahlen erreicht werden (z. B. Reduzierung des Anteils defekter Produkte um 50 %).

Was die Verfasser in der Praxis häufig erlebt haben, ist eine Hochrechnung der erreichten Erfolge und der Realisierungszeit durch die Unternehmensführung auf das ganze Unternehmen. Die Wirkung dieser einfachen Skalierung ist fatal. Die Manager und Mitarbeiter sehen sich einer Aufgabe gegenüber, die nicht bewältigbar erscheint. Damit wird der Erfolg der Lean-Management-Initiative nicht nur gefährdet, sondern die Lean-Initiative wird im Keim erstickt. Es gilt vielmehr, einen realistischen Blick auf das Mögliche zu richten und dabei auch Rückschläge und Verzögerungen in der Umsetzung auf das ganze Unternehmen zu akzeptieren.

Lean Management ist alles andere als die übliche „Strohfeuerstrategie" schlechter Manager, sondern eine Unternehmensvision, die einer nachhaltigen Existenzsicherung des Unternehmens dient und den langfristigen Erfolg sicherstellt. An dieser Stelle sei noch einmal darauf hingewiesen, dass nicht nur das Commitment des Vorstands, des CEO und der obersten Führungsebene des Unternehmens ein Erfolgsfaktor ist, sondern auch die Sachkenntnis und das Verständnis von Lean Management.

### Erfolgsfaktor 5: Entscheidungskompetenz auf Mitarbeiterebene

Im klassischen Management von Projekten gibt es einen Projektmanager, der zwar Entscheidungskompetenz hat, die jedoch dort endet, wo Ressourcen (Mitarbeiterkapazität, finanzielle Mittel) erforderlich sind, um das Projekt durchzuführen. Hier sind Entscheidungen der Managementebene erforderlich, die in der Regel Zeit beanspruchen. Hierdurch entstehen nicht nur Zeitverzögerungen, sondern auch Frustrationen der Mitarbeiter.

Ziel des Lean Managements ist Mitarbeiter und Supervisor so zu qualifizieren, dass diese Kaizen-Aufgaben selbständig durchführen und so die fortlaufende Aufgabe der ständigen Verbesserung bewältigen können. Deshalb ist es bereits in der Kaizen-Initialzündung erforderlich, dem Kaizen-Team weitestgehende Autonomie zu gewähren und Entscheidungskompetenz nach unten zu verlagern.

In den meisten Unternehmen ist hier mit Widerstand sowohl des mittleren Managements als auch bei Mitarbeitern zu rechnen. Die Furcht vor einem Kompetenzverlust wird zu „plausiblen" Argumenten gegen diese Kompetenzverschiebung führen. Im schlimmsten Fall ist mit kontraproduktiven Aktivitäten zu rechnen. Hier ist die obere Führungsebene gefragt, welche nachdrücklich die Unterstützung der Lean-Management-Initiative einfordert und notfalls Konsequenzen zieht.

### Erfolgsfaktor 6: Sichtbarmachung des Erreichten

Das visuelle Management ist ein weiterer Baustein des Lean Managements (Bild 7.2). Dies gilt auch für die Startphase. „Public Relations" ist auch im Lean Management eine unterstützende Säule, da es in jedem Unternehmen (auch in Lean-Unternehmen wie Toyota) „Bedenkenträger" gibt, die wie „Sand im Getriebe" wirken. Diese können nur mit Fakten überzeugt werden. Deshalb ist die Sichtbarmachung des Erreichten von hoher Bedeutung für den Erfolg.

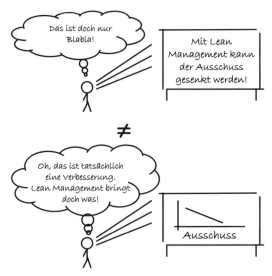

**Bild 7.2** Sichtbarmachung des Erreichten

Da im Rahmen der Bewertung und des Monitorings der Fortschritte der Kaizen-Initial-zündung bereits eine Datenbasis besteht, ist es mit wenig Aufwand verbunden, diese Informationen der Unternehmensleitung und den Mitarbeitern zur Kenntnis zu bringen. Damit wird die Grundlage für die Unterstützung der Kaizen-Initialzündung und die Ausweitung auf das ganze Unternehmen geschaffen.

### Erfolgsfaktor 7: Schnelle Entscheidungen treffen

Wer in einem großen Unternehmen oder Konzern arbeitet, kennt das Problem: Entscheidungen des Managements zu erhalten ist zeitintensiv. In den meisten Fällen ist hierzu die Erarbeitung einer Entscheidungsvorlage erforderlich.

Viele Entscheidungen werden auf das Kaizen-Team übertragen. Auch hier gibt es Kompetenzen, welche mit der Funktion bzw. Fachkenntnis in Zusammenhang stehen. Entscheidungen werden deshalb täglich im Team getroffen bzw. durch Konsolidierung des Managements. Ein Teil der Teammitglieder setzt sich aus dem Vorstand und dem CEO zusammen und gewährleistet die Entscheidungsfähigkeit.

Durch diese Organisation kann das Team schnell auf die gerade zur Diskussion stehende Problematik reagieren. Die typischen Probleme großer Organisationseinheiten (Diseconomies of Scale) sollen im Lean Management überwunden werden. An deren Stelle soll schnelles Reagieren auf die gerade aktuellen Herausforderungen stehen. Da das Umfeld der Unternehmensprozesse ständigen Veränderungen unterworfen ist, kommen Entscheidungen, die nicht sofort getroffen werden, immer zu spät.

### Erfolgsfaktor 8: Keine Problem-, sondern Lösungsorientierung

Der Übergang eines Unternehmens von der herkömmlichen zur Lean-Management-Kultur bedingt die Veränderung von der Problemorientierung zur Lösungsorientierung. Am Anfang dieses Fachbuches wurde dieser Aspekt unter dem Begriff „Fehlerkultur" thematisiert. Es ist davon auszugehen, dass sich der Kulturwandel im Unternehmen nur langsam vollziehen wird. Deshalb muss sowohl in der Anfangsphase der Lean-Management-Initiative als auch danach konsequent auf die Lösungsorientierung geachtet werden.

Konkret bedeutet dies, dass bei Problemen und Fehlern nicht zunächst ein „Schuldiger" gesucht wird. Fehler und Probleme sind im Lean Management willkommener Ansatzpunkt für Verbesserungen.

 **Keine Fehler, keine Verbesserung**

Ohne eine Fehlerkultur gibt es keine Verbesserung, denn wenn alles und jeder (besonders der Manager) perfekt ist, was sollte bitte verbessert werden?

Deshalb muss streng darauf geachtet werden, dass Probleme und Fehler im Zusammenhang mit dem Prozess diskutiert werden, in welchem diese aufgetreten sind, und nicht auf einzelne Personen bezogen werden. Die Ursache von Fehlern ist nicht der Mitarbeiter, sondern die verbesserungsbedürftige Gestaltung des Prozesses. Damit fokussiert sich die Diskussion über mögliche Lösungen nicht auf „Konsequenzen für den Mitarbeiter", der einen Fehler gemacht hat, sondern den Prozess, der in Richtung eines definierten Zustands in der Zukunft verändert werden muss, damit dieser Fehler in Zukunft nicht mehr auftritt.

 **Die Verschwendung steckt im Prozess und nicht im Menschen**

Entstehen Fehler, so war der Prozess nicht robust genug in seiner Definition, Schulung oder in seinen Begleitmechanismen. Dies ist eine ganz andere Herangehensweise und Herausforderung an das Führen von Mitarbeitern, denn nun steht das Management im Vordergrund und nicht der einzelne Mitarbeiter. Nehmen wir mal das Beispiel eines Ansatzes aus der Antike:

*Es ist nicht der Schüler für schlechte Ergebnisse zu bestrafen, sondern der Lehrer.*

Sich über diesen Ansatz Gedanken zu machen ist von hoher Bedeutung.

Die dargestellte Lösungsorientierung ist für die Akzeptanz der Mitarbeiter für Lean Management von hoher Bedeutung. Nur wenn der Mitarbeiter nicht für Probleme und Fehler verantwortlich gemacht wird und sich in irgendeiner Form rechtfertigen muss, ist dieser auch bereit, offen zu kommunizieren und diese als Ansatzpunkt für Veränderungen bzw. Verbesserungen in die Lean-Management-Initiative einzubringen.

### Erfolgsfaktor 9: Kommunikation der Ziele zur Erhöhung der Motivation der Mitarbeiter

Dieser Aspekt der Lean-Management-Realisierung ist ein recht schwieriger Aspekt bei der Transformation eines Unternehmens. Die Verbesserungen in der Leistungsfähigkeit der Unternehmen, die sich mit Lean Management erreichen lassen, sind außergewöhnlich im Vergleich zu anderen Initiativen. Eine Kostenreduzierung von mehr als 50 % oder eine Verringerung der Lagerbestände um 80 % ist nicht ungewöhnlich. Viele Manager, die dieses Potenzial von Lean Management kennen, befürchten, dass die Kommunikation dieser Zielgrößen zu einer erheblichen Verunsicherung der Mitarbeiter führen könnte.

Einerseits denken viele Mitarbeiter: „Das schaffen wir nie." Jeder Manager weiß, welche Wirkung unrealistische Ziele auf Mitarbeiter haben. Manche Experten empfehlen deshalb eine Kommunikation von Teilzielen, um dieses Problem zu vermeiden. Die Mitarbeiter empfinden diese Kommunikationspolitik jedoch als persönliche Missachtung. Dies ist einer Situation vergleichbar, wie wir sie erleben, wenn wir auf dem Bahnhof stehen, auf einen Zug warten, und es wird eine Verspätung von fünf Minuten angekündigt. Nach Ablauf der fünf Minuten kommt die Information, dass der Zug sich um zehn Minuten verspäten wird, usw. Wie empfinden Sie diese Vorgehensweise als Bahnkunde?

Andererseits fürchten Mitarbeiter, ihren Arbeitsplatz zu verlieren. Allzu oft haben Unternehmen mit „schlank" nichts anderes als Personalabbau verbunden, weshalb die Befürchtungen berechtigt sind und ernst genommen werden müssen. Furcht und Resignation erodieren jede Lean-Management-Initiative und führen zum Scheitern. Deshalb sollten im Hinblick auf die Kommunikation mit den Mitarbeitern zwei Grundsätze befolgt werden.

1. Den Mitarbeitern muss mit aller Klarheit und unmissverständlich übermittelt werden, dass aufgrund der Lean-Management-Initiative keine Mitarbeiter entlassen werden. Sollte mittel- bis langfristig eine Reduzierung der Belegschaft erforderlich sein, kann dies durch Fluktuation und altersbedingtes Ausscheiden erfolgen. Falls dies aber erforderlich ist, sollte der Personalabbau vor der Lean-Management-Initiative durchgeführt werden.

2. Die Ziele des Lean Managements sollten offen kommuniziert werden, d. h. eine detaillierte Beschreibung des geplanten zukünftigen Zustands der Unternehmensprozesse und die damit verbundenen quantitativen und qualitativen Ziele.

So wie in einer ernsten Krise des Unternehmens oder einer einschneidenden Veränderung: Eine von Anfang an offene Kommunikation gegenüber den Mitarbeitern fördert die Akzeptanz, wobei die Teilziele es erlauben, den „Kuchen Stück für Stück zu verdauen".

### Erfolgsfaktor 10: Schulung von Lean-Experten innerhalb des Unternehmens

Klassische Maßnahmen, um Veränderungen im Unternehmen zu bewirken, sind für Lean Management nicht empfehlenswert. Die klassische Schulung, ein Seminar oder eine Fortbildung hat sehr oft wenig nachhaltige Wirkung. Viele Leser werden den Effekt entsprechender Bildungsangebote kennen. Die neuen Ideen und Methoden, die dort vermittelt werden, lassen uns voller Enthusiasmus in unser Unternehmen zurückkehren mit einer Liste von Dingen, die wir zukünftig verändern oder anders machen wollen. Schon nach wenigen Tagen sind die guten Vorsätze vergessen, und alles ist wieder beim Alten.

Ergebnis sind z. B. Aktivitätslisten, die mit entsprechenden Erledigungsterminen versehen sind. Nach Auffassung vieler Lean-Management-Experten und auch der Verfasser sind diese im Hinblick auf Lean Management kontraproduktiv. Manager lieben derartige Listen, da diese „abgehakt" werden können. Damit kann der Erfolg des Workshops gegenüber der nächsten Führungsebene nachgewiesen werden. Schlank wird das Unternehmen damit nicht, da eine Kulturänderung auf diese Art und Weise nicht erreicht werden kann. Schlimmer noch: Es werden an mehreren Variablen des jeweiligen Prozesses gleichzeitig Veränderungen vorgenommen, sodass keine Aussage möglich ist, welche Maßnahme denn nun wirksam war und welche Veränderung bewirkt hat. Die Reorganisation ist vor allem in größeren Unternehmen eine häufig geübte Praxis. Jeder, der in einem solchen Unternehmen gearbeitet hat, kennt dies aus eigener Erfahrung. In der Regel ändert sich nur die Bezeichnung der Abteilung, sodass die Bestellung neuer Visitenkarten erforderlich ist. (Zur Vervollständigung ist zu erwähnen, dass im Lean Management auch Aktionspunkte aufgeschrieben und abgearbeitet werden. Doch der Ansatz und die Vorgehensweise sind vollkommen andere.)

Die letzte Möglichkeit aus dem Standardrepertoire zur Initiierung von Veränderungen ist das Engagement von spezialisierten Beratern. Eine Kulturveränderung, die dazu führt, dass Probleme als willkommener Anlass zur Auslösung von Verbesserungsmaßnahmen gesehen werden und in welchen die ständige Verbesserung der Prozesse eine täglich gelebte Verhaltensroutine ist, ist ohne Zweifel durch Berater nicht ausschließlich zu bewirken. Auch das Engagement eines Senseis kann nur dazu dienen, eine „Initialzündung" im Unternehmen zu erreichen, die Arbeit ist damit aber nicht getan.

Damit stellt sich die Frage: Wenn alle diese Optionen ausscheiden, wie soll die Veränderung des Unternehmens dann vonstattengehen? Es bleibt nur eine Erfolg versprechende Möglichkeit, nämlich die Mitarbeiter in Form des Trainings on the Job innerhalb des Unternehmens zur Praktizierung der Lean-Management-Kultur anzuleiten. Die Mitarbeiter, die am Startsignal teilgenommen haben, sind die Multiplikatoren der Lean-Management-Initiative im gesamten Unternehmen. Deren Aufgabe ist es, als Coach die Mitarbeiter anzuleiten und die verschiedenen Kaizen-Workshops/-Maßnahmen der Mitarbeiter zu unterstützen. Das Unternehmen muss folglich seine „Lean-Experten" selbst ausbilden und damit Schritt für Schritt eine eigene Kompetenz aufbauen. Workshops im Unternehmen versprechen mehr Wirkung und Nachhaltigkeit. Dies gilt insbesondere dann, wenn direkt auf die Situation des Unternehmens eingegangen wird und sie konkret anhand realer Prozesse durchgeführt werden.

 **Erfolgsfaktoren der Lean-Implementierung**

- Personal Commitment des CEO,
- Einsatz von Experten und Mitarbeitern im Team am Gemba,
- Kaizen-Initialzündung mit schnellem Erfolg,
- schnelle Ausweitung von Lean Management auf das gesamte Unternehmen,
- Entscheidungskompetenz auf Mitarbeiterebene,
- Sichtbarmachung des Erreichten,
- schnelle Entscheidungen treffen,
- keine Problem-, sondern Lösungsorientierung,
- Kommunikation und Aufforderung zur Erreichung der Ziele zur Erhöhung der Motivation der Mitarbeiter,
- Coaching von Lean-Experten innerhalb des Unternehmens.

# ■ 7.2 Lean Management im Unternehmen einführen

Die gescheiterte Einführung von Lean Management in Unternehmen wird nur selten (eine der wenigen Ausnahmen ist im vorhergehenden Abschnitt dargestellt) in der Fachliteratur dokumentiert. Dennoch gibt es wahrscheinlich mehr gescheiterte Implementierungen als Erfolgsgeschichten. Liegt dies daran, dass die Einführung von Lean Management im Unternehmen besonders schwierig ist und möglicherweise doch kulturelle Aspekte eine Rolle spielen?

Die Frage ist relativ einfach zu beantworten. Die Ursache ist in der Problematik des Veränderungsmanagements im Unternehmen zu suchen. Die Veränderung eines Unternehmens zu einem schlanken Unternehmen ist genauso schwierig wie jede andere durchgreifende Veränderung. Deshalb kann hier auf die Erfahrungen und das Instrumentarium zurückgegriffen werden, welches auf den Erkenntnissen aus dem Change Management beruht.

Die Fachliteratur zum Thema Change Management füllt allerdings ganze Regale, und die darin vorgeschlagenen Methoden und Instrumente sind ebenso vielfältig. In der spezifischen Fachliteratur zum Thema Lean Management hingegen findet man nur sehr allgemein gehaltene Kapitel zu diesem Thema, die auch oft nur punktuelle Themenbereiche behandeln. Die Novelle von Freddy und Michael Ballé (vgl. [1]) gibt noch den besten Einblick in den Ablauf einer Lean-Management-Einführung.

Die Beschreibung erfolgreicher Lean-Management-Einführungen (vgl. Kapitel 7.1) führt zwar zu einem Erkenntnisgewinn, ist meist aber nicht mit einer systematischen Methodik dokumentiert, die eine Übertragung in das eigene Unternehmen ermöglicht. Wie also gelangt man zu einer fundierten und in der Praxis erprobten Methodik, die sofort im eigenen Unternehmen eingesetzt werden kann, um den Veränderungsprozess zu beginnen?

Eine gute Wahl ist der von John P. Kotter entwickelte Acht-Stufen-Prozess (vgl. [4]), um große Veränderungen im Unternehmen zu führen. Deshalb wird in den folgenden Ausführungen dieser Prozess dargestellt und um die spezifischen Aspekte der Lean-Einführung ergänzt. Es ist dabei nicht überraschend, dass sich in diesem Acht-Stufen-Prozess viele der in Kapitel 7.1 beschriebenen Erfolgsfaktoren wiederfinden.

### Stufe 1: Schaffung eines Bewusstseins für eine dringende Veränderung

Erster Schritt in dem Acht-Stufen-Prozess ist die Schaffung eines Bewusstseins für eine dringende Veränderung im Unternehmen (z. B. durch die Befähigung der Mitarbeiter, die Verschwendung zu sehen und diese zu visualisieren). Es ist eine Binsenweisheit, dass Menschen nur dann zu Veränderungen bereit sind, wenn die Not dies erforderlich macht. In den Unternehmen ist dies nicht anders. Die meisten Manager und Mitarbeiter bewegen sich im Tagesgeschäft und in einer Welt der Selbstzufriedenheit. Es besteht zwar die Vorstellung, dass Veränderungen notwendig sind, da sich Märkte verändern, neue Wettbewerber auftreten oder neue Technologien in den Markt eintreten, aber im eigenen Umfeld, das als stabil angesehen wird, werden diese Entwicklungen ausgeklammert, da es offensichtlich von diesen Veränderungen nicht tangiert wird. In den internen Firmenzeitschriften fast aller Unternehmen wird diese Kultur sichtbar. Es werden Erfolge gefeiert und zukünftige Projekte vorgestellt oder Mitarbeiter für deren langjährige Werkszugehörigkeit belobigt. Die Notwendigkeit der Veränderung wird hier selten angesprochen, da dies möglicherweise die „Arbeitsmoral der Mitarbeiter untergraben" oder auf Kunden einen schlechten Eindruck machen könnte.

Aus einer solchen Kultur heraus können keine umfassenden Veränderungen begonnen werden. Initiativen werden immer an der Selbstzufriedenheit der Manager und Mitarbeiter und damit dem Beharrungsvermögen der Organisation scheitern. Deshalb ist es notwendig, das Veränderungsbewusstsein auch durch drastische Maßnahmen zu erzeugen. Im Lean Management gibt es das Bild des Sees, auf welchem ein Boot fährt. Unter Wasser gibt es viele Steine und Felsen, die dem Boot aber nicht gefährlich werden können, solange genug Wasser im See ist. Verringert sich allerdings die Wassermenge, gelangen die Hindernisse an die Oberfläche. Das Boot droht mit diesen zu kollidieren. Es ist notwendig, sich mit den Hindernissen auseinanderzusetzen und diese zu beseitigen, um eine problemlose Fahrt des Bootes zu ermöglichen (Bilder 6.1 und 6.2).

Genau dies muss im Unternehmen geschehen, welches einen Veränderungsprozess in Richtung Lean Management initiieren möchte. Die Probleme müssen sichtbar gemacht werden (auch wenn sie sich noch „unter Wasser" befinden). Alle Mitarbeiter müssen erkennen, dass Veränderung notwendig ist. Kotter schlägt in seinem Fachbuch drastische Maßnahmen vor (vgl. [4] S. 44), wie z. B. die Akzeptanz finanzieller Verluste, Fehler und deren Konsequenzen einfach zuzulassen oder die Schließung der Kantine für Führungskräfte.

Den Zielen des Lean Managements dienlich sind folgende Aktionen:

- Durchführung einer Kundenzufriedenheitsbefragung (möglichst von einem externen Unternehmen, um die Objektivität sicherzustellen) und Publizierung der Ergebnisse in der Firmenzeitschrift.
- Untersuchung der Lieferantenbeziehung mit dem Ziel, Unzufriedenheit und Unzulänglichkeiten aufzudecken, und Kommunikation der Ergebnisse im Unternehmen.
- Vorgabe von Zielen im Rahmen von Zielvereinbarungen mit den Führungskräften, die nicht „bequem" erreicht werden können.
- Aufgabe der Messung der Leistungsfähigkeit von Abteilungszielen auf der Basis des direkten Umfeldes, stattdessen Erweiterung auf größere Geschäftseinheiten.
- Ergänzung der Positivberichte in der Firmenzeitschrift durch herausfordernde Berichte z. B. über neue Wettbewerber oder neue Technologien, welche die Marktposition des Unternehmens gefährden könnten.
- Herausgabe von Mitteilungen über neue Geschäftsmöglichkeiten, welche hervorragende Entwicklungsmöglichkeiten für das Unternehmen bedeuten könnten, aber aufgrund der begrenzten Fähigkeiten des Unternehmens nicht genutzt werden können.

Damit wird die Grundlage für ein Klima der Veränderung geschaffen und eine Haltung abgebaut, die man am besten mit folgender Situation beschreiben kann. Stellen Sie sich vor, Sie fallen aus dem 20. Stockwerk eines Hauses und sagen zu sich nach jedem Stockwerk, welches Sie gerade passieren: „Bis jetzt ist ja alles gut gegangen."

### Stufe 2: Formierung einer Führungsgruppe, welche die Veränderung leitet

Einem „Einzelkämpfer", selbst wenn es sich um den CEO des Unternehmens handelt, wird ein Veränderungsprozess, wie dieser für eine Lean-Management-Initiative notwendig ist, nicht gelingen. Die Bildung einer Führungsgruppe, welchen den Veränderungsprozess in Gang setzt und diesen vorantreibt, ist deshalb der nächste Schritt im Veränderungsprozess. Die Zusammenstellung dieser Gruppe ist dabei für den Erfolg oder Misserfolg entscheidend, wobei mit zunehmendem Grad der Lean-Management-Implementierung aus dieser Gruppe die gesamte Unternehmensbelegschaft wird.

Für die Zusammensetzung der Gruppe können folgende Kriterien verwendet werden (vgl. [4] S. 57):

- **Macht in der Führungsstruktur des Unternehmens**
  Alle Schlüsselpersonen aus der Führungshierarchie sind in die Gruppe aufzunehmen, damit Entscheidungen oder beschlossene Maßnahmen nicht blockiert werden können.

- **Sachverstand**
  Gerade im Lean Management ist die Kenntnis der Philosophie und der Werkzeuge und Methoden von hoher Bedeutung. Die im Vergleich zu den klassischen Managementmethoden sehr unterschiedliche Philosophie (z. B. das Problem als Chance für Verbesserungen, der Fehler als willkommener Anlass für Prozessveränderungen) bedingt eine ganz neue Denkweise. Deshalb soll das Lean-Management-Wissen angemessen in der Gruppe vertreten sein.

- **Glaubwürdigkeit**
  Ein Großteil der Mitglieder der Gruppe muss von den Mitarbeitern des Unternehmens als „glaubwürdig" anerkannt sein. Nur dann werden Entscheidungen und Aussagen des Führungsteams im Unternehmen ernst genommen.

- **Führungsqualität**
  Kotter (vgl. [4] S. 25) unterscheidet Führungskräfte und Manager. Manager sind demnach Administratoren einer Leitungsstelle. Diese können zwar eine derartige Stelle verwalten, haben aber nicht die Eigenschaften einer Führungskraft. Diese hat die Fähigkeit, eine Richtung für die zukünftige Entwicklung vorzugeben, Mitarbeiter auf Ziele und Visionen auszurichten und diese zu motivieren und anzuspornen. Führungskräfte sollten deshalb in ausreichender Weise in der Gruppe vertreten sein.

Die praktische Erfahrung zeigt, dass nur ein kleiner Teil der Gruppenmitglieder zu Beginn dem Veränderungsprozess vorbehaltlos gegenübersteht und diesen nachhaltig unterstützen wird. Deshalb müssen diejenigen Mitglieder, die der Veränderung skeptisch gegenüberstehen, von der Notwendigkeit und dem Nutzen der Lean-Management-Initiative überzeugt werden. Einige Mitglieder werden für sich persönlich oder ihre Abteilung Nachteile befürchten. Diese Mitglieder werden die Veränderung verhindern wollen, wobei durchaus Sachargumente hierfür angeführt werden. Auch hier muss von den Initiatoren der Gruppe Überzeugungsarbeit geleistet werden.

Praxisbewährte Methoden sind Gruppentreffen außerhalb des Unternehmens, bei welchen Workshops zum Veränderungsprozess mit Freizeitaktivitäten kombiniert werden. Damit soll ein Team gebildet werden, welches ein gemeinsames Ziel verfolgt. Darüber hinaus sollen die persönlichen Beziehungen der Teammitglieder aufgebaut werden.

### Stufe 3: Entwicklung einer Vision und Strategie

In Kapitel 3.1 wurde die Bedeutung der Vision für ein Lean-Management-Unternehmen ausführlich dargestellt. Die Vision beschreibt einen Zustand des Unternehmens in der fernen Zukunft, der am besten als ein Idealzustand bezeichnet werden kann. Gleichzeitig verspricht dieser Zustand Vorteile für alle Stakeholder (Mitarbeiter, Kunden, Lieferanten). Eine Null-Fehler-Produktion nutzt den Kunden (Qualität, Kosten, Lieferzeit), den Lieferanten (Null-Fehler-Produktion auch bei diesen) und Mitarbeitern (es wird nicht mehr für die Schrottpresse gearbeitet, also keine Verschwendung von Mitarbeiterressourcen).

Die Strategie zur Realisierung der Vision ist die Festlegung von Zielzuständen der Prozesse des Unternehmens, die auf der Grundlage der bestehenden Fähigkeiten des Unternehmens als machbar erscheinen und auf dem Weg vom Ist-Zustand zur Vision liegen. Diese Zwischenziele werden erreicht, indem die Hindernisse beseitigt werden, die an der Erreichung hindern.

### Stufe 4: Kommunikation der Vision und Strategie

Die Vision des Lean-Management-Veränderungsprozesses und die Umsetzungsstrategie müssen so im Unternehmen kommuniziert werden, dass jeder Mitarbeiter diese kennt und versteht. Hierzu muss die Vision einfach und frei von Fachausdrücken aus jeglicher Profession formuliert sein. Visionen sind im Lean Management auf einen idealen Zustand des Unternehmens in der Zukunft ausgerichtet. Dieser ist mit wenigen Worten und leicht verständlich zu beschreiben.

Zur Kommunikation sollen alle Möglichkeiten im Unternehmen ausgeschöpft werden. Initiativveranstaltungen, Firmenzeitschriften, das Intranet, Betriebsversammlungen, Plakate an hervorragender Stelle und Training der Mitarbeiter innerhalb der Abteilung sind für den Kommunikationsprozess zu nutzen. Die „Botschaft" sollte dabei nicht nur einmalig, sondern wiederholt in regelmäßigen Abständen an die Mitarbeiter übermittelt werden, indem die Führung diese vor Ort durch Coaching lebt.

Einen nicht unerheblichen Beitrag zur Glaubwürdigkeit der Vision ist die Vorbildfunktion der Führungskräfte. Wenn diese die Vision nicht vorleben, verliert die Lean-Management-Initiative schnell an Wirkung, und die „Durchschlagskraft" geht verloren. Nichts ist überzeugender für die Mitarbeiter, als wenn ein hochrangiges Mitglied des Führungsteams sich als Coach des Lean Managements ausweist.

In einem Unternehmen hatte der CEO die Grundsätze des Gemba (Ort des Geschehens) ernst genommen und besuchte häufig Abteilungen seines Unternehmens, in welchen gerade wichtige Verbesserungsprojekte durchgeführt wurden. Bei einer solchen Begehung einer Produktionslinie stellte der CEO fest, dass eines der Regale nicht nach dem FIFO-Prinzip bestückt war. Er rief den Teamleiter zu sich und fragte nach dem Grund für diesen Fehler. Es wurde sofort eine Verbesserungsmaßnahme eingeleitet. Zeugen dieses

Vorgangs waren einige Mitarbeiter der Abteilung. Dieser Vorgang verbreitete sich im Unternehmen wie ein Lauffeuer, dass der CEO sich mit FIFO auskennt, Lean Management offensichtlich sehr ernst nimmt und nicht nach dem „Schuldigen sucht", sondern den Fehler zum Anlass für Verbesserungen nimmt. Glaubwürdiger kann die Vorbildfunktion einer Führungskraft nicht sein.

### Stufe 5: Mitarbeiter zur Umsetzung der Vision befähigen

Die Beseitigung von Hindernissen, welche den Veränderungsprozess aufhalten, ist, genauso wie im Lean Management generell, gerade im Rahmen der Einführung eines der Hauptprobleme. Die Mitarbeiter haben die Vision verstanden, die Botschaft erhalten und sind nun willens, die Veränderung anzugehen. Folgende Hindernisse können in dieser Stufe des Veränderungsprozesses auftreten:

- **Die Mitarbeiter verfügen nicht über die erforderlichen Fähigkeiten, die Vision zu realisieren.**
  In einem Lean-Management-Unternehmen sind die Mitarbeiter essenzieller Bestandteil des Verbesserungsprozesses. Hierzu ist zunächst eine Sensibilisierung im Rahmen eines Trainings notwendig. Hierbei werden die wesentlichen Prinzipien des Lean Managements vermittelt. Die weitere Qualifizierung findet am Arbeitsplatz statt. Entweder durch externe Experten während des Workshops, wenn das Unternehmen noch nicht über qualifizierte Teamleiter verfügt, oder durch diese, wenn auch sie über die notwendige Qualifikation verfügen. Unter Experten sind nicht nur Lean Manager, sondern alle Mitarbeiter des Unternehmens zu verstehen.

- **Organisatorische Hürden hindern die Mitarbeiter an der Arbeit im Veränderungsprozess.**
  Wurde über Jahre hinweg in einem Unternehmen die funktionale Organisation mit der Optimierung innerhalb der Abteilungsgrenzen betrieben, fällt es schwer, auf die im Kapitel 3.2 notwendige ganzheitliche Optimierung im Rahmen des Hoshin Kanri (Policy Deployment) überzugehen und ganzheitliche Unternehmensziele zu verfolgen. Aus diesem Grund müssen die beschriebenen und nicht mehr erwünschten „Zäune" zwischen den Abteilungen und Funktionen beseitigt werden, um die Vision in die Praxis umzusetzen.

- **Personalführung und Controlling werden nicht an Vision und Strategie angepasst.**
  Personalführung und Controlling sind an die Philosophie des Lean Managements bzw. des Unternehmens-Business-Excellence-Systems anzupassen. Der Vorgesetzte erteilt nicht mehr Anweisungen und kontrolliert, sondern dieser wird zum Coach des Mitarbeiters, um dessen Problemlösungsfähigkeiten zu entwickeln. Hierzu sind ganz andere Qualifikationen notwendig. Bei der Personalauswahl und Führungskräfteentwicklung sind diese neuen Gegebenheiten zu berücksichtigen. Passt sich die Personalabteilung an diese Veränderung nicht an, findet auch kein Wandel in der Führungskultur statt.
  Für das herkömmliche Management by Objectives ist in Lean-Management-Unternehmen kein Platz, da es ergebnisorientiert ist. In einem MbO-System wird der Controller immer das bekommen, was er misst. Dies ist im Lean Management nicht gewollt. Dort

geht es darum, einen lösungsorientierten Verbesserungsprozess zu initiieren, der die Hindernisse aus dem Weg räumt, um den Zielzustand zu erreichen. Die Messung der quantitativen Ergebnisgröße dient nur dem Monitoring, nie als Grundlage für Anreizsysteme der Führungskräfte.

Werden die genannten Änderungen in der Organisation des Unternehmens nicht durchgeführt, ersticken die Veränderungsinitiativen im Keim, da die Mitarbeiter regelmäßig „ausgebremst" werden.

- **Vorgesetzte verhindern die Umsetzung der Veränderung.**

Wie dargestellt sind in einem schlanken Unternehmen Vorgesetzte notwendig, die deren Mitarbeiter coachen und die Problemlösungsfähigkeiten entwickeln. Ein anordnender und kontrollierender Vorgesetzter, der nicht bereit ist, seine Einstellung gegenüber den Mitarbeitern zu ändern, ist ein echtes Problem im Veränderungsprozess. Deshalb müssen sich die Promotoren der Veränderung frühzeitig mit diesem Problem auseinandersetzen.

Training und Qualifizierung der Vorgesetzten ist die eine mögliche Strategie, um das Problem zu lösen. Dies verspricht dann Erfolg, wenn der Vorgesetzte der Veränderung grundsätzlich positiv gegenübersteht. Sollte der Vorgesetzte aber der Veränderung ablehnend gegenüberstehen, da dieser keine Akzeptanz für die Befähigung der und Übertragung von Kompetenzen auf Mitarbeiter hat, so bleibt nur die Trennung von diesem Vorgesetzten. Dies kann dann nicht einfach sein, wenn informelle Netzwerke dieser Maßnahme erheblichen Widerstand entgegensetzen.

### Stufe 6: Kurzfristige Erfolge erreichen

Nichts ist überzeugender als Erfolg bei der Einführung von Lean Management. Skeptiker müssen überzeugt und Bremsern muss der „Wind aus den Segeln" genommen werden. Kurzfristige Projekterfolge, die z. B. innerhalb eines Jahres präsentiert werden können, ebnen den Weg für den weiteren Veränderungsprozess. Wie können aber diese Erfolge erreicht werden?

Im Rahmen der Lean-Management-Initiative ist es vorteilhaft, die Leistungsfähigkeit von Lean im Rahmen einer Pilot-Kaizen-Aktivität nachzuweisen. Dies hat den Vorteil, dass der Umfang der notwendigen Pilot-Kaizen-Aktivität überschaubar bleibt und damit auch Risiken (Nachteile für den Kunden in der Umstellungsphase) begrenzt bleiben. Bild 7.3 zeigt am Beispiel einer Wertstromanalyse, wie Erfolge entstehen können.

Die Pilot-Kaizen-Aktivität sollte sich z. B. auf einen Produktionsprozess beziehen, der weniger komplex ist, sodass der Schwierigkeitsgrad für die Lean-Management-Implementierung für den ersten Anlauf handhabbar ist. Im Rahmen einer Wertstromanalyse kann zum einen der Wert aus der Sicht des Kunden identifiziert und die Verschwendung herausgefiltert werden. Daraus lassen sich erste Kaizen-Aktivitäten definieren. Allerdings sei davor gewarnt, alle Verbesserungsmaßnahmen gleichzeitig anzugehen, um möglichst schnell zu Erfolgen zu gelangen. Grundsätzlich ist einerseits der Flow (Materialfluss bis zum Kunden) sicherzustellen und darf durch die Maßnahmen nicht nachteilig beeinflusst werden, andererseits soll immer nur eine Maßnahme durchgeführt werden. Anschließend wird das Ergebnis bewertet und die nächste Kaizen-Aktivität gestartet. Die Erfolge, die sich damit erreichen lassen, sind beachtlich und haben das Potenzial, auch die entschlossensten Gegner der Lean-Management-Initiative zu überzeugen.

Es besteht allerdings das Risiko, dass die Unternehmensspitze die realisierten Effizienzgewinne auf das gesamte Unternehmen skaliert und von den Managern der anderen Produktionsbereiche einen entsprechenden Transfer verlangt. Dieser kann realistischerweise aber nicht eins zu eins durchgeführt werden, da die produktionstechnischen Gegebenheiten in den verschiedenen Fertigungslinien andere sind. Die Fertigungslinie, die für das Pilotprojekt ausgewählt wurde, ist vergleichsweise einfach, während die anderen Fertigungslinien deutlich komplexer sind. Damit wird Lean Management gründlich in Misskredit gebracht und der Lean-Management-Initiative ein unrühmliches Ende bereitet.

Zusammenfassend bleibt festzuhalten, dass kurzfristige Erfolge für den weiteren Veränderungsprozess von vitaler Bedeutung sind. Deshalb müssen Lean-Management-Initiativen mit diesem Ziel in Gang gesetzt werden. Bereits zu Beginn muss sich die Unternehmensführung jedoch darüber im Klaren sein, dass eine Übertragung der Erfolge auf andere Bereiche des Unternehmens mit Vorsicht zu behandeln ist.

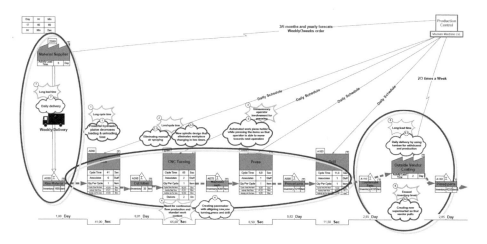

**Bild 7.3** Kaizen-Projekte bei der Mazsan Machine Ltd. (Quelle: [15])

### Stufe 7: Konsolidierung der Erfolge und weiteres Vorantreiben der Lean-Management-Implementierung

Die im vorhergehenden Schritt erreichten Erfolge dürfen keinesfalls zum Anlass genommen werden, die Lean-Management-Initiative nicht mit der gleichen Energie weiter voranzutreiben. Widerstände und Aktivitäten zur Verzögerung der Veränderung kommen schneller auf, als man sich vorstellen kann. Schnell würden sich wieder die althergebrachten Verhaltensmuster einstellen und viel gewonnenes Terrain würde wieder verloren gehen.

Deshalb sei an dieser Stelle des Veränderungsprozesses an eines der Lean-Management-Prinzipien erinnert: das Streben nach Perfektion – Kaizen. Dieses verhindert den Rückfall in bereits überwundene Verhaltensweisen. Der Kulturwandel im Unternehmen muss bei diesem Schritt konsequent auf die Etablierung dieses Prinzips hinarbeiten. Veränderung im Sinne der ständigen Verbesserung der Prozesse im Unternehmen ist eine Aufgabe, die nie aufhört und sich ständig in Richtung eines perfekt funktionierenden Prozesses bewegt.

Nach Abschluss der Pilotinitiative und der Kommunikation der ersten Erfolge ist es erforderlich, den Veränderungsprozess auf das gesamte Unternehmen auszuweiten. Hierzu sind qualifizierte Mitarbeiter notwendig, die das Lean-Management-Wissen und die Erfahrung im Unternehmen verbreiten. Ausgangsbasis sind die Mitarbeiter, welche an der Pilot-Kaizen-Aktivität beteiligt waren und in diesem Schritt des Veränderungsprozesses als Multiplikatoren der Lean-Management-Philosophie und des Lean-Management-Wissens und der Erfahrung wirken.

In dieser Phase tritt auch regelmäßig das Problem auf, dass die Führungsgruppe nicht mehr alleine den Veränderungsprozess steuern kann, da gleichzeitig mehrere Veränderungsaktivitäten im Unternehmen angestoßen werden. Deshalb ist es erforderlich, Verantwortung für die Projekte auf die unteren Führungsebenen des Unternehmens zu verlagern und ein Steuerungssystem zu etablieren. Auch hier wird mit Widerstand der Manager (vor allem auf der mittleren Ebene) zu rechnen sein, da Machtverlust und reduziertes Ansehen vermutet werden. Hier ist es Aufgabe der Führungsgruppe, diese Verlagerung von Verantwortung auf die unteren Managementebenen zu steuern und mit allen verfügbaren Mitteln durchzusetzen.

## Stufe 8: Verankerung der Lean-Philosophie in der Unternehmenskultur

Letzter Schritt im Veränderungsprozess ist die Verankerung der Lean-Management-Kultur im Unternehmen. Dies ist der letzte Schritt, da genau dies der schwierigste Teil der Veränderung ist. Wie in Kapitel 2 dargestellt sind „aus Problemen und Fehlern lernen", das Verständnis für den Nutzen von Kaizen und die Erkenntnis, dass Lean Management keine Werkzeugsammlung, sondern eine Unternehmensphilosophie ist, zweifellos ein Erkenntnisprozess bei den Mitarbeitern, der nicht von selbst entsteht.

Wurden die Schritte eins bis sieben erfolgreich gemeistert, ist bei den Mitarbeitern ein Lern- und Erkenntnisprozess abgelaufen, der die Kulturveränderung erleichtert. Haben die Mitarbeiter erfahren, dass Fehler nicht mehr zur Suche nach dem Schuldigen führen, sondern willkommener Anlass für die Verbesserung von Prozessen sind, entsteht die Erkenntnis, dass Lean Management für die Mitarbeiter und das Unternehmen von Vorteil ist. Erfährt der Verantwortliche, dass Probleme nicht „unter den Teppich gekehrt" werden müssen, um die Karriere nicht zu gefährden, sondern, wenn diese frühzeitig erkannt, mit den Lean-Management-Methoden analysiert und dauerhaft gelöst werden, reift eine innere Einstellung, die als Lean-Management-Kultur bezeichnet werden kann. Dieser unsichtbare Teil des Lean Managements ist das wahre „Geheimnis" des Lean-Management-Erfolges und kann nur durch die Entstehung einer Lean-Management-Kultur erreicht werden. Bild 7.4 zeigt die acht Stufen im Überblick.

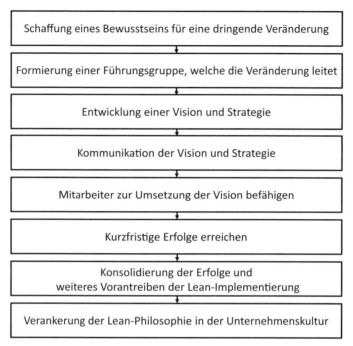

**Bild 7.4** Acht-Stufen-Prozess zur Realisierung von Veränderungen (in Anlehnung an [4] S. 21)

# ■ 7.3 Dauerhafte Etablierung von Lean Management im Unternehmen

Immer wieder sind Manager von den Erfolgspotenzialen des Lean Managements überzeugt und beginnen voller Enthusiasmus, Lean Management in ihrem Unternehmen umzusetzen. Der Beginn ist häufig sehr ermutigend und die in Kapitel 7.1 beschriebenen Erfolgsfaktoren werden beachtet. Auch wird bei der Einführung auf eine pragmatische und erprobte Vorgehensweise Wert gelegt, wie diese in Kapitel 7.2 beschrieben ist. Die Vorzeichen stimmen und Experten würden eine positive Prognose über die weitere Entwicklung der Lean-Management-Transformation für dieses Unternehmen abgeben.

Besucht man diese Unternehmen nach einem Jahr, sind oftmals nur noch Spuren von Lean Management vorzufinden. Die 5 S sind zwar noch an der Gestaltung der Arbeitsplätze zu erkennen, aber die Ordnung ist nicht mehr die wie zu Beginn der Initiative. Kanban-Systeme sind etabliert, aber von Flow ist nur wenig zu erkennen bzw. die Kanban-Karten werden nicht respektiert. Die Lieferantenpartnerschaft ist der altgewohnten „Jagd- und Sammelstrategie" gewichen.

Wie kann es sein, dass Lean Management offensichtlich „auf der Strecke" geblieben ist, obwohl alle Voraussetzungen für eine erfolgreiche Veränderung des Unternehmens gegeben waren? Diese Frage ist relativ einfach zu beantworten. Wenngleich im Einzelfall die Ursachen vielfältig sind und die Analyse des Scheiterns nicht immer einfach ist.

Eine dauerhafte Etablierung von Lean Management im Unternehmen erfordert einerseits eine Veränderung der Unternehmenskultur, andererseits aber auch eine langfristig angelegte Managementmethodik, welche zu einer dauerhaften Verankerung des Veränderungsprozesses mit Blickwinkel auf die Unternehmensvision führt. Es gilt als eines der „Geheimnisse" des Toyota-Produktionssystems, wie diese Managementmethodik in der Praxis funktioniert. Diese „Toyota Kata" genannte Managementmethode ist in dem Fachbuch von Mike Rother *Toyota Kata* [5] erstmals beschrieben worden und lässt sich in Unternehmen anderer Kulturen und Branchen ebenso anwenden. Der japanische Begriff „Kata" bezeichnet eine Denk- bzw. Verhaltensweise, welche in Bezug auf Toyota die Grundlage der täglichen Lean-Management-Praxis ist.

Zwei Elemente sind die Basis des Toyota Kata: das Management des Verbesserungsprozesses und die Organisation des Mitarbeitermanagements. Ausgangspunkt beider Elemente ist die Vision des Unternehmens. In Kapitel 3.1 ist dieser Aspekt bereits vorgestellt worden. Bei der dauerhaften Etablierung von Lean Management im Unternehmen kommt der Vision eine entscheidende Rolle zu.

Die Vision gibt die Richtung an, in welche sich das Unternehmen entwickeln soll. Die Vision beschreibt einen Zustand des Unternehmens in der Zukunft, der aus heutiger Sicht unerreichbar erscheint (z. B. null Fehler), jedoch als Vorgabe für die Entwicklungsrichtung dient. Der Weg in diese Richtung wird durch festgelegte Zielzustände der Prozesse des Unternehmens erreicht, die schrittweise in Richtung der Vision führen.

Die Unterscheidung von Zielzustand des Unternehmens und Ziel ist an dieser Stelle notwendig. Ziel eines Unternehmens könnte z. B. sein: Nummer eins im Markt für Elektromotoren für Küchenmaschinen in Europa. Damit ist das Ziel (oder die Vision) des Unternehmens beschrieben, genauer gesagt das Ergebnis erfolgreicher Aktivitäten zur Erreichung des Ziels, nicht aber der Zielzustand, der mit diesem Ziel korrespondiert. Der Zielzustand könnte sein: Gestaltung der Unternehmensprozesse in einer Art und Weise, sodass deren Leistungen auf die Erwartungen so vieler Kunden zugeschnitten sind, dass das Unternehmen den höchsten Marktanteil in Europa hat. Im Detail könnte die Prozessgestaltung durch Leistungskenngrößen wie die Lieferzeit, die Produktqualität oder die Herstellkosten konkretisiert sein.

Ausgangspunkt sind der Ist-Zustand der Unternehmensprozesse und die Vision. Der Zustand des Unternehmens entsprechend der Vision kann nicht sofort erreicht werden. Selbst wenn alle Lean-Management-Methoden, -Instrumente und -Prinzipien gleichzeitig umgesetzt werden. Es ist deshalb notwendig, Zielzustände zu definieren, welche auf der „Marschrichtung" mit Blick auf die Vision beruhen, welche ein Teil der Lean-Management-Philosophie ist. Der Zielzustand ist eine Beschreibung, wie ein Prozess nach erfolgreicher Implementierung von Maßnahmen funktionieren sollte. Ziele sind die Ergebnisse dieses realisierten Zielzustands. Dies können z. B. Lagerbestände, Ausschussquoten oder Lieferzeiten sein.

Der Weg zur Vision besteht damit aus einer Reihe von Zielzuständen, die das Unternehmen jeweils erreichen möchte. Mit jedem Schritt von einem Zielzustand zum anderen sind die Mitarbeiter mit Herausforderungen konfrontiert. Der Realisierung des Zielzustands stehen vielfältige Hindernisse im Weg, die es zu beseitigen gilt. Die Frage ist also nicht: „Wie können wir die Lieferzeit reduzieren?", sondern: „Was hindert uns daran, die Lieferzeit zu reduzieren?"

Mit dieser Vorgehensweise wird nicht mehr planlos eine Maßnahmenliste produziert, sondern der betreffende Prozess wird systematisch im Hinblick auf den Zielzustand analysiert, und es werden alle Hindernisse identifiziert, welche die Erreichung des Zielzustands verhindern. Somit wird der Verbesserungsprozess in die richtigen Bahnen gelenkt und das Unternehmen befindet sich auf dem Weg zur Verwirklichung der Vision. Der in Kapitel 3 beschriebene Hoshin-Kanri-Prozess sichert die Realisierung dieses Prinzips.

Damit wird aber auch deutlich, dass der Verbesserungsprozess nie aufhört, denn die Vision beschreibt einen Zustand des Unternehmens in einer ausgesprochen idealen Art und Weise. Das Unternehmen bewegt sich von einem Zielzustand zum nächsten schrittweise immer näher in Richtung der Vision. Damit wird aber auch deutlich, dass sich die Vision auf keinen Fall an den Grenzen des technisch und organisatorisch Möglichen der Gegenwart auch nur im Geringsten orientieren darf.

Zweites Element des Toyota Kata (vgl. [5] S. 231 ff.) ist die Organisation des Mitarbeitermanagements. Es wird oft die Frage gestellt, ob eine neue spezifische Aufbauorganisation des Unternehmens erforderlich ist, um Lean Management umsetzen zu können. Betrachtet man die Organisationsstruktur von Toyota, so trifft man auf eine klassische (eher konventionelle) funktionale Aufbauorganisation. Diese ist in der Aufgabenstellung der Manager und Teamleiter in der Lean-Management-Organisation zu finden. Dennoch spielt die Aufbauorganisation im modernen Lean-Management-Unternehmen eine wesentliche Rolle für die Umsetzung des Kaizen-Gedankens, wie z. B. die Implementierung der Teamstruktur (fünf plus/minus zwei Mitarbeiter pro Team) oder der APU-Struktur (APU = Autonomous Production Unit).

Für Manager, Gruppenleiter oder Teamleiter, die Anweisungen erteilen und kontrollieren, ist im Lean Management kein Platz. Deren Rolle sind im Lean Management das Führen und Anleiten der Mitarbeiter zur ständigen Verbesserung und Problemlösung zur Erreichung des Zielzustands sowie die Entwicklung eigener Ideen und Aktivitäten zur Verbesserung der Qualität und Produktivität. Empirische Untersuchungen bei Toyota zeigen, dass rund 10 % der Verbesserungen auf die Initiative der Mitarbeiter und rund 90 % auf die der Manager, Teamleiter und Gruppenleiter zurückzuführen sind (vgl. [5] S. 178). Wir nennen dies das organisierte Kaizen, welches einer der Schlüsselerfolge im Lean Management ist.

Damit werden Aufgabe und Rolle der Führungskräfte im Lean-Management-Unternehmen deutlich. Zum einen die ständige Arbeit an der Entwicklung neuer Ideen zur Prozessverbesserung, und zum anderen die Mitarbeiter anzuleiten und dazu zu befähigen, Ansatzpunkte für Verbesserungen zu identifizieren und umzusetzen sowie Probleme zu lösen. Diese Aufgabe wird in folgender Art und Weise durchgeführt (vgl. [5] S. 194) – entsprechend dem PDCA-Kreis:

- Der Mitarbeiter muss zunächst für das Erkennen von Problemen oder Verbesserungsansatzpunkten sensibilisiert werden, d. h. „sehen lernen". Oft arbeiten Mitarbeiter z. B. mit unzulänglichen Arbeitsmitteln, welche die Produktivität beeinträchtigen, haben sich aber an diese Situation gewöhnt. Hinweise des Teamleiters können den Mitarbeiter hierauf aufmerksam machen und damit die Verbesserung in Gang setzen.

- Nachdem das Problem identifiziert wurde, muss es erfasst werden. Dies ist nur durch Genchi Genbutsu möglich (vgl. Kapitel 4.6), d. h., der Sachverhalt muss am Ort des Geschehens, also dort, wo das Problem auftritt, beobachtet und verstanden werden. Hier sind Mitarbeiter und Führungskraft in der Pflicht. Die Führungskraft darf sich keinesfalls vom Mitarbeiter „berichten lassen", sondern muss sich selbst ein Bild vom zur Diskussion stehenden Sachverhalt bzw. Problem machen. Hierfür werden oft die sogenannten Managementroutinen angewendet.

- Anschließend ist die eigentliche Ursache des Problems zu ermitteln. Hier ist z. B. die 6-W-Hinterfragetechnik hilfreich. Das Auftreten eines Problems und dessen Ursachen liegen selten beieinander. In den weitaus meisten Fällen ist die Grundursache an einer im Prozess stromaufwärts liegenden Stelle zu finden.

- Im nächsten Schritt werden Maßnahmen zur Lösung des Problems entwickelt. Oft stehen mehrere Maßnahmen zur Disposition, die in vielen Fällen gleichzeitig implementiert werden könnten. Hiervor muss ausdrücklich gewarnt werden. Veränderungen von Prozessen mittels verschiedener Maßnahmen gleichzeitig verhindern die Bewertung der Wirksamkeit einzelner Maßnahmen. Außerdem können damit kontraproduktive Wirkungen ausgelöst werden, die zu noch größeren Problemen führen.

- Der Abschluss sind die Überwachung und Bewertung der Ergebnisse, die Standardisierung des durch die Maßnahmen jetzt veränderten Prozessablaufs oder der Verrichtung und die Aufarbeitung des Lerneffekts, der während des gesamten Ablaufs erreicht wurde.

Als Instrument zur systematischen Strukturierung des geschilderten Ablaufs kann der A3-Report (vgl. Kapitel 4.2) bzw. der PDCA-Kreis verwendet werden. Der Teamleiter oder Manager steuert die Arbeiten am Problemlösungsprozess durch den Mitarbeiter mit diesem Instrument. Der Vorteil ist, dass die methodische Arbeitsweise durch den A3-Report erzwungen sowie der Grundverursacher gefunden werden und damit außerdem eine Dokumentation über die Abläufe entsteht, die zur Aufarbeitung des Lerneffekts verwendet werden kann. Darüber hinaus entsteht damit ein Bestandteil der Wissensbasis des Unternehmens, welcher zur Verbesserung in anderen Prozessen verwendet werden kann.

Dem Unternehmen, welches Lean Management dauerhaft im Unternehmen verankern möchte, stehen damit zwei wirksame Managementmethoden zur Verfügung, welche zwingend gemeinsam eingesetzt werden müssen: das Management des Verbesserungsprozesses und die Organisation des Mitarbeitermanagements. Damit wird ein „Versanden" der Lean-Management-Initiative wirksam verhindert, und das Unternehmen bleibt bei der Realisierung der Vision zuverlässig „auf Kurs".

# ■ 7.4 Schlüsselelemente einer Organisation in einem Lean-Management-Unternehmen

Immer wieder wird die Frage nach der erfolgreichen Organisationsstruktur für ein Lean-Management-Unternehmen gestellt. Diese Frage lässt sich in allgemeiner Form nicht beantworten. Es gibt verschiedene Unternehmen auf dem Markt, welche Lean Management betreiben und unterschiedliche Organisationsstrukturen haben. Dennoch gibt es bestimmte Schlüsselfaktoren, welche innerhalb einer Organisation einen ausschlaggebenden Effekt auf den nachhaltigen Einfluss und die erfolgreiche Implementierung von Lean Management haben.

**Teamstruktur und Team-Meeting**

Einer der wesentlichen Schlüsselfaktoren eines Lean-Management-Unternehmens ist die Unterteilung und Bildung von Teamstrukturen entlang des gesamten Unternehmens. Kaizen fordert auf der einen Seite, dass die notwendigen Ressourcen, und auf der anderen Seite, dass die notwendigen Organisationsstrukturen geschaffen werden. Erfolgreiches Kaizen ist die Vermittlung der Ziele und deren nachhaltige Umsetzung nach den Lean-Management-Prinzipien, also der ständigen Entwicklung von Mitarbeitern und somit der Verbesserung der Produkte und Prozess zum Guten (Kaizen). Die Ziele werden zwar im Rahmen des Hoshin Kanri bzw. Policy Deployment generiert, müssen aber vermittelt und umgesetzt bzw. durchgesetzt werden. Die zwei wesentlichen Lean-Management-Werkzeuge sind Visual Management und die Teamstruktur.

Die Lean-Management-Teamstruktur geht davon aus, dass die Mehrzahl der Mitarbeiter im Wesentlichen geführt werden muss, um Kaizen zu generieren. Des Weiteren ist man beim Lean Management der Ansicht, dass eine Person nur eine bestimmte Menge an Personen effizient führen kann, weshalb eine Teamstruktur aus einer Anzahl von fünf plus/minus zwei Personen besteht. Ein Team hat immer einen Teamleader (japanisch Hancho). Bild 7.5 visualisiert das Prinzip anhand einer APU-Struktur.

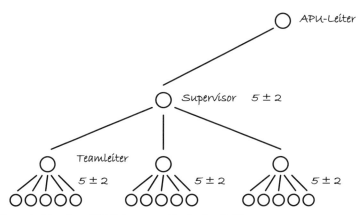

**Bild 7.5** Teamstruktur einer APU (Autonomous Production Unit)

Darüber hinaus gehört zu der Teamstruktur das tägliche kurze Team-Meeting. Hier werden die täglichen operativen Informationen und Entscheidungen vermittelt und besprochen. Allgemeine Informationen können über das Team-Meeting vermittelt und das Team kann zum gezielten und geführten Kaizen aufgefordert werden. Sowohl die eingereichten Verbesserungen und deren Umsetzung werden in diesem Team-Meeting besprochen als auch deren Implementierung und Nachhaltigkeit. Das Team-Meeting ist im Ablauf strukturiert, sowohl bezogen auf dessen Ablauf als auch den Zeitrahmen.

Dies bedeutet, dass die Teamstruktur (inklusive des Team-Meetings) Basis ist für:

- Teambildungsstruktur,
- Kommunikationsstruktur,
- Mitarbeiterentwicklungsstruktur,
- Team-Meeting (Bild 7.6),
- unabhängigen und effizienten Kontinuierlichen Verbesserungsprozess,
- Struktur für organisiertes und geführtes Kaizen sowie Daily Kaizen.

Die Teamstruktur ist neben dem Visual Management das Lean-Management-Werkzeug, um das Ziel und die Motivation der Mitarbeiter in Kaizen umzuwandeln.

**Bild 7.6** Team-Meeting

## Sensei-Prinzip

Sensei bedeutet in der japanischen Sprache Lehrer bzw. Meister. In einem Lean-Management-Unternehmen gibt es das Sensei-Prinzip. Dies besagt, dass jeder Mitarbeiter im Unternehmen einen Meister bzw. einen Coach hat, welcher ihn in seiner Position begleitet. Dieser Aspekt hat sowohl operative als auch psychologische Vorteile und ist ausschlaggebend für Manager und Mitarbeiter in ihrem Denken und Handeln.

Die Vorteile des Sensei-Prinzips aus der Sicht des Mitarbeiters sind:

- Jeder muss was lernen, auch der Manager (Fehlerkultur)!
- Ich bin nicht allwissend, auch der Manager nicht (Fehlerkultur)!

- Ich bin nicht alleine (Motivation)!
- Ich werde unterstützt (Motivation)!

**Beispiel: Einführung von Lean Production bei Diehl Aircabin**

*Von Peter Klugger (Diehl Aircabin)*

Aufgrund der immer weiter steigenden Marktanforderungen an die Flugzeuginnenausstattung, wie Seitenverkleidung, Crew Rest Compartments, Tür- und Türrahmenverkleidungen, aber auch die nicht sofort sichtbaren Luftführungen und Luftauslasssysteme sowie aus Gründen des eigenen Strebens nach Verbesserung der Qualität und Wirtschaftlichkeit wurde Anfang 2008, noch unter Airbus, mit der Einführung von Lean in der Produktion begonnen.

Wichtige Grundvoraussetzungen für eine erfolgreiche Einführung von Lean waren das absolute Commitment des Topmanagements und die frühzeitige, aktive Einbindung des Betriebsrates sowie ein gemeinsamer Lenkungskreis.

Der Standardablauf für die Planung und Gestaltung eines Bereiches nach der Lean-Management-Philosophie wurde in fünf Schritte unterteilt (Bild 7.7).

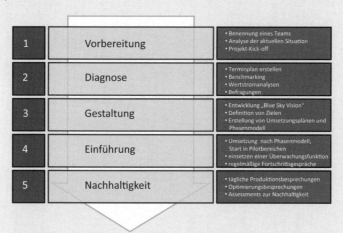

**Bild 7.7** Einführungs- und Umsetzungsstrategie

In der ausführlichen Vorbereitungsphase wurde ein schlagkräftiges Projektteam ins Leben gerufen sowie die aktuelle Situation betrachtet. Anschließend wurde das Projekt offiziell kommuniziert und mit einer Kick-off-Veranstaltung gestartet.

Im Anschluss erfolgten ein detailliertes Benchmarking zwischen den Schwesterfirmen sowie Analysen in Form von Befragungen und Wertstromdarstellungen und die Ausarbeitung eines ersten Terminplans.

Zur angestrebten Umsetzung wurden alle Punkte in verschiedene Phasen aufgeteilt und in ein Phasenmodell überführt (siehe Bild 7.8). Des Weiteren wurden hieraus wiederum detaillierte Terminpläne zur technischen Umsetzung zusammengestellt.

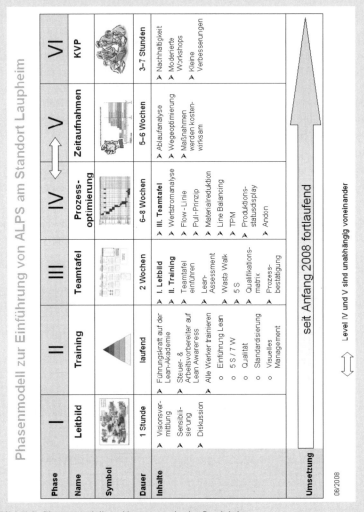

**Phasenmodell zur Einführung von ALPS am Standort Laupheim**

| Phase | I | II | III | IV | V | VI |
|---|---|---|---|---|---|---|
| Name | Leitbild | Training | Teamtafel | Prozess-optimierung | Zeitaufnahmen | KVP |
| Dauer | 1 Stunde | laufend | 2 Wochen | 6–8 Wochen | 5–6 Wochen | 3–7 Stunden |
| Inhalte | ⋏ Visionsver-mittlung ⋏ Sensibili-sierung ⋏ Diskussion | ⋏ Führungskraft auf der Lean-Akademie ⋏ Steuer- & Arbeitsvorbereiter auf Lean Awareness ⋏ Alle Werker trainieren ○ Einführung Lean ○ 5 S / 7 W ○ Qualität ○ Standardisierung ○ Visuelles Management | ⋏ **I. Leitbild** ⋏ **II. Training** ⋏ Teamtafel einführen ⋏ Lean-Assessment ⋏ Waste Walk ⋏ 5 S ⋏ Qualifikations-matrix ⋏ Prozess-bestätigung | ⋏ **III. Teamtafel** ⋏ Wertstromanalyse ⋏ Flow-Linie ⋏ Pull-Prinzip ⋏ Materialreduktion ⋏ Line Balancing ⋏ TPM ⋏ Produktions-statusdisplay ⋏ Andon | ⋏ Ablaufanalyse ⋏ Wegeoptimierung ⋏ Maßnahmen werden kosten-wirksam | ⋏ Nachhaltigkeit ⋏ Moderierte Workshops ⋏ Kleine Verbesserungen |
| Umsetzung | | seit Anfang 2008 fortlaufend | | | | |

⇕ Level IV und V sind unabhängig voneinander

06/2008

**Bild 7.8** Phasenmodell zur Umsetzung in der Produktion

Unter Berücksichtigung der organisatorischen Struktur und der strategischen Ausrichtung wurde nun mit dem Senior Management eine visuelle Darstellung (Fertigungsleitbild) vom angestrebten Zustand, eine Vision, entwickelt. Dieses Leitbild bietet sowohl den Mitarbeitern als auch den Kunden und Lieferanten eine Orientierung über die Werte und Zielsetzungen des Unternehmens (Bild 7.9).

Daraus ableitend resultierten folgende Ziele:

- konsequente Eliminierung von Verschwendung,
- Steigerung der Wertschöpfung bzw. der wertschöpfenden Tätigkeiten,
- Schaffung von stabilen und transparenten Prozessen und Implementierung von Kennzahlen,
- Verwirklichung des Prinzips der schlanken, fließenden Fertigung,
- Schaffung einer Lean-Management- bzw. Veränderungskultur,
- Einführung eines Kontinuierlichen Verbesserungsprozesses.

Als Nächstes wurde eine Vollzeit-Lean-Organisation eingerichtet mit einem Hauptverantwortlichen, Lean-Experten und einer Change-Agent-Struktur, welche aber direkt an der Fertigung angegliedert wurden.

Topmanagement, Management und Lean-Experten wurden in einem mehrwöchigen Lean-Lehrgang in der Lean Learning Academy bei Airbus umfassend ausgebildet. Alle weiteren indirekten und direkten Mitarbeiter erhielten ein Training, welches drei bzw. einen Tag umfasste. Somit wurden sukzessive alle Mitarbeiter in der Produktion in den Lean-Methoden und der Lean-Philosophie ausgebildet (Bild 7.10).

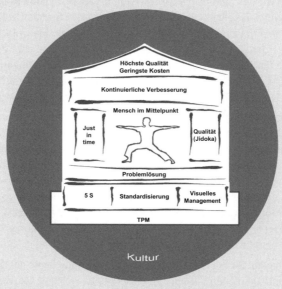

**Bild 7.9** Das Lean-Haus

Nach den Schulungen wurden standardisierte Kennzahlen-Boards erarbeitet und anfänglich in allen Fertigungsbereichen etabliert. Später wurden diese auch in indirekte Fertigungsbereiche übernommen.

Die größte Aufmerksamkeit in der Fertigung wurde auf die Reduzierung von Verschwendung sowie auf die Einführung der 5-S-Methode gelegt. Hier fand auch ein reger Austausch von „Best Practices" statt. „Quick Wins" wurden so schnell wie möglich realisiert. Dies war als positive Wirkung bis hin zum Werker spürbar.

Ein weiterer Fokus lag auf der Einführung von Visualisierungsstandards, Materialsteuerung über Kanban-Systeme, allgemeinen Standards und Standardprozessen sowie auf Pull-Systemen und einer fließenden Fertigung. Außerdem wurde eine Organisationsstruktur eingerichtet, welche die Einführung und Überwachung der Fertigungskennzahlen und Kennzahlen-Boards aktiv begleitete sowie, bis heute, als Leitfaden für die täglichen Teamgespräche dient.

Als Nächstes wurde begonnen, die bestehenden Prozesse zu optimieren, indem man sie hinsichtlich Wertstrom, fließender Produktion, Verminderung von Beständen, Kanban und Pull-Prinzipien sowie nach TPM und Line Balancing untersuchte. Daraus wurden Aktionen abgeleitet und Maßnahmen definiert. Diese wurden terminlich nachgehalten und konsequent realisiert.

Zusätzlich wurden seitens der Zeitwirtschaft Tätigkeiten und Abläufe in Form von Ablaufanalysen aufgenommen. Es wurden Standardzeiten ermittelt, und mit zunehmender Abdeckung konnte ein Planzeitkatalog erzeugt werden. Dieser Planzeitkatalog dient der Arbeitsplanung nun als Grundlage für Planzeiten. Somit konnten Prozessverbesserungen und Reduzierungen der Durchlaufzeiten schließlich als neue Standardvorgabezeiten in die Arbeitspläne eingearbeitet werden.

Um die Nachhaltigkeit der implementierten Veränderungen sicherzustellen, wurde ein Auditierungssystem entwickelt, bei dem die komplette Führungsmannschaft aller Fertigungskostenstellen in den Auditprozess integriert wurde. Damit wurde zum einen gesichert, dass die notwendige Aufmerksamkeit auf dem bisher Erreichten liegt, und zum anderen ist somit ein erleichtertes Best Practice Sharing automatisch integriert. Um auch die Motivation der Mitarbeiter nachhaltig weiter zu fördern, wird aus den Ergebnissen dieser Audits jährlich die beste Fertigungskostenstelle mit dem Lean Award ausgezeichnet.

Als abschließender Schritt erfolgt nun die Einführung eines ganzheitlichen, kontinuierlichen Verbesserungskonzepts, welches das Vorantreiben und Manifestieren der gewonnenen Lean- bzw. Verbesserungskultur zukunftsfähig unterstützt.

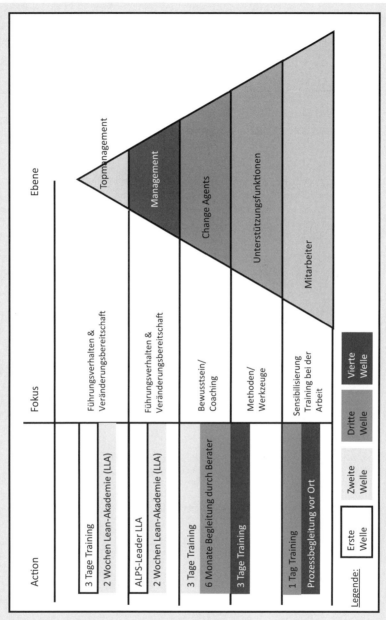

**Bild 7.10** Qualifizierungs- und Schulungskonzept

# 8

# Personal Commitment

Was nun? Viele Kapitel wurden gelesen und eine Menge an Informationen und Ideen wurden aufgenommen. Doch wo und wie soll man anfangen? Einfach loslegen? Das heißt, Schulungen abhalten und die Lean-Management-Werkzeuge an die unteren Ebenen verteilen. Ist man dann „Lean"? Was ist eigentlich Lean Management oder besser gesagt Business Excellence? Sind es nur die Lean-Management-Werkzeuge?

Nein, auf keinen Fall!

Vielmehr ist Lean Management das harte Arbeiten an den nicht sichtbaren Teilen der Organisation, also der Veränderung der einzelnen Mitarbeiter/Manager und deren Arbeits-, Analyse- und Vorgehensweise. Das Ergebnis der Transformation ist das Resultat von stabilen und respektierten Prozessen, welche sich z. B. in Form von Kanban, hoher OEE und kürzeren Rüstzeiten äußert. Dieses harte und beharrliche Arbeiten spiegelt sich wiederum in der Verbesserung der Kennzahlen wie z. B. Kundenreklamationen, Ausschuss und Lagerbestand wider. Das heißt, dass die Prozesse zielgerichtet und auf methodische Weise erarbeitet werden. Die Eliminierung von Verschwendung sowie die Steigerung der Wertschöpfung stehen immer im Vordergrund. Denn der Erfolg eines Unternehmens wird maßgeblich an seinen Fähigkeiten gemessen, die strategischen Ziele operativ umzusetzen. Lean Management ist die aggressive Umsetzung der wirtschaftlichen Erfordernisse, welche ohne Einschränkungen eine methodische Arbeitsweise sowohl von den Mitarbeitern als auch vom Management fordert. Diese effiziente Art, die heute als die Business Excellence verstanden wird, entsteht ausschließlich durch die nachhaltige Veränderung des nicht sichtbaren Teils der Unternehmensaktivität – der Veränderung des Menschen.

 **Nochmal Freddy Ballé: „It's all about people"**

Der Mensch ist im Unternehmen derjenige, der den Prozess formt, bestimmt und verteidigt und dabei sowohl Wertschöpfung, als auch Verschwendung schafft.

Die Lean-Management-Werkzeuge wie z. B. Kanban sind die Hilfsmittel und das Spiegelbild der Veränderung. Funktioniert Kanban im Unternehmen nicht, so ist dies nicht das Problem von Kanban, sondern der Organisation und deren Prozesse. Die Probleme wurden nicht behoben, übersehen bzw. bewusst nicht angefasst. Lean Management macht dies sichtbar!

Lean Management ist das Streben nach der Perfektion, ausgerichtet auf die unternehmerische Zielausrichtung. Es wendet jede Art von Energie auf, um personenbezogene Theorien auf ihre operative Umsetzungsfähigkeit zu testen und jeden Tag aufs Neue zu hinterfragen, um somit Raum für die nächste Verbesserung zu schaffen. Es versetzt das Management und die unterstützenden Abteilungen (z. B. Ingenieure) wieder in ihre eigentliche Aufgabenstellung, nämlich ein Teil des Teams zu sein. Die Anwendung von Lean Management in einem Unternehmen bedeutet eine Kultur der „ständigen Verbesserung zum Guten – Kaizen" durch eine aktive Befähigung und Förderung der Mitarbeiter durch das Management zu schaffen. Politische Maßnahmen werden reduziert oder ausgeschlossen und an deren Stelle treten die Aufgabenstellung und das Wohl des gesamten Unternehmens und der Belegschaft. Die extreme und klare Verantwortlichkeitsteilung von Lean Management ist zielgerichtet und zeigt die Problematik der zuständigen Bereiche auf, handelt aber nicht funktionsorientiert, sondern prozessorientiert. Das heißt, dass der Einsatz auch über das Abteilungsdenken hinaus gefordert wird.

Wer glaubt heute, dass er das alles bereits im Unternehmen erfüllt, der irrt sich. Dann wäre das übliche Consulting-Statement, die sogenannte „verschwendungsfreie Fertigung".

 **Es gibt keine Perfektion, aber man kann danach streben!**

Es gibt keine verschwendungsfreie Fertigung! Verschwendungen werden höchstens Schritt für Schritt reduziert!

Somit wird es immer Verschwendung geben und deshalb ist Lean Management kein Projekt, sondern eine Unternehmensphilosophie bzw. -kultur, die im Alltag der unternehmerischen Tätigkeit Einzug gehalten hat und jeden Tag zu Anwendung kommt.

All das macht die Implementierung und auch das nachhaltige „Leben" von Lean Management so schwer. Nur Unternehmen, die einen langen Atem haben, ernten den Nutzen. Einen langen Atem haben, heißt eine Fehlerkultur zu etablieren und an dieser ständig zu arbeiten und das nicht nur ausschließlich in der Fertigung. Das ist die Business Excellence, die Anwendung von Lean Management nicht nur in einer Abteilung, sondern die unternehmensübergreifende Durchdringung. Auch im Vertrieb gibt es zum Beispiel viel Raum zur Verbesserung.

Lean Management befähigt und ermächtigt jeden, seinen Beitrag zur Unternehmenswertsteigerung zu leisten. Es sichert durch dessen Philosophie, Organisation und Werkzeuge, dass Ideen und Probleme offensichtlich und erkennbar werden und wir auf dem schwierigen Weg zum Erfolg nicht scheitern oder aufgeben. Überspitzt dargestellt und dennoch gerechtfertigt zwingt Lean Management viele Manager und Spezialisten dazu, sich wieder aus den abgeschotteten Büros und dem großen strategischen Denken zu verabschieden, die eigenen Egos auf die Ebene des Teams zu bewegen, diesem wieder zuzuhören und Entscheidungen unabhängig von persönlichen Präferenzen und richtungsweisend für das Unternehmen im harten Tagesgeschäft zu treffen. Die Mitarbeiter fordert es wiederum auf, am Veränderungsprozess aktiv mitzuwirken und diesen nicht zu behindern. Lean Management unterstützt uns im Nebel des Alltagsgeschäfts und der menschlichen Herausforderungen, die objektive Denkweise beizubehalten und durchzusetzen, zum Wohle des Kunden und des gesamten Unternehmens – ohne dabei die Menschen, die all das im Unternehmen schaffen, zu vergessen.

# Die Autoren

*Pawel Gorecki* ist bei der Firma Ideal Automotive Deutschland GmbH als IAPS Koordinator Gruppe beschäftigt, außerdem unterrichtet er an der Georg-Simon-Ohm-Hochschule in Nürnberg das Fach „Lean Logistics" (IAPS = Ideal Automotive Produktions System).

Vorher war er als DCS Global Operations Continuous Improvement Manager Electrical/Electronic Architecture bei der Firma Delphi tätig. Weitere Stationen seiner Karriere waren Lean Manager MVL Division – Global, Lean Production System Manager Werk Nürnberg, Leiter mechanische Bearbeitung, Senior Project Manager Logistics und Prozessingenieur bei der Firma FCI SA. Weitere Unternehmen waren Lufthansa Technik AG, MAN Nutzfahrzeuge AG und Quelle Schickedanz AG & Co. Kontakt: www.leanmgmt.de

*Peter Pautsch* ist Professor für Wirtschaftswissenschaften an der Georg-Simon-Ohm-Hochschule in Nürnberg. Dort lehrt er die Fächer „Material- und Produktionswirtschaft", „Distribution und Supply Chain Management", „Logistik und Supply Chain Controlling" sowie „Operations Management" und „International Logistics" in internationalen Studiengängen. Vorher war er bei der European Aeronautics Defence and Space Company (EADS)/Dornier in Friedrichshafen Leiter der Abteilung Logistik Prozessmanagement.
Kontakt: peter.pautsch@ohm-hochschule.de

# Dank

Unser besonderer Dank gilt jenen, die durch ihre Unterstützung dieses Buch überhaupt möglich gemacht haben, Frau Christin Kahlhardt und Frau Susanne Paynter für die umfassenden Korrekturen sowie Frau Lisa Hoffmann-Bäuml für die redaktionelle Unterstützung.

Vielen Dank!

# Literaturverzeichnis

[1] Ballé, F.; Ballé, M.: *The Gold Mine*, Cambridge 2005

[2] Alexander, C.: "The Man Who Took The Prize", in: *National Geographic Magazine* September 2011, S. 122–135

[3] Feininger, A.: *Die neue Fotolehre*, Düsseldorf, Wien 1965

[4] Kotter, J. P.: *Leading Change*, Boston 1996

[5] Rother, M.: *Toyota Kata*, New York 2010

[6] Liker, J. K.; Meier, D.: *Praxisbuch – Der Toyota Weg*, 4. Auflage, München 2010

[7] Ghemawat, P.; Nueno, J. L.: *ZARA: Fast Fashion*, Harvard Business School, 1. April 2003

[8] Bungard, W.; Kohnke, O. (Hrsg): *Zielvereinbarungen erfolgreich umsetzen*, 2. Auflage, Wiesbaden 2002

[9] Conti, T.: *Building Total Quality*, London 1993

[10] Leitner, A.: „Entwurf und Planung der Ausstattungsmontage Airbus A380", Vortrag auf dem 21. Deutschen Logistikkongress, Berlin 2004

[11] Hungenberg, H.; Wulf, T.: *Grundlagen der Unternehmensführung*, Berlin, Heidelberg 2004

[12] Kamiske, G. F.: *Handbuch der QM-Methoden*, München 2012

[13] o. V.: *Rath & Strong's Lean Pocket Guide*, Köln 2007

[14] Rother, M.; Shook, J.: *Learning to See: Value Stream Mapping to Add Value and Eliminate Muda*, Brookline 1999

[15] Yılmaz, Ö.: *Defining a Current Value Stream Mapping of a Specific Serial Production Line in a Manufacturing Company and Upgrading its Process with Future Value Stream Mapping Tool*, Masterarbeit am Georg-Simon-Ohm Management-Institut, Master Program Intensive (MP-I), Nürnberg 2012

[16] Pautsch, P.: „Erschließung von Rationalisierungspotenzialen im Lager durch Lean Management", in: *Productivity Management* 3/2010, S. 43–46

[17] Pautsch, P; Steininger, S.: *Schwachstellenanalyse über die Gefahrgutbeförderung in ausgewählten Transportketten*, Berichte der Bundesanstalt für Straßenwesen, Reihe „Mensch und Sicherheit", Heft M70, Bergisch Gladbach 1997

[18] Gaitanides, M. (Hrsg.): *Prozeßmanagement – Konzepte, Umsetzungen und Erfahrungen des Reengineering*, München, Wien 1994

[19] Harry M.; Schroeder, R.: *Six Sigma: The Breakthrough Management Strategy Revolutionizing the World's Top Corporations*, New York 2006

[20] Pautsch, P.; Gorecki, P.: „Variantenvielfalt erfolgreich beherrschen", in: *Productivity Management* 16/2011, S. 14–17

[21] Scherrer-Rathje, M. et al.: "Lean, take two! Reflections from a second attempt at lean implementation", in: *Business Horizons*, 52/2009, S. 79 – 88

[22] Womack, J. P.; Jones, D. T.: *Lean Thinking*, Frankfurt am Main, New York 2004

[23] Mintzberg, H.: *Managen*, Offenbach 2011

[24] Kamiske, G. F.; Brauer, J.-P.: *Qualitätsmanagement von A bis Z*, München 2008

[25] Gorecki, P.; Pautsch, P.: „Cardboard Engineering – Kostensenkungspotenziale in der industriellen Automation", in: *Productivity Management* 17/2012, S. 29 – 31

[26] Liker, J. K.: *The Toyota Way*, New York 2004

[27] Womack, J. P.; Jones, D. T.; Roos, D.: *The Machine that Changed the World*, New York 2007

[28] Matyas, K.: *Taschenbuch Produktionsmanagement*, München 2001

[29] Zäpfel, G.: Strategisches Produktions-Management, München 2000

# Sachwortverzeichnis